Hoe ga je om met kinderen op school en met hun ouders?

Deze uitgave wordt ondersteund door **www.pabowijzer.nl**:
- Het online boek (digitale hoofdstukken)
- Toetsvragen met feedback
- Samenvattingen per hoofdstuk
- Antwoorden op tussen- en eindvragen uit het boek

© Noordhoff Uitgevers bv

# Hoe ga je om met kinderen op school en met hun ouders?

**Gerda Woltjer**

**Harry Janssens**

Vijfde druk

Noordhoff Uitgevers Groningen / Houten

© Noordhoff Uitgevers bv

*Ontwerp omslag:* G2K Designers, Groningen/Amsterdam
*Omslagillustratie:* iStock

Deze uitgave is gedrukt op FSC-papier.

0 / 14

© 2014 Noordhoff Uitgevers bv, Groningen/Houten, The Netherlands

Behoudens de in of krachtens de Auteurswet van 1912 gestelde uitzonderingen mag niets uit deze uitgave worden verveelvoudigd, opgeslagen in een geautomatiseerd gegevensbestand of openbaar gemaakt, in enige vorm of op enige wijze, hetzij elektronisch, mechanisch, door fotokopieën, opnamen of enige andere manier, zonder voorafgaande schriftelijke toestemming van de uitgever. Voor zover het maken van reprografische verveelvoudigingen uit deze uitgave is toegestaan op grond van artikel 16h Auteurswet 1912 dient men de daarvoor verschuldigde vergoedingen te voldoen aan Stichting Reprorecht (Postbus 3060, 2130 KB Hoofddorp, www.reprorecht.nl). Voor het overnemen van (een) gedeelte(n) uit deze uitgave in bloemlezingen, readers en andere compilatiewerken (artikel 16 Auteurswet 1912) kan men zich wenden tot Stichting PRO (Stichting Publicatie- en Reproductierechten Organisatie, Postbus 3060, 2130 KB Hoofddorp, www.stichting-pro.nl).

*All rights reserved. No part of this publication may be reproduced, stored in a retrieval system, or transmitted, in any form or by any means, electronic, mechanical, photocopying, recording or otherwise without prior written permission of the publisher.*

ISBN 978-90-01-83168-4
NUR 847

# Woord vooraf bij de vijfde druk

In de eerste druk van dit boek stelden wij dat wij in ons werk respectievelijk als psycholoog en pedagoog bij het basisonderwijs, merkten dat het leraren, en zeker beginnende leraren, vaak veel moeite kost zo'n benadering van leerling of groep te vinden dat een goede relatie kan ontstaan en blijven bestaan. Een goede relatie vormt niet alleen de basis voor goed lesgeven, maar is ook van groot belang voor de sociaal-emotionele ontwikkeling van het kind. Immers, zo stelden we, een goede relatie tussen leraar en leerling geeft veel meer kans op resultaat bij de aanpak van ongewenst gedrag.
Voor de vorm waarin we onze opvattingen wilden overdragen, was het werk van Aad van Londen, Ans Biloen e.a. (Van Londen e.a., 1979) een aanknopingspunt. Aan de hand van hun boek *Vaardigheden voor ouders* leren zij hoe opvoeders door een positieve communicatie met hun kinderen een prettige sfeer in huis kunnen scheppen; hoe zij hun kinderen kunnen begeleiden bij het leren van nieuw gedrag en bij het afleren van ongewenst gedrag; en hoe de opvoeders op een constructieve manier kunnen omgaan met eigen gedachten en gevoelens. Deze vaardigheden hebben wij aangepast en uitgebreid naar de schoolsituatie.
In 2000 verscheen de tweede druk. In de zestien jaar die sindsdien verstreken waren, bleven wij werkzaam in het veld van het onderwijs, aanvankelijk als psycholoog en later als inspecteur primair onderwijs, en als pedagoog en (na)scholingsleraar. De stelling waarmee we ons woord vooraf in de eerste druk begonnen, was naar onze mening nog onverkort van kracht. Wel meenden wij dat in een aantal opzichten inhoud en vormgeving aanpassing behoefden. Deze herziene druk had in grote lijnen dezelfde opzet als de eerste druk. Het deel over het zelfbeeld werd sterk uitgebreid. We raakten namelijk in de loop der jaren meer en meer doordrongen van het belang van dit onderwerp. We meenden dan ook dat het er in de eerste druk wat bekaaid was afgekomen.
In 2006 verscheen de derde druk van *Hoe ga je om met kinderen op school*. De belangrijkste wijzigingen van deze derde herziene druk waren een uitbreiding van de theoretische uitgangspunten met betrekking tot het zelfbeeld en een uitbreiding van deel 4. Verder waren er wat kleinere wijzigingen.
'Een goede relatie is de basis voor goed lesgeven.' Dit kan in onze visie niet genoeg benadrukt worden. Voor lesplezier, het leren van leerlingen en effectief onderwijs is een goede relatie tussen leraar en leerling essentieel. Het pedagogisch handelen van de leraar moet hierop gericht zijn. Daarom hebben we in de vierde herziening nog nadrukkelijker aandacht besteed aan dit onderwerp, onder meer door in elk hoofdstuk uiteen te zetten wat het verband is tussen een goede relatie en het onderwerp van dat hoofdstuk. Verder werden de delen 3 en 4 uitgebreid. Voor deel 3 kozen we als invalshoek voor 'Belonen en straffen'. Het sluit aan bij actuele inzichten op dit gebied. Deel 4 werd verbreed naar 'Reflectie op eigen handelen'.

De laatste jaren is er toenemende aandacht voor de relatie tussen school en ouders. Een van de competenties in het Besluit bekwaamheidseisen onderwijspersoneel (SBL competentie 6) is 'competent in het samenwerken met de omgeving': de leraar primair onderwijs moet contacten onderhouden met de ouders of verzorgers van de kinderen. In de praktijk blijkt het niet eenvoudig hier invulling aan te geven. Aandacht in het curriculum van de pabo voor de praktische invulling van deze competentie is bescheiden. Dit is voor ons reden deze herziening uit te breiden met deel 5: 'Omgaan met ouders'. Je kunt een kind niet los zien van zijn ouders. Goed omgaan met ouders is van groot belang voor het goed functioneren van het kind op school, zeker als het met het kind niet goed gaat op school.

Verder hebben we in deze herziening deel 3 uitgebreid met een zogenaamd verkort beloningssysteem. Soms is er zo'n negatieve relatie tussen leraar en leerling ontstaan dat er geen ruimte meer is voor werken met een handelingsplan of een gedragsveranderingsprogramma. In die situatie kan het zinvol zijn te kiezen voor een verkort beloningssysteem, een systeem dat in de praktijk zijn diensten heeft bewezen.

Ten slotte zijn er in deel 1, 2 en 3 wat kleinere wijzigingen, zodat deze beter aansluiten op het Besluit bekwaamheidseisen onderwijspersoneel en Kennisbasis generiek.

Het doel van dit boek is het aanreiken van pedagogische competenties en vaardigheden in de praktijk. De theorie die we in dit boek behandelen is daarop afgestemd. Deze wordt compact weergegeven. Ook gaan we niet uitgebreid in op psychologische en / of pedagogische achtergronden van door ons beschreven problemen en probleemsituaties. Dit past evenmin in het doel van dit boek: het aanreiken van competenties die in de dagelijkse situatie bruikbaar zijn in de omgang met kinderen.

Dit boek biedt leraren (in opleiding) vaardigheden om op een pedagogisch effectieve manier met kinderen (met problemen) om te gaan en sluit aan bij de competenties 'interpersoonlijk competent', 'pedagogisch competent', 'competent in reflectie en ontwikkeling' en 'competent in het samenwerken met de omgeving'. Het sluit aan bij actuele inzichten, het Besluit Bekwaamheidseisen onderwijspersoneel en Kennisbasis generiek. Daarmee levert het belangrijke bouwstenen voor een goede relatie tussen leraar en leerling en daarmee voor een goed functionerende leerling, effectief onderwijs en het optimaliseren van leeropbrengsten.

In dit boek duiden wij de leraar en leerling aan met 'hij'. Voor elke 'hij' is uiteraard evengoed een 'zij' te lezen.

G. Woltjer, Leidschendam
H. Janssens, Dordrecht, 2013

# Inhoud

**Studiewijzer** 13

**DEEL 1**
**Zicht op het zelfbeeld** 17

**1 Zelfbeeld: een theoretisch kader** 23
1.1 Een goede relatie 24
1.2 Een goede relatie en zicht op het zelfbeeld 27
1.3 Het zelfbeeld: een begripsbepaling 28
1.4 Basishouding 34
1.5 Praktijk 35
Samenvatting 36
Valkuilen en tips 37
Kernbegrippenlijst 39
Vragen 41

**2 Zelfbeeld: concrete uitwerking** 43
2.1 Een goede relatie en beïnvloeden van het zelfbeeld 44
2.2 Ik ben de moeite waard 44
2.3 Negatief zelfbeeld en compensatiegedrag 50
2.4 Herkennen negatief zelfbeeld en compensatiegedrag 54
2.5 Eenzijdig zelfbeeld 62
Samenvatting 66
Valkuilen en tips 67
Kernbegrippenlijst 69
Vragen 70

**3 Acceptatie** 71
3.1 Een goede relatie en acceptatie 72
3.2 Het begrip acceptatie 73
3.3 Doceer-leergebied 77
3.4 Acceptatie en zelfbeeld 82
Samenvatting 91
Valkuilen en tips 92
Kernbegrippenlijst 94
Vragen 95

# DEEL 2
# Communicatievaardigheden 97

## 4 Theoretisch kader 101
4.1 Een goede relatie en communicatie 102
4.2 Basisbegrippen 103
4.3 Acceptatieanalyse en probleemanalyse 105
4.4 Probleemanalyse: concrete uitwerking 107
4.5 Probleemverwisseling 108
Samenvatting 111
Valkuilen en tips 112
Kernbegrippenlijst 114
Vragen 115

## 5 Luisteren: een kunst, een kunde 117
5.1 Een goede relatie en luisteren 118
5.2 Uitzenden en opvangen van signalen 118
5.3 Taal van de non-acceptatie 120
5.4 Taal van de acceptatie 122
5.5 Veel voorkomende problemen 126
5.6 Omgang met ouders 129
Samenvatting 131
Valkuilen en tips 132
Kernbegrippenlijst 134
Vragen 135

## 6 Ik-boodschappen 137
6.1 Een goede relatie en ik-boodschappen 138
6.2 Probleem van de leraar 138
6.3 Jij-boodschappen: ineffectief 139
6.4 Effectief reageren 140
6.5 Fouten bij ik-boodschappen 142
6.6 Resultaten in de praktijk 144
Samenvatting 146
Valkuilen en tips 147
Kernbegrippenlijst 148
Vragen 149

## 7 Oplossen van conflicten 151
7.1 Een goede relatie en het oplossen van conflicten 152
7.2 Wat is een conflict? 153
7.3 Winnen of verliezen? 155
7.4 De win-winmethode 159
7.5 De win-winmethode: concrete uitwerking 160
7.6 Tips voor de praktijk 164
Samenvatting 167
Valkuilen en tips 168
Kernbegrippenlijst 170
Vragen 171

## DEEL 3
## Effectief belonen en straffen 173

**8 Gedrag en gedragstheorie** 179
8.1 Een goede relatie en gedrag 180
8.2 Gedrag 181
8.3 Bezwaren tegen de gedragstheorie 187
Samenvatting 190
Valkuilen en tips 191
Kernbegrippenlijst 192
Vragen 193

**9 Effectief belonen en straffen** 195
9.1 Een goede relatie en effectief belonen en straffen 196
9.2 Effectief belonen 197
9.3 Effectief straffen 201
Samenvatting 210
Valkuilen en tips 211
Kernbegrippenlijst 212
Vragen 214

**10 Gewenst gedrag aanleren / doen toenemen: werken met een beloningssysteem** 215
10.1 Een goede relatie en werken met een beloningssysteem 216
10.2 Werken met een beloningssysteem 217
10.3 Verkort beloningssysteem 230
Samenvatting 233
Valkuilen en tips 234
Kernbegrippenlijst 236
Vragen 238

**11 Ongewenst gedrag afleren: werken met een gedragsveranderingsprogramma** 241
11.1 Een goede relatie en ongewenst gedrag afleren 242
11.2 Ongewenst gedrag afleren met een gedragsveranderingsprogramma 243
11.3 Afbouwen van het programma 248
Samenvatting 251
Valkuilen en tips 252
Kernbegrippenlijst 254
Vragen 256

## DEEL 4
## Reflectie op eigen handelen 257

**12 Reflectie: theoretisch kader** 263
12.1 Een goede relatie en reflectie 264
12.2 Bewustzijn en attributie 265
12.3 Reflectie op eigen handelen: een begripsbepaling 270
Samenvatting 273
Valkuilen en tips 274
Kernbegrippenlijst 276
Vragen 278

**13   Reflectie: 'anders denken, anders voelen, anders handelen'** 279
13.1   Een goede relatie en 'anders denken, anders voelen, anders handelen' 280
13.2   'Anders denken, anders voelen, anders handelen': theoretisch kader 281
13.3   De invloed van (ir)rationeel denken 284
Samenvatting 289
Valkuilen en tips 290
Kernbegrippenlijst 291
Vragen 293

**14   'Anders denken, anders voelen, anders handelen' in de praktijk** 295
14.1   Een goede relatie en 'anders denken, anders voelen, anders handelen' in de praktijk 296
14.2   ABC van gevoelens 296
14.3   ABC-schema 299
14.4   Zich eigen maken van deze benadering 306
14.5   'Anders denken, anders voelen, anders handelen' bij kinderen 308
Samenvatting 312
Valkuilen en tips 313
Kernbegrippenlijst 315
Vragen 317

# DEEL 5
# Omgaan met ouders 319

**15   Goed omgaan met ouders** 323
15.1   Een professionele basishouding 324
15.2   Open communicatie 326
15.3   Vakkennis 327
15.4   Dossierkennis 329
Samenvatting 331
Valkuilen en tips 332
Kernbegrippenlijst 334
Vragen 336

**16   Ouders met een kind met problemen** 337
16.1   Omgaan met ouders met een kind met problemen 338
16.2   De context van het probleem 339
16.3   Het verwerkingsproces van de ouders 342
Samenvatting 349
Valkuilen en tips 350
Kernbegrippenlijst 351
Vragen 352

| 17 | **Gespreksvaardigheden in de praktijk** 353 |
|---|---|
| 17.1 | Het voeren van een gesprek 355 |
| 17.2 | Voorbereiding van het gesprek 356 |
| 17.3 | Introductie van het gesprek 359 |
| 17.4 | Kern van het gesprek 360 |
| 17.5 | Afsluiting van het gesprek 362 |
| 17.6 | Verslaglegging van het gesprek 363 |
| 17.7 | Veelvoorkomende missers in de praktijk 363 |
| | Samenvatting 366 |
| | Valkuilen en tips 367 |
| | Kernbegrippenlijst 368 |
| | Vragen 369 |

**Literatuuroverzicht** 371

**Bijlage 1** Lijst met versterkers (O.S.M., 1981) 375

**Bijlage 2** Protocol Gedragsveranderingsprogramma (Van Londen e.a., 1979) 377

**Bijlage 3** Mogelijke gespreksdoelen 379

**Register** 380

**Centrale figuur: facetten in de relatie kinderen, school en ouders**

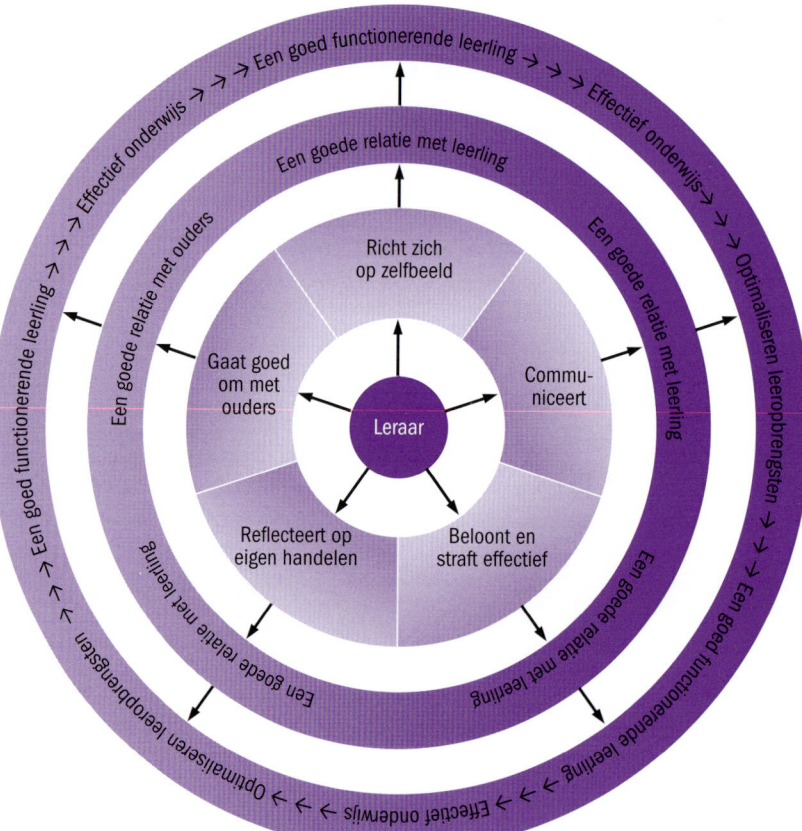

# Studiewijzer

**Doel van dit boek**
Goed functionerende leerlingen, een zo effectief mogelijke manier het onderwijs inrichten en optimale leeropbrengsten, altijd weer willen we weten hoe je dit kunt bereiken. Bij het antwoord op deze vragen spelen allerlei factoren een rol, zoals de visie op onderwijs, de kijk op de ontwikkeling van kinderen en de eisen en verwachtingen van de maatschappij waarin we leven.
In dit boek is het uitgangspunt dat altijd een goede relatie noodzakelijk is om deze zaken te kunnen realiseren: *een goede relatie leraar-leerling is de basis voor een goed functionerende leerling, effectief onderwijs en het optimaliseren van leeropbrengsten.*
Bij een goede relatie met de leraar voelt een leerling zich veilig en de moeite waard. Van daaruit durft hij zich te ontwikkelen en te leren. Problemen tussen een leraar en leerling(en) belasten en belemmeren dit proces. Gevolg: een niet of een minder goed functionerende leerling, geen of minder effectief onderwijs en lagere leeropbrengsten.

Voor het bewerkstelligen van een goede relatie dient de leraar in onze opvatting ten minste over de volgende competenties en bekwaamheden te beschikken:
- Hij richt zich op het zelfbeeld van de leerling.
- Hij kan goed communiceren.
- Hij weet effectief om te gaan met belonen en straffen.
- Hij is bereid en in staat tot reflectie.
- Hij is in staat tot een professionele basishouding die noodzakelijk is voor het goed omgaan met ouders gebaseerd op respect en vertrouwen en het bieden van een veilige gespreksbasis.

Deze opvatting is weergegeven in de hiernaast afgebeelde figuur, die in dit boek steeds terugkomt.

Dit boek biedt de theorie en praktische kennis die voor de competenties en bekwaamheden uit de centrale figuur nodig zijn. Zij sluiten aan bij en zijn een uitwerking van vier van de zeven competenties, zoals is vastgesteld in het Besluit bekwaamheidseisen onderwijspersoneel: interpersoonlijk competent, pedagogisch competent, competent in reflectie en ontwikkeling en competent in het samenwerken met de omgeving. Ook sluiten alle delen aan bij Kennisbasis generiek.

**Opbouw**
Dit boek bestaat uit vijf delen en in totaal zeventien hoofdstukken.

In *deel 1* is het uitgangspunt dat een positief *zelfbeeld* het fundament is waarop een kind kan bouwen in zijn ontwikkeling. We bespreken waarom het belangrijk is je als leraar te richten op het zelfbeeld van een kind, hoe je je kunt richten op dat zelfbeeld en hoe je kunt bijdragen aan de vorming van een positief zelfbeeld. We benadrukken daarbij dat het doel van deze kennis en vaardigheden / competenties is het bijdragen aan de vorming van een positief zelfbeeld. Zij zijn niet bedoeld of geschikt voor diagnostische doeleinden.

In *deel 2* staat het belang van goede *communicatie* centraal. Kernwoorden daarbij zijn: gelijkwaardigheid, acceptatie en wederzijds respect en vertrouwen. Uitgangspunt is hier dat een goede relatie een gelijkwaardige relatie is, waarbij de één de ander als persoon *accepteert*. Dit betekent dat, wanneer zich in de verhouding leraar-leerling problemen voordoen, deze betrekking hebben op gedrag(saspecten) van het kind en niet op wie hij is als persoon. Natuurlijk zijn er situaties waarin het gedrag van de leerling niet acceptabel is. Volgens de opvattingen beschreven in dit deel zal de leerling, doordat er sprake is van wederzijds respect en vertrouwen, in het algemeen bereid zijn zijn gedrag te veranderen. Doet zich een probleem(situatie) voor, dan moet de leraar allereerst vaststellen om wiens probleem het gaat: dat van de leerling, van de leraar of van allebei.
Bij het ingaan op het probleem maakt hij vervolgens gebruik van respectievelijk actief luisteren, ik-boodschappen of het creëren van een win-winsituatie.

In *deel 3* gaan we in op *belonen* en *straffen*. Voor een zo groot mogelijke effectiviteit in het onderwijs wil een leraar graag dat een kind bepaald gedrag wél vertoont en ander gedrag niet. Belonen en straffen zijn niet weg te denken instrumenten om veranderingen in gedrag te bewerkstelligen. In onze opvatting ligt de nadruk op effectief belonen en alleen straffen waar nodig. Er zijn echter ook situaties waarin een meer systematische inzet van belonen dan wel straffen nodig is om te komen tot de gewenste gedragsverandering. Dan maken we gebruik van de principes van de gedragstheorie om tot een adequaat beloningssysteem dan wel gedragsveranderingsprogramma te komen. Het belangrijkste principe is hierbij dat gedrag bepaald wordt door de gevolgen die het heeft. Systematische verandering van gedrag vindt dan plaats door iets aan die gevolgen te doen. Als de gevolgen positief zijn, zoals belonen, doen we gewenst gedrag ontstaan dan wel toenemen. Als de gevolgen negatief zijn, zoals straffen, zal ongewenst gedrag verminderen of verdwijnen. Het doel is dat de relatie tussen jullie verbetert, doordat het kind ander gedrag gaat vertonen.
Een variant op het werken met een gedragsveranderingsprogramma is het verkort beloningssysteem. Een verkort beloningssysteem heeft niet als doel gedrag aan te leren of te veranderen maar dient vooral als een opmaat voor een andere benadering van het kind in de situatie dat er zo'n negatieve relatie tussen leraar en leerling is ontstaan dat er geen ruimte meer is voor werken met een handelingsplan of een gedragsveranderingsprogramma.

De kennis en vaardigheden van de eerste drie delen zijn een uitwerking van twee competenties: interpersoonlijk competent (SBL 1) en pedagogisch competent (SBL 2).

In *deel 4* staat *reflectie* centraal (competentie 7 van de SBL). Als leraar heb je een spilfunctie in het onderwijs. De kwaliteit van de relatie tussen leraar en leerling wordt in sterke mate bepaald door jou als leraar. Het hoort dus tot de professionaliteit van elke leraar bereid en in staat te zijn je eigen handelen, denken en gevoelens onder de loep te nemen en daar verandering in aan te brengen. De uitwerking van reflectie in dit boek richt zich erop hoe je als leraar via denken, je gevoelens kunt veranderen en daarmee je handelen kunt aanpakken. Daarmee werk je aan de ontwikkeling van je bekwaamheid (Besluit Bekwaamheidseisen).

*Deel 5* gaat over *Omgaan met ouders* (competentie 6 van de SBL). Partnerschap tussen de school en ouders moet vanzelfsprekend worden. In dit deel bieden wij een compact theoretisch en praktisch kader voor goed omgaan met ouders. In onze opvatting dient een leraar in staat te zijn zo om te gaan met ouders dat het belang van het kind centraal blijft staan. Dat kan alleen als de relatie met de ouders gebaseerd is op vertrouwen en respect. Om op die manier met ouders om te kunnen gaan, zijn bepaalde basisvaardigheden nodig: een professionele basishouding; goed omgaan met ouders met een kind met problemen en gespreksvaardigheden.

Zoals hiervoor is aangegeven, vormt een goede relatie de basis voor een goed functionerende leerling, effectief onderwijs en het optimaliseren van leeropbrengsten. In hoofdstuk 1 bespreken we wat een goede relatie is en waarom deze essentieel is voor een goed functionerende leerling, effectief onderwijs en het optimaliseren van leeropbrengsten. Verder begint elk hoofdstuk met een paragraaf over het verband tussen een goede relatie en het onderwerp van dat hoofdstuk.
De hoofdstukken bevatten veel voorbeelden, een uitgewerkte casus, studievragen en praktijkoefeningen, valkuilen en tips, en een lijst met kernbegrippen.

### Digitale ondersteuning via PaboWijzer
*Hoe ga je om met kinderen op school en hun ouders?* wordt online ondersteund via www.pabowijzer.nl. Op PaboWijzer vind je de volgende elementen:
- het online boek; de digitale versie van dit boek
- toetsvragen; een uitgebreide interactieve toetsenbank met gerichte feedback en studieadvies
- samenvattingen; per hoofdstuk vind je een korte en bondige samenvatting op PaboWijzer

Met de unieke code op de voucher die bij het boek hoort, krijg je toegang tot voorgaande ondersteuning.

### Theorie-praktijk
Zoals in het Woord vooraf al is aangegeven, is het niet onze bedoeling de theorieën die aan dit boek ten grondslag liggen, uitgebreid weer te geven. De theorie die aan de orde komt, staat ten dienste van waar het in dit boek om gaat: *het aanreiken van (deel)competenties en vaardigheden die in de dagelijkse situatie bruikbaar zijn voor het omgaan met kinderen en met hun ouders/verzorgers*. Om diezelfde reden gaan we ook slechts zijdelings in op psychologische problematiek die ten grondslag kan liggen aan de problemen van leerlingen die in dit boek beschreven worden. Overigens is het van belang te bedenken dat niet alle probleemgedrag opgelost kan worden in de schoolsituatie. Wanneer er sprake is van psychopathologie, ernstig verstoorde relaties, ernstige handicaps en al te belastende levensomstandigheden, kunnen de problemen dermate divers en complex zijn, dat deskundige hulp nodig is.

Uit de praktijk bereikt ons nogal eens de vraag of er richtlijnen zijn voor het inroepen van specialistische hulp. Hoewel we ons ervan bewust zijn dat het antwoord weinig bevredigend is, moeten we stellen dat concrete criteria niet te geven zijn. Het hangt namelijk af van het kind met wie je te maken hebt, zijn probleem en de leraar en de (on)mogelijkheden van de school.
Er is één min of meer algemene richtlijn te geven: wanneer je je als leraar ernstig zorgen maakt over een kind en / of niet meer weet wat je met dat kind aan moet, is elke vraag om hulp gerechtvaardigd.

# DEEL 1
# Zicht op het zelfbeeld

1 **Zelfbeeld: een theoretisch kader** 23
2 **Zelfbeeld: concrete uitwerking** 43
3 **Acceptatie** 71

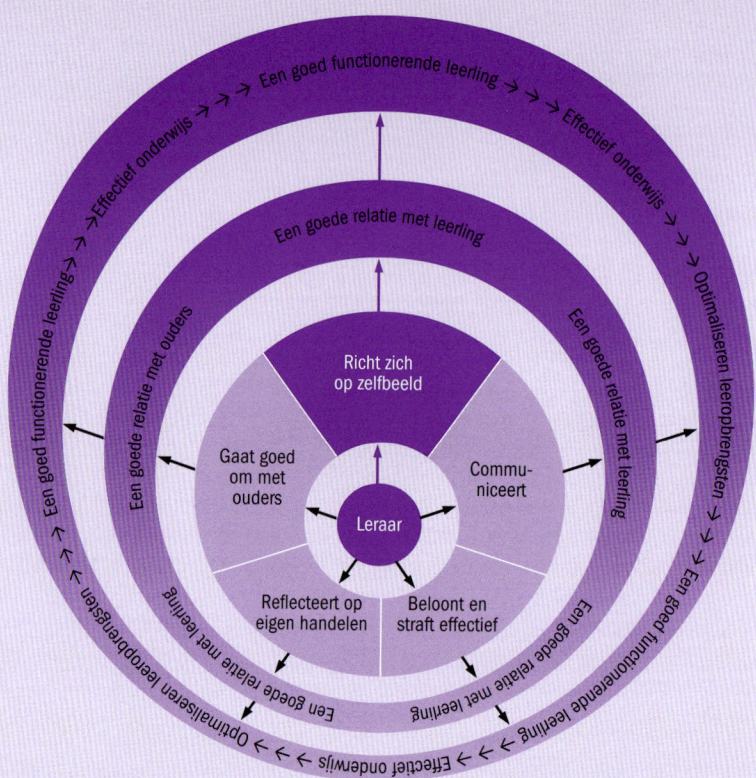

Met dit boek willen we bijdragen aan het aanreiken van kennis en vaardigheden om het lesgeven en leren te optimaliseren door een goede omgang met het kind. We kunnen het ook anders zeggen: een goede relatie tussen leraar en leerling vormt de basis voor een goed functionerende leerling en effectief onderwijs. In dit deel staat centraal hoe een leraar een goede relatie kan opbouwen en in stand houden door kennis te hebben van en zich te richten op het zelfbeeld van het kind. Daarmee geven we een uitwerking aan twee competenties (Besluit bekwaamheidseisen onderwijspersoneel): interpersoonlijk competent en pedagogisch competent en sluiten we aan bij Kennisbasis generiek. Het gedrag van een kind wordt in sterke mate bepaald door de wijze waarop het over zichzelf denkt, door zijn zelfbeeld. Is er wat met dat zelfbeeld aan de hand, dan werkt dat door in zijn gedrag in de vorm van problemen. Problemen vergen aandacht en tijd van leraar en leerling en gaan dus ten koste van leren en doceren. Alle reden dus om problemen zo veel mogelijk te voorkomen of snel en adequaat aan te pakken. Kennis van en zich richten op het zelfbeeld van een kind betekent dat de leraar er rekening mee kan houden. En door met het zelfbeeld van een kind rekening te houden en zo nodig positief te beïnvloeden, kan hij de problemen aanpakken. Kennis van en zich richten op het zelfbeeld van een kind dragen dus bij aan een goede relatie tussen leraar en leerling. Maar wat is een goede relatie? En hoe ontstaat een goede relatie? Dat zetten we uiteen in hoofdstuk 1. Een goede relatie heeft in ieder geval de volgende kenmerken: wederzijdse acceptatie, ondersteuning en betrokkenheid. Om een goede relatie te bewerkstelligen en in stand te houden, is een bepaalde basishouding en actieve opstelling van de leraar nodig, waardoor een leraar zo kan handelen dat een kind waardering en respect ervaart. Pas dan kan de leerling zich veilig voelen, vertrouwen in de leraar (gaan) stellen en zijn best doen die houding te beantwoorden door positief gedrag.

Kortom, kennis van en zich richten op het zelfbeeld vormen belangrijke instrumenten om te komen tot een goede relatie en daarmee tot een goed functionerende leerling, effectief onderwijs en optimale leeropbrengsten.

# Anne en David

Het is maandagochtend kwart voor acht. Het is druilerig weer. Er zijn al twee kinderen op het schoolplein, hoewel de school pas om half negen begint. Zij wachten op juffrouw Hanneke, die altijd rond acht uur op school komt. Maria en Anne willen haar zeker niet mislopen. Als zij aan komt rijden, hollen ze alvast naar de auto toe. Juffrouw Hanneke zwaait vanachter het stuur terug. Terwijl zij uitstapt, zegt zij blij te zijn Maria en Anne te zien. Zij heeft twee zware tassen bij zich en vraagt de kinderen deze te dragen. Met elkaar oplopend vraagt zij hun hoe het weekend geweest is. Zij maakt zich vooral zorgen om Anne. Zij heeft er, na negen jaar enig kind te zijn geweest, een paar maanden geleden in de zomervakantie een broertje bij gekregen. Haar moeder kan de twee kinderen niet goed aan en heeft weinig aandacht voor Anne. Juffrouw Hanneke vraagt aan Anne of zij in het weekend nog wat gezelligs met haar moeder heeft gedaan. Als zij bevestigend knikt, kijkt juffrouw Hanneke tevreden en geeft haar een aai.
De goede relatie tussen Anne en juffrouw Hanneke is van recente datum. Aan het begin van het schooljaar waren er de nodige problemen. Zij weigerde vaak te werken, zat te dromen en was moeilijk toegankelijk. Juffrouw Hanneke zette haar steeds meer onder druk om haar aan het werk te krijgen. Zij gaf straf, hield haar in de pauzes binnen om haar het werk te laten afmaken, liet haar niet naar gymnastiek gaan en liet haar nablijven. Op een dag kwam Maria met een huilende Anne op school. Namens Anne vertelde Maria dat Anne het thuis moeilijk had; dat haar moeder alleen maar aandacht had voor het broertje en dat zij zich vaak erg verdrietig voelde, thuis en ook op school. Juffrouw Hanneke vond het jammer dat zij dit niet eerder wist. Zij vertelde dit aan Anne en Maria en sprak met hen af dat zij rekening zou houden met Anne als deze aangaf dat het thuis niet zo goed ging. Ook nam zij zich voor een gesprek te hebben met de moeder van Anne om meer informatie te krijgen. Daarna informeerde juffrouw Hanneke regelmatig hoe het thuis ging. Als Anne aangaf het moeilijk te hebben, hield zij rekening met de eisen die zij die dag stelde en ook met de manier waarop. Sindsdien zijn er wweinig incidenten meer.

Eenmaal binnen treft juffrouw Hanneke voorbereidingen voor de rekenles, waarmee ze die dag beginnen. De klassenassistente, Brenda, die in verschillende groepen helpt bij de reken- en taallessen, is inmiddels ook gearriveerd en helpt mee. Nadat de bel is gegaan en de groep al binnen is, blijkt David er niet te zijn. Brenda voelt enige opluchting. Zij vindt hem een vervelende jongen die volgens haar vaak de sfeer bederft. Zijn prestaties zijn matig tot slecht. Hij weigert vaak te werken. En als hij werkt, is dat onder luid protest en ook heeft hij telkens met andere kinderen ruzie en woordenwisselingen. Niemand in de klas wil nog met hem spelen. Brenda kan dat best begrijpen. Thuis wordt David op handen gedragen. Hij is een groot voetbaltalent en zijn ouders stimuleren hem daar sterk in. Hij leeft voor het voetbal, gaat veel naar trainingen en selectiewedstrijden. Contacten met andere kinderen heeft hij eigenlijk alleen met jongens van groep 8, als hij met hen voetbalt. Zij tolereren hem omdat hij zo goed voetbalt, maar vaak eindigt ook hun spel in ruzie omdat David het hoogste woord heeft en het spel helemaal wil bepalen.
Een paar minuten later komt David toch nog de klas binnen. Hij ziet er onverzorgd uit, en slentert op zijn gemak naar zijn plaats. Brenda voelt een zekere teleurstelling. Zij reageert dan ook meteen al boos naar David en zegt dat hij zich wel rustig moet hou-

den straks bij het rekengroepje, omdat zij hem anders wegstuurt. De blik van David naar Brenda voorspelt niet veel goeds voor die dag. Voorlopig zit het niet goed tussen Brenda en David. En als Brenda niets verandert aan haar benadering van David, zal dat ook niet gebeuren.

# 1
# Zelfbeeld: een theoretisch kader

1.1 Een goede relatie
1.2 Een goede relatie en zicht op zelfbeeld
1.3 Het zelfbeeld: een begripsbepaling
1.4 Basishouding
1.5 Praktijk

**Kennisdoelen**
1 Het eerste en belangrijkste doel van dit hoofdstuk – de rode draad in dit boek – is kennisnemen van het belang van een goede relatie tussen leraar en leerling, omdat een goede relatie essentieel is voor het goed functioneren van de leerling, effectief onderwijs en het optimaliseren van leeropbrengsten.
2 Het tweede doel is inzicht krijgen in het verband tussen een goede relatie en het zelfbeeld van een kind. Een leraar dient zich bewust te zijn dat zijn handelen een belangrijke factor is in het ontwikkelen van een positief zelfbeeld bij de leerling.
3 Het derde doel is kennisnemen van het begrip zelfbeeld en welke basishouding nodig is om met succes invloed te kunnen uitoefenen op het zelfbeeld van het kind.

**Toepassingsdoel**
Met de kennis van dit hoofdstuk is de leraar in staat invulling te geven aan een goede relatie met leerlingen en een basishouding te ontwikkelen om zo een positieve invloed op het zelfbeeld van leerlingen te kunnen uitoefenen.

## 1.1 Een goede relatie

'De leraar weet dat het ontwikkelen van een pedagogische relatie tussen leraar en kinderen' (...) 'van essentieel belang is voor goed onderwijs'. Ontwikkeling is relationeel. Alle ontwikkeling en leren vindt plaats in relatie met de omgeving. Zonder relatie geen prestatie (Kennisbasis generiek). Een goede relatie vormt de basis voor een goed functionerende leerling, effectief onderwijs en optimale leeropbrengsten. Maar die goede relatie is er niet zomaar.

Deze opvatting vraagt een nadere uitwerking. Alvorens de theoretische uitgangspunten met betrekking tot het zelfbeeld te behandelen, gaan we in deze paragraaf dan ook eerst in op wat in onze visie een goede relatie is en wat dit vraagt van de leraar.

*Invloed leraar groot*

Tot halverwege de jaren tachtig richtte veel onderzoek naar prestaties in het onderwijs zich vooral op factoren op schoolniveau (Marzano, 2007). Vanaf die tijd vindt in toenemende mate onderzoek plaats naar de rol van de leraar. Bevindingen van diverse onderzoeken laten zien dat de invloed van de beslissingen van de individuele leraar veel groter is dan het effect van beslissingen op schoolniveau.

*Goede relatie leraar-leerling essentieel voor goed onderwijs*

Een belangrijke variabele is hierbij de relatie tussen leraar en leerling.
Elke leraar wil dat de ruimte voor leren en doceren zo groot mogelijk is (zie ook paragraaf 3.3). Een goede relatie draagt daar op vele manieren aan bij:

- Gebleken is dat binnen een goede relatie leerlingen (meer) bereid zijn de methoden, regels, procedures en dergelijke van de leraar te accepteren. Als die goede relatie er niet is, zoeken leerlingen de grenzen op van wat mag (Marzano, 2007).
- Binnen een goede relatie kan een kind zich veilig voelen. En een kind dat zich veilig voelt, durft verkennend en onderzoekend gedrag te vertonen, voelt zich vrij zich te ontwikkelen en te leren.
- Een leerling die ervaart dat hij met de leraar een positieve relatie heeft, zal eraan hechten die relatie niet op het spel te zetten. Hij zal dus proberen geen gedrag te vertonen waardoor de relatie onder druk komt te staan.
- Problemen van kinderen verkleinen de ruimte voor leren en doceren en vergroten daarmee de kans op lagere leeropbrengsten. Bij problemen is de kans groot dat hij aandacht eisend gedrag vertoont. Aandacht eisend gedrag vraagt tijd en energie van leraar en leerling. Dus is het van belang er iets aan te doen. Binnen een goede relatie durft een kind te laten zien dat hij een probleem heeft. Ook is hij ontvankelijker voor hulp. Op die manier is binnen een goede relatie de kans op een succesvolle aanpak van problemen groter dan wanner er geen goede relatie is met het kind.
- Niet altijd pak je een probleem van een leerling op de juiste wijze aan. Binnen een goede relatie is dat meestal niet zo erg. Omdat er vertrouwen en veiligheid is, vindt het kind dit uiteraard niet leuk, maar kan het inzien dat een dergelijke reactie een incident is. Bij een minder goede of slechte relatie tussen leraar en leerling heeft een niet juiste aanpak een héél ander effect: het is voor hem een 'bewijs' dat je hem niet accepteert, het kind ervaart afwijzing. Het gevolg is, dat wat voor jou als leraar een incident is, dit voor de leerling een gebeurtenis van betekenis is. Een dergelijk verschil in inschatting leidt nogal eens tot escalaties.

---
**VOORBEELD 1.1**
# Marsha

Het is nogal druk in de klas. De leerlingen zijn erg onrustig. Zonder goed te kijken waarschuw je Marsha (groep 7), meestal de grootste druktemaakster in de klas, maar in feite een heel onzeker meisje (negatief zelfbeeld). Zij was echter rustig aan het werk. Zij reageert heel kwaad, omdat je haar onterecht tot de orde roept. Zij schreeuwt dat je ook altijd haar moet hebben. Jij probeert met een excuus de zaak recht te zetten, maar zij hult zich in bokkig zwijgen en weigert verder te werken.

---

Kortom, er zijn heel veel redenen om als leraar te investeren in een goede relatie met de leerling.

Als we stellen dat 'een goede relatie' een essentiële voorwaarde is voor een goed functionerende leerling, effectief onderwijs en optimale leeropbrengsten, moeten we wel weten wat we daaronder verstaan. Als we aan tien mensen vragen wat zij onder 'een goede relatie' verstaan, dan zullen zij tien verschillende antwoorden geven. Wat zijn de bouwstenen van een relatie tussen leraar en leerling die ervoor zorgen dat er optimaal lesgegeven en geleerd kan worden? Volgens L. Stevens (JSW, 1997) is het de opdracht van de school kinderen te laten ervaren dat zij op school zichzelf kunnen zijn en dat de school hun uitzicht biedt op ontwikkeling. Met deze erkenning van eigenheid en het bieden van een ontwikkelingsperspectief geeft de school blijk van vertrouwen in de ontwikkeling van haar leerlingen. Dit is wat kinderen vooral waarnemen: geloven ze in mij of niet, geloven ze dat ik het wil en dat ik wat ik kan, ook zal laten zien?

*Bouwstenen van een relatie*

Wij sluiten ons bij deze gedachtegang aan. Een goede relatie, zo menen wij, kent ten minste de volgende drie elementen:
1 acceptatie
2 ondersteuning
3 betrokkenheid

*Ad 1 Acceptatie*
In de inleiding van deze paragraaf hebben we al aangegeven dat een kind zich op school zo veilig moet kunnen voelen dat hij daar zichzelf kan zijn met uitzicht op ontwikkeling naar eigen maat. Elk kind is uniek (Kennisbasis generiek). Met deze *erkenning van eigenheid* is er acceptatie van de leerling zoals hij is.

*Erkenning van eigenheid*

*Ad 2 Ondersteuning*
In de tweede plaats is het van belang dat de school uitzicht biedt op ontwikkeling. Zich ontwikkelen en leren doet een kind niet alleen. Het doet dit in relatie met anderen: zijn ouders, zijn leraren. In deze relatie ervaart het kind het ontstaan en de bevestiging van vertrouwen in anderen, of ze beschikbaar zijn om je te ondersteunen, of niet. Ondersteuning speelt een belangrijke rol, zodat het kind vertrouwen kan voelen in wat het kan en wil ondernemen.

*Uitzicht op ontwikkeling*

*Ad 3 Betrokkenheid*
Acceptatie en ondersteuning kunnen niet zonder betrokkenheid van de leraar bij het kind. Dit houdt in het willen en kunnen *aangaan van een relatie* met het kind.

**Aangaan van een relatie**

**T 1.1**

**TUSSENVRAAG 1.1**
Waarom is een goede relatie tussen leraar en leerling belangrijk?

**Psychologische behoeften**

Een relatie die zich aldus kenmerkt, is in overeenstemming met de *psychologische behoeften* van mensen: de behoefte aan onafhankelijkheid of autonomie, de behoefte aan competentie en de behoefte aan relatie. Deze behoeften creëren met elkaar de intrinsieke motivatie om je te ontwikkelen als mens. Worden deze niet of onvoldoende ingevuld, dan wordt de basis voor goed functioneren en effectief onderwijs verkleind.

### Anne en David (deel 1)

Na een wat moeizaam begin heeft juffrouw Hanneke, zoals we in de openingscasus lazen, gezorgd voor een relatie tussen haar en Anne, waarin zij laat merken Anne te accepteren zoals zij is, dat wil zeggen met haar moeilijkheden thuis. Zij toont betrokkenheid bij deze situatie en ondersteunt Anne door zo goed mogelijk met haar moeilijkheden om te gaan. Daarmee is ruimte ontstaan voor lesgeven en leren, voor goed onderwijs.
De relatie tussen David en Brenda daarentegen voldoet aan geen van de hiervoor genoemde kenmerken. Als er in die situatie niet iets verandert, is de kans groot dat er nog meer incidenten plaatsvinden. Dergelijke incidenten gaan altijd ten koste van de effectieve leertijd van zowel David als de andere leerlingen en dat kan zijn weerslag hebben op de leeropbrengsten.

**T 1.2**

**TUSSENVRAAG 1.2**
Max (groep 7) is niet aan het werk. Jij maant hem aan het werk te gaan, maar hij reageert niet.
Je zegt tegen hem: 'Schiet nou toch eens op. Je let alleen maar op anderen en niet op je werk. Ga aan het werk.' Max reageert niet. Waarom draagt deze reactie niet bij aan een goede relatie?
Hoe kan de leraar zorgen voor een goede relatie tussen hem en zijn leerlingen?

**Actief werken aan goede relatie**

Een goede relatie is er niet zo maar. Een leraar moet daar actief aan werken.

### Anne en David (deel 2)

In de openingscasus zagen we dat juffrouw Hanneke en Brenda allebei aanvankelijk een slechte relatie hadden met respectievelijk Anne en David. Juffrouw Hanneke heeft geprobeerd om alleen door het uitoefenen van druk Anne tot betere prestaties aan te zetten (iets wat overigens niet lukte). Zij heeft zich vervolgens meer verdiept in Anne en haar achtergrond.

Doordat zij toen met elkaar in gesprek raakten, kon hun relatie verbeteren en ontstond er een basis voor een andere, meer effectieve aanpak.
Brenda daarentegen komt niet los van haar negatieve gevoelens voor David. Het gevolg is een steeds grotere kloof tussen hen: een David die niet presteert en bij Brenda toenemende weerstand om hem in haar lessen te hebben; een onvruchtbare situatie.

Het opbouwen en in stand houden van een goede relatie vraagt dus gerichte inzet van een leraar. Daarvoor moet hij weten hoe een kind in elkaar zit. Een belangrijk aspect van kennis van een kind is inzicht te hebben hoe een kind over zichzelf denkt, tegen zichzelf aankijkt: zijn zelfbeeld. Hoe een kind over zichzelf denkt, zijn zelfbeeld, bepaalt namelijk in sterke mate zijn manier van reageren en zijn gedrag.

*Inzicht in zelfbeeld*

## 1.2 Een goede relatie en zicht op het zelfbeeld

Zoals gezegd, het zelfbeeld van een kind is in hoge mate bepalend voor zijn gedrag. Problemen op het gebied van het zelfbeeld kosten tijd en aandacht en gaan dus ten koste van leren en lesgeven (zie ook paragraaf 3.1). Daarom is het voor jou als leraar belangrijk dat een leerling een zo positief mogelijk zelfbeeld heeft. Kennis van het zelfbeeld stelt een leraar in staat het beeld dat een kind van zichzelf heeft zo nodig positief te beïnvloeden.
Kijk eens naar het volgende voorbeeld.

*Zelfbeeld positief beïnvloeden*

---

**VOORBEELD 1.2**

### Eduard en Johanna

Eduard is een jongen die erg snel uit zijn evenwicht raakt. Met andere woorden, hij heeft op emotioneel vlak een negatief zelfbeeld. Hij steekt te pas en te onpas zijn vinger op. Dit gedrag begint de leraar steeds meer te irriteren. Johanna is een meisje dat niet van haar stuk te krijgen is. Met andere woorden, zij heeft een stevig zelfbeeld. Zij vertoont hetzelfde gedrag als Eduard. De leraar besluit het gedrag van beide kinderen aan te pakken door het te negeren. Na een paar dagen steekt Johanna alleen nog maar haar vinger op als er echt iets is. Eduard echter heeft steeds vaker huilbuien en komt steeds vaker bij de tafel van de leraar staan.

---

We gaan ervan uit dat er een goede relatie bestaat tussen Eduard en de leraar. Toch heeft diens handelwijze niet het gewenste effect. Integendeel, in plaats van vermindering van het ongewenste gedrag, gaat hij ook ander probleemgedrag vertonen. Dat komt doordat de leraar geen rekening heeft gehouden met het zelfbeeld van Eduard. De leraar heeft geen zicht op het zelfbeeld van Eduard en bereikt daardoor niet het gewenste resultaat. De kans is groot dat de maatregel zowel het zelfbeeld van Eduard als de relatie met de leraar negatief beïnvloedt. Met dit voorbeeld willen we laten zien dat wanneer een leraar onvoldoende zicht heeft op, of rekening houdt met het zelfbeeld van het kind, hierdoor:

a de relatie tussen beiden er niet beter op wordt
b de kans groot is dat het kind minder positief over zichzelf gaat denken (zwakker zelfbeeld)
c de gekozen handelwijze om niet-acceptabel gedrag te veranderen niet het gewenste resultaat heeft

**Zicht op zelfbeeld noodzakelijk voor een goede relatie**

Omgekeerd is binnen een goede relatie de kans groter op een succesvolle aanpak van het probleem (zie ook paragraaf 1.1). Bij een goede relatie zal een leraar sneller opmerken dat een gekozen aanpak van een probleem niet werkt en kiezen voor een andere benadering. Omdat de relatie zich kenmerkt door wederzijds vertrouwen en respect zal de leerling dit gemakkelijk accepteren. De negatieve effecten van een onjuiste aanpak blijven op die manier beperkt.

**T 1.3**

**TUSSENVRAAG 1.3**
Wat is het verband tussen kennis van het zelfbeeld van een kind en effectief onderwijs?

We weten nu wat een goede relatie is en wat het verband is tussen een goede relatie en het zelfbeeld van een kind. In de volgende paragraaf werken we het begrip zelfbeeld verder uit.

## 1.3 Het zelfbeeld: een begripsbepaling

In deze paragraaf gaan we dieper in op het begrip 'zelfbeeld'. Achtereenvolgens komen aan de orde: het historisch perspectief, zelfbeeld in relatie tot identiteit en persoonlijkheid, hoe ontstaat het zelfbeeld en tot slot komen we tot een definiëring van het begrip.

### 1.3.1 Het zelfbeeld in historische perspectief

'De 20ste eeuw is het tijdperk van de individualisering' (een citaat in een krant); 'Ik geloof in de zelfontplooiing van het individu' (zwemmer Pieter van den Hoogenband in een interview); 'De VS gaan uit van individuen' (Fukuyama, hoogleraar internationale politieke economie); '(…) bij haar is het individu de maat der dingen' (artikel in *NRC Handelsblad*). In onze westerse samenleving is het heel gewoon te spreken over jezelf als individu, over zelfontplooiing, persoonlijke groei, zelfbewustzijn, het welbevinden van het individu, het zelfbeeld enzovoort. Dit hangt samen met de plaats van en aandacht voor het individu in onze samenleving.

**Aandacht voor het individu**

De sterk toegenomen aandacht voor de mens als individu, voor persoonlijke groei en welbevinden en het zelfbeeld is een betrekkelijk recente ontwikkeling. Als we in grote stappen door de geschiedenis van de westerse samenleving lopen, kun je grofweg zeggen dat de mens tot aan de renaissance dienstbaar was aan God en de gemeenschap. Niet het individu, maar religie en de sociale structuur, het verband waarin de mens leefde – de familie, de buurt, het werkverband (denk aan de gilden), de klasse waartoe hij behoorde enzovoort – waren bepalend.
In de stroom van middeleeuwen naar wat we in het huidige geschiedenisonderwijs de Nieuwe Tijd noemen (beginnend rond 1500, ook wel als renaissance aangeduid) komt daar langzaam verandering in. De 'goddelijke' wereldorde van de middeleeuwen maakt geleidelijk plaats voor een wereldbeeld waarin de mens centraal staat. Dat brengt met zich mee dat de mens

als het ware meer naar zijn eigen innerlijke contouren kijkt en er meer en meer aandacht komt voor de mens als individu. Vanaf grofweg eind 1900 tot nu komt – althans in onze westerse samenleving – steeds meer de mens als individu centraal te staan: er vindt een toenemende individualisering plaats. Gekoppeld aan deze ontwikkeling gaat men zich bezighouden met de uitwerking van begrippen als individu, het zelf, persoonlijkheid. Baanbrekend werk op dit gebied hebben onder meer Freud en Jung verricht.

*Individu, het zelf, persoonlijkheid*

De ontwikkeling van aandacht voor *het* individu en zijn ontplooiing beperkt zich niet tot de psychologie en aanverwante terreinen, maar zien we ook terug in het onderwijs. In de vorige eeuw zijn naast de gebruikelijke vorm van klassikaal onderwijs vele andere vormen ontstaan, waarin naast kennisoverdracht meer het kind als persoon centraal kwam te staan. Denk bijvoorbeeld aan montessorionderwijs, jenaplan en daltononderwijs. Gelet op deze ontwikkeling behoeft de groeiende aandacht voor het zelfbeeld van een kind geen verbazing.

*Aandacht voor het individu en zijn ontplooiing*

Enige nuancering is hierbij overigens op zijn plaats. De Nederlandse samenleving kent een grote diversiteit aan gezinsvormen, opvattingen over opvoeding en culturele achtergronden. Het belang dat men hecht aan het zelfbeeld van een mens is mede daarvan afhankelijk.

**TUSSENVRAAG 1.4**

Sinds wanneer is het zelfbeeld in de westerse samenleving een belangrijk begrip?

T 1.4

### 1.3.2 Het zelfbeeld en verwante begrippen

We beginnen met zomaar een greep van stellingen en uitspraken in kranten en tijdschriften over het zelfbeeld:

- 'Mijn zelfbeeld was dat van een mier' (schrijver Adriaan van Dis in een interview).
- 'Mijn zelfbeeld kromp en kromp' (een persoon beschrijft in een interview een periode van diverse mislukkingen).
- 'We laten ons werk bepalen wie we zijn…' (uit een krantenartikel).
- 'Over het geheel genomen hebben mannen een positiever zelfbeeld dan vrouwen' (artikel in tijdschrift *Opzij*).

Het gemeenschappelijke in deze uitspraken is dat zij gaan over het beeld dat een persoon van zichzelf heeft. In het dagelijks leven, in de psychologie, pedagogie, in allerlei artikelen variërend van wetenschappelijk, filosofisch tot populair zien we een veelvuldig gebruik van het begrip zelfbeeld.
Vaak echter is niet duidelijk wat men precies verstaat onder zelfbeeld. Het lijkt voor de hand liggend: zelfbeeld is wat het woord zegt: het beeld dat iemand van zichzelf heeft. Maar als we verschillende beschouwingen goed bestuderen, blijkt het niet altijd zo eenvoudig te liggen en is er geen overeenstemming over wat het begrip zelfbeeld inhoudt. Soms gaat het inderdaad over het beeld dat iemand van zichzelf heeft. Maar ook blijkt uit de tekst dat men het heeft over iemands persoonlijkheid of identiteit.

*Geen overeenstemming over begrip zelfbeeld*

Wij sluiten ons aan bij de algemeen aanvaarde opvatting dat de begrippen identiteit, persoonlijkheid en zelfbeeld alles met elkaar te maken hebben, maar niet hetzelfde zijn (Berk, 2003). Een nadere begripsbepaling is dan ook nodig. Je moet daarbij wel bedenken dat het om complexe begrippen gaat, waarover vele opvattingen en theorieën bestaan. De uitwerking van deze begrippen in dit boek heeft vooral als doel bij te dragen aan een goede en effectieve omgang met het kind.

*Identiteit, persoonlijkheid en zelfbeeld niet hetzelfde*

## Identiteit

Identiteit is in de psychologie, pedagogie en psychiatrie een belangrijk en veelgebruikt begrip.

Een gevoel / besef van identiteit is van groot belang voor iemands functioneren. Een goed, samenhangend identiteitsgevoel vormt een goede basis voor alle keuzes en beslissingen waarmee een volwassene te maken krijgt (Berk, 2003). Iedereen voelt zich wel eens onzeker over zichzelf: wie je bent, hoe anderen je zien, wat je wilt in het leven. Iemand met een zwak of weinig ontwikkeld identiteitsgevoel ondervindt vaak problemen in zijn functioneren.

*Continuïteit en contrast*

Er zijn twee belangrijke karakteristieken als we het hebben over identiteit:
1 *Continuïteit*. Dat wil zeggen dat je er op kunt rekenen dat je morgen dezelfde persoon bent als vandaag. Weliswaar verandert een persoon in zijn leven, maar deze veranderingen gaan zo geleidelijk, dat je je toch 'dezelfde persoon' blijft voelen.
2 *Contrast (tegenstelling)*. Dat wil zeggen identiteit is iets unieks; hierdoor onderscheid je je van anderen (Larsen & Buss, 2002).

*Erikson*

Aan de uitwerking van het begrip is vooral de naam van E.H. Erikson verbonden. In zijn boek *Het kind en de samenleving* werkt hij het begrip uit. Schrijvend over oorlogservaringen van mensen zegt hij: 'Wat mij het sterkst opviel bij deze mensen was het verlies van identiteitsbesef.' Op basis van deze waarneming definieert Erikson op dat moment identiteitsbesef als 'het vermogen om zichzelf te ervaren als een eenheid en een continuïteit, en om dienovereenkomstig te handelen'. Dit gaat dus over een innerlijke beleving, om

*Besef iemand te zijn, gevoel van eigenheid*

een besef van identiteit, een gevoel van eigenheid, een besef iemand te zijn. Een kind beschikt volgens Erikson niet 'zomaar' over een gevoel van identiteit. Dit ontwikkelt zich geleidelijk aan in de ontwikkeling naar volwassene. Hij onderscheidt daarbij een aantal fasen, waarin telkens een aspect van de totale sociaal-emotionele ontwikkeling van het individu centraal staat. De mate waarin deze fasen al dan niet positief doorlopen worden, is bepalend voor het identiteitsbesef als volwassene. In elke fase kunnen problemen optreden. Het is van belang dat de opvoeders deze problemen signaleren en er een oplossing voor vinden om blijvende schade te voorkomen.

Samenvattend: de kern van het begrip identiteit heeft te maken met een gevoel van eigenheid, het gevoel iemand te zijn, een zelfgevoel en de ervaring dat we ons in verschillende omstandigheden en op verschillende tijdstippen dezelfde persoon voelen.

## Persoonlijkheid

De term persoonlijkheid komt van het Latijnse woord personalitas, oorspronkelijk de aanduiding voor datgene waardoor iemand een persoon is. Al van oudsher heeft de mens behoefte te verklaren wat de mens tot 'een' mens, een persoon maakt. Persoonlijkheid is een begrip, een veronderstelling

*Verklaren gedrag*

waarmee wij gedrag proberen te verklaren (Schreuder Peters & Boomkamp, 2004).

In het dagelijks leven leidt het gebruik van het begrip persoonlijkheid zelden tot problemen of misverstanden. Anders is dat waar het gaat om het wetenschappelijk gebruik van de term en de theorieën over het begrip. De studie naar (de ontwikkeling van) de persoonlijkheid is al eeuwen oud (Van Lieshout, 2000). Al in de Grieks-Romeinse tijd bestudeerde men dit onderwerp. In alle theorieën die sinds die tijd opgeld hebben gedaan, zien we grote verschillen, maar ook veel overeenkomsten.

Waar men het over eens is, is dat we ons onder verschillende omstandigheden, in verschillende situaties, in verschillende gezelschappen verschillend gedragen. Maar daarmee kunnen we nog niet spreken van 'persoonlijkheid'. Twee begrippen zijn in deze bepalend: stabiliteit en consistentie.
In de eerste plaats moet iemand een bepaald type gedrag regelmatig vertonen. Dit noemen we *stabiliteit* (Schreuder Peters & Boomkamp, 2004). Daarnaast moet in de gedragingen van iemand een soort gemiddelde, een constante aanwezig zijn. In verschillende situaties vertoont iemand een bepaald type gedrag. In de opvattingen van de persoonlijkheidspsychologie is deze constante uniek voor ieder mens en onderscheiden mensen zich van elkaar door die constante. Dit noemen we *consistentie*.
De term persoonlijkheid is de meest gangbare term. Daarnaast kom je ook de termen karakter of temperament tegen. In het kader van dit boek beperken wij ons tot het uitwerken van het begrip 'persoonlijkheid'.

Over het begrip persoonlijkheid binnen de psychologie bestaan zeer uiteenlopende opvattingen.
Sommige benaderingen gaan ervan uit dat de persoonlijkheid van iemand voornamelijk berust op aangeboren kenmerken. Andere opvattingen gaan ervan uit dat de persoonlijkheid zich vooral vormt onder invloed van ervaringen en leerprocessen. Onderzoek wijst uit dat de individuele verschillen in persoonlijkheid toe te schrijven zijn aan zowel genetische als omgevingsinvloeden (Van Lieshout, 2000). Anders gezegd, iemands persoonlijkheid wordt deels bepaald door aangeboren factoren, en ontstaat deels onder invloed van omgevingsfactoren.

Een belangrijke benadering van het begrip persoonlijkheid is de zgn. 'trait'-theorie. Deze theorie beschrijft de persoonlijkheid in termen van bepaalde 'traits' (trekken, eigenschappen). Belangrijk werk in deze is gedaan door Gordon Allport, die vele jaren van zijn leven heeft besteed aan onderzoek naar de 'traits' die met elkaar de persoonlijkheid vormen. Toonaangevend in deze is het *Vijf Factoren Model*, ook wel Big Five genoemd. Dit gaat uit van de woorden die mensen in het dagelijks leven gebruiken om elkaar te beschrijven. Een statistische analyse van het gebruik van deze termen leert dat mensen elkaar hierbij, zonder het zelf te weten, beoordelen op een vijftal dimensies:
1 extraversie
2 vriendelijkheid
3 zorgvuldigheid
4 emotionele stabiliteit en
5 intellectuele autonomie

Deze vijf dimensies worden aangeduid als de Vijf Factoren. Deze gedragsstijlen zijn breed en omvatten een groot aantal persoonlijkheidskenmerken (Schreuder Peters & Boomkamp, 2004).

Samenvattend kunnen we zeggen dat als we het hebben over het begrip persoonlijkheid, we het hebben over het speciale, eigene, authentieke en unieke van een bepaalde persoon. Het is als het ware de som van iemands hoedanigheden, eigenschappen en karaktertrekken die hem tot díé persoon maken; een verzameling van voor een persoon unieke kenmerken en eigenschappen, waardoor hij zich onderscheidt van anderen (Verhulst & Van der Kroeg, 1990). Stabiliteit en consistentie zijn daarbij essentiële kenmerken.

### 1.3.3 Ontstaan van het zelfbeeld

Hoe goed ken je jezef eigenlijk? Hoe zou je deze vraag beantwoorden? Ik ben 1.83, mannelijk en studeer op het moment? Of noem je bepaalde karakteristieken van jezelf: ik ben openhartig, ongeduldig en een optimist? Hoe je ook antwoordt, het heeft te maken met hoe je tegen jezelf aankijkt. In de loop van hun ontwikkeling gaan kinderen zichzelf zien en ervaren als 'een iemand', als een 'zelf'.

*Ontstaan zelfbeeld*

Met die ontwikkeling ontstaat er ook een zelfbeeld: het beeld dat een kind heeft van zijn eigenschappen, talenten, houdingen die hem naar zijn idee maken tot wie hij is.

De reacties van de omgeving spelen een belangrijke rol bij het ontstaan van het zelfbeeld.

Stel dat op school anderen vaak dingen tegen je zeggen als:

'Wat is het lekker rustig bij jou in de klas.'
'Hoe houd jij dat moeilijke kind zo goed in de hand?'
'Fijn, dat ik op je kan rekenen.' of
'Ik stel het erg op prijs dat je me helpt.'

De kans is groot dat dit een positieve invloed heeft op de wijze waarop je over jezelf denkt. Zou dit ook zo zijn als je regelmatig te horen krijgt:

'Wat ben je vaak in een rothumeur.'
'Jij vindt een kind ook gauw moeilijk.'
'Erg actief ben je niet na schooltijd.'
'We vinden dat je niet loyaal bent tegenover ons.'

Waarschijnlijk hebben deze opmerkingen een negatieve uitwerking. Je zult eerder aan jezelf gaan twijfelen.

*Reacties van de omgeving*

Je kunt je wel voorstellen dat de *reacties van de omgeving* (zie figuur 1.1) voor het zelfbeeld van een kind nog veel belangrijker zijn dan voor dat van een volwassene. Het kind is tenslotte nog volop bezig zich te ontwikkelen. In het begin van zijn leven bestaat voor een kind de omgeving vooral uit zijn ouders / verzorgers, maar al gauw komt de school hier bij. Omdat de omgeving zo belangrijk is voor een kind, gelooft het meestal wat mensen in deze omgeving zeggen, vooral als bepaalde opmerkingen herhaald worden. Hoe vaker een bepaalde opmerking herhaald wordt, des te meer het kind gaat geloven dat het waar is en des te sterker het beeld dat het kind van zichzelf heeft in een bepaalde richting beïnvloed wordt.

**FIGUUR 1.1** Reacties van de omgeving

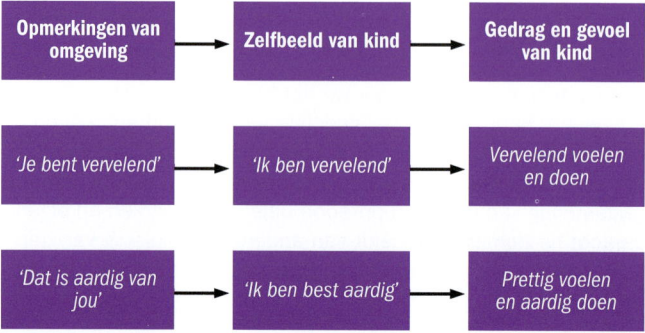

**TUSSENVRAAG 1.5**
Welke rol speelt de omgeving in de ontwikkeling van het kind?

T 1.5

### 1.3.4 Definitie van het begrip zelfbeeld

Het beeld dat iemand van zichzelf heeft, zijn zelfbeeld, is van grote invloed op zijn functioneren. Iemand die zichzelf de moeite waard vindt, zal zich anders voelen en gedragen dan iemand die zichzelf niet de moeite waard vindt. Dat geldt voor kinderen des te meer.
Een kind dat zichzelf niet de moeite waard vindt, kan zich gaan terugtrekken, heel stilletjes worden, kan zich ongelukkig voelen, kan gaan ageren tegen zijn omgeving enzovoort. Pas als een kind zichzelf wel de moeite waard vindt, kan het zich daarnaar gedragen: hij durft verantwoording te nemen, vrij met anderen om te gaan, nieuwe dingen te proberen, eerlijk te zijn, is optimistisch enzovoort. We willen er dus voor zorgen dat een kind zich zo veel mogelijk de moeite waard voelt. Dat doen we door het zelfbeeld te beïnvloeden. Tot nu toe hebben we 'zelfbeeld' omschreven als 'het beeld dat iemand van zichzelf heeft'. Deze omschrijving is niet concreet genoeg om het zelfbeeld met succes te kunnen beïnvloeden.

*De moeite waard zijn*

Het vorenstaande kunnen we ook anders formuleren: het zelfbeeld van een kind en zijn welbevinden gaan hand in hand. Er is een aantal belangrijke voedingsbronnen voor dat welbevinden. Het gevoel van welbevinden wordt gevoed door:
- hoe een kind in zijn gevoelswereld staat. Dit is het emotionele aspect van het zelfbeeld;
- wat anderen van hem vinden. Dit is het sociale aspect;
- hoe er gereageerd wordt op zijn prestaties. Dit is het cognitieve aspect;
- hoe hij zich fysiek voelt. Dit is het lichamelijke aspect.

*Zelfbeeld van een kind en zijn welbevinden*

Dit zijn de vier aspecten, die wij onderscheiden met betrekking tot het zelfbeeld (zie figuur 1.2).

**FIGUUR 1.2** Het zelfbeeld

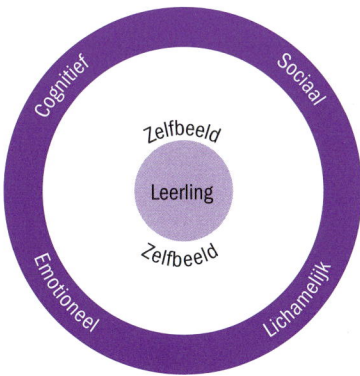

De figuur maakt duidelijk dat de aspecten in onderlinge samenhang gezien moeten worden. Zo zal een dik kind bijvoorbeeld, dat het dik-zijn als probleem ervaart, hiervan een negatieve invloed kunnen ondergaan in zijn emotioneel en / of sociaal functioneren. Een kind dat problemen heeft op sportgebied, kan zo onzeker worden dat het ondanks een goede intelligentie slechte prestaties levert.

Het voorgaande leidt tot de volgende definitie:

*Het zelfbeeld is wat iemand van zichzelf vindt op emotioneel, sociaal, cognitief en lichamelijk vlak.*

T 1.6

**TUSSENVRAAG 1.6**
Waarin onderscheiden de begrippen identiteit, persoonlijkheid en zelfbeeld zich van elkaar?

## 1.4 Basishouding

*Invloed leraar*

We weten nu wat we verstaan onder een goede relatie, wat een zelfbeeld is, en het verband ertussen. We gaan nu na wat de invloed is van het gedrag en handelen van een leraar op het zelfbeeld van een kind: wat is zijn basishouding? Een leraar kan geen verandering brengen in de relatie tussen hem en een kind als hij zich er niet van bewust is welk effect zijn houding en gedrag op dat kind hebben (zie ook deel 4).
In de eerste plaats dient uit de basishouding acceptatie, ondersteuning en betrokkenheid te spreken. In de tweede plaats is wát een leraar zegt en de wijze waarop hij dat doet bepalend of een kind zich al dan niet de moeite waard gaat voelen: als je iets tegen een kind zegt, zeg je ook iets over hem.

*Verbale en non-verbale communicatie*

Daarbij moeten we erop letten wát we zeggen (verbale communicatie), maar ook *hoe*: de toon, waarop het gezegd wordt, de gezichtsuitdrukking, gebaren, kortom wat we noemen de lichaamstaal. Dit noemen we non-verbale communicatie.
Als de lichaamstaal in overeenstemming is met de woorden die iemand spreekt, zullen wij de spreker eerder geloven. Als een leraar tegen een leerling zegt dat hij hem lief vindt, en hij kijkt daarbij wat koel en onverschillig, dan klopt er iets niet voor het gevoel van de leerling. Hij weet niet wat hij ervan moet denken, hij wordt onzeker, want hij weet niet of de leraar het wel echt meent. Soms hoeven mensen niet eens iets te zeggen, maar kunnen we aan hun gezicht en gebaren al zien of merken dat we wel of niet de moeite waard voor ze zijn. Kinderen lijken hier vaak een extra zintuig voor te hebben.

*Geloofwaardigheid*

### Anne en David (deel 3)

Bij juffrouw Hanneke en Anne in de openingscasus is er een relatie die zich kenmerkt door het in zijn waarde laten en respect, een goede relatie dus en zij toont dit ook. De lerares reageert blij wanneer zij Anne ziet en vraagt belangstellend naar de thuissituatie. Zij kijkt op een gegeven moment tevreden en geeft een aai. Met dit gedrag toont zij betrokkenheid. Zowel verbaal als non-verbaal zendt de lerares dus signalen uit van acceptatie, betrokkenheid en ondersteuning.
In het geval van David ligt de situatie anders. Er is sprake van een negatieve relatie. En dat is goed merkbaar, zowel verbaal als non-verbaal. Brenda moppert, is kortaf tegen David en het is zeer waarschijnlijk dat David aan haar gezichtsuitdrukking kan aflezen dat zij hem vervelend vindt.

**TUSSENVRAAG 1.7**
Beschrijf een situatie, waarin er zowel voor juffrouw Hanneke als voor Brenda sprake is van een verschil tussen verbale en non-verbale communicatie.

## 1.5 Praktijk

Uit de praktijk komt vaak de vraag of het ontwikkelen van een positief zelfbeeld wel mogelijk is als het zelfbeeld van een kind onder invloed van omstandigheden buiten school sterk negatief is (geworden). We moeten dan onder andere denken aan ongunstige gezinsomstandigheden, traumatische ervaringen van het kind of handicaps. Met andere woorden, de vraag is in hoeverre een leraar het kan opnemen tegen (sterk) negatieve invloeden van buitenaf.

*Invloed van omstandigheden buiten school*

De meningen hierover lopen uiteen. In de praktijk blijken kinderen vaak in staat een onderscheid te maken tussen de wereld op school en de wereld daarbuiten. Soms neemt het onderscheid dat zij daarin maken zelfs de vorm aan van een bewuste scheiding van beide werelden. Dit betekent dat het heel goed mogelijk is dat een leraar het zelfbeeld van het kind positief beïnvloedt. Zo kan het zijn dat het kind op school vooral de positieve kanten van zijn zelfbeeld ervaart en daarbuiten de meer negatieve kanten ervan (de omgekeerde situatie laten we in dit kader verder buiten beschouwing). In hoeverre de positieve invloed doorwerkt in de situatie buiten school en of die invloed blijvend is, valt niet te zeggen. Dat mag echter geen reden zijn om voorbij te gaan aan de directe waarde ervan in de klassensituatie.

*Onderscheid school en daarbuiten*

Een ander onderwerp dat vaak aan de orde gesteld wordt, is aandacht voor het kind en zijn zelfbeeld in relatie tot de groep. Een mens is niet alleen een individu, hij maakt deel uit van een groter geheel: het gezin, de school, vriendengroepen, later zijn werk. We hebben het dan over het zelfbeeld in de sociale context. Naarmate het kind ouder wordt bestaat die sociale context in toenemende mate uit andere kinderen: kinderen uit de klas, van de sportclub, uit de buurt. Uit Amerikaans onderzoek blijkt dat zo tussen de zeven en acht jaar kinderen steeds meer vergelijkenderwijs over zichzelf gaan praten (Kohnstamm, 2009). 'Julia kan goed rekenen, maar ik kan nóg beter rekenen' of 'Rico maakt steeds maar doelpunten, en ik nooit'. Deze vergelijkingen met andere kinderen, sociale vergelijkingen genoemd, zijn van invloed op het zelfbeeld van een kind. Het verdient dan ook aanbeveling bij problemen van of met een kind met betrekking tot het zelfbeeld ook zijn sociale omgeving te betrekken (Janssens, 1998).

*Zelfbeeld in sociale context*

# Samenvatting

De samenvatting van dit hoofdstuk staat op www.pabowijzer.nl.

# Valkuilen en tips

**Valkuil 1**
'Ik ken toch zeker wel de kinderen uit mijn eigen klas!'

*Tip 1*
Veel leraren zullen zich herkennen in deze uitspraak. Het is ook heel begrijpelijk dat een leraar dat denkt. Toch blijkt uit onderzoek dat dit idee niet overeenkomt met de werkelijkheid (Wubbels & Levy, 2004). Het is maar de vraag hoe objectief je de kinderen in je klas waarneemt. In hoofdstuk 8 bespreken we hoe je zo objectief mogelijk kunt waarnemen. Als je het moeilijk vindt een objectieve mening te vormen, gebruik dan een hulpmiddel, bijvoorbeeld een observatielijst. Vraag eventueel de IB'er in twijfelgevallen een observatie te doen.

**Valkuil 2**
'Jij krijgt toch Iris in de klas? Goed in de gaten houden, die is nogal stiekem.'
Overdracht van leerlingen van de ene naar een andere leraar gaat nogal eens gepaard met dit soort commentaar.

*Tip 2*
Hoe goed bedoeld ook, wees alert hoe dergelijke informatie je beïnvloedt.
- Elk kind moet bij een nieuwe leraar een nieuwe kans krijgen. Gebruik negatieve informatie bij de overdracht niet als waarschuwing, maar als een aanwijzing om extra te investeren in de relatie met de leerling. Een andere leraar kan voor een kind een kans zijn zich anders te gedragen.
- Sommige kinderen vertonen bij een nieuwe leraar aanvankelijk (sterk) positief gedrag. Zie dit niet als maatgevend. De kans bestaat dat je dan te fel gaat reageren als de leerling minder positief gedrag vertoont.
- Evalueer na zes weken de relatie met die leerling.

**Valkuil 3**
Een kind vertoont regelmatig negatief gedrag. Zonder dat je het merkt, neem je steeds meer afstand van deze leerling.

*Tip 3*
- Definieer bij jezelf wat jij onder een goede relatie met een leerling met negatief gedrag verstaat.
  Laat niet je relatie met een leerling door diens negatieve gedrag beïnvloeden. Er zullen altijd leerlingen zijn met negatief gedrag. Het hoort bij je professionaliteit dit gedrag niet bepalend te laten zijn voor jullie relatie.
- Neem je voor om eens in de zoveel weken de relatie met een leerling goed onder de loep te nemen, bijvoorbeeld door eens in de zes weken alle leerlingen goed te observeren.

- Probeer vanuit de leerling te denken: wat zou deze leerling vinden dat een goede relatie is? Jij kan als leraar de relatie wel als positief ervaren, maar dat betekent niet dat de leerling dat ook vindt. We spreken van een goede relatie als die door beiden, leraar en leerling, zo ervaren wordt.
- Noteer eens een week lang positieve gedragingen, hoe klein ook (zie ook paragraaf 10.1, 10.3 en 11.1).

# Kernbegrippenlijst

| | |
|---|---|
| **Acceptatie** | Het aanvaarden van de ander als persoon met zijn meningen en gevoelens. |
| **Autonomie** | Psychologische basisbehoefte: de behoefte zich te ontwikkelen tot een zelfstandig wezen dat verantwoordelijk is voor zichzelf. |
| **Basisbehoeften** | Psychologische behoeften van mensen: de behoefte aan onafhankelijkheid of autonomie, de behoefte aan competentie en de behoefte aan relatie. Deze behoeften creëren met elkaar de intrinsieke motivatie om je te ontwikkelen als mens. |
| **Betrokkenheid** | Het willen en kunnen aangaan van een relatie. |
| **Consistentie** | In al onze gedragingen is een soort gemiddelde, een constante aanwezig die we consistentie noemen. |
| **Continuïteit** | Dit betekent dat je er op kunt rekenen dat je morgen dezelfde persoon bent als vandaag. Weliswaar verandert een persoon in zijn leven, maar deze veranderingen gaan zo geleidelijk dat je je toch 'dezelfde persoon' blijft voelen. |
| **Contrast** | Tegenstelling, dat wil zeggen identiteit is iets unieks, het onderscheidt je van anderen. |
| **Goede relatie** | Een goede relatie kenmerkt zich door acceptatie, ondersteuning en betrokkenheid. |
| **Identiteit** | Identiteit is een gevoel van eigenheid, het gevoel iemand te zijn, het hebben van een zelfgevoel. |
| **Non-verbale communicatie** | Iemand drukt niet alleen in woorden iets uit, maar ook in de manier waarop: de toon waarop het gezegd wordt, de uitdrukking op het gezicht en in zijn gebaren. |
| **Ondersteuning** | In de relatie met anderen ervaart het kind het ontstaan en de bevestiging van vertrouwen in anderen, of deze beschikbaar zijn om je te ondersteunen of niet. |
| **Persoonlijkheid** | Een verzameling van voor een persoon unieke kenmerken en eigenschappen, waardoor hij zich onderscheidt van anderen. Stabiliteit en consistentie zijn essentiële kenmerken. |

| | |
|---|---|
| **Stabiliteit** | Iemand vertoont een bepaald type gedrag regelmatig. |
| **Verbale communicatie** | Verbale communicatie is datgene wat iemand in woorden uitdrukt. |
| **Zelfbeeld** | Het zelfbeeld is wat iemand van zichzelf vindt op lichamelijk, cognitief, emotioneel en sociaal vlak. |

# Vragen

**1.1** Beschrijf het zelfbeeld van Anne (openingscasus) aan de hand van de vier aspecten van figuur 1.2.

**1.2** Beschrijf de ontwikkeling van het zelfbeeld van David aan de hand van de vier aspecten van figuur 1.2.

**1.3** Johanna (groep 2) geeft voor de zoveelste keer een tekening aan haar leraar. Deze kijkt nauwelijks naar de tekening en zegt met vlakke stem: 'Mooi hoor.' Welke verbale en welke non-verbale boodschap geeft de leraar Johanna? Geef aan wat deze situatie betekent voor het zelfbeeld van Johanna.

**1.4** Rachid heeft altijd veel fouten in zijn dictee. Op een dag krijgt hij zijn werk terug. Er zitten zoveel fouten in dat de leraar er maar geen cijfer onder heeft gezet. Wel heeft hij een stickertje bij het werk geplakt. Welk effect heeft deze sticker op het zelfbeeld van Rachid?

**1.5** Yasmine (groep 6) wordt op school en thuis stevig aangepakt omdat zij voor het eerst voor de Cito een D voor spelling gescoord heeft in januari. Het resultaat in juni is een E voor spelling. Verklaar deze uitslag vanuit de ontwikkeling van het zelfbeeld.

De antwoorden op deze vragen kun je vinden op www.pabowijzer.nl.

# 2
# Zelfbeeld: concrete uitwerking

2.1 Een goede relatie en beïnvloeden van het zelfbeeld
2.2 Ik ben de moeite waard
2.3 Negatief zelfbeeld en compensatiegedrag
2.4 Herkennen negatief zelfbeeld en compensatiegedrag
2.5 Eenzijdig zelfbeeld

**Kennisdoelen**
1 Het eerste doel is inzicht verwerven in de samenhang tussen een goede relatie en het beïnvloeden van het zelfbeeld.
2 Het tweede doel is kennis nemen van de concretisering van het begrip zelfbeeld: wat verstaan we onder een positief zelfbeeld, een negatief zelfbeeld, een eenzijdig zelfbeeld en onder compensatiegedrag?
3 Het derde doel is inzicht in de samenhang tussen gedrag van een leerling en diens zelfbeeld.

**Toepassingsdoel**
De leraar kan herkennen of er bij een kind problemen zijn met het zelfbeeld. Hij kan bepalen of er sprake is van een negatief zelfbeeld en / of compensatiegedrag. Hij kan zijn handelen gaan richten op het beïnvloeden van dat zelfbeeld en weet hoe belangrijk het is om op adequate wijze zijn handelen daarop af te stemmen.

## 2.1 Een goede relatie en beïnvloeden van het zelfbeeld

Niet elke leerling functioneert goed. Oorzaken van niet goed functioneren zijn vaak terug te voeren op problemen met het zelfbeeld. In termen van de definitie uit hoofdstuk 1: het kind heeft problemen met wat het van zichzelf vindt op lichamelijk, emotioneel, sociaal en / of cognitief vlak. Korter gezegd: het kind heeft een negatief zelfbeeld. Niet goed functioneren van een leerling gaat ten koste van leren, lesgeven en leeropbrengsten. Het is dus in het belang van leerling én leraar te proberen dat negatieve zelfbeeld om te buigen naar een positief zelfbeeld. De kwaliteit van de relatie tussen leraar en leerling is daarbij bepalend voor het succes van de aanpak.

Een negatief zelfbeeld gaat gepaard met bepaalde gevoelens en gedrag: onzekerheid, vaak afweer, teruggetrokkenheid, gauw in je schulp kruipen, weinig vertrouwen in een ander. Dergelijke gevoelens en gedrag maken een kind minder of soms zelfs moeilijk ontvankelijk voor een positieve benadering. Is de relatie tussen jou als leraar en de leerling niet goed, of zelfs ronduit slecht, dan is de kans klein dat hij openstaat voor je pogingen zijn zelfbeeld te beïnvloeden richting positief zelfbeeld. En dat heeft weer een verslechterende invloed op de relatie. Je komt terecht in een weinig vruchtbare vicieuze cirkel, waarbij welbevinden van de leerling, leren en lesgeven steeds verder in het gedrang komen.

*Niet goed functioneren gaat ten koste van leren, lesgeven en leeropbrengsten*

*Ontvankelijkheid positieve benadering*

### Anne en David (deel 4)

Juffrouw Hanneke ziet dat Brenda veel moeite heeft met David. Zij zegt tegen Brenda wat aardiger tegen hem te zijn. Wanneer David op een gegeven moment aan het werk gaat, geeft Brenda hem een schouderklopje. David is daar helemaal niet van gediend.

Is er een goede relatie tussen leraar en leerling – acceptatie, ondersteuning, betrokkenheid – dan voelt de leerling zich veilig en kan alle aandacht besteed worden aan het beïnvloeden van het negatieve zelfbeeld. En doordat de leerling merkt dat de leraar hem accepteert in zijn eigenheid, staat hij open voor hulp. Een goede relatie maakt dus de weg vrij voor het met succes beïnvloeden van het zelfbeeld.

**T 2.1**

**TUSSENVRAAG 2.1**
Wat is de voorwaarde voor een leraar om te kunnen werken aan het verbeteren van het zelfbeeld van een leerling?

## 2.2 Ik ben de moeite waard

In hoofdstuk 1 hebben we besproken wat het belang is van een positief zelfbeeld. Om als leraar je handelen te kunnen richten op het positief beïnvloeden van dat zelfbeeld, is het nodig dit begrip concreet te maken. We gaan daarom het begrip 'positief zelfbeeld' vertalen in concrete termen.

*Zelfbeeld positief beïnvloeden*

Een positief zelfbeeld is als het ware een optelsom van goede en minder goede eigenschappen en vaardigheden, waarvan de uitkomst is: '*Ik ben de moeite waard*.' Bij het optellen weegt de ene eigenschap of vaardigheid wat zwaarder dan de andere (Van Londen, 1979).

---

**VOORBEELD 2.1**

## Marco en Jasper

Marco komt uit een gezin waar sportieve prestaties erg belangrijk zijn. Marco zelf is echter een beetje een houten Klaas. De ouders, zelf bekende turners, vinden het verschrikkelijk dat hun zoon zo slecht is in sport. Zij laten hem dit op allerlei manieren weten en voelen. Op school vinden de leraren Marco een jongen die negatief over zichzelf denkt, hoewel hij goed kan leren en ook diverse vriendjes heeft.

Jasper, een vriendje van Marco, is net zo slecht in sport. Zijn ouders, allebei werkzaam in het onderwijs, vinden dat niet zo belangrijk. Zij laten Jasper op allerlei momenten merken dat zij vinden dat hij goed kan leren en dat hij leuke vrienden heeft. Op school ziet men Jasper als een jongen met een stevig en positief zelfbeeld, ook al is hij bij gymnastiek geen uitblinker.

---

In figuur 2.1 is weergegeven hoe verschillend het zelfbeeld van twee in aanleg weinig van elkaar verschillende kinderen zich kan ontwikkelen. We doen dat met 'plussen' en 'minnen' omdat we op deze manier aanschouwelijk kunnen maken hoe je veranderingen kunt bewerkstelligen.

**FIGUUR 2.1** Zelfbeeld van Marco en Jasper

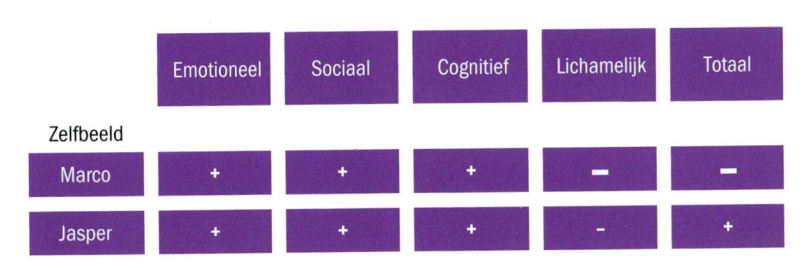

| Zelfbeeld | Emotioneel | Sociaal | Cognitief | Lichamelijk | Totaal |
|---|---|---|---|---|---|
| Marco | + | + | + | − | − |
| Jasper | + | + | + | − | + |

Bij Marco weegt de negatieve beoordeling van zijn sportprestaties erg zwaar, weergegeven door een grote min. Zo zwaar, dat het bepalend is voor zijn zelfbeeld. Jasper heeft positieve noch negatieve waardering voor zijn lichamelijke prestaties. Maar door de positieve waardering voor zijn andere aspecten heeft zich een positief zelfbeeld kunnen vormen.

Het idee van het kind 'Ik ben de moeite waard' is dus een concretisering van het begrip positief zelfbeeld. Bij een overwegend negatief zelfbeeld zal het kind het idee hebben niet de moeite waard te zijn.
In het vorige hoofdstuk hebben we aangegeven dat we met betrekking tot het zelfbeeld vier aspecten onderscheiden (zie figuur 1.2). Het beeld 'Ik ben de moeite waard' bestaat dus ook uit vier aspecten:

**Concretisering positief zelfbeeld**

1 *Een emotioneel aspect*: 'Ik voel mij veilig, heb vertrouwen en voel zekerheid'.
2 *Een sociaal aspect*: 'Ik ben aardig en lief'.
3 *Een cognitief aspect*: 'Ik ben bekwaam'.
4 *Een lichamelijk aspect*: 'Ik ben mooi, sterk, atletisch'.

Zo kom je tot de volgende optelsom:
*veilig, vertrouwen en zeker + aardig en lief + bekwaam + mooi, sterk, atletisch* = ik ben de moeite waard.

### Zelfbeeld: emotioneel aspect

**Emotionele aspect**

Het emotionele aspect (zie figuur 2.2) van het zelfbeeld houdt vooral een gevoel in van veiligheid, vertrouwen en zekerheid.

**FIGUUR 2.2** Het zelfbeeld: emotioneel avtspect

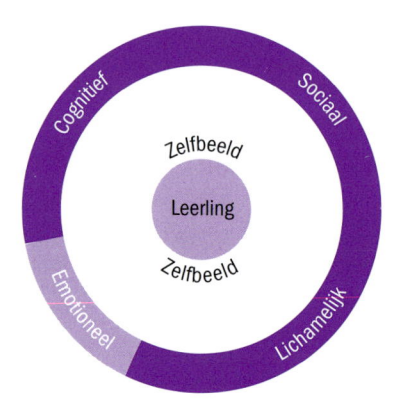

**Vertrouwen of wantrouwen**

Al in een heel vroeg stadium van de ontwikkeling van een kind wordt bepaald of een kind zich veilig kan voelen. In dat stadium ontstaat de grondhouding van het kind, die zich zal ontwikkelen tot een van vertrouwen of van wantrouwen (Oudshoorn, 1985). In een wat later stadium, in de peutertijd, gaat het erom of het kind zijn eigen gedachten, gevoelens en gedragingen mag en durft te ontplooien. De motivatiepsychologie gaat uit van drie psychologische basisbehoeften: de behoefte aan autonomie, relatie en competentie (Stevens, 2002). Deze behoeften creëren met elkaar de intrinsieke motivatie om je te ontwikkelen als mens. Bij deze component gaat het vooral om

**Autonomie**

het ontwikkelen van een gevoel van autonomie. Deze behoefte verwijst naar de mogelijkheid zich te ontwikkelen tot een zelfstandig wezen dat verantwoordelijk is voor zichzelf. Gaat dat om welke reden dan ook niet (goed), dan kunnen gevoelens van twijfel, onzekerheid en schaamte de overhand krijgen: onveiligheid. Het kind ziet dan geen kans voldoende autonomie te verwerven en blijft daardoor afhankelijker van zijn omgeving dan wenselijk is.

### Zelfbeeld: sociaal aspect

**Sociale aspect**

De component 'aardig en lief' betreft vooral de sociale aspecten van het zelfbeeld (zie figuur 2.3). Dit komt overeen met wat de motivatiepsychologie de basale behoefte aan relatie noemt. Deze behoefte verwijst naar een zich veilig weten bij en het ontwikkelen van vertrouwen in de ander.

Is de sociale grondhouding positief, dan zal een kind veel eerder de durf hebben relaties aan te gaan en kan dan tegen een stootje als deze niet altijd positief verlopen. In die gevallen waarin een positieve grondhouding zich niet voldoende heeft kunnen ontwikkelen, is de kans groter dat een kind naarmate het ouder wordt, moeite heeft met relaties, geen relaties durft aan te gaan en zich isoleert. Een kind dat zichzelf aardig en lief vindt, zal minder gauw problemen ondervinden in zijn sociaal – en overigens ook in zijn emotioneel – functioneren dan een kind dat zichzelf niet aardig en lief vindt.

**FIGUUR 2.3** Het zelfbeeld: sociaal aspect

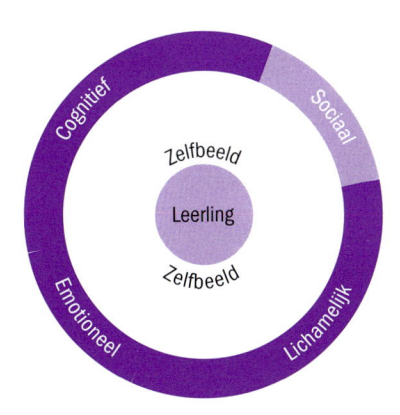

Een kind leert wie en hoe hij is door wat anderen tegen hem zeggen of hem laten blijken. Het is dus belangrijk dat je er als leraar aan bijdraagt dat het kind zichzelf lief en aardig vindt. Je doet dat door van dingen die het kind zegt of doet steeds weer te laten blijken dat jij die aardig en lief vindt. Dat doe je vooral door je aandacht te richten op de lieve en aardige dingen die het kind zegt en doet. Zeg er wat van en denk aan het gezicht dat je erbij trekt (non-verbale communicatie; paragraaf 1.4). Ook is het van belang vooral het accent op die dingen te leggen waarvan je wérkelijk vindt dat ze goed zijn. Als je aardige dingen wilt zeggen, maar je meent het niet echt, dan voelt het kind dat toch wel aan. En als je denkt dat het kind weinig goede dingen doet, moet je eens goed op hem gaan letten: er bestaan maar weinig kinderen die helemaal niets goed doen.

### Zelfbeeld: cognitief aspect

De component 'bekwaam' heeft vooral te maken met de cognitieve aspecten van het zelfbeeld (zie figuur 2.4). In de motivatiepsychologie heet dit de basisbehoefte aan competentie. Deze behoefte zien we terug in het streven naar vertrouwen in eigen kunnen, bijvoorbeeld door het opdoen van succeservaringen. Hierdoor ontstaat een gevoel van bekwaamheid. Empirisch is gebleken dat mensen die denken dat ze bekwaam zijn, méér tevreden zijn met zichzelf, beter problemen kunnen oplossen, eerder nieuwe dingen proberen, graag willen leren, beter hun situatie kunnen veranderen en beter opgewassen zijn tegen problemen. Ze hebben betere resultaten op school en nemen verantwoordelijkheid voor wat ze doen (DeHart e.a., 2004).

*Cognitief aspect*

*Vertrouwen in eigen kunnen*

**FIGUUR 2.4** Het zelfbeeld: cognitief aspect

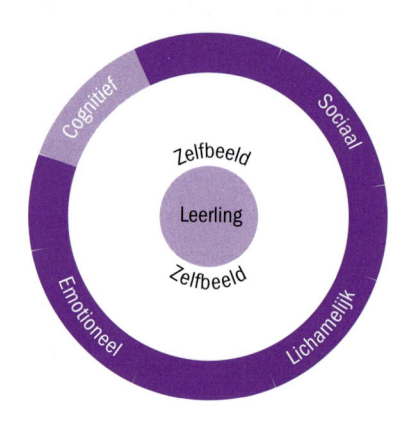

Kinderen ontlenen een gevoel van bekwaamheid aan wat ze (goed) doen: lezen, spreken, spelen, opdrachten uitvoeren enzovoort. Ze zijn voortdurend bezig met ontdekken en met proberen zelf dingen te doen.
Als een kind met een zwakke motoriek voor het eerst netjes schrijft, kan het best zijn dat het meer spellingfouten maakt dan anders. Wat je in zo'n geval het beste kunt doen, is vooral letten op wat wél goed gaat en het kind daarvoor prijzen. Het kind zal zich op die manier bekwamer gaan voelen dan wanneer je vooral op de fouten let.

---

**VOORBEELD 2.2**

## Kim en Fareed

Kim is een meisje dat zelden of nooit iets netjes doet. Ze komt naar je toe en wil het bord schoonmaken.
Wat ga je zeggen: 'Graag, fijn dat je me wilt helpen. Gebruik je wel de spons?' of 'Nee, dank je wel, want het moet echt netjes, ik doe het zelf wel.'

Fareed heeft een zwakke fijne motoriek. Je bent al enige tijd bezig geweest om hem netjes te leren schrijven. Vandaag heeft hij voor het eerst een halve bladzij netjes geschreven, zonder hulp, maar er zitten veel meer spellingfouten in dan anders.

Wat zeg je als leraar: 'Oh, wat heb je mooi geschreven, en helemaal alleen, fijn zo' of 'Het is wel netjes geschreven, maar kijk eens, er zitten nog wel veel foutjes in; schrijf die maar even net zo mooi over als de rest'.

---

**Gevoel iets te kunnen**

In deze voorbeelden geeft de leraar in het eerste antwoord het kind het gevoel dat het iets kan, terwijl hij in het tweede antwoord eerder een gevoel van niet-kunnen op het kind overdraagt. Hoe meer dingen het kind zelf gaat doen, des te bekwamer kan het zich voelen en ook worden. Door de omgeving van het kind handelbaar, bereikbaar te maken, vergroot je de kans dat het kind zich bekwaam gaat voelen. Als je een kind leert zwemmen, laat je het niet in het diepe beginnen.

In het onderwijs is het uitermate belangrijk het kind het gevoel te geven dat het wat kan. Een van de manieren om dat te doen is het belonen en stimuleren van pogingen om dingen zelf te doen (DeHart e.a., 2004; Van Londen e.a., 1979). Als een kind iets zelf probeert te doen, of het zegt 'zelf doen', moedig dat dan aan. Uiteraard houd je er als leraar rekening mee dat het nog veel moet leren, dus dat alles nog niet zo goed gaat als je misschien wel zou willen.

**TUSSENVRAAG 2.2**     T 2.2
Dorien (vier jaar) heeft zichzelf aangekleed na de gymnastiekles. Ze heeft alles aan, alleen haar trui zit achterstevoren. Met welk van de volgende antwoorden geeft de leraar haar het gevoel dat ze wat kan?
a  'Je hebt je trui verkeerd om aan.'
b  'Ik wilde je net komen helpen, had maar even gewacht.'
c  'Fijn dat je al klaar bent, Dorien, zal ik je trui nog even goed doen?'

### Zelfbeeld: lichamelijk aspect

De vierde component van het zelfbeeld is het lichamelijke aspect (zie figuur 2.5). In de ontwikkeling van het kind neemt dit een belangrijke plaats in. Lichamelijke afwijkingen, veel gezondheidsproblemen en onhandig zijn kunnen het gevoel van basiszekerheid van een kind aantasten. Zeker in de eerste jaren, maar ook later is een goed werkend lichaam een belangrijke voorwaarde om te kunnen ontdekken, experimenteren, kortom zich te kunnen ontwikkelen. Als een kind in dit opzicht beperkingen ondervindt en veel dingen niet of slechts met veel moeite kan, zal het moeite hebben zijn lichaam te vertrouwen. Eerder zal het zijn lichaam als een belemmering ervaren, als iets negatiefs dat hem niet in staat stelt dat te doen waar hij vanuit zijn groei behoefte aan heeft. Dit kan een – forse – belemmering zijn voor zijn ontwikkeling.

*Lichamelijke aspect*

**FIGUUR 2.5** Het zelfbeeld: lichamelijk aspect

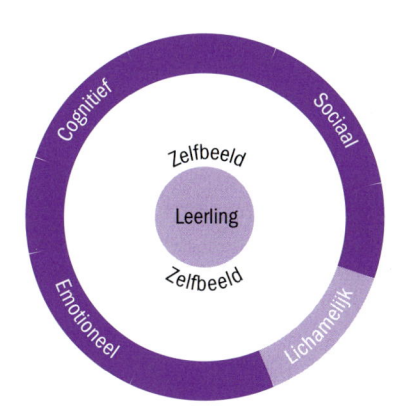

**VOORBEELD 2.3**

## Tamara en Bibi

Tamara (groep 1) is een hartpatiëntje. Haar moeder let er erg op dat zij het altijd rustig aan doet. Zij mag nauwelijks buiten spelen en zeker geen wilde spelletjes doen. Tamara gedraagt zich in groep 1 timide, vindt alles eng en durft niets te ondernemen.

> Bibi (groep 4) is een atletisch gebouwd meisje, dat goed is in sport. Bij gymnastiek op school oogst zij telkens weer bewondering. Alle kinderen vinden het leuk om bij haar in de ploeg gekozen te worden. Zij wordt altijd als eerste gekozen.

Haar lichamelijke problemen hebben Tamara onzeker gemaakt. Zij heeft weinig kunnen spelen en durft weinig. Haar vertrouwen in haar 'motorisch' kunnen is gering. Bibi daarentegen is goed in sport. Dit geeft haar een gevoel van (zelf)vertrouwen, wat een positief effect heeft op haar functioneren.

## 2.3 Negatief zelfbeeld en compensatiegedrag

Een kind met een positief zelfbeeld kan over het algemeen tegen een stootje. Ook een negatieve beleving van een of meer aspecten van het zelfbeeld hoeft niet altijd te leiden tot een negatief zelfbeeld. Dit is afhankelijk van onder meer de persoonlijkheidsstructuur van een kind en de wijze waarop de omgeving erop reageert. Het eerste valt buiten het bestek van dit boek; we verwijzen hiervoor naar de psychologische literatuur, zoals *Kleine Ontwikkelingspsychologie*, deel I en II door Rita Kohnstamm of *Inleiding in de psychologie* door Gert Alblas. Op het laatste gaan we in deze paragraaf verder in. De invloed van het zelfbeeld van een kind op zijn functioneren is een veelomvattend onderwerp. De behandeling van dit onderwerp in deze en de volgende paragraaf is afgestemd op de doelstelling van dit boek, namelijk het aanreiken van de vertaling van de competenties interpersoonlijk competent, pedagogisch competent en competent in reflectie naar de praktijk. In deze paragraaf geven we theoretische achtergrondinformatie waarover een leraar dient te beschikken om adequaat te kunnen handelen met betrekking tot het zelfbeeld van het kind. In de volgende pararaaf geven we praktische aanwijzingen voor het herkennen van een negatief zelfbeeld en compensatiegedrag. Er is sprake van *een* negatief zelfbeeld als een leerling een of meer aspecten van het zelfbeeld zodanig negatief ervaart dat het zijn totale zelfbeeld bepaalt. In concrete termen: hij ervaart een zodanige 'min' op een of meer van de aspecten van het zelfbeeld, dat hij zijn totale zelfbeeld als negatief ervaart (zie figuur 2.6).

*Adequaat handelen m.b.t. zelfbeeld*

*Negatief zelfbeeld*

Bij een negatief zelfbeeld gaat het concreet gezegd dus om het ervaren van een sterke min op een of meer van de aspecten van het zelfbeeld. De ervaring van zo'n min is voor een kind onaangenaam. Het wordt steeds geconfronteerd met een aspect dat niet goed is. Het is een gebruikelijke reactie dat een kind pogingen zal ondernemen om het negatief ervaren aspect om te buigen naar positieve ervaringen: hij zal proberen een min om te zetten in een plus. Dat is voor een kind verreweg het plezierigst: alle vier aspecten van het zelfbeeld als een plus ervaren. Overigens zullen er kinderen zijn die dit gedrag niet vertonen. Dat kan wanneer er sprake is van bijvoorbeeld een in zijn (vroege) jeugd getraumatiseerd kind of pathologische problematiek. Dit valt buiten het bestek van dit boek.

*Negatief ervaren aspect ombuigen*

T 2.3

**TUSSENVRAAG 2.3**
Wanneer is er sprake van een negatief zelfbeeld?

**FIGUUR 2.6** Het zelfbeeld: (niet) de moeite waard zijn

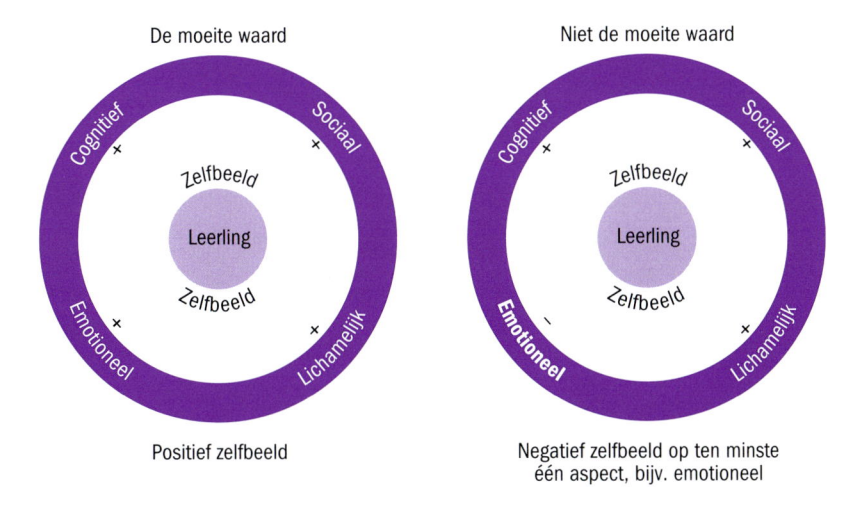

De moeite waard — Positief zelfbeeld

Niet de moeite waard — Negatief zelfbeeld op ten minste één aspect, bijv. emotioneel

Het kind zal dus zijn handelen richten op het gaan ervaren van een plus op het aspect waar het tot nu toe een min ervoer. Hij zal proberen zich zo te gaan gedragen dat het waarschijnlijk is dat hij van de omgeving positieve in plaats van negatieve reacties krijgt. Blijven deze reacties uit, dan heeft het kind geen perspectief dat zijn gedrag het bedoelde effect heeft.

**Perspectief op verandering**

---

**VOORBEELD 2.4**

## Maarten

Maarten (groep 4) is een jongen met gedragsproblemen. De leraar wijst hem met grote regelmaat terecht. Veel kinderen uit zijn groep mijden hem. De afgelopen week deed hij zijn uiterste best lief te zijn en zich aardig te gedragen. De eerste twee dagen waren er geen incidenten. Al in de kleine pauze liet de leraar hem bij zich komen en vertelde hem hoe prettig hij het vond dat het goed ging. De derde dag was er echter weer een ernstig voorval. De leraar kan nu weer boos tegen Maarten zeggen dat hij altijd zo vervelend is. Dan is de kans groot dat Maarten ervaart dat er voor hem geen perspectief is op verbetering. De leraar kan ook zeggen dat het jammer is dat het dit keer zo gegaan is, terwijl het de dagen daarvoor zo goed was gegaan. Daarmee is de kans op een gevoel dat verandering mogelijk is, veel groter.

---

## Anne en David (deel 5)

Het belang van perspectief op verandering is in de openingscasus van dit deel duidelijk. Vanaf het moment dat juffrouw Hanneke zich realiseerde dat Anne problemen had op emotioneel gebied, ging zij hiermee rekening houden. Daarmee creëerde zij voor Anne de mogelijkheid, een perspectief, op verandering. En dat gebeurde ook inderdaad. Anne kon zo ervaringen opdoen waardoor zij zich weer veiliger en zekerder zou gaan voelen. Brenda biedt David deze mogelijkheid niet. Het is dan ook niet waarschijnlijk dat er iets verandert in het negatieve zelfbeeld van David. Dit gebrek aan perspectief kan zelfs een verergering van het probleemgedrag van David tot gevolg hebben.

**T 2.4**

**TUSSENVRAAG 2.4**
Wat zal een leerling in eerste instantie doen, als hij een aspect van zijn zelfbeeld als negatief ervaart?

Normaal gesproken zal een kind een grote inspanning leveren om een positief zelfbeeld te krijgen. Wanneer zijn inspanningen geen resultaat opleveren, brengt dit bij een kind gevoelens van moedeloosheid en mislukking teweeg. Dit versterkt het negatief ervaren van een aspect van het zelfbeeld. Echter, de neiging negatieve gevoelens te vermijden is een sterke drijfveer. Daardoor zal het kind blijven zoeken naar manieren om toch een positief zelfbeeld te ervaren. Het gaat gedrag ontwikkelen waardoor het als het ware de negatief ervaren elementen compenseert: het gaat compensatiegedrag vertonen (Janssens, 1998).

*Negatieve gevoelens vermijden*

*Compensatiegedrag*

Enig inzicht in dit gedragsmechanisme is onontbeerlijk, omdat dit compensatiegedrag een onderliggend probleem maskeert, namelijk het negatief ervaren van een aspect van het zelfbeeld. Zonder inzicht daarin kun je als leraar niet adequaat handelen. Daarom gaan we hierna in op vormen van compensatiegedrag.

*Vormen van compensatiegedrag*

Er zijn twee vormen van compensatiegedrag.
Een kind kan compensatiegedrag binnen het negatief ervaren aspect compensatiegedrag vertonen *binnen* het negatief ervaren aspect (zie figuur 2.7). Als hij bijvoorbeeld een zo sterke min ervaart op sociaal gebied dat hij er last van heeft, zal hij proberen om van die min een plus te maken door de aandacht te verleggen naar andere elementen binnen dat aspect. Een voorbeeld hiervan is – op een nadrukkelijke manier – aandacht vragen van andere kinderen in de klas.

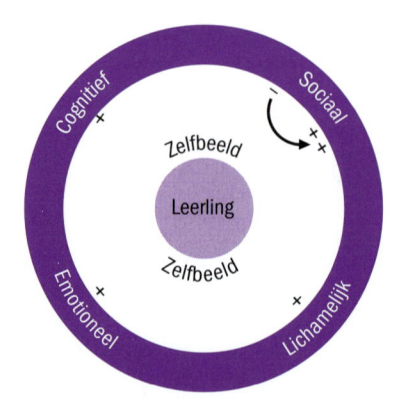

**FIGUUR 2.7** Het zelfbeeld: compensatie binnen aspect

Als het niet lukt te compenseren binnen het als negatief ervaren aspect, zal de leerling proberen een van de andere aspecten te versterken, er als het ware een grotere plus van te maken (zie figuur 2.8). Je kunt daarbij denken aan niet meer buiten spelen en alle aandacht laten uitgaan naar huiswerk maken.

**FIGUUR 2.8** Het zelfbeeld: compensatie op ander aspect

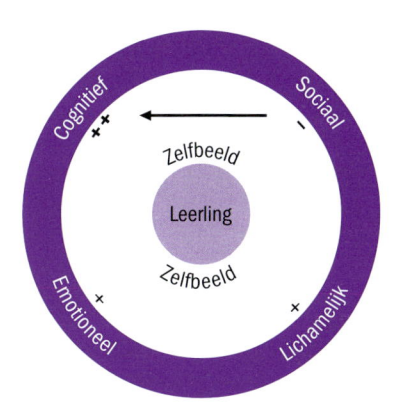

**TUSSENVRAAG 2.5**

Wat is het verschil in gevoel van een kind bij compensatiegedrag binnen een aspect van het zelfbeeld en bij compensatiegedrag in een ander aspect van het zelfbeeld?

Dit compensatiegedrag, het opzoeken van die situaties waarin je positieve kanten tot hun recht komen en het vermijden van die situaties waarin negatieve aspecten worden aangesproken, is heel natuurlijk gedrag. Het gaat daarbij om het krijgen of houden van een goede balans positieve en negatieve aspecten zelfbeeld balans tussen positief en negatief ervaren aspecten van het zelfbeeld. Compensatiegedrag dient ertoe deze balans te behouden. Niet altijd echter zal dit leiden tot het door het kind gewenste resultaat: het ervaren van een positief zelfbeeld. Allerlei oorzaken in de persoonlijkheidsstructuur of in de omgeving kunnen ervoor zorgen dat het een kind niet lukt een negatief aspect om te buigen naar een positief aspect. Een kind op school bevindt zich immers in een situatie waarin het slechts beperkte mogelijkheden heeft om bepaalde situaties te vermijden. Het moet naar gymnastiek, ook als het daarin slecht is; het moet rekenen; het zit in een bepaalde groep en heeft niet de mogelijkheid in een andere groep te zitten. Door het niet kunnen vermijden van situaties waarin het kind aspecten van het zelfbeeld als negatief ervaart, kunnen deze (steeds) zwaar(der) gaan wegen. Daardoor kan de balans van positief en negatief ervaren aspecten verstoord raken. Het compensatiegedrag kan dan zodanige vormen aannemen dat het gedrag van het kind probleemgedrag wordt.

*Balans positieve en negatieve aspecten zelfbeeld*

*Compensatiegedrag wordt probleemgedrag*

**VOORBEELD 2.5**

## Compensatiegedrag

Selma is niet lenig, maar wel mooi. Zij vestigt telkens weer, vooral in situaties waarin zij met haar tekort wordt geconfronteerd, de aandacht op uiterlijkheden.
Joost is niet goed in rekenen, maar wel in taal. Zijn inzet bij taal is beduidend groter dan bij rekenen.
Tijmen merkt dat veel kinderen niet graag met hem spelen. Hij zoekt de kinderen op die wel met hem willen spelen en doet erg zijn best in hun gezelschap aardig te zijn.

*Problematisch compensatiegedrag*

Problematisch compensatiegedrag betekent dat het kind steeds nadrukkelijker, door de omgeving vaak als overdreven ervaren, gedrag vertoont. Iedereen heeft wel eens een kind meegemaakt dat hij overdreven lief vond doen, of overdreven stoer, of erg opschepperig over zijn prestaties. Veelal zal de omgeving dit gedrag door het nadrukkelijke karakter als onecht ervaren en het daarom niet accepteren.
Het niet-doorgronden van dit mechanisme betekent dat je als leraar niet adequaat kunt reageren. Dat brengt het ontwikkelen en / of in stand houden van een goede relatie tussen leraar en leerling in gevaar.

## 2.4 Herkennen negatief zelfbeeld en compensatiegedrag

*Herkennen negatief zelfbeeld en compensatiegedrag*

Zoals we al eerder aangaven kunnen een negatief zelfbeeld en compensatiegedrag ertoe leiden dat leren en lesgeven in het gedrang komen. Het is dus noodzakelijk dat je als leraar weet hoe je moet omgaan met een kind met een negatief zelfbeeld en het daaruit voortvloeiende compensatiegedrag. Je wilt immers dat er een ontwikkeling plaatsvindt naar een positiever zelfbeeld. Je moet dus een negatief zelfbeeld en compensatiegedrag kunnen herkennen. Er zijn verschillende bronnen die informatie kunnen geven of een kind een negatief zelfbeeld heeft en of er sprake is van compensatiegedrag. Informatie van de ouders, informatie van clubs waarop het kind zit of informatie van de vorige leraar. Maar in de dagelijkse praktijk van het onderwijs is de eerste bron van informatie het kind zelf: wat het zegt en hoe het zich gedraagt. Het gedrag dat een kind vertoont met problemen met zijn zelfbeeld, is dus het belangrijkste aangrijpingspunt.

*Gedrag belangrijkste aangrijpingspunt*

### Anne en David (deel 6)

Als Brenda, uit de openingscasus, gevraagd zou worden hoe David over zichzelf denkt, zou zij zich wel realiseren dat dat niet erg positief zal zijn. Zij is zich er echter niet zodanig van bewust, dat zij er in haar handelen rekening mee houdt (reflectie!). Bovendien weet zij ook niet hoe zij zich op het zelfbeeld van David kan richten. Zij vindt dat een paar corrigerende opmerkingen voldoende moeten zijn voor een kind om zijn gedrag te veranderen.

Ook beseft zij niet dat haar wijze van omgaan met David zijn negatieve zelfbeeld versterkt en dat daarmee de tijd en ruimte voor leren en lesgeven steeds minder worden. Uiteindelijk is dit voor beiden een frustrerende situatie, die bovendien ten koste gaat van de leeropbrengsten.

Je moet dus kunnen herkennen of, en op welk aspect een kind een negatief zelfbeeld heeft en of er sprake is van compensatiegedrag. We merkten eerder al op dat we daarbij vooral moeten letten op het gedrag van een kind. In deze paragraaf zullen we achtereenvolgens bespreken hoe een negatief zelfbeeld en compensatiegedrag te herkennen zijn. We zullen dit doen op een concreet uitwerkingsniveau door negatief en positief respectievelijk als minnen en plussen aan te duiden.

### 2.4.1 Herkennen negatief zelfbeeld

In het voorgaande hebben we de vier aspecten van het zelfbeeld besproken. We hebben uiteengezet hoe een kind een negatief zelfbeeld kan ontwikkelen: door een negatieve beleving van een of meer van de aspecten van het zelfbeeld. Hierna bespreken we een aantal algemene kenmerken en de meest kenmerkende gedragingen van een kind met een negatief zelfbeeld op:
- het emotionele aspect
- het sociale aspect
- het cognitieve aspect
- het lichamelijke aspect
- meer of alle aspecten van het zelfbeeld

We kunnen het gedrag dat een kind met een negatief zelfbeeld vertoont onderscheiden in gedrag dat vooral naar buiten, op de omgeving gericht is en gedrag dat meer naar binnen, op zichzelf gericht is. Bij de bespreking die volgt, is dit onderscheid telkens terug te vinden.

**Op omgeving gericht gedrag en naar binnen gericht gedrag**

**Negatief zelfbeeld: emotioneel aspect**
Bij het emotionele aspect van een negatief zelfbeeld gaat het over een kind dat zich gauw onzeker en onveilig voelt, ook in een omgeving waar men hem een leuk en aardig kind vindt. Bij dit kind overheerst een gevoel van 'Ik voel mij onveilig, onzeker, heb geen vertrouwen'. Er zijn veel oorzaken voor een dergelijk basisgevoel. Wie hierover meer wil weten, kan te rade gaan bij de psychologische literatuur. Het gevoel een zelfstandig persoon te zijn die zich voldoende veilig en zeker voelt om dingen te onderzoeken en op eigen kracht te ondernemen is bij dit kind niet of in geringe mate aanwezig.
Een kind dat op dit aspect een negatief zelfbeeld heeft, zal zich, wanneer het zich naar buiten, *op de omgeving richt*, sterk afhankelijk van die omgeving opstellen. Gedrag dat je dan ziet, is bijvoorbeeld geringe zelfstandigheid, veel hulp en bevestiging vragen, onzekerheid tonen over of wat het doet, goed is. Bij meer *naar binnen gericht gedrag* zien we een weinig ondernemend kind, (over)gezeglijk, passief, dat niet op onderzoek uitgaat en zich vastklampt aan het bekende.

**Onveilig, onzeker, geen vertrouwen**

### Negatief zelfbeeld: sociaal aspect

Bij het sociale aspect van een negatief zelfbeeld gaat het om een kind dat geen goede of een gebrekkige relatie heeft met zijn omgeving. Hij ervaart dat de leraar en/of leerlingen hem niet mogen. Zij zijn vaak niet aardig tegen hem, zeggen dat hij niet lief is. Hij krijgt vaak straf en de leraar geeft hem zelden of nooit een compliment. Klasgenoten mijden hem, of erger, hij is het mikpunt van pesterijen. Pogingen van hem om aardig te doen, lief te zijn, worden niet als zodanig opgevat. Zo ontstaat het gevoel 'Ik ben niet aardig en lief'.

*Niet aardig en lief*

Redenen van deze slechte relatie met zijn omgeving kunnen zijn:
- Het kind beschikt niet of onvoldoende over (sociale) vaardigheden om met anderen om te gaan.
- Het kind heeft gedragsproblemen, bijvoorbeeld voortkomend uit leerproblemen of uit problemen thuis. Dit leidt ertoe dat de leraar hem vaak straft en dat andere kinderen hem uit de weg gaan.
- Het kind past niet in de groep. Er zijn te grote verschillen tussen hem en de heersende cultuur in de groep. Hij ziet geen kans het door de groep verlangde gedrag te vertonen, waardoor de groep hem niet begrijpt en hem gaat mijden.

Als dit kind zich in zijn gedrag vooral *op zijn omgeving* richt, zien we agressief aandoend gedrag: een grote mond, van zich afbijten. Als het een fysieke vorm aanneemt, wordt het gauw slaan en vechten. Bij dit beeld hoort ook dat een kind niet tegen zijn verlies kan.

Wanneer een kind met een negatief zelfbeeld op het sociale aspect vooral *naar binnen gekeerd gedrag* vertoont, zien we een vermijden van sociale contacten. Het kind speelt op het plein niet meer mee, gedraagt zich teruggetrokken, wordt ontoegankelijk.
Het onderscheid met het weinig ondernemende kind, beschreven bij het vorige aspect, is zo op het eerste gezicht misschien niet altijd duidelijk. Beide kinderen kunnen een passieve, weinig ondernemende indruk maken. Bij een negatief zelfbeeld op het *emotionele* aspect echter, is het kind in principe wel tot sociaal gedrag bereid en in staat, mits het zich voldoende veilig voelt. In geval van een negatief zelfbeeld op het *sociale* aspect, trekt het kind zich terug uit het sociale verkeer, het weert het af.

### Negatief zelfbeeld: cognitief aspect

De intellectuele mogelijkheden van een kind, zijn leerprestaties zijn bepalend of een kind dit aspect als negatief of positief ervaart. Kinderen met leerproblemen, of die van jongs af aan moeilijk informatie opnemen, of met een beperkte intelligentie, zullen zich vaak niet bekwaam voelen. Daarmee ontstaat een negatief zelfbeeld op dit aspect.

*Niet bekwaam voelen*

Bij *naar binnen* gericht gedrag zal dit kind van alles doen om geen leerprestaties meer te hoeven leveren. Het droomt weg, let niet meer op, want het heeft het gevoel dat dat toch geen zin heeft. Vervolgens kan het voor zichzelf 'verklaren' dat zijn prestaties niet goed zijn, omdat het niet gehoord heeft waarover een les ging.
Wanneer dit kind zich in *zijn gedrag op zijn omgeving* richt, zien we uitsloverig gedrag: regelmatig melden wat het weet, ook al is het iets onbelangrijks, al voor de instructie voorbij is roepen: 'Oh, dat is gemakkelijk! Dat kan ik best.' Bij navraag weet het kind dan vaak niet eens goed om welke opdracht het gaat. Fouten liggen zelden aan hemzelf, maar vrijwel altijd aan de omgeving.

### Negatief zelfbeeld: lichamelijk aspect

Op dit aspect zijn er nogal wat mogelijkheden voor een negatieve ervaring. 'Ik ben niet mooi, sterk, atletisch' betreft het uiterlijk (ik ben niet mooi), de gezondheid (ik heb een zwak lichaam, ben niet sterk), kracht (ik ben zo om te krijgen, een andere invulling van ik ben niet sterk), de motoriek (ik ben een stijve hark, ik ben niet atletisch).

Bij op de *omgeving gericht gedrag* moeten we denken aan bijvoorbeeld het op sportgebied uitbuiten van zijn onhandigheid: de clown uithangen door zich expres te laten vallen. Een kind met een negatief beeld van zijn gezondheid vraagt extra aandacht voor wat het niet kan; kan zelfs doen alsof het dingen niet kan, waarvan de omgeving weet dat dit niet zo is. Bij een negatief beeld van het uiterlijk kan een kind zijn 'lelijkheid' gaan accentueren, bijvoorbeeld door extra slordige kleding of door ongewassen te zijn.

Bij het *naar binnen gerichte gedrag* ligt het anders. Bij een negatief zelfbeeld op het lichamelijke aspect zal het kind zich zo min mogelijk bewust willen zijn van zijn lichaam. Dat kan zich uiten in weinig opvallende kleding, maar ook in verwaarlozing van het lichaam, een slechte, ineengedoken lichaamshouding en dergelijke.

Ik ben niet mooi, sterk, atletisch

### Negatief zelfbeeld: alle aspecten negatief

Er komen kinderen op school die op geen enkel aspect van hun zelfbeeld een positieve beleving hebben. Zij beleven een totaal negatief zelfbeeld, vinden zichzelf in geen enkel opzicht de moeite waard (zie figuur 2.9). Vaak kunnen zij heus wel iets, maar dat weegt niet op tegen de negatieve ervaringen. Ook zijn ze bijvoorbeeld niet in staat dingen die zij goed doen als positief te ervaren. Zij schrijven dan wat goed gaat toe aan (invloeden van) de omgeving en wat verkeerd gaat aan zichzelf. Voor oorzaken van een dergelijk beeld verwijzen we weer naar de psychologische literatuur.

In geen enkel opzicht de moeite waard

**FIGUUR 2.9** Het zelfbeeld: in geen enkel opzicht de moeite waard

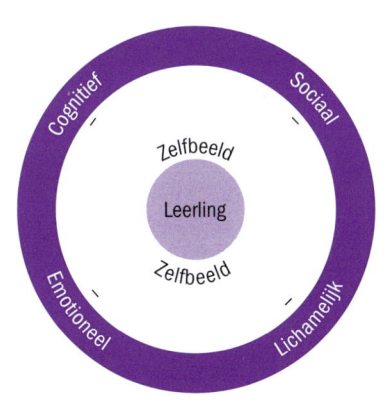

Als het kind zich in zijn gedrag vooral *op zijn omgeving richt*, zien we een kind dat zich opstandig en weerspannig gedraagt. Zijn houding laat zich omschrijven als 'Als ik dan toch geen plussen kan scoren, dan scoor ik in het negatieve'. Zij lijken zich met opzet nog negatiever te gaan gedragen. Het is een manier om het gevoel te krijgen in elk geval op enige manier de moeite waard te zijn, al is het dan in het negatieve. Leraren hebben hun handen vol aan deze kinderen. Het is moeilijk de neerwaartse spiraal van negatief gedrag te doorbreken. Ook stoot dit kind met zijn gedrag vaak zijn omgeving af. Bij een *naar binnen gerichte reactie* zien we een kind dat zich afwendt van de omgeving. Het kind ervaart zijn situatie als zwaar, maar ziet geen kans iets met dit gevoel te doen. Het voelt zich als het ware lamgeslagen door een overheersend negatief zelfbeeld. In de klas keert het zich af van groepsgenoten en de leraar. Het is steeds moeilijker dit kind tot actie aan te zetten. Handelen betekent een nieuwe kans op mislukking en dus een negatieve ervaring. Daarom is passiviteit voor dit kind lonend. In het uiterste geval kan dit kind in een depressie terechtkomen.

Kinderen met een totaal negatief zelfbeeld zijn aangewezen op hulp van anderen. In veel gevallen is zelfs professionele hulp noodzakelijk, zowel thuis als in de schoolsituatie. De verschillen tussen op de omgeving en naar binnen gericht gedrag staan samengevat in figuur 2.10.

**FIGUUR 2.10** Negatief zelfbeeld: onderscheid op de omgeving en naar binnen gericht gedrag

| | Op omgeving gericht | Op zichzelf gericht |
|---|---|---|
| Emotioneel aspect | Sterk afhankelijk van zijn omgeving | Passief, gezeglijk, weinig ondernemend |
| Sociaal aspect | Grote mond, bijt van zich af, fysieke agressie, kan niet tegen verlies | Vermijdt sociaal contact, trekt zich terug, is ontoegankelijk |
| Cognitief aspect | Doet zich qua prestaties beter voor dan hij is en wijt fouten aan anderen | Vermijdt leerprestaties, droomt weg, let niet op |
| Lichamelijk aspect | Accentueert onhandig zijn, 'niet kunnen', 'lelijkheid' | Gaat lichamelijkheid zoveel mogelijk uit de weg |
| Alle aspecten | Opstandig, weerspannig, sterk negatief gedrag, provocerend | Sluit zich af voor de omgeving, onbereikbaar |

**T 2.6**

**TUSSENVRAAG 2.6**
Op welke twee manieren kan een negatief zelfbeeld in het gedrag van een kind tot uiting komen?

### 2.4.2 Herkennen compensatiegedrag

Ook compensatiegedrag moet een leraar kunnen herkennen. We bespreken de *algemene kenmerken* en de *meest kenmerkende gedragingen* van een kind met compensatiegedrag voor alle vier de aspecten van het zelfbeeld.

Algemene kenmerken en de meest kenmerkende gedragingen

Vergroten basisbehoeften: veiligheid, vertrouwen en zekerheid

**Compensatiegedrag: emotioneel aspect**
Een kind dat een negatief zelfbeeld compenseert door versterking van het emotionele aspect van zijn zelfbeeld zal proberen zijn emotionele basisbehoeften te vergroten: *veiligheid, vertrouwen en zekerheid*. Compensatiegedrag op dit aspect uit zich in gedrag waarvan het kind vermoedt dat de omgeving daar positief op zal reageren (vertrouwen), weinig risico's lopen (zekerheid), een afhankelijke opstelling naar de leraar (veiligheid).

**VOORBEELD 2.6**

# Tijmen

Tijmen (groep 8) heeft een 'min', een negatief zelfbeeld op het sociale aspect. Hij is er zeker van dat hij niet geliefd is bij andere kinderen. De leraar vindt het leuk om in de groep discussies uit te lokken en dan de meningen te peilen door te stemmen. Tijmen zorgt ervoor dat hij het altijd zeer duidelijk eens is met de meerderheid: hij probeert zich heel zeker voor te doen. Hij schat gauw de algemene mening van de klas in en verkondigt die dan opvallend en hinderlijk luid, bijvoorbeeld door de kinderen die een minderheidsstandpunt hebben voor schut te zetten.

Dit kind zal zich veel inspanningen getroosten om zich veilig te voelen en basiszekerheid te hebben, want dan heeft hij minder last van de 'min' op een of meer van de andere aspect(en).

### Compensatiegedrag: sociaal aspect
Als een kind door versterking van het sociale aspect zijn 'plus-gevoel' wil vergroten, zal het zijn inspanningen erop richten om *aardig en lief* gevonden te worden.

<small>Compensatie door versterking van het sociale aspect</small>

**VOORBEELD 2.7**

# Richard wordt 'hulpvaardig'

Richard (groep 5) heeft moeite met leren. Hij krijgt intensieve remedial teaching, maar de problemen verminderen nauwelijks. Zijn inzet bij het leren wordt steeds minder. Het valt de leraar op dat Richard de laatste tijd steeds hulpvaardiger wordt. Bij allerlei karweitjes in de klas staat hij vooraan om deze uit te voeren. Ook vindt de leraar dat Richard bijna overdreven lief doet tegen hem. Regelmatig zegt hij dat de leraar liever is dan de juf van vorig jaar en ook neemt hij kleine presentjes mee. De leraar verbaast zich er enigszins over, want in het begin van het jaar vertoonde Richard dit gedrag eigenlijk niet. Hij laat het er echter bij, omdat hij vindt dat Richard het al moeilijk genoeg heeft. Hij besluit te vragen of er nog wat meer remedial teaching gegeven kan worden.

De meeste leraren zullen het gedrag van Richard niet herkennen als compensatiegedrag, voortvloeiend uit het niet kunnen leren. Er zullen zelfs leraren zijn die het gedrag negatief beoordelen: 'Wat kan die jongen slijmen!' De relatie tussen leraar en leerling kan daardoor gemakkelijk onder druk komen te staan. De leraar zal door zijn irritatie geneigd zijn afwijzend op het kind te reageren: 'Ga nu eens wat anders doen' of 'Ga je werk toch eens afmaken'. De kans is groot – het gaat om compensatiegedrag – dat de leerling een dergelijke aansporing als afwijzing opvat, zeker als in de non-verbale boodschap irritatie te beluisteren valt. Hij zal denken dat hij niet aardig en lief is. Het effect is versterking van het negatieve zelfbeeld.

<small>Dit compensatiegedrag moeilijk te interpreteren</small>

Sociaal compensatiegedrag kan ook bestaan uit het (overdreven) attent zijn voor klasgenoten. Denk aan een leerling die voortdurend voor zijn groepsgenoten klaarstaat, de spil probeert te zijn van de groep, het opneemt voor andere leerlingen. Dergelijk gedrag kan voor een leraar heel plezierig zijn als het binnen bepaalde grenzen blijft. Het kan echter ook tot escalaties leiden, omdat het kind in zijn drang tot een positieve ervaring op dit aspect, in staat is een hele groep tegen de leraar te mobiliseren. Om adequaat te kunnen reageren is het dan ook van belang dit gedrag op waarde te schatten.

**Compensatiegedrag: cognitief aspect**

*Ik ben bekwaam!*

Compensatiegedrag van een kind op het cognitieve aspect betekent dat een kind probeert zijn 'plus-gevoel' te vergroten door zich meer en meer te richten op zijn gevoel van bekwaamheid. Denk bijvoorbeeld aan een kind dat niet alleen een vlotte leerling is, maar zich daar ook steeds op laat voorstaan.

---

**VOORBEELD 2.8**

## Jasper

Jasper (groep 2) is met alles erg vlot. Hij zoekt het liefst werkjes die met rekenen en taal te maken hebben. Hij kan al een beetje lezen. Ook kent hij de tafels al een beetje. De contacten tussen hem en zijn klasgenoten verlopen stroef. Zelf zoekt hij contact door aan zijn klasgenootjes te vragen of zij ook de tafel van 5 kennen of dat hij zal voorlezen. De andere kinderen gaan hier niet op in en mijden hem zelfs steeds meer. Jasper probeert steeds vaker met de juf in gesprek te komen. Hij vraagt van alles over sterren en planeten en waar allerlei landen liggen. Meer en meer zoekt Jasper het contact met zijn leraar en niet meer met andere kinderen.

---

In dit voorbeeld beschikt Jasper wel over sociale vaardigheden. Volgens informatie van zijn moeder speelt hij buiten schooltijd met diverse kinderen uit de buurt. In de klas komt zijn begaafdheid echter veel meer tot uiting en daardoor ervaren de andere kinderen hem als 'anders' en gaan hem uit de weg. Hij past niet in de groep. Op het aspect 'aardig en lief' ervaart Jasper steeds sterker een min. Pogingen om toch door de andere kinderen aardig en lief gevonden te worden lopen op niets uit. Hij zoekt compensatie in zijn sterke kant, het cognitieve aspect. Door de leraar met allerlei vragen te benaderen, probeert hij extra waardering te oogsten voor zijn cognitieve prestaties. In de praktijk vindt een leraar dergelijk gedrag, zeker bij zo'n jong kind, aanvankelijk meestal wel leuk. Dit is een sein voor het kind om door te gaan met dit gedrag, het wellicht zelfs te versterken. Vaak is het gevolg dat een leraar zich na een tijdje gaat storen aan dit gedrag. Het kost hem veel tijd, hij ziet dat het kind zich op hem richt en niet op zijn leeftijdgenootjes. Hij kan het kind ook als betweterig en uitsloverig gaan ervaren. Let weer op het nadrukkelijke, onnatuurlijke van het gedrag. En weer is het zo, dat als de leraar het gedrag niet herkent als compensatiegedrag, de relatie tussen hem en de leerling onder druk komt te staan. Hij luistert minder en minder en kan op den duur het kind zelfs gaan afkappen als hij met vragen komt. Het gevolg is bevestiging van het 'niet aardig en lief' gevonden worden.

*Te nadrukkelijk gedrag*

## Compensatiegedrag: lichamelijk aspect

Net als al is aangegeven bij compensatiegedrag op de andere aspecten, gaat het bij een kind dat zijn positieve gevoel op het lichamelijke aspect probeert te versterken om te nadrukkelijk gedrag.

*Ik ben mooi, sterk, atletisch!*

---

**VOORBEELD 2.9**

## Sportdag

Het is sportdag. Alle kinderen doen mee met de verschillende spelonderdelen. De leraar (groep 6) verbaast zich sterk over Sharon. Hij ziet een gedreven, fanatieke Sharon, die zich werkelijk het vuur uit haar sloffen loopt. Tijdens de gymles levert zij altijd al behoorlijke prestaties, maar vandaag zet zij werkelijk alles op alles. De leraar verzucht dat het prettig zou zijn als Sharon deze inzet in de klas ook eens zou vertonen. Het zou haar resultaten ten goede komen, denkt hij. Dit schooljaar komt er weinig goeds uit haar handen.

---

Ook in dit geval kan de leraar, als hij zich niet bewust is van het mechanisme van compensatiegedrag, het gedrag van Sharon verkeerd opvatten. 'Als je je met sport zo kunt inzetten, dan wil ik dat ook in de klas zien.' De leraar kan zelfs het niet-werken in de klas ervaren als een ondermijnen van zijn autoriteit. Dat brengt spanning en mogelijk een angst voor prestigeverlies in de verhouding tussen leraar en leerling. De leraar kan dan gymnastiek en sport als drukmiddel gaan gebruiken om de leerling aan het werk te krijgen. 'Als je werk niet af is, maak je het maar af terwijl wij naar gymnastiek zijn.' Wellicht ten overvloede, deze voorbeelden en door leraren genomen maatregelen zijn ontleend aan de praktijk.

Afgezien van de vraag of een dergelijke maatregel de meest wenselijke is, werkt hij zeker niet bij een kind dat de leerstof niet aankan: als dit zo is, kan het kind onder druk de leerstof niet opeens wél aan. Integendeel, de kans is groot dat een dergelijke maatregel de problemen vergroot. En weer is het gevolg versterking van het negatieve zelfbeeld.

**TUSSENVRAAG 2.7**  T 2.7
Op welke drie manieren kan een kind dat op cognitief gebied niet kan scoren compensatiegedrag vertonen?

**TUSSENVRAAG 2.8**  T 2.8
Wat kan een kind doen als hij merkt dat hij in de groep niet mee kan komen wat betreft zijn prestaties?

**TUSSENVRAAG 2.9**  T 2.9
Wat is de overeenkomst en wat is het verschil tussen een positief zelfbeeld en een zelfbeeld gebaseerd op compensatiegedrag?

**TUSSENVRAAG 2.10**  T 2.10
Waarom is een zelfbeeld gebaseerd op compensatiegedrag reden tot zorg?

## 2.5 Eenzijdig zelfbeeld

Niet alleen een negatief zelfbeeld kan een probleem vormen. Ook een eenzijdig zelfbeeld geeft reden tot zorg. Een kind heeft een eenzijdig zelfbeeld als het slechts één aspect van het zelfbeeld als positief ervaart. In concrete termen: het kan slechts op één aspect positief scoren. De leerling richt als het ware al zijn energie op het ervaren van vier plussen op één aspect van het zelfbeeld.

*Slechts op één aspect positief*

Een kind kan een eenzijdig zelfbeeld hebben van jongs af aan (zie figuur 2.11), maar het kan ook geleidelijk zijn ontstaan.
In het eerste geval moeten we denken aan een kind bij wie de positieve eigenschappen op één aspect zodanig in het oog springen, dat van meet af aan alle aandacht daarop gevestigd is. Bijvoorbeeld kinderen die al heel snel intelligente reacties hebben of motorisch duidelijk veel beter presteren dan hun leeftijdgenootjes. Doordat alle aandacht naar het functioneren op dit ene aspect gaat, staat de beleving van de andere aspecten als het ware in de schaduw. Er is dus niet zozeer sprake van een negatieve beleving op de andere aspecten, maar deze dragen weinig bij tot zijn zelfbeeld.

*Eenzijdig zelfbeeld van jongs af aan*

**FIGUUR 2.11** Eenzijdig zelfbeeld: van jongs af aan

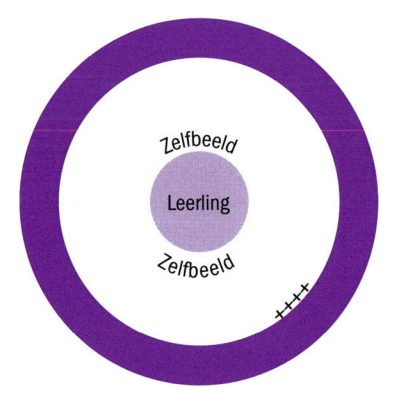

*Geleidelijk ontstaan*

Is het eenzijdige zelfbeeld geleidelijk ontstaan (zie figuur 2.12), dan was er aanvankelijk wel een positieve beleving van meer aspecten van het zelfbeeld. Door het ervaren van mislukkingen, is echter het positieve gevoel beperkt tot één aspect. Door het vermijden van negatieve ervaringen is het kind zich steeds sterker gaan richten op dat ene aspect, waardoor hij wel positieve reacties van zijn omgeving krijgt. Het vertoont zoveel compensatiegedrag, dat het de negatieve beleving op de andere aspecten als het ware blokkeert.

**FIGUUR 2.12** Eenzijdig zelfbeeld: geleidelijk ontstaan

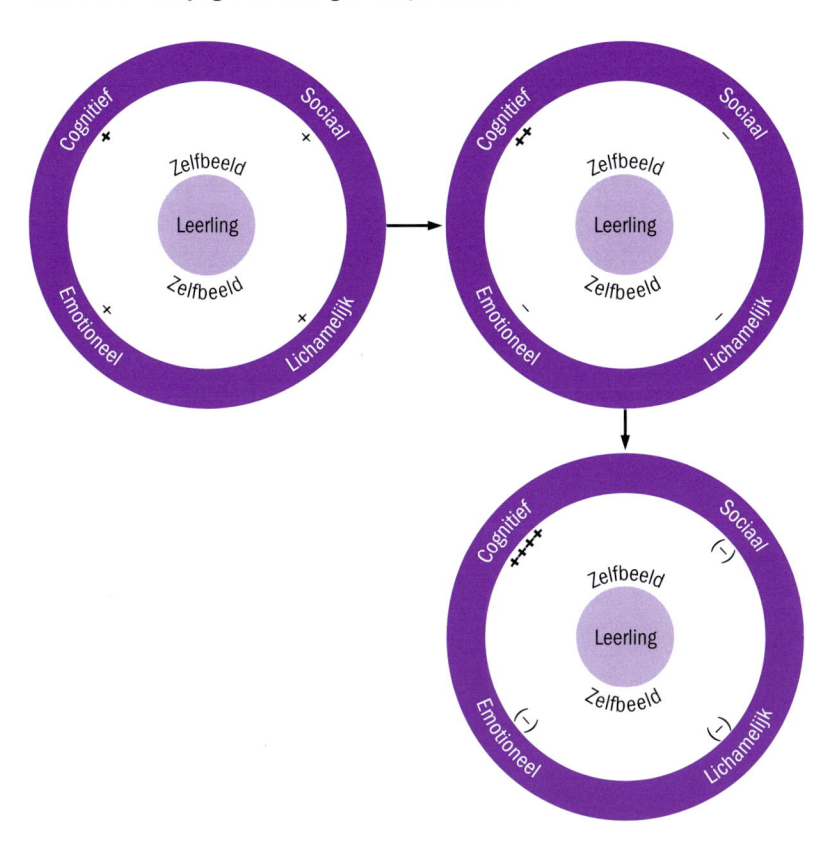

---

**VOORBEELD 2.10**

## Het ontstaan van een eenzijdig zelfbeeld

Tot zij naar school ging, was Hanneke een lief, wat onzeker meisje. Zij was enig kind en was veel thuis bij haar moeder. Eenmaal op school verliepen haar sociale contacten stroef, en bij het spelen en gymnastiek viel op dat zij lichamelijk niet handig was. Wel bleek meteen dat zij een intelligente leerling was. Al snel kreeg zij door dat het leveren van prestaties haar voldoening gaf. Zij richtte haar energie steeds meer op dat gebied, zeker toen zij in groep 3 kwam, waar zij echt kon uitblinken. Nu zit zij in groep 7. Tot ieders verbazing heeft zij plotseling problemen met rekenen. Zij doet erg haar best deze te overwinnen. Zo vraagt zij of ze werk mee naar huis mag nemen. Daar helpen haar ouders haar. Maar ook zij worden moedeloos van alle moeite en de geringe resultaten. Hanneke krijgt steeds meer last van de situatie en geeft uiteindelijk de moed op. Hanneke sluit zich steeds meer af, spijbelt af en toe en wil op een gegeven moment niet meer naar school.

---

Dit voorbeeld laat zien dat om verschillende redenen een eenzijdig zelfbeeld reden is tot zorg:
1 kwetsbaarheid
2 achterstand in de ontwikkeling
3 in sociaal opzicht

**Eenzijdig zelfbeeld is reden tot zorg**

*Ad 1 Kwetsbaarheid*
Een kind met een dergelijk zelfbeeld is kwetsbaar. Zijn positieve gevoelens van de moeite waard zijn, zijn afhankelijk van één aspect. Als in de beleving van dat aspect problemen optreden, komt het kind al heel snel terecht in een totaal negatief zelfbeeld. Het kind zal niet gauw compensatie zoeken in de andere aspecten van zijn zelfbeeld, omdat hij deze als onbetekenend of negatief ervaart.

*Ad 2 Achterstand in de ontwikkeling*
Een eenzijdig zelfbeeld kan ertoe leiden dat op de verwaarloosde aspecten vertraging of zelfs achterstand in de ontwikkeling ontstaat. Een voorbeeld hiervan is een kind dat lichamelijk erg behendig is, maar intellectueel en emotioneel en / of sociaal niet zo erg vlot. Het kan dan waardering krijgen voor zijn lichamelijke prestaties. Op zijn sociaal-emotioneel en cognitief functioneren zijn echter negatieve reacties waarschijnlijk. Vanuit zijn behoefte aan positieve ervaringen is de kans groot dat het kind zich nog sterker richt op het positieve aspect. Versterking van het eenzijdige zelfbeeld is het gevolg. Dit verhoogt de afhankelijkheid van het kind van zijn omgeving. Als deze niet bereid en in staat is het kind tot een positieve beleving te brengen van meer aspecten van zijn zelfbeeld, is de kans op ontwikkelingsproblemen groot.

*Ad 3 In sociaal opzicht*
Ook in sociaal opzicht kan het functioneren voor een kind met een eenzijdig zelfbeeld moeilijk zijn. Omdat het al zijn energie richt op dat ene aspect, kan het moeite hebben een goede aansluiting met de omgeving te krijgen. Ook in dit opzicht bevindt het kind zich in een kwetsbare situatie.

**Verschillende typen eenzijdig zelfbeeld**

Uitgaande van de vier aspecten van het zelfbeeld ligt het in de lijn vier typen van een eenzijdig zelfbeeld aan de orde te stellen. In de schoolsituatie echter komen we vooral het eenzijdig cognitieve en eenzijdig lichamelijke zelfbeeld tegen. Bij een kind met een eenzijdig emotioneel en / of sociaal zelfbeeld zijn het cognitieve aspect (zijn leerwerk) en het lichamelijke aspect (zijn gezondheid, gymnastiekinspanningen e.d.) geheel ondergeschikt en worden verwaarloosd. Het kind steekt als het ware al zijn energie in 'lief en aardig' zijn. Een kind met een dergelijk zelfbeeld zal zich in de reguliere schoolsituatie niet of niet lang kunnen handhaven. Door de veronachtzaming van het cognitieve aspect zullen er in die situatie al snel problemen optreden die aanleiding geven om hulp in te roepen. Leidt deze hulp niet tot het gewenste resultaat, dan zal in de regel een dergelijke leerling niet in de reguliere situatie te handhaven zijn. We hebben hier dus vooral te maken met de theoretische mogelijkheid van een dergelijk zelfbeeld en betrekken het daarom niet bij onze verdere beschouwing. We zullen nu twee verschillende typen van een eenzijdig zelfbeeld bespreken:
1 eenzijdig cognitief zelfbeeld
2 eenzijdig lichamelijk zelfbeeld

*Ad 1 Eenzijdig cognitief zelfbeeld*
Bij een eenzijdig cognitief zelfbeeld richt het kind zich geheel op het cognitieve aspect. Hierbij springt vooral het hoogbegaafde kind in het oog. Lang niet alle hoogbegaafde kinderen hebben problemen. Meer aspecten van hun zelfbeeld ervaren zij als positief, maar het cognitieve aspect springt er nadrukkelijk uit. Het probleem ontstaat bij een hoogbegaafd kind met een eenzijdig zelfbeeld. Dit kind ervaart alléén het cognitieve aspect als positief.

Het ontmoet in zijn omgeving meestal veel onbegrip. Het wil ten koste van alles leren. Als het maar kan leren, dan voelt het zich goed.
De belangrijkste problemen bij dit kind zijn de volgende:

- Andere kinderen kunnen dit kind intellectueel niet bijhouden en laten het links liggen. Ook komt het voor dat het kind zelf geen aansluiting zoekt bij andere kinderen, omdat het cognitief op een heel ander niveau en op een andere wijze functioneert.
- De omgeving ziet niet altijd kans dit kind het juiste 'leervoer' aan te bieden, bijvoorbeeld als de omgeving niet herkent dat het om een kind met een eenzijdig zelfbeeld gaat. Ook kan de omgeving het moeilijk vinden op het kind te reageren omdat het niet past in het beeld van een 'gemiddeld' kind. Leerstof en materialen zijn bijvoorbeeld niet voorhanden of men heeft zelf niet direct de kennis paraat die nodig is om dit kind zich plezierig te laten voelen.

*Onbegrip van omgeving*

Deze opsomming is niet uitputtend, maar dient om aan te geven hoe belangrijk het is dit beeld tijdig te herkennen en erop in te spelen.

*Ad 2 Eenzijdig lichamelijk zelfbeeld*
Bij het lichamelijk eenzijdig zelfbeeld richt het kind zich geheel op het lichamelijke aspect. Hierbij past de leerling die met verwaarlozing van de andere aspecten van het zelfbeeld alles op alles zet om zich waar te maken op lichamelijk gebied. Voorbeeld hiervan zijn topsporters. Dit beeld kennen we tot nu toe vooral uit de Verenigde Staten, maar het komt ook in Nederland in toenemende mate voor. Ook hier geldt weer dat het belangrijk is dat de omgeving zorgt voor positieve ervaringen op de andere aspecten van het zelfbeeld om de balans te herstellen.

*Topsporters*

## Anne en David (deel 7)

David uit de openingscasus past in dit beeld. Op sociaal-emotioneel en cognitief gebied is zijn beleving negatief. Alleen op lichamelijk gebied scoort hij letterlijk en figuurlijk. Een positief zelfbeeld kan hij alleen maar ontlenen aan zijn voetbalprestaties. Het ligt dan ook voor de hand dat hij zijn energie steeds meer daarop zal richten. Als die mogelijkheid om de een of andere reden wegvalt, heeft hij geen mogelijkheid meer tot een positieve beleving van zijn zelfbeeld.

**TUSSENVRAAG 2.11**
Hoe ontstaat een eenzijdig zelfbeeld?

T 2.11

**TUSSENVRAAG 2.12**
Beschrijf de risico's van een eenzijdig zelfbeeld.

T 2.12

# Samenvatting

De samenvatting van dit hoofdstuk staat op www.pabowijzer.nl.

# Valkuilen en tips

**Valkuil 1**
Een leerling vertoont agressief gedrag. Hij reageert fel en afwerend op gedragingen van andere kinderen. Hij bemoeit zich overal mee en 'klikt' voortdurend. Een voor de hand liggende conclusie is dat er sprake is van een negatief zelfbeeld op het sociale aspect.

*Tip 1*
Dit gedrag biedt niet voldoende informatie om dit te kunnen concluderen. Dat een leerling naar jouw oordeel negatief gedrag naar andere kinderen vertoont, houdt niet in dat hij geen positief zelfbeeld kan hebben op sociaal gedrag. Hij beschouwt namelijk dat gedrag niet als negatief, bijvoorbeeld omdat hij thuis geleerd heeft dat het goed is van zich af te bijten als een ander kind vervelend doet. En klikken is de leraar helpen. Conclusies over het zelfbeeld dienen gebaseerd te zijn op grondige observatie en zorgvuldige afweging: is het een negatief zelfbeeld of is het compensatiegedrag? Of een eenzijdig zelfbeeld? Je argumenten voor je conclusies dienen goed onderbouwd te zijn.

**Valkuil 2**
In je klas zit een leerling die meer dan gemiddeld presteert. Je verbaast je erover dat hij vaak extra instructie vraagt. Het is een slim kind, waar maakt hij zich druk over?

*Tip 2*
Een leerling die goed presteert kan op cognitief gebied toch een negatief zelfbeeld hebben. In paragraaf 2.2 komt dit aan de orde. Om zicht te krijgen op het cognitieve aspect van het zelfbeeld van een leerling, is observatie tijdens de instructie en speciaal bij de overgang van instructie naar verwerking een goed aangrijpingspunt. Een leerling met een positief zelfbeeld zal meestal direct aan de slag gaan.

Een leerling met een negatief (cognitief) zelfbeeld heeft daar juist moeite mee.

**Valkuil 3**
Een kind vertoont negatief compensatiegedrag op sociaal gebied. Je treedt straffend op.

*Tip 3*
Een leerling die een negatief zelfbeeld op het sociale aspect probeert te compenseren, vertoont vaak gedrag dat ergernis oproept (de baas willen spelen, andere kinderen uitsluiten, de beste willen zijn). Door straffend op te treden vergroot je vaak het negatieve aspect en komt jullie relatie onder druk te staan.

Een leerling die een negatief zelfbeeld compenseert op sociaal gebied herken je vaak aan de volgende beschrijving: 'de leerling is dominant, maar kan niet tegen zijn verlies of tegen kritiek'. Hij neemt geen genoegen met een ondergeschikte rol tijdens het spel. Een dominante leerling met een positief zelfbeeld zal daar niet zo'n moeite mee hebben.

**Valkuil 4**
Een leerling in je klas heeft volgens jou een negatief zelfbeeld. Je doet van alles om het positief te beïnvloeden. Er is maar gering effect.

*Tip 4*
Zonder een goed onderzoek naar de aard en ontwikkeling van het negatief zelfbeeld bestaat de kans dat je je richt op een negatief aspect dat het moeilijkst is om te buigen. Indien de leerling op meer dan één gebied een negatief zelfbeeld heeft, probeer dan vast te stellen op welk gebied het laatst een negatieve ontwikkeling heeft plaatsgevonden. Richt je daarop, de kans op een positieve ombuiging is daar het grootst.

# Kernbegrippenlijst

| | |
|---|---|
| **Autonomie** | Psychologische basisbehoefte: de behoefte zich te onwikkelen tot een zelfstandig wezen dat verantwoordelijk is voor zichzelf. |
| **Cognitief aspect zelfbeeld** | Dit aspect kenmerkt zich door de gedachte: 'Ik ben bekwaam.' |
| **Compensatiegedrag** | Het ombuigen van een negatief ervaren aspect van het zelfbeeld naar een positief beeld dan wel het zoeken naar positieve ervaringen in andere aspecten van het zelfbeeld als tegenwicht voor het negatief ervaren van het zelfbeeld. |
| **De moeite waard zijn** | 'Ik ben de moeite waard' is de optelsom van de gedachten: veilig, vertrouwen en zeker + aardig en lief + bekwaam + mooi, sterk, atletisch. |
| **Eenzijdig zelfbeeld** | Het kind ervaart slechts één aspect van het zelfbeeld als positief. |
| **Emotioneel aspect zelfbeeld** | Dit aspect kenmerkt zich door de gedachte: 'Ik voel mij veilig, heb vertrouwen en voel zekerheid.' |
| **Lichamelijk aspect zelfbeeld** | Dit aspect kenmerkt zich door de gedachte: 'Ik ben mooi, sterk, atletisch.' |
| **Negatief zelfbeeld** | Het kind ervaart een of meer van de aspecten van zijn zelfbeeld dermate negatief dat het daardoor zijn zelfbeeld als negatief ervaart: 'Ik ben niet de moeite waard.' |
| **Positief zelfbeeld** | Het kind ervaart de verschillende aspecten van zijn zelfbeeld als overwegend positief; een negatieve beleving van een van de aspecten weegt niet zo zwaar dat het daardoor zijn zelfbeeld als negatief ervaart. In concrete termen is dit weer te geven als: 'Ik ben de moeite waard.' |
| **Problematisch compensatiegedrag** | Het natuurlijk compensatiegedrag wordt steeds nadrukkelijker, onnatuurlijker en wordt door de omgeving als probleem ervaren. |
| **Sociaal aspect zelfbeeld** | Het sociaal aspect van het zelfbeeld kenmerkt zich door de gedachte: 'Ik ben aardig en lief.' |
| **Totaal negatief zelfbeeld** | Het kind ervaart geen enkel aspect van zijn zelfbeeld als positief. |
| **Zelfbeeld** | Het zelfbeeld is wat iemand van zichzelf vindt op lichamelijk, cognitief, emotioneel en sociaal vlak. |

# Vragen

**2.1** Er moet een belangrijk briefje meteen naar de directeur gebracht worden. Bertje (7) is de eerste en enige die zich aanbiedt. De vorige keer dat je hem zoiets hebt laten doen, was het briefje spoorloos. Wat kun je zeggen, zodat hij zich bekwaam kan voelen en ook kan worden?

**2.2** Shelton (groep 6) is sterk en lenig en een verschrikkelijk fanatieke jongen. Eigenlijk is iedereen in de klas een beetje bang voor hem. In de pauze wordt altijd gevoetbald. Shelton is daar erg goed in. Dat weet hij ook. Als er niet gevoetbald wordt, speelt niemand met hem. Dat vindt hij uiteraard niet leuk. Bij het voetballen stelt Shelton de partijen samen, weigert sommige jongens in een ploeg of in de tegenpartij. Tijdens het spel maakt hij allerlei corrigerende opmerkingen, ook naar zijn medespelers. Hij is erg boos als zij de bal niet naar hem overspelen, maar doet dat zelf ook niet naar anderen. Hij wil steeds scoren, ten koste van zijn medespelers.
Is hier sprake van natuurlijk compensatiegedrag of van problematisch compensatiegedrag? Licht dit toe.

**2.3** Els (groep 8) is een meisje dat erg vaak ziek is. Ze verzuimt daardoor veel en kan vaak niet meedoen met spelen en gymnastiek. Toch is zij erg populair in de groep. Als er problemen zijn in de klas probeert zij te bemiddelen. Kinderen gaan naar haar toe, als zij problemen hebben. Ook bij conflicten tussen leerlingen en de leraar voert zij vaak het woord.
Is hier sprake van natuurlijk compensatiegedrag of van problematisch compensatiegedrag, of wellicht van beide? Licht dit toe.

**2.4** Neem een lastig kind uit de klas (van je praktijkschool) in gedachten en beschrijf zijn zelfbeeld.
Hoe zou je dit kind kunnen benaderen zodat het het gevoel krijgt aardig en lief te zijn.

**2.5** Tijdens een leerlingbespreking brengt de leraar van groep 5 Sabine in. Sabine is een erg lastig kind in de groep. Zij bemoeit zich op een negatieve manier met alle kinderen. Vaak lijkt het wel of zij geniet van de negatieve reacties van de groep. Haar werk lijdt volgens de leraar sterk onder haar gedrag. De leraren die Sabine in groep 2 en 3 hebben gehad zijn verbaasd over dit gedrag. Sabine was toen weliswaar een zwakke leerling, maar erg lief en behulpzaam in de klas.
Beschrijf de ontwikkelingen bij Sabine in termen van het zelfbeeld.

De antwoorden op deze vragen kun je vinden op www.pabowijzer.nl.

# 3
# Acceptatie

3.1 Een goede relatie en acceptatie
3.2 Het begrip acceptatie
3.3 Doceer-leergebied
3.4 Acceptatie en zelfbeeld

**Kennisdoelen**
1 Het eerste doel van dit hoofdstuk is het verwerven van kennis van het begrip acceptatie en het verband tussen acceptatie en een goede relatie.
2 Het tweede doel is het leren van het onderscheid dat acceptatie van de persoon niet betekent dat je als leraar ook zijn gedrag accepteert en het belang van het vaststellen van je acceptatiegrenzen. Hij leert hoe belangrijk het is in staat te zijn het zelfbeeld te beïnvloeden zonder dat acceptatie in het gedrang komt.
3 In de derde plaats is dit hoofdstuk gericht op het inzicht krijgen in het begrip doceer-leergebied, de invloed van problemen op dat doceer-leergebied en de doorwerking daarvan in effectief onderwijs en leeropbrengsten.

**Toepassingsdoel**
Met de opgedane kennis kan de leraar zijn inzichten in wel of niet accepteren vertalen naar handelen in de klas. Hij is in staat zijn acceptatiegrens vast te stellen en zo nodig te variëren. De leraar kan accepteren dat bepaald gedrag van de leerling niet te veranderen is, waardoor de ruimte voor lesgeven en leren niet onnodig verkleint.
Hij is in staat het zelfbeeld met behulp van effectieve complimenten en kritiek positief te beïnvloeden.

## 3.1 Een goede relatie en acceptatie

**Grondkenmerk goede relatie: acceptatie persoon**

Een van de grondkenmerken van een goede relatie is acceptatie. Acceptatie van de *persoon* wel te verstaan, niet van zijn gedrag zonder meer (zie paragraaf 3.2). Al diverse keren is aan de orde geweest dat elk mens een aantal basisbehoeften heeft. Een van die behoeften is zich veilig te voelen. Veiligheid is de basis van waaruit een kind zich ontwikkelt, zijn wereld gaat verkennen, vertrouwen in andere mensen ontwikkelt en sociale relaties aangaat. Een gevoel van veiligheid is een belangrijke factor bij het zoeken van en in stand houden van contact van het kind met degenen die zorgdragen voor zijn fysieke en psychologische veiligheid.

**Acceptatie ↔ veiligheid ↔ leren**

Het ontwikkelen van een gevoel van veiligheid en acceptatie is nauw met elkaar verbonden. Acceptatie betekent dat een kind ervaart dat het er mag zijn, met alle eigenschappen die het heeft, ook de minder prettige eigenschappen. 'Erkenning van eigenheid' hebben we dit in paragraaf 1.1 genoemd. Dan kan een kind zich veilig voelen.

Ook bij zijn leraar moet een kind zich veilig kunnen voelen. Na ouders en verzorgers is de leraar een uitermate belangrijke persoon in het leven van een kind. Hoeveel tijd brengen leraar en kind niet met elkaar door? Een leraar moet dus in staat zijn een kind het gevoel te geven van acceptatie. Als een kind zich niet geaccepteerd voelt door de leraar, heeft dit een direct effect op de manier waarop het kind leersituaties tegemoet treedt: het probeert de leertaak te vermijden of treedt deze met angst tegemoet (Oosterheert, 2007). Het kind gaat uitstel-, afstel- of vluchtgedrag vertonen: afkijken, onrustig worden, telkens naar de wc gaan of punten slijpen.

**Uitstel-, afstel- of vluchtgedrag**

Dergelijke gevoelens belemmeren of blokkeren dus het leerproces. Dit vraagt tijd en aandacht van de leraar, wat ten koste gaat van het lesgeven. Zich niet geaccepteerd voelen betekent dus een minder goed functionerende leerling, minder effectief onderwijs en lagere leeropbrengsten.
Acceptatie is dus een krachtig instrument in handen van jou als leraar. Het is daarbij wel van belang dat je hierbij goed naar jezelf kijkt en eerlijk bent (zie ook deel 4: reflectie). Accepteer je het kind werkelijk in zijn eigenheid? Met ook diens negatieve eigenschappen? Dat meisje, dat ondanks al je pogingen tot contact nog steeds zo afwerend doet? Dat jongetje met zijn agressieve buien?

### Anne en David (deel 8)

In de vorige hoofdstukken hebben we gezien dat Brenda weinig succes heeft met haar pogingen de problemen met David aan te pakken. Dat zij weinig succes heeft, heeft onder meer te maken met het feit dat zij geen rekening houdt met zijn zelfbeeld. Maar ook realiseert zij zich niet dat zij David in wezen niet accepteert. Zij blijft David een vervelend jongetje vinden en houdt vast aan de gedachte dat 'hij gewoon wat beter moet luisteren en dan zal het tussen hen ook beter gaan'.
Brenda – zonder zich daar overigens echt van bewust te zijn – accepteert David dus niet.

Kinderen voelen heel goed of zij wel of niet geaccepteerd worden in wie zij zijn. Ontbreekt die acceptatie, dan ontbreekt een van de belangrijkste bouwstenen voor een goede relatie.

**TUSSENVRAAG 3.1**  
Wat betekent acceptatie in een relatie?

T 3.1

## 3.2 Het begrip acceptatie

Zoals gezegd, is acceptatie van de persoon een wezenlijk kenmerk van een goede relatie, niet van zijn gedrag zonder meer. Niemand accepteert altijd alles van iemand anders. Altijd zullen er gedragingen zijn die je onacceptabel vindt. Daarbij komt dat je van de een meer accepteert dan van de ander.
Bedenk eens vijf gedragingen van een leerling (bijvoorbeeld van je stageschool) die je wél accepteert en vijf gedragingen die je níét accepteert van diezelfde leerling.
Je zult bij de gedragingen die je wel en niet accepteert misschien wel gedacht hebben: Dat ligt er maar aan; soms accepteer ik dat wel en soms niet. De scheiding tussen aanvaardbaar en niet-aanvaardbaar gedrag is niet altijd dezelfde: als je moe bent of hoofdpijn hebt, kun je minder 'hebben' dan wanneer je uitgerust bent. Als een leerling jarig is, kun je waarschijnlijk meer van hem verdragen dan anders.
T. Gordon (2003) werkt deze gedachte als volgt uit:

*Niet alle gedrag acceptabel*

*Acceptatie-rechthoek*

> 'Stel je een eenvoudige rechthoek voor waarbinnen zich het totaal van de gedragingen van een leerling bevindt waarmee je een bepaalde relatie hebt, dus alles wat een leerling in je aanwezigheid zou kunnen doen of zeggen. Je zou je duizenden kleine stippeltjes kunnen voorstellen die elk een stukje gedrag uitbeelden. Alles wat de leerling zou kunnen doen of zeggen, ligt besloten in de rechthoek – niets is uitgezonderd. Een andere manier om je de rechthoek in te denken is je voor te stellen dat het een raam is waardoor je de leerling ziet. Je kunt alles zien wat hij mogelijkerwijs zou kunnen doen of zeggen, maar alleen door dit raam.
> We verdelen de rechthoek nu in twee delen, zoals is weergegeven in figuur 3.1: een gebied dat aanvaardbare gedragingen voorstelt en een gebied dat niet-aanvaardbare gedragingen voorstelt. In de verdeelde rechthoek zien we in het onderste gebied enkele kenmerkende gedragingen die waarschijnlijk wel aanvaardbaar voor je zullen zijn en in het bovenste gebied gedragingen die niet aanvaardbaar voor je zullen zijn.'

**FIGUUR 3.1** Acceptatierechthoek

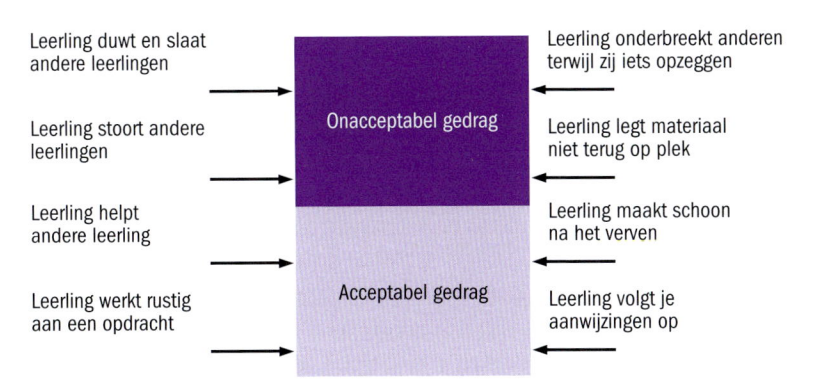

Leerling duwt en slaat andere leerlingen

Leerling stoort andere leerlingen

Leerling helpt andere leerling

Leerling werkt rustig aan een opdracht

Onacceptabel gedrag

Acceptabel gedrag

Leerling onderbreekt anderen terwijl zij iets opzeggen

Leerling legt materiaal niet terug op plek

Leerling maakt schoon na het verven

Leerling volgt je aanwijzingen op

> Alle leraren hebben gevoelens over de uitlatingen en gedragingen van hun leerlingen die uiteenlopen van zeer accepterend (positief) tot uiterst non-accepterend (negatief) met alles wat daartussen ligt.

### Anne en David (deel 9)

Voor juffrouw Hanneke, uit de openingscasus van dit deel, is het gedrag van Anne, namelijk het minder goed werken op bepaalde dagen, acceptabel. De gevoelens van juffrouw Hanneke naar Anne kunnen we accepterend noemen. De gevoelens van Brenda voor David zijn een voorbeeld van sterk non-accepterende gevoelens.

Het feit dat de scheidslijn tussen aanvaardbaar en niet-aanvaardbaar gedrag in het midden van de rechthoek getekend is, is slechts willekeurig. Het lijkt aan te geven dat precies de helft van de gedragingen van de leerling aanvaardbaar is en de andere helft onaanvaardbaar. Maar als dat in werkelijkheid ook zo zou zijn, is dat zuiver toeval (Gordon, 2003). Figuur 3.2 illustreert dit.

**FIGUUR 3.2** Andere invulling van de acceptatierechthoek

**T 3.2**

**TUSSENVRAAG 3.2**
Waarom ziet je acceptatierechthoek er niet altijd hetzelfde uit?

Acceptatievermogen van tijd tot tijd verschillend

Elke leraar zal merken dat hij soms weinig kan hebben, dat het gedrag dat op het ene moment acceptabel is, dat op een ander moment niet is.

### Anne en David (deel 10)

Voor juffrouw Hanneke was het gedrag van Anne, het minder goed werken op bepaalde dagen, aanvankelijk niet acceptabel. Zij accepteert het nu wel doordat zij bekend is met de reden ervan. Het is goed denkbaar dat een invaller weer anders reageert op het gedrag van Anne. Dit kan komen doordat de invaller niet op de hoogte is van de thuissituatie van Anne, maar het kan ook zijn dat de invaller er andere opvattingen op nahoudt.

Ieders acceptatievermogen verschilt van tijd tot tijd. Drie factoren zijn daarbij van invloed:
1 veranderingen bij jezelf (leraar)
2 veranderingen in de andere persoon (leerling)
3 veranderingen in de situatie of omgeving

*Ad 1 Veranderingen bij jezelf (leraar)*
Zoals we hebben gezien is ons acceptatievermogen niet stabiel doordat er in onszelf dingen gebeuren die in het geheel niets te maken hebben met de ander of met zijn doen en laten.

*Veranderingen bij jezelf*

---

**VOORBEELD 3.1**

## Omschakelen

Als je door de ochtendspits naar school rijdt, terwijl je je zorgen maakt dat je te laat komt, ben je de eerste minuten van de dag niets waard. Het duurt even voordat je je aandacht hebt bij het gebeuren in de klas.

---

*Ad 2 Veranderingen in de andere persoon (leerling)*
Het acceptatievermogen is ook wisselend doordat er in de leerling veranderingen plaatsvinden die niets te maken hebben met jou als leraar en / of de andere leerlingen en hun gedragingen.

*Veranderingen in de leerling*

---

**VOORBEELD 3.2**

## Begrip voor situatie

Pieter is vandaag voortdurend aan het klieren en voert nauwelijks iets uit. Je kijkt het even aan, omdat hij meestal niet zo lastig is, maar na drie kwartier heb je er genoeg van en pakt hem stevig aan. Na schooltijd hoor je dat zijn broertje een ongeluk heeft gehad en nu je dit weet, grijp je de volgende dagen minder gauw in als hij weer vervelend is.

---

Hetzelfde geldt voor het acceptatievermogen ten aanzien van verschillende leerlingen. Zo accepteer je gedrag als dat van Pieter op hetzelfde moment van Linda niet.

*Ad 3 Veranderingen in de situatie of omgeving*
Een derde gegeven dat van invloed is op de mate van aanvaarding, is de omgeving of de situatie waarin het gedrag plaatsvindt. Om een oud gezegde aan te halen: 'Alles op zijn tijd.' Bepaald gedrag op het verkeerde moment

*Invloeden omgeving*

of de verkeerde plaats maakt de kans groot dat het onaanvaardbaar is, ongeacht hoe aanvaardbaar het onder andere omstandigheden ook zou zijn. Schreeuwen en stoeien wordt over het algemeen door de meeste leraren wel aanvaard wanneer het in de pauze op het schoolplein gebeurt; in de klas is het echter meestal niet acceptabel.

**T 3.3**

**TUSSENVRAAG 3.3**
Wat zijn de belangrijkste oorzaken van wisselingen in het acceptatievermogen?

Om goed les te kunnen geven is het noodzakelijk vast te stellen wat je wel en wat je niet accepteert: het vaststellen van je acceptatiegrens (zie figuur 3.3).

**FIGUUR 3.3** Vaststellen van de acceptatiegrens

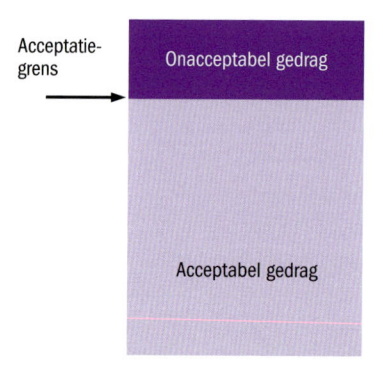

Acceptatiegrens → Onacceptabel gedrag

Acceptabel gedrag

Alleen als je je eigen acceptatiegrenzen kent, kun je deze duidelijk overbrengen op de leerlingen. Dat is nodig om aan te kunnen geven binnen welke structuur jij met de kinderen wilt werken. Leraren reageren niet altijd op dezelfde manier. Dat hebben we hiervoor al duidelijk gemaakt. Als je je acceptatiegrenzen kent, kun je je reacties snel en beter aan de kinderen uitleggen. Daardoor voorkom je dat ze onnodig in verwarring raken en de relatie tussen jullie onnodig onder druk komt te staan.

Het deel van de rechthoek met de aanvaardbare gedragingen is het acceptatiegebied. In dit gebied hoeft de leraar niet te mopperen, boos te worden, te straffen enzovoort. De leerling kan in rust leren. In dit gebied vindt het leren en doceren plaats. We noemen dit het doceer-leergebied.

**Uiterste acceptatiegrens**

Laat er overigens geen misverstand over bestaan dat er een grens is aan het verleggen van je acceptatiegrens, ook als het gaat om een kind met problemen. In de praktijk blijkt hierover nogal eens discussie te zijn. Het is van groot belang om als school en als leraar duidelijk te zijn dat er altijd, ongeacht de problemen van het kind, een gebied van principieel onaanvaardbaar gedrag geldt: geweld, racistische opmerkingen, intimidatie enzovoort, kortom: tot hier en niet verder! Een leraar dient dus altijd voor zichzelf – in overeenstemming met het schoolbeleid – zijn uiterste acceptatiegrens vast te stellen.

## 3.3 Doceer-leergebied

Het doceer-leergebied, dat is weergegeven in figuur 3.4, is groter naarmate het beter gaat in een klas.

**FIGUUR 3.4** Doceer-leergebied

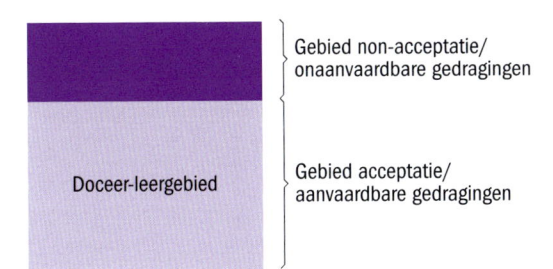

Gebied non-acceptatie/
onaanvaardbare gedragingen

Doceer-leergebied

Gebied acceptatie/
aanvaardbare gedragingen

In paragraaf 3.2 hebben we duidelijk gemaakt dat de leraar een zo groot mogelijk gebied van acceptatie moet zien te creëren, gericht op een goede relatie en op een optimale ruimte voor leren en lesgeven en daarmee op zo hoog mogelijke leeropbrengsten.
In een ideale situatie beslaat het gebied van doceren en leren de gehele rechthoek. De leraar kan rustig lesgeven en de leerlingen kunnen rustig leren. De tijd kan effectief besteed worden aan echt onderwijs en er hoeft weinig tijd besteed te worden aan gedragingen binnen probleemgebieden. Deze ideale situatie bestaat echter niet. Er zullen altijd situaties zijn die van invloed zijn op het doceer-leergebied. Leerlingen zullen zich altijd blijven gedragen op manieren die niet stroken met de behoeften en wensen van een leraar. Deze gedragingen vormen een probleem voor de leraar. Er zullen altijd wel dergelijke problemen blijven bestaan. En hoe goed een leraar ook is, leerlingen zullen altijd hun eigen problemen houden, die onopgelost blijven en misschien wel onoplosbaar zijn (sommige hebben te maken met school, maar lang niet allemaal).
In figuur 3.5 is dit weergegeven.

*Invloeden doceer-leergebied*

**FIGUUR 3.5** Invloeden op doceer-leergebied

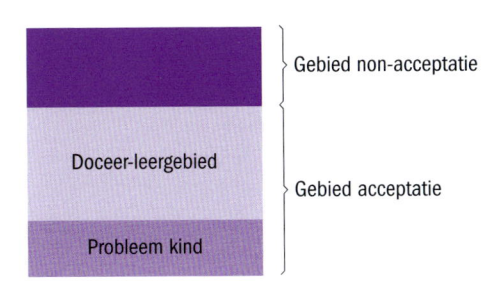

Gebied non-acceptatie

Doceer-leergebied

Gebied acceptatie

Probleem kind

Vaak zijn leerlingen heel goed in staat hun problemen op te lossen of er tijdelijk niet aan te denken zodat ze op school kunnen nadenken of taken

**Doceren en leren alleen optimaal in geen-probleemgebied**

kunnen uitvoeren. Het is heel belangrijk dat ze dat kunnen, omdat het doceren en leren alleen in het geen-probleemgebied optimaal verloopt.

Lukt dit een leerling echter niet, dan gaat dat ten koste van het leren. Problemen bij een leerling die hij niet kan oplossen of onderdrukken, verkleinen dus het doceer-leergebied.

---

**VOORBEELD 3.3**

## Leerproblemen Delano

Delano (groep 4) heeft leerproblemen. Zowel de ouders als zijn leraar hebben dit als een gegeven geaccepteerd en houden er rekening mee. Delano zelf heeft veel last van zijn leerproblemen.

---

## Anne en David (deel 11)

Anne kan zich op de dagen dat zij last heeft van de situatie thuis, zo lazen we in de openingscasus, moeilijk concentreren. Dit verkleint de ruimte voor Anne om te leren.

**FIGUUR 3.6** Problemen Delano en Anne

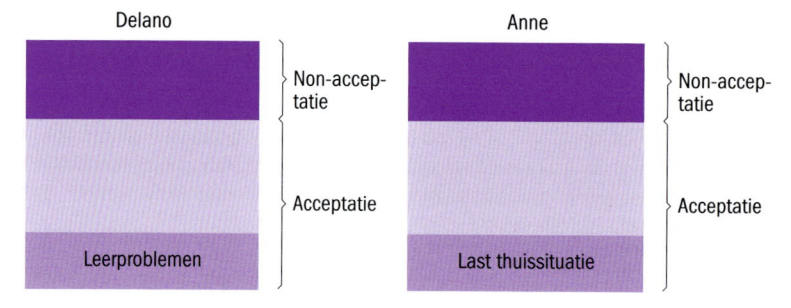

|  | Delano |  | Anne |  |
|---|---|---|---|---|
|  | Non-acceptatie |  | Non-acceptatie |  |
|  | Acceptatie |  | Acceptatie |  |
|  | Leerproblemen |  | Last thuissituatie |  |

**Doceer-leergebied te klein**

Als een kind een probleem heeft, is er dus minder ruimte voor leren en lesgeven. De problemen van kinderen kunnen zulke vormen aannemen dat het leren en daardoor het lesgeven steeds meer in het gedrang komt.

---

**VOORBEELD 3.4**

## Te klein doceer-leergebied

Delano is bij rekenen zo onzeker dat hij van alles doet om niet te hoeven rekenen. Het doceer-leergebied, toch al wat kleiner, wordt nu wel erg klein, in feite te klein.

---

**FIGUUR 3.7** Verkleining doceer-leergebied

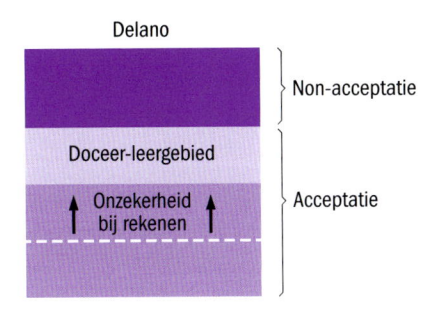

Delano

Non-acceptatie

Doceer-leergebied

Onzekerheid bij rekenen

Acceptatie

**TUSSENVRAAG 3.4**     T 3.4

Noem de factoren waardoor het doceer-leergebied verkleind wordt en licht dit toe met voorbeelden.

Wat betekent een dergelijke situatie voor het handelen van de leraar in termen van acceptatie?
Een leraar kan geconfronteerd worden met zodanige problemen van leerlingen dat de ruimte om les te geven wel erg klein wordt, zelfs zo klein dat hij vindt dat zijn eigenlijke taak te veel in het gedrang komt. Veel leraren geven uiting aan het gevoel dat zij onvoldoende toekomen aan lesgeven – vooral in een groep met probleemkinderen – en ervaren dit als een probleem. Zij hebben het idee soms meer psycholoog of maatschappelijk werker te zijn dan leraar. De leraar voelt zich in deze situatie vaak gedwongen zijn acceptatiegrens te verleggen. Zowel het verhogen van de acceptatiegrens komt voor als het verlagen ervan (zie figuur 3.8).

**Acceptatiegrens verleggen**

**FIGUUR 3.8** Het verleggen van de acceptatiegrens

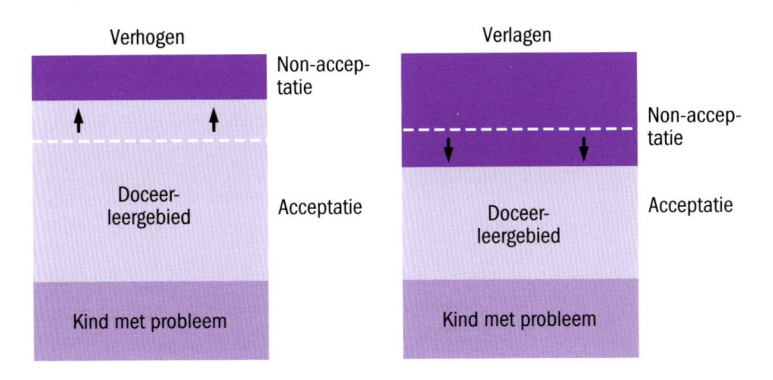

Verhogen

Non-acceptatie

Doceer-leergebied

Acceptatie

Kind met probleem

Verlagen

Non-acceptatie

Doceer-leergebied

Acceptatie

Kind met probleem

Dit verleggen van de acceptatiegrens gebeurt vaak niet doelgericht. Dat betekent dat je het doet zonder er achter te staan of de zin ervan in te zien. Dat kan allerlei gevoelens van onvrede en machteloosheid teweegbrengen. Bij het verhogen van je acceptatiegrens stel je minder eisen aan het kind met problemen. In figuur 3.8 links zien we dit weergegeven. Het gebied van

**Verhogen acceptatiegrens: minder eisen**

**Acceptatiegrens verlagen: minder accepteren**

de acceptatie wordt groter, dat van de non-acceptatie kleiner. Vaak ontstaat dan de angst dat het erop uitloopt dat er helemaal niet meer geleerd wordt. Dit vinden veel leraren moeilijk te accepteren. Ten slotte is het hun taak om kinderen allerlei kennis en vaardigheden te leren. Deze gevoelens zijn het gevolg van het niet kunnen accepteren dat een kind zodanige problemen heeft dat je je curriculum niet (helemaal) kunt volgen. Dat heeft immers – ingrijpende – consequenties voor de organisatie van je lessen. Ook kan het gevoel ontstaan dat het verhogen van de acceptatiegrens leidt tot niveauen / of normvervaging. Je kunt het gevoel krijgen dat je (tegen je zin) alles maar moet accepteren. Anders gezegd, het curriculum en / of de algemene doelstellingen staan centraal, en niet het kind met zijn problemen.

Ook kan een leraar bij een kind met grote problemen juist geneigd zijn zijn acceptatiegrens te verlagen, hij accepteert dus minder van het kind. In figuur 3.8 rechts is dit weergegeven. Het gebied van de non-acceptatie wordt groter ten koste van het acceptatiegebied. Elke onrust of elk signaal dat de leerling zich niet met zijn werk bezighoudt, probeert hij direct de kop in te drukken. Hij houdt de teugels strak en laat die niet vieren uit angst voor onrust en het uit de hand lopen van de situatie.

## Anne en David (deel 12)

Zoals we in de openingscasus lazen, ervaart Brenda de doceer-leerruimte in het geval van David al als erg klein. Zij heeft geen vertrouwen in het effect dat het verhogen van haar acceptatiegrens zal hebben. David is in haar idee immers een jongen die daarvan direct zal profiteren. Zo krijgt hij zijn zin, net zoals hij thuis altijd zijn zin krijgt. Uit angst daarvoor is zij juist extra streng tegen David, zij verlaagt dus haar acceptatiegrens.

Dit gedrag leidt in principe tot een verkleining van het doceer-leergebied. De verkleining is het gevolg van het strak in de hand willen houden van de situatie; dit kost tijd en energie. Overigens wordt in veel gevallen de overgebleven doceer-leerruimte wel goed benut. Door de strakke teugels is het kind wel aan het werk. Aanvankelijk kan het verlagen van je acceptatiegrens dan ook een succesvolle aanpak lijken. Op de langere duur is het dat echter niet.

## Anne en David (deel 13)

We gaan weer even terug naar dezelfde openingscasus. Ook bij Brenda heeft de strakke aanpak in het begin even succes gehad. Zij was nieuw, vol energie en ervan overtuigd dat zij David wel aankon. Door die aanpak echter, komt de relatie tussen Brenda en David steeds meer onder druk te staan. David verzet zich tegen de aanpak van Brenda. Het kost Brenda steeds meer inspanning om David zich te laten gedragen zoals zij wil. En dat lukt zelfs steeds minder vaak.

Het korthouden van een kind met problemen leidt vaak tot ontladingen in andere situaties. Dit is voor een leraar weer reden ook in die andere situaties de teugels aan te halen. Het kind komt zo steeds meer klem te zitten, de leraar moet steeds meer moeite doen om het kind in de hand te houden, terwijl het effect vooral is dat de relatie tussen leraar en leerling verslechtert. Alle kans dat er een onhoudbare situatie ontstaat. Ook kan een dergelijk strak regime tot gevolg hebben dat het kind zich steeds meer gaat verzetten tegen het leveren van prestaties. Uiteindelijk verkleint een dergelijke aanpak het doceer-leergebied dan ook nog verder, zoals te zien is in figuur 3.9.

**FIGUUR 3.9** Verdere verkleining doceer-leergebied

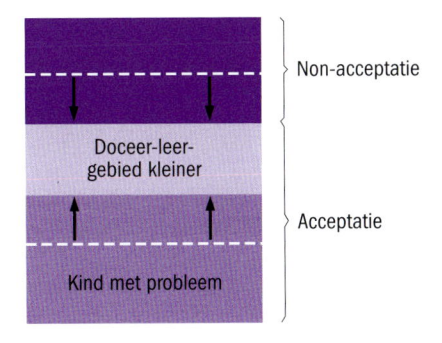

Het niet doelgericht verleggen van je acceptatiegrens, dus tegen je zin en zonder er de zin van in te zien, kan leiden tot gevoelens van onvrede, onmacht, demotivatie en moedeloosheid. Je bent in feite niet bereid je acceptatiegrens te variëren ten behoeve van het kind met het oog op andere belangen. En dat raakt aan een van de elementaire voorwaarden van een goede relatie, noodzakelijk voor een goed functionerende leerling, effectief onderwijs en het optimaliseren van leeropbrengsten: het accepteren van het kind in zijn eigenheid, dus mét problemen.

In paragraaf 3.2 hebben we al aangegeven dat er verschillende factoren van invloed zijn op variaties in de acceptatiegrens van een leraar. Een van die factoren is 'veranderingen in de leerling'. Als een kind problemen krijgt, is dat een verandering bij de leerling. Het doelgericht variëren van je acceptatiegrens is dan noodzakelijk.

*Doelgericht variëren acceptatiegrens*

## Anne en David (deel 14)

We lazen in de openingscasus dat Annes concentratieproblemen aanvankelijk niet acceptabel waren voor juffrouw Hanneke. Zij was, net als Brenda bij David, van mening dat een kind zich dient te voegen naar de aanwijzingen van de leraar en dat een paar aansporingen voldoende zouden moeten zijn om geconcentreerd te werken. Pas toen Maria vertelde over de problemen van Anne thuis realiseerde zij zich dat deze aanpak niet zo vruchtbaar was. Vanaf dat moment werd haar uitgangspunt: 'Anne met haar problemen', met als gevolg vergroting van het doceer-leergebied.

**Problemen niet verergeren**

Acceptatie van het kind in zijn eigenheid kan natuurlijk niet voorkómen dat een kind door omstandigheden thuis problemen heeft. Wel kun je als leraar ervoor zorgen dat de problemen niet verergeren doordat er nog eens problemen op school bijkomen.

---

**VOORBEELD 3.5**

## Fatima

Fatima (groep 4) is een faalangstig meisje. Zij komt uit een gezin met een erg strenge vader, die hoge eisen stelt aan de prestaties van zijn kinderen. Op school loopt zij vaak wat doelloos rond en wil allerlei karweitjes doen voor de leraar om zo te ontsnappen aan het leren. De leraar is bekend met de thuissituatie van Fatima, maar heeft ook ervaren na gesprekken met de vader van Fatima, dat er weinig aan te veranderen is.

*Situatie 1*: De leraar kiest voor de gedragslijn van een strakke aanpak als Fatima onvoldoende werkt, verder huiswerk mee, nablijven. Een gedragslijn die in de praktijk zeker voorkomt. Fatima komt dan onder druk te staan, voelt zich niet meer veilig in de relatie met de leraar, haar faalangst neemt toe en ook de prestaties komen verder onder druk te staan. Dit alles draagt weer bij aan verergering van haar problemen thuis. Al met al wordt het doceerleergebied alleen maar kleiner.

*Situatie 2*: De leraar zorgt voor een programma dat toegesneden is op de faalangstproblemen van Fatima. Dat houdt onder meer in dat zij meer instructie krijgt, een andere verdeling van de leerstof en een systeem van positieve beloning om haar meer zelfvertrouwen te laten krijgen. Met deze aanpak kan Fatima zich veilig gaan voelen en levert ze prestaties waar ze een goed cijfer voor kan krijgen. Dat kan zij thuis vertellen, zodat daar de druk niet groter wordt. Dus: vergroten van het doceer-leergebied.

---

**T 2.1**

**TUSSENVRAAG 3.5**
Wat is de eerste zorg voor een leraar als het doceer-leergebied te klein wordt?

## 3.4 Acceptatie en zelfbeeld

In deze paragraaf bespreken we hoe je met acceptatie als uitgangspunt je handelen kunt richten op het positief beïnvloeden van het zelfbeeld. Om gericht te kunnen handelen, moet een leraar zich bewust zijn van de invloed op de leerling en diens zelfbeeld (subparagraaf 3.4.1). Als hij zich daarvan bewust is, kan hij gericht invloed uitoefenen op het zelfbeeld zonder dat het accepteren van de leerling in het geding komt. Complimenten en kritiek zijn daarbij goede instrumenten. Maar vaak zijn complimenten en kritiek niet effectief. In subparagraaf 3.4.2 zetten we uiteen wat we verstaan onder effectieve complimenten en kritiek. In subparagraaf 3.4.3 komt het geven van effectieve complimenten en kritiek in de praktijk aan bod.

### 3.4.1 Invloed van de leraar

**Beïnvloeden van het zelfbeeld**

Er is nu voldoende inzicht in wat acceptatie is, het vaststellen van je acceptatiegrenzen en waarom het doelgericht variëren ervan soms nodig is. Deze kennis is nodig om je handelen effectief te kunnen richten op het positief beïnvloeden van het zelfbeeld.

Een leraar dient zich bewust te zijn van de invloed (zie ook paragraaf 12.2) die hij heeft op het zelfbeeld van een kind: hij geeft beloningen, complimenten, corrigeert, maakt grapjes, maakt zure opmerkingen of geeft straf. Al deze gedragingen beïnvloeden het zelfbeeld van het kind. Wanneer een leraar zich dit ten volle realiseert, blijkt in de praktijk soms een gevoel te ontstaan van een krampachtige omgang met kinderen, uit angst het zelfbeeld van een kind te beschadigen. Een krampachtige houding is uiteraard nooit vruchtbaar. Het is ook niet zo dat alle kinderen even snel beschadigd raken. Kinderen met een positief zelfbeeld kunnen wel tegen een stootje, zoals een onterechte uitval of een verkeerde opmerking. Kritiek en straf zullen hen wel even een negatief gevoel bezorgen, maar zij hebben voldoende veerkracht door een positieve beleving van hun zelfbeeld, zodat de balans niet meteen doorslaat naar een negatief zelfbeeld. Er zijn echter situaties dat het gedrag van de leraar wél leidt tot een negatief zelfbeeld van een kind of tot het versterken van een negatief zelfbeeld:

*Bewust zijn van invloed*

- Bij een systematisch negatieve bejegening kan het zelfbeeld van een kind omslaan van positief in negatief.
- Bij een kind met een negatief zelfbeeld kan de leraar het zich niet permitteren om niet te letten op de invloed van zijn gedrag op het zelfbeeld van het kind om zo verergering van de negatieve beleving te voorkomen.

---

**VOORBEELD 3.6**

## Ravenna

Ravenna (groep 4) heeft rood haar en nogal grote flaporen. De leraar jaagt de kinderen regelmatig op stang, hij vindt dat ze daar stevig van worden en het bevordert de sfeer in de klas. Zo noemt hij Ravenna af en toe Flappie of Rooie. Op een gegeven moment komen de ouders van Ravenna op bezoek. Zij vertellen dat Ravenna de laatste tijd met steeds meer tegenzin naar school gaat.
Met veel moeite hebben zij eruit gekregen dat Ravenna de benamingen van de leraar vreselijk vindt. Zij vindt het heel erg dat ze rood haar en flaporen heeft. De leraar antwoordt dat hij zo met alle kinderen omgaat en dat het alleen maar wat lichte plagerijen zijn. Daar moet Ravenna toch ook tegen kunnen?

---

Deze leraar handelt vanuit een eigen pedagogische opvatting waarbij hij, zonder onderscheid, alle kinderen op dezelfde manier behandelt. Een opvatting overigens, die zeker geen uitzondering is. Hij houdt dus geen rekening met het zelfbeeld van een kind. De pedagogische benadering die hij voorstaat kan, mits er sprake is van een goede relatie tussen leraar en leerling, bij kinderen met een stevig, positief zelfbeeld meestal geen kwaad en kan soms zelfs relatiebevorderend zijn. Doe je dit echter ook bij kinderen met een negatief zelfbeeld, dan ga je er als leraar aan voorbij dat door het negatieve zelfbeeld de kwetsbaarheid zo groot is dat een plagerijtje voor dat kind afkeuring of afwijzing betekent. Het gevolg is versterking van het negatieve zelfbeeld. Het zelfbeeld van een kind is dus bepalend voor je gedrag als leraar.

*Zelfbeeld bepalend*

**T 3.6**

**TUSSENVRAAG 3.6**
Waarom moet je bij kinderen met een negatief zelfbeeld veel meer op je gedrag en op je woorden letten dan bij een kind met een positief zelfbeeld?

**Acceptatie tonen**

Om je handelen te kunnen richten op beïnvloeding van het zelfbeeld dien je dus vast te stellen wat je accepteert. Dit is natuurlijk niet voldoende, de leerling moet die acceptatie ook kunnen ervaren. Je zult dus je acceptatie moeten tonen. Daarbij herinneren we nog even aan wat we ook in de paragrafen 1.4 en 2.2 besproken hebben. Vaak zijn we ons niet bewust van het feit dat we iets niet echt accepteren. Er ontstaat dan een verschil in de zogenaamde verbale en non-verbale communicatie. Je zegt dat je iets niet erg vindt (verbaal), maar aan je gezichtsuitdrukking is te zien (non-verbaal) of aan je stem is te horen (ook non-verbaal) dat je het wel erg vindt. De tegenstrijdigheid tussen wat je zegt en wat je doet, merk je vaak zelf niet. Het zal duidelijk zijn dat degene tegen wie zoiets gezegd wordt in verwarring raakt, omdat hij niet weet of je het nu wél of níet erg vindt. Daarom is het, als je iets niet kunt accepteren, beter dat je dan niet doet alsóf; anders weet het kind niet waar het aan toe is.

**T 3.7**

**TUSSENVRAAG 3.7**
In welke van de volgende antwoorden toon je acceptatie?
Marieke komt vrolijk op school met een tekening en zegt: 'Kijk eens, wat ik thuis gemaakt heb!'
a  Je zegt: 'Leg maar even neer, ik zal straks wel kijken.'
b  Je kijkt naar de tekening en zegt: 'Hé, wat leuk, een mannetje, hij heeft alleen geen armen.'
c  Je kijkt naar de tekening en zegt: 'Tjonge, wat leuk zeg! Die neem ik mee naar huis.'

### 3.4.2 Complimenten en kritiek

In de schoolsituatie is het geven van kritiek en van complimenten een veelvoorkomende handeling, die grote invloed heeft op het zelfbeeld en op gedrag (zie figuur 3.10).

**FIGUUR 3.10** Effectieve complimenten en kritiek gericht op het kind

Effectieve complimenten en kritiek
Kind → Gedrag

De complimenten en kritiek zijn gericht op acceptatie van het kind. Eventuele verandering van gedrag kan het gevolg hiervan zijn.

In dit hoofdstuk gaat het bij complimenten en kritiek om de effecten op het zelfbeeld. Het *kind* staat centraal. In deel 3 gaan we in het kader van belonen en straffen in op kritiek en complimenten in relatie tot het willen veranderen van gedrag.

De wijze waarop kritiek wordt gegeven, is vaak niet bevorderlijk voor een positieve beleving van het zelfbeeld en is daarmee ineffectief. Ook de wijze waarop complimenten gegeven worden is vaak weinig effectief. In deze paragraaf laten we zien hoe je complimenten en kritiek kunt geven op zo'n manier, dat het kind acceptatie kan ervaren en dat eventuele negatieve effecten voor het zelfbeeld zo veel mogelijk beperkt worden.

*Acceptatie ervaren door complimenten en kritiek*

**Effectieve complimenten**
Een belangrijke pedagogische regel in het onderwijs is dat een kind moet weten als het iets goed doet: hij krijgt een compliment. Dit ervaart het kind als prettig, hij hoort dat zijn leraar een positieve opmerking over hem maakt, hem aardig en lief vindt. Hij kan daardoor acceptatie ervaren. Je zou denken dat dit bijdraagt aan het versterken of in stand houden van een positief zelfbeeld. Toch ligt het iets ingewikkelder.

---

**VOORBEELD 3.7**

## Anneke

Je hebt net een vrij moeilijke taalles uitgelegd en de kinderen moeten nu zelfstandig aan het werk. Vrij veel kinderen komen er niet uit, waardoor er hier en daar wat rumoer ontstaat. Je beseft opeens dat één groepje erg rustig blijft en constateert dat dat komt omdat Anneke, een vrij goede leerling, de anderen helpt. Je stelt dat erg op prijs en zegt: 'Wat ben jij toch altijd een fijne leerling, Anneke.'

---

Bekijk die laatste uitspraak nog eens goed. Wat zal het effect op de leerling zijn van zo'n uitspraak?
Als Anneke een kind is dat zich altijd lief gedraagt, dan is het voor haar niets nieuws te horen dat zij zo'n fijne leerling is. Dat wist zij al en de opmerking, het compliment draagt niet bij aan het verbeteren van het zelfbeeld.
In het geval dat Anneke een kind is met een negatief emotioneel zelfbeeld en zij krijgt te horen dat zij zo'n fijne leerling is, zal zij daar weinig geloof aan hechten. Zo werkt dat met kinderen met een negatief zelfbeeld. Zij zal wel doorhebben dat je haar op dat moment lief vindt en dat zal ze fijn vinden, maar ze weet ook dat ze daarnet niet deed wat je van haar verwachtte. Ze weet dus niet precies waardoor je haar juist nu een fijne leerling vindt. Complimenten als 'Je bent altijd zo eerlijk', 'Wat ben jij aardig', 'Ik vind je een spontane meid', zijn te algemeen en niet duidelijk genoeg: het 'aardige, eerlijke, spontane' kind weet niet precies wat het is dat de ander zo prettig vindt. Je kunt het positieve effect veel sterker maken door precies aan te geven wat het is dat je zo eerlijk, aardig of spontaan vindt. Een effectief compliment beschrijft precies wat het kind deed (gedrag kind) en wat het effect op de leraar is (Van Londen e.a., 1979).

*Veel complimenten te algemeen*

*Gedrag kind + effect = effectief compliment*

---

**VOORBEELD 3.8**

## Effectieve complimenten

De klas blijft rustig doorwerken, terwijl jij buiten het lokaal met een onderwijsbegeleider staat te praten.

*Leraar*: 'Fijn, dat jullie zo rustig doorwerkten (wat ze doen), zodat ik even met die meneer kon praten (effect op de leraar).'

Jim helpt na gymnastiek een van de andere kinderen met het vastmaken van de schoenveters.
*Compliment*: 'Jim, ik vind het fijn dat je Jitske even geholpen hebt (wat hij deed), nu hoef ik me niet meer zo te haasten (effect op de leraar).'

---

**T 3.8**

**TUSSENVRAAG 3.8**
De leraar zegt dat ze zich niet zo lekker voelt. Bastiaan (6) en Annemiek (6½) zeggen direct: 'We zullen erg stil zijn vandaag, juf.' Het beste compliment is:
a 'Dat vind ik heel lief van jullie.'
b 'Jullie zijn schatten.'
c 'Wat fijn dat jullie stil willen zijn, juist nu ik me niet lekker voel.'

**Kunstmatig**

Uit de praktijk komt vaak de opmerking dat het op deze manier geven van kritiek en complimenten zo kunstmatig aandoet, doordat je vaak langere zinnen moet gebruiken.
Wellicht is dit zo, maar er valt tegenin te brengen dat het een kwestie is van wennen – voor zowel de leraar als de leerling –, maar oefening baart kunst! Bovendien kun je zo'n lange zin meestal gemakkelijk vervangen door twee of meer korte.
De ervaring heeft geleerd dat als een leraar een zo concreet mogelijk compliment geeft, dit bijdraagt aan een positieve beleving van het zelfbeeld. Een kind met een positief zelfbeeld zal dan denken: 'Mooi zo, dit kan ik ook al.' Een kind met een negatief zelfbeeld denkt: 'Ik stel dan misschien niet zoveel voor, maar dit heb ik tenminste goed gedaan.' Naarmate hij dit vaker ervaart, kan hij gaan ervaren de moeite waard te zijn doordat een leraar telkens positieve dingen benoemt die waar zijn. Zo kan een negatief zelfbeeld ombuigen naar een positief zelfbeeld.

**T 3.9**

**TUSSENVRAAG 3.9**
Wat is een effectief compliment en welke invloed heeft dit op het zelfbeeld van een kind?

**Effectieve kritiek**
In het onderwijs worden natuurlijk niet alleen positieve dingen genoemd of complimenten gegeven. In veel situaties op school waarin je vindt dat het kind iets niet goed doet, is correctie nodig. Het is echter niet de bedoeling dat de opmerkingen van jou als leraar het kind het idee geven dat je het niet accepteert of dat jouw opmerkingen bijdragen aan een negatieve beleving van het zelfbeeld.
Kijk eens naar de volgende uitspraken die in het onderwijs vaak voorkomen: 'Wat ben je toch een lastig kind', 'Je bent een naarling', 'Je bent niet te vertrouwen' enzovoort. Dergelijke uitspraken hebben een algemeen karakter en houden een oordeel in over de totale mens, ze drukken de hele persoon naar beneden. Een dergelijke benadering van het kind staat haaks op acceptatie en tast het zelfbeeld aan. We gaan hier nog wat verder op in aan de hand van het volgende voorbeeld.

**Oordeel over de totale mens**

**VOORBEELD 3.9**

## Algemene negatieve kritiek

Een kleuter speelt in de zandbak met andere kinderen. Je ziet dat het kind steeds een schep zand gooit op het hoofd van een ander kind, dat heel zielig begint te huilen. Het kind gaat gewoon door... hup, nog een flinke schep en nog één, en het geniet zichtbaar van het effect.
Nu wordt het je te gek, je rent ernaartoe en roept boos: 'Wat ben je toch een gemeen kind!'

---

Bij dergelijke algemene, negatieve kritiek kan een kind met een positief zelfbeeld in eerste instantie denken dat de leraar het niet zo meent, want meestal doet hij aardig tegen mij en zegt hij dat zaken in orde zijn. Als de algemene negatieve kritiek aanhoudt, kan het effect zijn dat het kind de leraar gaat geloven. Hij ontwikkelt het idee helemaal niet de moeite waard te zijn en zijn positief zelfbeeld buigt om naar een negatief zelfbeeld. Bij een kind met een negatief zelfbeeld werkt algemene negatieve kritiek als een bevestiging van de negatieve beleving van het zelfbeeld.

Als een kind vaak over zichzelf hoort 'Je bent gemeen', zal hij gaan geloven dat hij gemeen is. Dit is een onaangenaam gevoel en als iedereen toch steeds verwacht dat hij wel eens gemeen zal doen, dan gaat hij dat ook doen. Dergelijke uitingen zijn dan ook strijdig met het principe van acceptatie. Wanneer je kritiek wilt uiten, richt je je dan ook niet op de hele persoon, maar alleen op het onaanvaardbare gedrag. *Kritiek richten op gedrag*

Kritiek kan heel nuttig zijn als deze effectief is.

---

**VOORBEELD 3.10**

## Effectieve kritiek

Henk (5) wil het speelgoed niet opruimen voor het naar huis gaan.
a *Niet effectief*: 'Jij helpt nooit eens.'
b *Effectieve kritiek*: 'Als jij je speelgoed niet wilt opruimen (het ene gedrag) moet ik het doen (effect op de ander), je zou me een plezier doen als je zelf al die autootjes in de doos doet (wat hij zou kunnen doen).'
c *Effectieve kritiek*: 'Als je nu zelf alle autootjes in de doos doet (wat hij zou kunnen doen), hoef ik het niet te doen (effect op de ander).'

---

Dit voorbeeld laat zien dat effectieve kritiek drie elementen bevat. De drie elementen van effectieve kritiek zijn: gedrag-effect-alternatief (Van Londen e.a., 1979). *Drie elementen*

De volgorde van de drie elementen is niet zo belangrijk, hoewel het effect van de uitspraken door de volgorde wel verschilt: in voorbeeld 3.10 is het laatste het minst vervelend om te horen, het klinkt eerder als een vraag om hulp dan als kritiek. Dat is meestal zo als je begint met te zeggen wat het kind anders zou kunnen doen (alternatief). Het is aan jou als leraar welke vorm van kritiek je wilt hanteren.

> **VOORBEELD 3.11**
>
> ## Effectieve kritiek (vervolg)
>
> Nelleke (8) heeft een boek niet teruggebracht naar het documentatiecentrum.
> Effectieve kritiek: 'Nelleke, als jij dat boek niet terugbrengt nadat je het gebruikt hebt (het ene gedrag), grijpt een ander mis als hij het nodig heeft (effect op de ander). Als jij het terugbrengt, kan een ander het ook lezen' (wat ze zou kunnen doen).
>
> Vincent (9) loopt met modderige laarzen de klas binnen.
> Effectieve kritiek: 'Vincent, als je je laarzen uitdoet voor je de klas binnenkomt (wat hij zou kunnen doen) in plaats van ze aan te houden (het ene gedrag), dan zit ik niet met een vieze vloer' (effect op de ander).

Bij effectieve kritiek weet de leerling dus heel concreet welk gedrag niet aanvaardbaar was. Omdat het gedrag benoemd wordt en er niet iets over zijn persoon gezegd wordt, kan het kind zijn 'fout' in de beleving van zijn zelfbeeld in de juiste proporties plaatsen.

**T 3.10**

**TUSSENVRAAG 3.10**
Beschrijf het verschil tussen effectieve en niet-effectieve kritiek. Wat is de relatie tot het zelfbeeld?

**T 3.11**

**TUSSENVRAAG 3.11**
Lieve (10) pakt zonder te vragen een pen weg bij haar buurvrouw Eva (9). Wat is de effectieve kritiek?
a 'Hé, Lieve geef die pen onmiddellijk terug, kan je weer niet van een ander z'n spullen afblijven?'
b 'Lieve, het is, denk ik, prettiger voor Eva als je even vraagt of je haar pen mag lenen.'
c 'Je mag geen pen afpakken, dat weet je toch zo langzamerhand wel.'

**T 3.12**

**TUSSENVRAAG 3.12**
Elske (12) is bij de tafel van de leraar haar vulpen aan het vullen en deze ziet dat het niet lukt. Wat is effectieve kritiek in deze situatie?

### 3.4.3 Beïnvloeding zelfbeeld

**Effectieve instrumenten**

Effectieve complimenten en kritiek zijn goede instrumenten om doelgericht een negatief zelfbeeld van een kind om te buigen naar een positief zelfbeeld. In de concrete termen van hoofdstuk 2 gaat het er dan om dat je als leraar probeert het aspect dat een kind negatief beleeft, als het ware uiteen te laten vallen in plussen en minnen.

> **VOORBEELD 3.12**
>
> ## Delano
>
> We denken even terug aan Delano, die erg veel moeite had met rekenen. Algemene kritiek zou luiden: 'Wanneer leer jij nu eens goed rekenen?' of 'Rekenen is niet je sterkste kant, Delano.'

Wil de leraar effectieve complimenten en kritiek hanteren om de negatieve beleving van Delano om te buigen, dan zal hij zich moeten richten op de diverse onderdelen van het rekenen waarin Delano respectievelijk wel en niet goed presteert. Delano kan bijvoorbeeld goed tellen, kan terugtellen van honderd naar één en hij kent de tafel van één en vijf. Dat zijn allemaal afzonderlijke prestaties, waarop de leraar een effectief compliment kan geven. Daardoor kan bij Delano zijn faalangst voor rekenen afnemen. Als de leraar dan ook het geven van effectieve kritiek op specifieke onderdelen richt, kan Delano ervaren dat hij slechts op onderdelen iets niet goed kan.
De kans neemt daarmee toe dat hij meer rekenhandelingen gaat beheersen. Zo kun je als leraar steeds meer minnen omzetten in plussen, wat bijdraagt aan een positieve beleving van het zelfbeeld.

---

Bij het beïnvloeden van het zelfbeeld gaat het er dus om de beleving van een negatief aspect op te splitsen in onderdelen. Daarbij gelden de volgende uitgangspunten:
- Met effectieve complimenten maak je het kind bewust van dat waar hij goed in is.
De complimenten moeten betrekking hebben op het negatief beleefde aspect van het zelfbeeld. Delano een compliment maken over zijn goede voetbalspel zal weinig bijdragen aan de negatieve beleving van zijn rekenprestaties. Dit kan zelfs compensatiegedrag (hoofdstuk 2) uitlokken of bevorderen. **Complimenten binnen negatief beleefde aspect**
- De effectieve kritiek is bedoeld om het kind te laten ervaren dat het niet om zijn persoon gaat, maar om zijn gedrag. En dat gedrag is bovendien iets waarin verandering mogelijk is. **Kritiek op gedrag**
- Als het nodig is straf te geven, doe dat dan niet op die aspecten van het zelfbeeld die een kind als positief ervaart. Probeer een straf te bedenken die aansluit bij het negatief beleefde aspect van het zelfbeeld (zie ook deel 3). **Straf laten aansluiten bij negatieve aspect**

---

**VOORBEELD 3.13**

## Timo en Janine

Timo heeft moeite met taal. Hij werkt niet door, omdat hij er maar weinig van begrijpt. Omdat hij zijn werk niet af heeft, mag hij niet naar gymnastiek, een vak waarin hij uitblinkt.
De ouders van Janine hebben samen met de leraar besloten dat zij niet meer naar paardrijden mag, als zij bij haar volgende rapport onvoldoendes heeft.

---

Er is een situatie waarin een kind een aspect van zijn zelfbeeld als negatief beleeft. Straffen als in voorgaande voorbeelden zetten een positief beleefd aspect van het zelfbeeld onder druk. En die positieve beleving vormt voor het kind een belangrijk tegenwicht voor zijn negatieve beleving. Het kan zijn dat het kind onder druk van het onaangename vooruitzicht tijdelijk wat meer zijn best probeert te doen. Maar het effect op de lange duur is een verergering van het negatieve zelfbeeld en een verslechtering van de relatie tussen leraar en leerling.

In de situatie dat de leerling op meer dan één aspect een negatief zelfbeeld heeft, is het nodig te weten welk aspect hij eerder en welk aspect hij later als negatief is gaan beleven. In de praktijk blijkt het vaak zo te zijn dat het aspect dat het kind het laatste – dus het meest recent – als negatief is gaan ervaren het gemakkelijkst weer is om te buigen naar een positieve beleving. Een verklaring hiervoor is dat de 'tweede' negatieve beleving vaak het gevolg is van de problemen op het eerste negatieve aspect. Maak bij de beïnvloeding van het zelfbeeld op meer dan één negatief aspect van het zelfbeeld hiervan gebruik. Ook is in deze situaties een stapsgewijze aanpak aan te raden.

---

**VOORBEELD 3.14**

## Zehra

Zehra (groep 7) heeft een apart programma gekregen voor rekenen. Zij werkt nu op haar eigen niveau. Sinds kort speelt zij nog maar weinig met haar klasgenoten, terwijl er voorheen op sociaal vlak geen problemen waren. Een gesprekje met Zehra maakt duidelijk dat zij doordat zij op haar eigen niveau moet werken, het gevoel heeft niet meer bij de groep te horen.

---

**Doelgericht handelen**

In het begin van deze paragraaf hebben we het woord doelgericht gebruikt. Dat woord is bewust gekozen. Leraar en leerling verkeren wekelijks vele uren met elkaar. Dat betekent dat een leraar grote invloed heeft op de manier waarop een kind over zichzelf denkt. Alleen als hij zich hiervan bewust is en over de juiste en voldoende competenties beschikt, kan hij gericht handelen met de bedoeling eraan bij te dragen dat een kind positief over zichzelf denkt.

**T 3.13**

**TUSSENVRAAG 3.13**
Waarom is het belangrijk complimenten en straf te geven binnen het negatief beleefde aspect van het zelfbeeld?

# Samenvatting

De samenvatting van dit hoofdstuk staat op www.pabowijzer.nl.

# Valkuilen en Tips

**Valkuil 1**
'Jongens, en nu allemaal stil, wat zijn jullie vervelend!'

*Tip 1*
Als het je 'tot hier' zit, vergeet je al gauw het zo belangrijke onderscheid tussen gedrag en persoon. Gevolg: je uit boosheid op het kind / kinderen zelf. Laat in al je gedrag merken dat je de leerling als persoon accepteert. Ga uit van het idee dat de leerling niet de bedoeling heeft zich zo te gedragen. In tegendeel, een kind heeft vrijwel altijd zelf ook veel last van zijn problemen. Het hoort tot je professionaliteit te proberen de problemen te verminderen en bij te dragen aan een positief zelfbeeld.

**Valkuil 2**
Al de eerste dagen van het schooljaar merk je dat je een moeilijke klas hebt. Je pakt de lijst met klassenregels en voegt er een stel aan toe.

*Tip 2*
Zoek bij een moeilijke klas niet te veel de oplossing in allerlei de regels. Te veel of te strakke regels moeten ook gehandhaafd worden en dat gaat altijd ten koste van het lesgeven en leren (zie paragraaf 3.3). Zorg voor een zo ontspannen mogelijke benadering, en werk aan een goede relatie, dat is in een moeilijke klas een aangewezen manier om de sfeer er weer in te krijgen.

**Valkuil 3**
'Degene die zijn werk niet afheeft, moet in de pauze doorwerken.'

*Tip 3*
Je kunt niet van alle kinderen hetzelfde eisen en niet van elk kind altijd dezelfde prestaties. Kinderen met problemen of zorgen kunnen vaak niet optimaal presteren. Zij hebben wat anders aan hun hoofd. Toch eisen dat het werk af moet zijn en dat er goed gepresteerd wordt, maakt misschien de zorgen van het kind nog groter!
Zorg dat je aan het begin van de les zicht hebt op hoe het met de leerlingen is (bijvoorbeeld door bij de ingang van de klas elke leerling even te begroeten). Je kunt dan zien in welke stemming de leerling is. Je kunt je handelen die dag daarop afstemmen.

**Valkuil 4**
Je houdt jezelf voor dat je een bepaald kind ondanks zijn telkens weerkerende vervelende gedrag accepteert.

*Tip 4*
Dit is veelvoorkomend en ook heel begrijpelijk in het onderwijs. Onderwijs en een kind eigenlijk niet kunnen 'hebben' staan haaks op elkaar. Blijf in het oog houden dat een leraar ook mens is en dat dergelijk situaties zich gewoon voordoen. Reflecteer (deel 4) in alle eerlijkheid op je gevoelens en zet een strategie uit hoe te handelen. Dat getuigt van meer professionaliteit dan doen alsof je een kind accepteert terwijl dat eigenlijk niet zo is.

# Kernbegrippenlijst

| | |
|---|---|
| **Acceptatie** | Het aanvaarden van de ander als persoon met zijn meningen en gevoelens. |
| **Acceptatiegrens** | Onder invloed van verschillende factoren zijn er wisselingen in datgene wat iemand wel en niet accepteert. Het is van belang dat een leraar vaststelt wat de grenzen zijn van zijn acceptatievermogen. |
| **Acceptatierechthoek** | De acceptatierechthoek is een schematische voorstelling met behulp waarvan je kunt vaststellen wat je acceptatiegrens is. Dit gebeurt door het onderscheid tussen aanvaardbare en niet-aanvaardbare gedragingen. |
| **Doceer-leergebied** | In de acceptatierechthoek onderscheiden we een deel met de aanvaardbare gedragingen: het acceptatiegebied. In dit gebied hoeft de leraar niet te mopperen, boos te worden of te straffen. De leerling kan in rust leren. In dit gebied vindt het leren en doceren plaats. Als problemen het kind belemmeren in rust te leren, verkleint hierdoor het doceer-leergebied. |
| **Effectief compliment** | Een effectief compliment beschrijft precies wat het kind doet en wat het effect op de leraar is. |
| **Effectieve kritiek** | Effectieve kritiek beschrijft altijd drie dingen: het gedrag, het effect en het alternatief. |
| **Non-verbale communicatie** | Iemand drukt niet alleen in woorden iets uit, maar ook in de manier waarop hij dat doet: de toon waarop het gezegd wordt, de uitdrukking op het gezicht en andere gebaren. |
| **Uiterste acceptatiegrens** | Ongeacht de problemen van het kind, blijft er altijd een gebied van principieel onaanvaardbaar gedrag. Een leraar dient dus altijd voor zichzelf – in overeenstemming met het schoolbeleid – zijn uiterste acceptatiegrens vast te stellen. |
| **Verbale communicatie** | Onder verbale communicatie verstaan we datgene wat iemand in woorden uitdrukt. |
| **Zelfbeeld** | Het zelfbeeld is wat iemand van zichzelf vindt op lichamelijk, cognitief, emotioneel en sociaal vlak. |

# Vragen

**3.1** Hoe zou je in de volgende situaties acceptatie kunnen tonen?
    **a** Peter is met zijn blokken een toren aan het bouwen, maar steeds als hij de laatste blokken erop wil leggen, valt de toren om. Als de toren voor de vierde keer omvalt, schopt hij woedend ook de nog overeind staande blokken om.
    **b** Melanie (4) komt tegen je aan staan om je haar pop te laten zien. Je wilt haar op schoot nemen, maar als je haar oppakt begint ze 'Néééé' te schreeuwen.

**3.2** Je vindt dat je Patrick (11), aan wie je in je hart een hekel hebt, toch eens moet laten merken dat hij er voor jou ook bij hoort. Hoe kun je acceptatie tonen op zo'n manier, dat het niet onecht overkomt?

**3.3** Noem een aantal verschillende manieren om acceptatie te tonen en geef aan op welke wijze deze van elkaar verschillen.

**3.4** David (11) heeft, uit eigen beweging, al zijn huiswerk op tijd ingeleverd. Hoe luidt een effectief compliment? En hoe een niet-effectief compliment?

**3.5** Jantine is een meisje van 5 jaar. De leraar constateert dat zij voor de zoveelste keer is gaan verven zonder een schort aan te trekken. Beschrijf hoe effectieve kritiek luidt.

**3.6** Probeer een effectief compliment te verzinnen met betrekking tot je leraar.

De antwoorden op deze vragen kun je vinden op www.pabowijzer.nl.

# DEEL 2
# Communicatie-vaardigheden

4　Theoretisch kader 101
5　Luisteren: een kunst, een kunde 117
6　Ik-boodschappen 137
7　Oplossen van conflicten 151

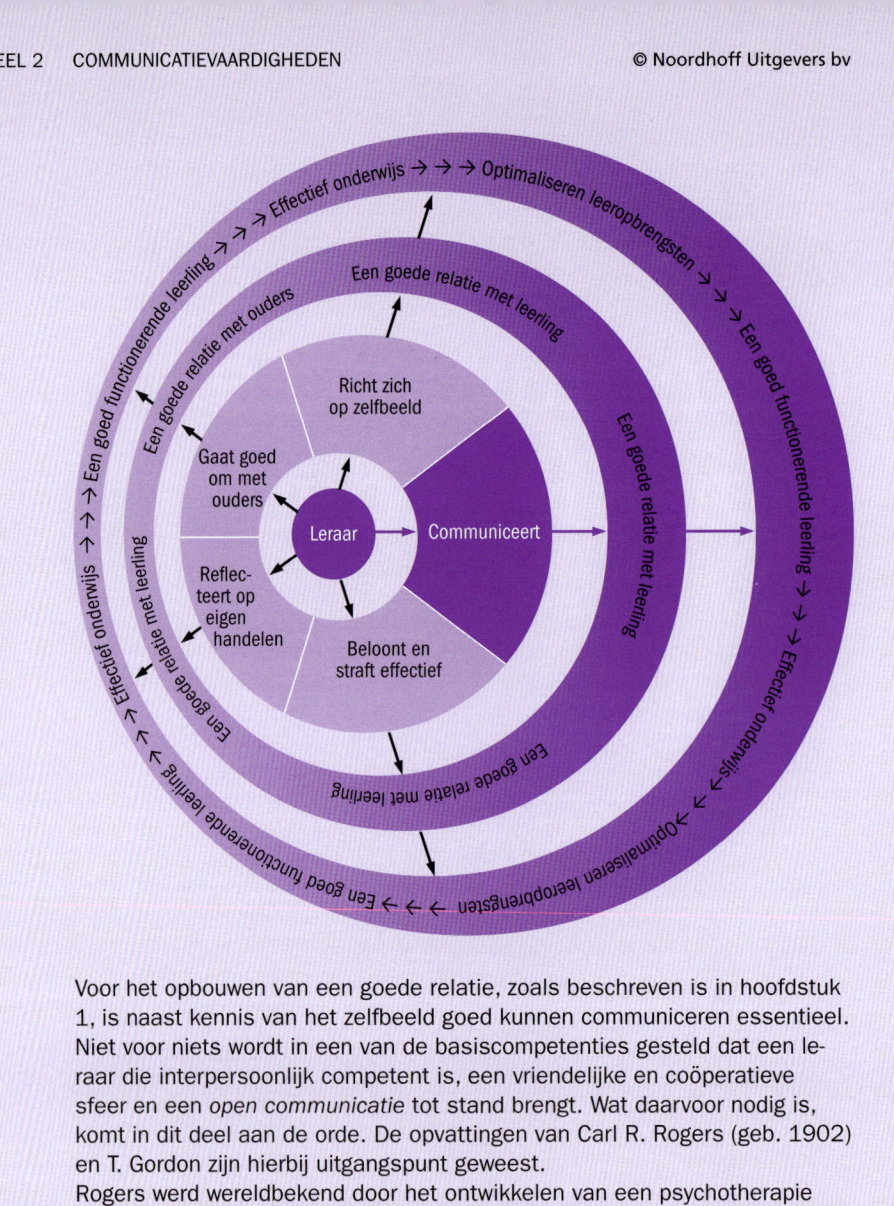

Voor het opbouwen van een goede relatie, zoals beschreven is in hoofdstuk 1, is naast kennis van het zelfbeeld goed kunnen communiceren essentieel. Niet voor niets wordt in een van de basiscompetenties gesteld dat een leraar die interpersoonlijk competent is, een vriendelijke en coöperatieve sfeer en een *open communicatie* tot stand brengt. Wat daarvoor nodig is, komt in dit deel aan de orde. De opvattingen van Carl R. Rogers (geb. 1902) en T. Gordon zijn hierbij uitgangspunt geweest.

Rogers werd wereldbekend door het ontwikkelen van een psychotherapie waarin de waarde van de mens als persoon centraal staat. Contact, de persoonlijke relatie met de ander en het scheppen van een klimaat van veiligheid en waardering vormen daarbij de kernbegrippen.

Rogers is zich steeds meer gaan richten op het uitwerken van zijn opvattingen naar de opvoedings- en onderwijssituatie. Hem stond voor ogen dat een kind een zodanige situatie geboden moet worden, dat het op creatieve en constructieve wijze kan omgaan met vragen en problemen die het tegenkomt. Vervolgens heeft T. Gordon, met de theorie van Rogers als uitgangspunt, diverse boeken geschreven over communicatievaardigheden: *Beter omgaan met kinderen* (1979), *Luisteren naar kinderen* (1989) en *Teacher Effectiveness training* (2003). Veel van deze opvattingen zijn in enigerlei vorm terug te vinden in recente publicaties over communicatie.

In de hoofdstukken 4 tot en met 7 bespreken we de verschillende aspecten van de communicatievaardigheden. Hoofdstuk 4 dient als basis voor de volgende hoofdstukken: in hoeverre accepteer je het (probleem)kind, wanneer

ontstaan er problemen tussen jullie? Als er problemen zijn, dan is het belangrijk uit te zoeken om wiens probleem het gaat: dat van de leraar of van de leerling.
In hoofdstuk 5 en 6 behandelen we twee vaardigheden die je nodig hebt om te kunnen communiceren: luisteren naar de ander en vertellen wat jij wilt zeggen. Het 'actief luisteren' gebruik je vooral als een kind een probleem heeft, de 'ik-boodschappen' vooral als jijzelf een probleem hebt.
Hoofdstuk 7 gaat over het oplossen van een conflict: dan heb je als leraar en leerling, samen een probleem.

# Karen

Karen zit in groep 6. Zij heeft niet zo'n gemakkelijk leventje. Thuis zijn er veel problemen. Haar vader is alcoholist. Daardoor zijn er vaak ruzies tussen haar vader en moeder. Er is voortdurend allerlei gedoe in huis. Als haar vader erg dronken is, is Karen heel erg bang voor hem. Hij schreeuwt dan en scheldt iedereen uit. De ruzie tussen haar vader en moeder kan hoog oplopen. Karen kruipt dan bij haar broertje Leon en samen wachten zij tot de ruzie over is. Niemand weet dat haar vader alcoholist is. Moeder heeft gezegd dat zij het niemand mag vertellen, zeker niet op school. Vader en moeder zijn namelijk allebei actief op school.

Op de dagen na het alcoholmisbruik van vader en de ruzie daarna heeft Karen veel problemen op school. Zij is moe en onzeker. Zij staart regelmatig voor zich uit. Als zij een beurt krijgt, dan weet zij vaak het antwoord niet, terwijl zij op andere dagen een heel redelijke leerling is. Eigenlijk weet zij al niet eens meer wat de vraag was van de leraar. Op zo'n moment reageert de leraar ongeduldig en moppert op haar. Hij laat merken het vervelend te vinden dat hij haar steeds weer bij de les moet halen en dat haar prestaties niet goed zijn. Haar werk is niet af en wat zij gemaakt heeft, is vaak slordig. De leraar waarschuwt haar voortdurend. Als zij niet beter werkt, moet zij in de pauze of na schooltijd blijven. Karen reageert nauwelijks op deze maatregelen. Het lijkt haar niet te interesseren. Zij gaat schouderophalend even aan het werk om daarna toch weer af te dwalen met haar gedachten.

Op een dag is het weer zover. De leraar laat Karen in de pauze bij zich komen. Hij zegt erg boos te zijn over haar werkhouding en gedrag en eist dat zij zich na de pauze behoorlijk gaat gedragen. Karen zegt dat zij dat zal doen. Zij stemt in om van het 'gepreek' af te zijn.

Na de pauze barst de bom. Karen zit binnen de kortste keren weer te dromen. De leraar wordt nu echt erg kwaad en geeft een flinke straf. Karen wordt nu ook heel boos. Zij gooit haar boek en schrift op de grond en holt schreeuwend en huilend de klas uit, de leraar en haar klasgenoten in verbijstering achterlatend.

Na enige aarzeling gaat de leraar haar achterna. Hij treft haar in een leeg kamertje van de conciërge. Na wat sussende woorden dat het allemaal toch zo erg niet is, zegt hij dat het gewoon een kwestie is van goed opletten en haar best doen. Zij leert toch vrij gemakkelijk, zegt hij, waarom dan toch die dagen dat zij er een potje van maakt?

Karen begint nog harder te huilen en sist hem toe: 'U begrijpt er helemaal niets van.' De leraar schrikt van haar felle toon en de heftige emoties. Het dringt tot hem door dat er werkelijk iets aan de hand is. Hij ziet nu ook dat Karen er bleek uitziet en kringen onder haar ogen heeft. Hij toont zijn bezorgdheid, zegt dat hij denkt dat zij zorgen heeft en of het helpt die aan hem te vertellen. Daarop kalmeert Karen enigszins en vertelt de leraar, nadat zij hem bezworen heeft dat niemand het mag weten, over de situatie thuis.

De leraar en Karen spreken af dat als het thuis mis is, Karen hem een seintje zal geven. De leraar zal daar die dag dan rekening mee houden.

Deze afspraak werkt goed. Karen maakt geen misbruik van de geboden ruimte. Zij ziet zelfs vaker kans op de 'slechte' dagen toch nog redelijk te presteren, doordat zij steun ondervindt van de leraar in plaats van er een probleem bij te krijgen in de vorm van een boze leraar. Door te luisteren naar haar verhaal en te accepteren dat zij minder goed werkt als er thuis weer problemen zijn, heeft de leraar een groeiend conflict met Karen voorkomen. Er is rust en vertrouwen gekomen in de relatie tussen hen.

# 4
# Theoretisch kader

4.1 Een goede relatie en communicatie
4.2 Basisbegrippen
4.3 Acceptatieanalyse en probleemanalyse
4.4 Probleemanalyse: concrete uitwerking
4.5 Probleemverwisseling

**Kennisdoelen**
1 Het eerste doel is het verwerven van kennis van de invloed van communicatie op de relatie tussen leraar en leerling.
2 De leraar maakt zich de basisbegrippen eigen die aan de communicatievaardigheden zoals deze in dit deel aan de orde komen ten grondslag liggen.
3 De leraar leert het verband tussen acceptatie, acceptatieanalyse en probleemanalyse.

**Toepassingsdoel**
Met de kennis uit dit hoofdstuk is de leraar in staat om een heldere probleemanalyse te maken en niet in de valkuil van probleemverwisseling te stappen.

## 4.1 Een goede relatie en communicatie

*Negatieve communicatie belemmert*

De manier waarop een leraar communiceert, is van invloed op het leren en de inspanningen van de leerling. Negatief ervaren communicatie werkt belemmerend. Goede communicatie is dus cruciaal voor een goede relatie. Echter, alle goede bedoelingen ten spijt, veel relaties komen onder druk te staan door slechte of miscommunicatie. Goed communiceren is veel lastiger dan menigeen denkt.

*Goede communicatie lastig*

Met communicatie wil je bij de ander een effect bewerkstelligen. Met andere woorden de leraar zegt iets, de leerling luistert, de leerling begrijpt de boodschap, de leerling handelt overeenkomstig de boodschap van de leraar. Maar zo werkt het lang niet altijd. Er zijn allerlei factoren die de overdracht van informatie beïnvloeden. Aandacht, verwachtingen, gevoelens, het zelfbeeld van een kind, de relatie tussen leraar en leerling kunnen leiden tot stoornissen in de communicatie.

Er is langzamerhand het nodige bekend over communicatie tussen volwassenen, maar veel minder over communiceren met kinderen. En dat terwijl praten met kinderen voor professionals een kernactiviteit is (Delfos, 2003). Het belang van goede communicatie kan niet genoeg onderstreept worden. Alle kinderen, hoe jong ook, hebben gevoelens en gedachten over wat hen bezighoudt. Een kind is er in het algemeen alleen weinig op gericht hierover te communiceren. Een gesprek met een kind over wat hem bezighoudt, zeker als dit wat moeilijker, gevoeliger zaken betreft, is dan ook niet eenvoudig.

*Samenhang moeizame communicatie en problemen*

Veel problemen tussen een leraar en leerling(en) zijn toe te schrijven aan niet goed verlopende communicatie.

### Karen (deel 1)

De 'communicatie' tussen de leraar en Karen bestaat uit ongeduldige opmerkingen. Hij besteedt geen aandacht aan Karen zelf, maar alleen aan haar werkhouding.
De communicatie verloopt ongeveer zo:
*Leraar*: Karen, ik heb er genoeg van dat jij steeds niet oplet. Op deze manier haal je alleen maar onvoldoendes. Vind je dat leuk?
*Karen*: Nee, natuurlijk niet.
*Leraar*: Nou dan. Dan spreken we af dat jij vanaf nu door gaat werken. Om het kwartier kom ik bij je om te zien hoe ver je bent.
*Karen*: Oké.
Een dag later herhaalt het gedrag van Karen zich.

Dit is geen communicatie zoals we bedoelen en behandelen in dit deel. De benadering is suggestief, er is geen openheid, het gaat alleen om de werkhouding, niet om de persoon.

## Karen (deel 2)

Het gesprek kan ook als volgt verlopen:
*Leraar*: Ik zie dat je niet goed kan opletten en het je niet lukt door te werken. Ik denk dat je met je gedachten ergens anders bent. Wil je daarover praten?
*Karen*: Nee.
*Leraar*: Dat is jammer, want als ik weet wat er aan de hand is, kan ik er rekening mee houden.
*Karen*: Ik mag er niet over praten.
*Leraar*: Oké, maar als je het alsnog wilt vertellen, kun je altijd weer bij mij komen. Ik zal vanaf nu jou goed in de gaten houden. Ik vind het jammer dat je het niet kan vertellen, want dan is het moeilijker in de klas goede maatregelen te treffen.
Karen vertelt nu wel het verhaal van thuis.

Pas op het moment dat de leraar oog krijgt voor Karen als persoon, ontstaat er de mogelijkheid tot communicatie en begrip. Het resultaat van het gesprek is heel anders dan wat de leraar voor ogen had. Hij wilde erover praten dat Karen goed zou gaan opletten. Maar door goed naar Karen te luisteren, wordt duidelijk dat er problemen zijn en accepteert hij de werkhouding van Karen. Ook treft hij maatregelen zodat er op school door zijn handelen geen problemen bijkomen.
Hij geeft Karen als boodschap mee: 'Jij bent Karen met problemen thuis. Ik kan die problemen niet oplossen, maar ik kan er wel voor zorgen dat er op school daardoor geen problemen bij komen. Ik geef je de ruimte om op school over thuis na te denken en ik vertrouw erop dat je daar geen misbruik van maakt.' Het verschil met het eerste gesprek is dat wat de leraar zegt een duidelijke boodschap bevat: acceptatie, betrokkenheid en ondersteuning. Goede communicatie en een goede relatie zijn dus onlosmakelijk met elkaar verbonden.

**TUSSENVRAAG 4.1**     T 4.1
Waarom draagt goede communicatie bij aan een goede relatie?

## 4.2 Basisbegrippen

De theorie van Carl R. Rogers en de uitwerking die Thomas Gordon hieraan heeft gegeven voor communicatie tussen volwassenen en kinderen vormt de basis voor de communicatievaardigheden die we in dit deel aan de orde stellen. Gordon is een van de weinigen die zich systematisch bezig heeft gehouden met communicatie tussen volwassenen en kinderen (Delfos, 2003). Om communicatie zoals Gordon beoogt tot stand te kunnen brengen, is een aantal basisbegrippen belangrijk.

1. In het gesprek is sprake van *gelijkwaardigheid* van gesprekspartners, de leerling(en) en de leraar. De situatie leraar / leerling houdt normaal gesproken automatisch een machtsverschil in. Dit brengt met zich mee dat het verhaal van het kind gauw in de verdrukking raakt. Het kind heeft dan

*Gelijkwaardigheid*

de neiging sociaal wenselijke antwoorden te geven. Wil een leraar werkelijk een goed gesprek met een kind / kinderen, dan moet hij deze ongelijkheid als het ware tijdelijk opheffen door het kind duidelijk te maken dat het een gelijkwaardige gesprekspartner is. Dat bereikt hij door goed te luisteren. Wat dat is en hoe dat te doen beschrijven we in hoofdstuk 5. Daarmee toont hij het kind serieus te nemen, het te respecteren in zijn gevoelens, gedachten en meningen. Kortom, hij acht de leerling daarmee een gelijkwaardige gesprekspartner.

**Goed luisteren**

2 Het gesprek kenmerkt zich door:

**Echtheid**

a *Echtheid*, dat wil zeggen dat iemand zich gedraagt zoals hij is zonder zich te verschuilen achter een façade. Er is overeenstemming tussen gevoelens en gedrag, tussen denken en doen, tussen beleven en bewust weten (congruentie) (Larsen, 2002).

**Aanvaarding / acceptatie**

b *Aanvaarding / acceptatie*. We spreken van acceptatie wanneer je de ander als persoon mét zijn meningen en gevoelens aanvaardt. Hoe beter je de ander als persoon kunt accepteren, des te meer veiligheid en warmte de relatie zal bieden. Dit is een essentieel onderdeel van de competentie 'pedagogisch competent'.
Acceptatie van de ander als persoon houdt overigens niét in dat je ook zonder meer zijn gedrág moet accepteren (zie ook hoofdstuk 3).

**Empathie**

c *Empathie*. Dit begrip wordt vaak verward met gevoelig zijn (Delfos, 2003). Dat is niet zo. Empathie betekent dat je je kunt verplaatsen in de gevoelens van de ander, zonder hierover te oordelen. Je hoeft niet zélf die gevoelens te hebben.

**Ontvankelijkheid**

3 Een laatste belangrijk begrip voor deze vorm van communicatie is *ontvankelijkheid*. Zowel de leraar als de leerling(en) moeten bereid én in staat zijn op deze manier met elkaar te communiceren.

## Karen (deel 3)

In het geval van Karen, uit de openingscasus, ontstaat een doorbraak in de situatie op het moment dat de leraar zich openstelt voor het feit dat Karen problemen heeft en hij dit gegeven accepteert, dit op een geloofwaardige manier laat blijken – hij toont oprechte bezorgdheid – en laat blijken zich te kunnen verplaatsen in haar problemen.

Voor sommige leerlingen is die ontvankelijkheid moeilijk in te schatten. Er zijn kinderen, bijvoorbeeld met ADHD, die ongedurig en wispelturig zijn. Als een leraar met dit kind een gesprek aangaat, zal het in het algemeen aanvankelijk bereidheid tonen om te luisteren. Maar al gauw zijn andere prikkels voor hem belangrijker en is het niet meer ontvankelijk voor een gesprek.
Andere kinderen zullen weinig of zelfs geen ontvankelijkheid tonen. Denk daarbij aan kinderen met een vorm van autisme. Kinderen met een dergelijk probleem reageren vaak zodanig op de leraar dat hij geen idee heeft of zijn bedoelingen wel overkomen. Het is dus zinvol te proberen zo veel mogelijk rekening te houden met de manier waarop een kind communiceert en bij kinderen met zeer specifieke problemen hierover advies te vragen.

In de communicatievaardigheden zoals deze zijn behandeld in deel 2 is het belangrijk te onderscheiden bij wie het probleem ligt, bij de leraar of de leerling (paragraaf 4.3 en 4.4). Op grond daarvan kies je voor goed luisteren of een ik-boodschap. Goed luisteren is in deze wijze van communiceren essentieel. Vandaar de naam 'actief luisteren'. Met actief luisteren maakt de leraar duidelijk de mening en gevoelens van de leerling serieus te nemen. Als de leerling dit ervaart, zal hij meestal op zijn beurt ook respect tonen voor de mening en gevoelens van de leraar, wanneer deze door middel van een ik-boodschap iets aan hem te kennen geeft. De leerling zal dan eerder zijn gedrag veranderen.

*Bij wie ligt het probleem*

Bij ik-boodschappen moet de leraar de techniek goed beheersen alvorens resultaat te kunnen verwachten. Het gebruik van ik-boodschappen, zonder de basis van wederzijds respect en vertrouwen opgebouwd door actief luisteren, wordt gauw ervaren als een trucje om de leerling 'op een lieve manier' onder druk te zetten.

**TUSSENVRAAG 4.2**
Wanneer is er sprake van gelijkwaardige gesprekspartners?

*T 4.2*

In de praktijk blijkt dat veel leraren, wanneer ze in de omgang met (probleem)kinderen gebruikmaken van communicatievaardigheden, nogal eens teleurgesteld zijn doordat niet meteen een gedragsverandering optreedt. Echter, het doel van deze communicatievaardigheden is niet het veranderen van gedrag(ingen), maar het ontwikkelen en in stand houden van een goede relatie. Dat betekent niet dat er geen gedragsverandering kan optreden. Integendeel, er is alle kans dat een gedragsverandering optreedt, omdat de leerling vanuit de goede relatie, en de aandacht van de leraar voor zijn probleem, zelf de behoefte of de noodzaak daartoe voelt.
Een leraar die gedragsverandering als voornaamste doel stelt, kan beter gebruikmaken van de principes van de gedragstheorie (deel 3).

*Doel is goede relatie*

**TUSSENVRAAG 4.3**
Wat is het doel van de communicatievaardigheden, zoals beschreven in dit hoofdstuk?

*T 4.3*

## 4.3 Acceptatieanalyse en probleemanalyse

In hoofdstuk 3 is het begrip acceptatie uitvoerig aan de orde geweest. Het is echter niet voldoende alleen maar op de hoogte te zijn van het begrip acceptatie. Je moet het in de praktijk ook kunnen toepassen. Een belangrijk middel daarbij is de acceptatieanalyse.
Om verschillende redenen is het nodig dat je een analyse maakt van wat jij als leraar wel of niet accepteert. Hierbij moet je een onderscheid maken tussen wat je in géén geval acceptabel vindt (bijvoorbeeld een ander kind met opzet pijn doen), wat al dan niet acceptabel is afhankelijk van in hoofdstuk 3 genoemde factoren en wat voor jou zonder meer acceptabel is (bijvoorbeeld het pakken van een leesboek na voltooiing van een taak). In hoofdstuk 3 zijn we er al op ingegaan waarom het nodig is duidelijk te zijn over wat je als leraar wel of niet accepteert. We zetten de redenen hier nog even op een rijtje, gerelateerd aan het opbouwen of onderhouden van een goede relatie:

*Acceptatie in de praktijk*

- Het tonen van acceptatie is alleen mogelijk als je weet wat je accepteert.
- De grenzen van wat jij als leraar acceptabel vindt, worden duidelijk en kunnen dan beter overgebracht worden op de leerlingen. Daarmee geef je de structuur aan, waarbinnen jij met de kinderen wilt werken.
- Als je door wat voor een oorzaak dan ook ineens anders handelt of reageert, kun je dit naar de leerlingen toe sneller en beter verklaren, waardoor je voorkómt dat ze onnodig in verwarring raken.

Naast een acceptatieanalyse is het nodig problemen te kunnen herkennen en analyseren. Een zuivere probleemanalyse is dé weg tot het juist omgaan met die problemen.

## Karen (deel 4)

In het geval van Karen zijn de problemen onnodig opgelopen, omdat de leraar allerlei signalen van problemen bij Karen niet als zodanig herkende.

*Herkennen en analyseren van de problemen*

De rechthoek die gebruikt wordt om onderscheid te maken tussen aanvaardbare en onaanvaardbare gedragingen van leerlingen (zie figuur 4.1) kan gebruikt worden om leraren te helpen bij het beter herkennen en analyseren van de problemen die onvermijdelijk optreden in iedere leraar-leerling-interactie. Hoofdstuk 3 behandelt dit onderwerp in relatie tot het zelfbeeld. Ook voor een adequate toepassing van de communicatievaardigheden uit dit deel is het herkennen en analyseren van problemen tussen leraar en leerling essentieel. Daarom komt dit onderwerp hier weer aan de orde, maar nu vanuit de invalshoek van communicatievaardigheden.

Eerst bekijken we het bovenste gedeelte van de rechthoek, het gebied van de onaanvaardbare gedragingen – gedragingen die in tegenspraak zijn met de behoeften van de leraar of die maken dat de leraar zich gedwarsboomd voelt, geïrriteerd, boos enzovoort. Het is duidelijk dat zulk gedrag een *probleem* vormt voor de *leraar* en dat hij daardoor gehinderd wordt in zijn lesgeven.

**FIGUUR 4.1** Acceptatierechthoek probleemanalyse

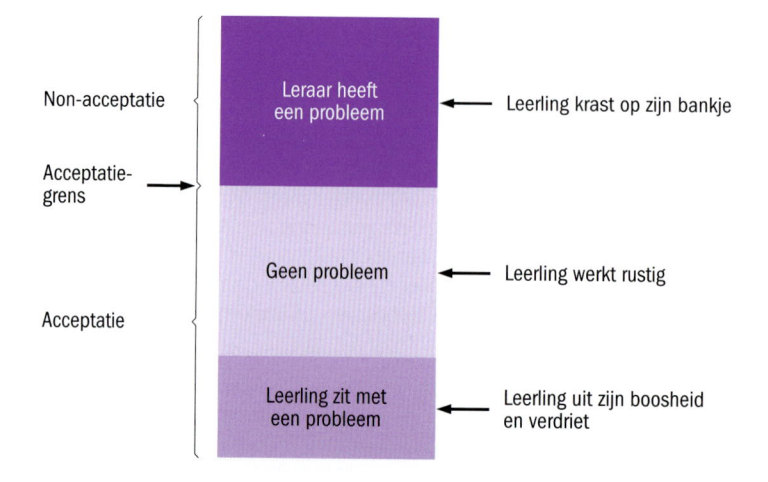

| | | |
|---|---|---|
| Non-acceptatie | Leraar heeft een probleem | ← Leerling krast op zijn bankje |
| Acceptatiegrens → | | |
| Acceptatie | Geen probleem | ← Leerling werkt rustig |
| | Leerling zit met een probleem | ← Leerling uit zijn boosheid en verdriet |

Wanneer het gedrag van een leerling 'boven de lijn' ligt (in het gebied van de onaanvaardbare gedragingen), dan heeft de leraar een probleem. Het is zíjn probleem. Deze opvatting van eigendom is van doorslaggevend belang bij het handhaven van een effectieve leraar-leerlingrelatie. Wanneer een leerling op zijn bank zit te krassen, valt dit onder het gebied van onaanvaardbare gedragingen, omdat het een probleem vormt voor de leraar. In de rechthoek van figuur 4.1 staat de pijl die het gedrag van de leerling voorstelt, bij het gebied van de onaanvaardbare gedragingen, omdat het een probleem vormt voor de leraar. De leraar 'bezit' het probleem.

*Opvatting van eigendom*

Nu een andere situatie. Een leerling vertelt je dat zij haar pas gekregen bedelarmbandje heeft verloren. Deze leerling heeft te maken met een probleem in haar eigen leven – helemaal afgescheiden van het leven van de leraar. De boosheid en het verdriet van de leerling raken de leraar op geen enkele concrete en aanwijsbare manier. De leraar zou er zelfs niets van weten als de leerling er niet uit zichzelf iets over had gezegd. Maar het gaat de leerling wel aan – zij heeft een probleem. Het gedrag van deze leerling hoort in het onderste gedeelte van de rechthoek: het is het *probleem* van de *leerling*.

**TUSSENVRAAG 4.4**
Waarom is een probleemanalyse noodzakelijk?

*T 4.4*

In de praktijk doen zich vaak problemen voor waarvan het op het eerste gezicht niet duidelijk is wiens probleem het is. Een voorbeeld van zo'n situatie is die van een leerling die zijn huiswerk, het leren van bepaalde stof, niet gedaan heeft. Wiens probleem is dit nu eigenlijk? Met behulp van de opvatting over 'eigendom' kun je het probleem toewijzen aan degene bij wie het thuishoort.

*Probleem toewijzen*

Als de leraar zich gehinderd voelt in zijn lesgeven doordat de leerling extra uitleg vraagt over de niet-geleerde stof, is het het probleem van de leraar. Híj heeft er last van. De leraar kan dit echter ook gewoon negeren en doorgaan met de les. Hij heeft dan geen probleem. Het probleem is van de leerling, als deze merkt dat hij niet verder kan met de volgende les doordat hij zijn huiswerk niet geleerd heeft én hij zich hierdoor gehinderd voelt.
In hoofdstuk 3 is ook de situatie besproken dat gedragingen van de leerling noch voor de leraar, noch voor de leerling zelf een probleem vormen. Als zulk gedrag zich voordoet, is er geen probleem in de relatie. Het middelste gedeelte van de rechthoek betreft deze geen-probleemsituaties. Een voorbeeld van het soort gedrag dat in het *geen-probleemgebied* thuishoort, is een leerling die rustig in de klas aan zijn rekenen zit te werken. In zijn behoeften wordt voorzien. Zijn gedrag is op geen enkele manier in tegenspraak met de behoeften van de leraar. Niemand heeft een probleem. In zo'n situatie is er sprake van een optimaal doceer-leergebied met een zo groot mogelijke kans op optimale leeropbrengsten.

*Geen-probleemgebied*

## 4.4 Probleemanalyse: concrete uitwerking

Een van de belangrijkste struikelblokken op de weg naar een goede relatie is het onderzoeken van de vraag: 'Wie zit met het probleem?' Het is van groot belang dat leraren de problemen die leerlingen in hun leven hebben en die alleen voor hen een probleem vormen, kunnen onderscheiden van de

*Wiens probleem is het?*

problemen die een merkbaar en concreet effect hebben op de leraar zelf, en die *dus* geen probleem vormen voor de leerling. Dit onderscheid is noodzakelijk omdat je als leraar op een heel andere manier dient te reageren wanneer je zelf met het probleem zit, dan wanneer het om een probleem van de leerling gaat. De verschillende manieren van reageren worden in de volgende hoofdstukken besproken.

Het verschil tussen problemen van leerlingen en die van leraren heeft vooral betrekking op het merkbare en concrete (of werkelijke) effect. Je kunt als leraar je eigen problemen scheiden van die van de leerlingen door je af te vragen: 'Heeft dit gedrag enig merkbaar of concreet effect op mij? Heb ik het gevoel dat ik mij niet-accepterend opstel omdat ik op de een of andere manier word belemmerd, gekwetst of benadeeld? Of heb ik meer het gevoel dat ik niet-accepterend ben omdat ik zou willen dat de leerling iets op een andere manier doet, geen problemen heeft, of voelt wat ik vind dat hij zou moeten voelen.' Als het antwoord op dit laatste positief is, ligt het probleem bij de leerling.

Als het antwoord op de eerste vraag positief is, heeft de leraar zeker een aandeel in het probleem.

Het is van belang dat je de twee soorten problemen van elkaar onderscheidt, en ze zelf in het juiste gebied van de acceptatierechthoek (figuur 4.1) plaatst.

*Merkbaar en concreet effect*

**T 4.5**

**TUSSENVRAAG 4.5**

Geef aan van wie het probleem is in de volgende gevallen:
- Jan kan zijn muts niet vinden.
- De klas is rumoerig vandaag.
- Je zou willen dat Mieke wat minder traag was.

## 4.5 Probleemverwisseling

*Toe-eigening probleem*

In de praktijk blijkt het volgende zich vaak voor te doen: een probleem dat in werkelijkheid van de leraar is, wordt verschoven naar de leerling en een probleem dat in werkelijkheid van de leerling is, wordt door de leraar tot het zijne gemaakt (*toe-eigening*). Dit noemen we probleemverwisseling.

Het eerste is vaak het gevolg van gevoelens van onmacht. In de klas zijn vele situaties denkbaar, waarin de leraar niet meer weet wat hij moet doen (zijn probleem) en de schuld legt bij de leerling(en).

---

**VOORBEELD 4.1**

### Verschuiven van probleem

De kinderen zijn op een ochtend onrustig, waardoor het lesgeven telkens verstoord wordt. Bovendien ben je nogal moe. Halverwege de morgen is de grens voor jou bereikt en je valt uit: 'Wat zijn jullie toch een vervelend stelletje. Nog even en jullie kunnen het voorlezen straks wel vergeten!'

---

*Probleemverschuiving*

Wat hier gebeurt, is het volgende: de leraar verschuift zijn (orde)probleem naar de leerlingen omdat hij geen oplossing bij de hand heeft (onmacht). De leerlingen, die geen probleem hadden, hebben nu opeens een probleem in hun schoot geworpen gekregen. Een dergelijke probleemverschuiving roept bij kinderen veelal gevoelens op van boosheid, wrok en onzekerheid, die een negatief effect hebben op de relatie leraar-leerling. In het geval van Karen wordt goed duidelijk wat het effect van de houding van de leraar is. Onmachtgevoelens komen ook vaak voor als een leerling niet gemotiveerd is (of lijkt) om iets te doen op de manier zoals jij dat van hem verlangt.

**VOORBEELD 4.2**

## Harm

Harm vertikt het om netjes te schrijven. Hij voert als reden aan dat zijn schrijven toch leesbaar is. De leraar accepteert het geschrevene niet (zijn probleem) en zegt: 'Je bent een onmogelijke sloddervos. Zolang jij weigert netjes te schrijven, krijg je van mij een onvoldoende op je rapport.' (Nu heeft Harm een probleem.)

Dit voorbeeld behoeft waarschijnlijk geen nadere uitleg.
Het volgende voorbeeld, het zich toe-eigenen van een probleem, komt vaak voort uit bezorgdheid.

**VOORBEELD 4.3**

## Toe-eigenen probleem

Evelien is een meisje van 6½ jaar. Zij is eeuwig en altijd haar jas kwijt, omdat zij zich bij het binnenkomen niet de tijd gunt deze goed op te hangen. Meestal draait het erop uit dat de leraar om 12 uur een in paniek rakende Evelien helpt bij het zoeken naar de jas.

Uit bezorgdheid maakt de leraar hier het probleem van de leerling (mede) tot zijn probleem, waarmee hij eraan voorbijgaat dat een 6½ jarig meisje een dergelijk probleem best zelf kan oplossen.
Dit is iets dat we vaak zien gebeuren. Er wordt voorbijgegaan aan het feit dat een kind wel degelijk kan leren verantwoordelijk te zijn voor wat het doet. Verantwoordelijk zijn binnen de grenzen van zijn mogelijkheden, wel te verstaan.

**TUSSENVRAAG 4.6**
Waardoor kenmerkt probleemverwisseling zich?

T 4.6

Een manier om deze verantwoordelijkheid te leren, is het kind de gevolgen van zijn gedrag te laten ervaren (zie ook deel 3). Als het kind de gevolgen niet prettig vindt, zal het zich de volgende keer waarschijnlijk anders gedragen. Je kunt als leraar het kind de gevolgen van zijn gedrag op een vanzelfsprekende manier laten ervaren, zonder dat het als straf voelt. Als de gevolgen echt gevaarlijk zijn, zul je het kind daarvoor moeten behoeden: je grijpt natuurlijk in als het de straat oprent of een slok van de verf dreigt te nemen.

**Gevolgen gedrag laten ervaren**

Maar er zijn vele situaties waarin je het kind niet hoeft te behoeden voor de gevolgen en waarin het zelfs verstandiger is om dat niet te doen, als je wilt dat het kind verantwoording leert aanvaarden voor zijn eigen doen en laten. Je constateert nu dus dat het probleem ligt bij de leerling en je verbindt hieraan de conclusie dat je het dus niet tot jouw probleem moet maken.

T 4.7

**TUSSENVRAAG 4.7**
Je hebt net nieuwe moeilijke rekenstof uitgelegd. Johan (10) is, zoals gewoonlijk, eigenwijs en zegt: 'Oh, dat is gemakkelijk' en wil de sommen alvast gaan maken, terwijl je weet dat hij het niet zal kunnen. Hoe kun je reageren zodat hij de natuurlijke gevolgen van zijn gedrag ervaart?
a  Je zegt: 'Ga je gang.'
b  Je maakt jezelf kwaad en zegt: 'Ons rekenwonder weet het allemaal? Ik krijg van jou dus een foutloze bladzij.'
c  Je zegt overredend: 'Johan, wacht nou even, ik leg het zo meteen nog een keer uit.'

In het voorbeeld van Evelien betekent dit dat de leraar niet helpt bij het zoeken naar de jas, waardoor Evelien de mogelijke gevolgen (een boze moeder, weinig tijd om te eten) van haar slordigheid ervaart.
Met het oog op de ontwikkeling van een goede relatie tussen leraar en leerling, is het vaak nodig wél in te gaan op situaties waarin de leerling met een probleem zit.
Dit komt in het volgende hoofdstuk aan de orde.

# Samenvatting

De samenvatting van dit hoofdstuk staat op www.pabowijzer.nl.

# Valkuilen en tips

**Valkuil 1**
Leraar: 'Ben ik zo duidelijk? Hebben wij goede afspraken gemaakt?'
De leerling knikt. De leraar gaat verder met de les. Later blijkt de leerling de afspraak helemaal niet goed begrepen te hebben.

*Tip 1*
De verwachting (impliciet) dat je boodschap ongeschonden overkomt, is een grote valkuil. Ga daar niet van uit, blijf alert. Let op het gedrag van de leerling tijdens en na het gesprek. Het is heel goed mogelijk dat de leerling geknikt heeft en er toch niets van begrepen heeft, bijvoorbeeld onder druk van de situatie of om er vanaf te zijn. Als na het gesprek het gedrag van de leerling niet verandert, zijn er blijkbaar geen goede afspraken gemaakt en ben je niet duidelijk geweest voor de leerling.

**Valkuil 2**
'Jongens, ik denk niet dat Iris en Lotte zo kunnen doorwerken.'

*Tip 2*
De leraar heeft een probleem: onrustige leerlingen. Maar hij legt het probleem van de onrust bij andere leerlingen: probleemverwisseling. Gevolg is onduidelijke communicatie. Eerst een goede probleemanalyse en die begint bij jezelf. Als jij ergens last van hebt, is het jouw probleem. Reageer dienovereenkomstig.

**Valkuil 3**
'Jongens, ik heb jullie werk nagekeken, het ziet er niet best uit. De meeste van jullie hebben een onvoldoende.'

*Tip 3*
Onduidelijke communicatie vanuit bepaalde veronderstellingen is een veelvoorkomende valkuil. Zo veronderstelt deze leraar dat een onvoldoende een probleem is voor de leerlingen en wat hij zegt is daarmee in overeenstemming: 'Jullie hebben een probleem.' Maar het is de vraag of het krijgen van een onvoldoende voor alle kinderen wel een probleem is. Voor sommige leerlingen is een onvoldoende geen reden tot zorg. Zij hebben bijvoorbeeld altijd hoge cijfers, dus een keertje niet, ach. Voor andere leerlingen is het hebben van een onvoldoende niet meer erg. Zij hebben de moed allang opgegeven. Als een leerling een onvoldoende heeft, kan dit het probleem zijn van de leerling of de leraar (zie paragraaf 4.4). Niet een veronderstelling, maar deze probleemanalyse dient bepalend te zijn voor je reactie. De reactie zoals in de valkuil draagt niet bij tot een goede relatie.

**Valkuil 4**
'Oefening baart kunst.'

*Tip 4*
Kinderen met leerproblemen krijgen dit soms te horen. Dat klopt als een leerling nog een positief zelfbeeld heeft ten aanzien van leren. Maar het gaat niet meer op als de leerling al een negatief zelfbeeld heeft. Dan kunnen de problemen groter worden. 'Oefening baart dan bloed, zweet en tranen!'
Realiseer je dat niet meekomen met de groep voor kinderen een groot probleem kan zijn. Een kind kan dat probleem niet zelf oplossen. Hij heeft daarbij jouw hulp nodig, zowel op didactisch vlak als op het emotionele en mentale vlak.

# Kernbegrippenlijst

| | |
|---|---|
| **Acceptatie** | Het aanvaarden van de ander als persoon met zijn meningen en gevoelens. |
| **Congruentie** | Er is overeenstemming tussen gevoelens en gedrag, tussen denken en doen, tussen beleven en bewust weten. |
| **Echtheid** | Je gedragen zoals je je voelt en bent, zonder je achter een façade te verschuilen. Er is congruentie tussen gevoelens en gedrag, tussen denken en doen, tussen beleven en bewust weten. |
| **Empathie** | Verplaatsen in, begrijpen van de gevoelens van de ander, zonder hierover te oordelen. |
| **Gelijkwaardigheid** | In het gesprek tussen leraar en leerling speelt het machtsverschil dat er normaal gesproken is, geen rol. Door goed luisteren toont de leraar het kind serieus te nemen, het te respecteren in zijn gevoelens, gedachten en meningen en het een gelijkwaardige gesprekspartner te achten. |
| **Ontvankelijkheid** | Zowel de leraar als de leerling(en) moeten bereid én in staat zijn op deze manier met elkaar te communiceren. |
| **Probleemanalyse** | Het bepalen wie een probleem heeft met het oog op het op de juiste wijze omgaan met dat probleem. |
| **Probleemtoewijzing** | Sommige situaties kunnen een probleem vormen zowel voor de leraar als de leerling. Voor het effectief communiceren is het noodzakelijk vast te stellen van wie het probleem is. |
| **Probleemverwisseling** | Het verschuiven van een probleem dat eigenlijk van jou is, naar een ander en een probleem dat eigenlijk van een ander is, tot het jouwe maken. |

# Vragen

**4.1** Esther heeft door een sterke faalangst zwakke rekenresultaten, terwijl je de indruk hebt dat ze beter kan. Wiens probleem is het?

**4.2** Hierna vind je een aantal beschrijvingen van problemen. Geef aan om wiens probleem het gaat en motiveer je antwoord.
  **a** Ronnie is een jongetje dat voortdurend klikt.
  *leraar – Ronnie – andere kinderen*
  **b** Greetje heeft vandaag, zonder duidelijke redenen, geen zin in werken.
  *leraar – Greetje*
  **c** Frida plast regelmatig per ongeluk een beetje in haar broek.
  *leraar – Frida*
  **d** Jantjes hondje is gisteren overleden. Vandaag komt Jantje duidelijk niet tot werken.
  *leraar – Jantje – hondje*
  **e** Nanette komt huilend veel te laat in de klas. Jij bent net iets heel moeilijks aan de andere leerlingen aan het uitleggen.
  *leraar – Nanette – de andere leerlingen*
  **f** Jopie scheldt zijn Surinaamse klasgenoot Jeffrey uit voor zwarte. Jeffrey reageert er niet op. Jij windt je erg op over dit voorval.
  *leraar – Jopie – Jeffrey*
  **g** Jopie scheldt zijn Surinaamse klasgenoot Jeffrey uit voor zwarte. Jeffrey begint te huilen. Jij windt je erg op over dit voorval.
  *leraar – Jopie – Jeffrey*

**4.3** Probeer een voorbeeld op te schrijven van een probleem waarvan je denkt dat het jouw probleem is, maar dat eigenlijk dat van de leerling is.

**4.4** Probeer een voorbeeld op te schrijven van een probleem waarvan je denkt dat het van de leerling is, maar dat eigenlijk jouw probleem is.

**4.5** Bedenk een situatie waarin je geneigd bent oplossingen aan te dragen, maar die eigenlijk zeer geschikt is om het kind te leren dat hij verantwoordelijk is voor bepaald gedrag, door hem de gevolgen van dat gedrag te laten ervaren.

**4.6** Maak een probleemanalyse van de volgende situatie: Mirjam (groep 4) vertoont in de groep nogal angstig gedrag. Zij geeft aan dat zij steeds geplaagd wordt. Zij vindt het niet leuk op school. In de pauze staat zij het liefst vlak bij de leraar. De leraar vindt dit niet prettig. Hij kan daardoor niet met zijn collega's praten. Mirjam wordt weggestuurd, maar komt even later weer terug, huilend, omdat de kinderen niet met haar willen spelen.

De antwoorden op deze vragen kun je vinden op www.pabowijzer.nl.

# 5
# Luisteren: een kunst, een kunde

5.1 Een goede relatie en luisteren
5.2 Uitzenden en opvangen van signalen
5.3 Taal van de non-acceptatie
5.4 Taal van de acceptatie
5.5 Veel voorkomende probemen
5.6 Omgang met ouders

**Kennisdoelen**
1 Dit hoofdstuk richt zich op het inzicht krijgen in het verband tussen goed luisteren, actief luisteren genoemd, en het opbouwen of versterken van een goede relatie.
2 De leraar leert wat actief luisteren inhoudt, wat de taal van de non-acceptatie is en de taal van de acceptatie.

**Toepassingsdoel**
Met de kennis uit dit hoofdstuk is de leraar in staat om door middel van actief luisteren een pedagogisch klimaat te scheppen dat zich kenmerkt door begrip, warmte en veiligheid. Daarmee beschikt hij over belangrijke deelvaardigheden van de competenties interpersoonlijk competent en pedagogisch competent. Ook sluiten deze vaardigheden aan bij Kennisbasis generiek: 'De startbekwame leraar beschikt over kennis van (…) pedagogische processen.'

## 5.1 Een goede relatie en luisteren

Leraren zijn gewend te praten: zij leggen uit, lichten toe, stellen vragen, reageren op antwoorden en geven complimenten en straf. Dat is een belangrijk onderdeel van hun beroep. Maar zij moeten ook kunnen luisteren. Luisteren is nodig om te weten wat er bij een leerling leeft, om het handelen te kunnen afstemmen op de leerlingen. Een leraar die interpersoonlijk competent is, luistert goed naar opmerkingen en reacties van leerlingen. Daardoor zullen de leerlingen zich echt gehoord voelen.

*Communicatie is tweerichtings-verkeer*

Communicatie is tweerichtingsverkeer. Als je als leraar niet luistert, is er geen communicatie, maar een monoloog. Dus, de ene persoon praat, de andere luistert. Vaak zal uit hoofde van zijn beroep de leraar praten en luisteren de leerlingen, maar de omgekeerde situatie is minstens zo belangrijk. Veel communicatie hapert, niet omdat we niet kunnen praten, maar omdat luisteren veel lastiger is dan we denken. En dan hebben we het uiteraard niet over luisteren naar simpele mededelingen als 'Juf, ik kan mijn potlood niet vinden'. Het belang van goed luisteren Goed luisteren onderschat wordt vaak erg onderschat. Niet of slecht luisteren veroorzaakt allerlei problemen die leren en lesgeven in de weg staan. Wanneer een kind probeert de leraar iets te vertellen, maar deze luistert niet, leidt dit tot allerlei negatieve gevoelens en reacties. Het roept gevoelens op van afwijzing, boosheid, er ontstaan misverstanden. En daarmee komt de relatie onder druk te staan.

*Goed luisteren onderschat*

*Techniek luisteren belangrijk*

Niet alleen het belang van goed luisteren wordt onderschat, ook de techniek van goed luisteren krijgt vaak niet genoeg aandacht.

---

**VOORBEELD 5.1**

### Isa

Isa (groep 6) is de laatste tijd nogal opstandig en gauw op haar tenen getrapt. De leraar komt bij haar zitten en zegt: 'Vertel mij eens waarom je steeds zo boos doet. Ik luister.'
Isa begrijpt niets van deze opmerking, zij snapt niet waarom zij iets moet vertellen en wordt nog bozer.

---

Dit is het soort luisteren dat – met alle goede bedoelingen – veel voorkomt. En dat is niet wat wij met goed luisteren bedoelen. Met goed luisteren laat je het kind merken dat je het ziet, het accepteert, dat je ziet dat het kind een probleem heeft waar je rekening mee wilt houden en zo mogelijk bij wilt helpen. Luisteren zoals wij dat in dit hoofdstuk beschrijven, is nodig voor goed onderwijs, in het bijzonder voor de competenties interpersoonlijk competent en pedagogisch competent.

T 5.1    **TUSSENVRAAG 5.1**
Wat is 'goed luisteren'?

## 5.2 Uitzenden en opvangen van signalen

Elke leerling komt in zijn leven wel eens problemen tegen die zijn leren en functioneren negatief beïnvloeden. En hoe jong een kind ook is, het heeft gevoelens, ideeën en meningen over die problemen. Echter, jonge kinderen, tot ongeveer de leeftijd van acht jaar, zijn weinig gericht op het communiceren van datgene wat hen bezighoudt en hebben niet altijd in de gaten dat volwassenen niet op de hoogte zijn van wat er in hen omgaat (Delfos, 2003). Wel vertonen leerlingen allerlei gedragingen die wenken, aanwijzingen, inlichtingen en signalen kunnen zijn dat er iets fout is, dat ze problemen hebben (Gordon, 2003). Kijk eens naar de volgende situaties.

*Signalen*

---

**VOORBEELD 5.2**

## Signalen

Marian (11) zit onder de les uit het raam te staren. Ronald, een jongen uit de hoogste klas van de basisschool, spijbelt regelmatig. Yusuf zit pas op de kleuterschool en huilt steeds als zijn moeder weggaat. Marieke is de laatste tijd niet te genieten, zelfs een geringe terechtwijzing doet haar al in tranen uitbarsten. Tom maakt opeens voortdurend ruzie met zijn klasgenoten. Rianne wil niet meer naar gymnastiek.

---

## Karen (deel 5)

Ook Karen uit de openingscasus zendt allerlei signalen uit dat er iets aan de hand is. Zij droomt bijvoorbeeld weg en haar werk is slechter.

**TUSSENVRAAG 5.2**
Karen zendt nog meer signalen uit dat er problemen zijn. Welke?

*T 5.2*

**TUSSENVRAAG 5.3**
Waarom zendt een kind signalen uit en vertelt het niet gewoon aan de leraar wat er is?

*T 5.3*

Wat moeten leraren doen wanneer ze zulke signalen opvangen? Ze negeren en hopen dat ze over zullen gaan? De leerlingen vertellen dat hun problemen niet in de klas thuishoren? De leerlingen naar de directeur sturen? Het gedrag de kop indrukken door dreiging of straf? Aanmelden voor een school waar de kinderen hopelijk minder problemen hebben?
Veel leraren weten niet precies wat ze moeten doen wanneer leerlingen hun gevoelens of problemen laten blijken of ter sprake brengen. Sommigen voelen er niet veel voor om op te treden als helper of raadgever. Of ze weten niet of raad geven wel of niet tot de taak van de leraar behoort. Of ze vinden dat bemoeienis met de problemen van leerlingen niet past in de doelstelling van de school (Gordon, 2003). Veel leraren denken net zo over problemen van leerlingen als directeuren en werkgevers over die van hun werknemers: problemen dienen achtergelaten te worden waar ze horen: thuis. In het geval van Karen had de leraar aanvankelijk ook deze houding: Karen moest gewoon werken, tenslotte was duidelijk dat zij goed kon presteren.
Een reactie hierop is dat de wens dan de vader van de gedachte is, want je gaat daarmee voorbij aan het feit dat problemen van leerlingen niet thuisgelaten kunnen worden. Ze komen onvermijdelijk mee naar school en als ze

*Reageren op signalen*

*Problemen verstoren leerproces*

daar eenmaal zijn, kunnen ze het leerproces ernstig verstoren en het leren soms zelfs feitelijk onmogelijk maken. Leerlingen die te kampen hebben met heftige gevoelens of emotionele nood, omdat hun veiligheid wordt bedreigd, of die lichamelijke behoeften hebben waarin niet wordt voorzien, of die denken dat ze geïsoleerd zijn of minderwaardig, of dat ze niet aardig gevonden worden, zullen worden belemmerd in hun werk op school. Op zulke momenten zijn de pogingen die een leraar onderneemt om echt les te geven alleen maar frustrerend en misschien wel vergeefs.

De meeste leraren zullen de signalen van de leerlingen die te kennen geven dat ze te kampen hebben met problemen, wel opvangen. Toch is dat opvangen alleen niet voldoende. Veel leraren vinden het moeilijk hulp te bieden, omdat ze niet goed weten hoe ze effectief kunnen reageren.

## Karen (deel 6)

In de openingscasus zien we dit ook bij Karen: de leraar benadrukt eerst dat het toch mogelijk moet zijn voor Karen zich 'gewoon' te concentreren, omdat zij dat op de meeste andere dagen ook doet. Deze reactie versterkt echter alleen maar de emotionele uitbarsting van Karen.

## 5.3 Taal van de non-acceptatie

**Liever geen probleem**

We bekijken nu eerst de manier waarop leraren vaak reageren op leerlingen met problemen. De signalen die de leraar in zo'n geval uitzendt, delen aan de leerling mee dat zijn gedrag (probleem) niet gewenst is; dat wil zeggen dat de leraar wil dat de leerling verandert, wil dat hij doet alsof hij geen probleem heeft, wil dat hij anders doet, wil dat hij ophoudt met het hebben van wat voor probleem dan ook (Gordon, 2003). Kortom, de leraar wil 'gewoon' doorgaan met lesgeven. De taal die de leraar dan gebruikt is 'de taal van de non-acceptatie'.

Laten we veronderstellen dat een leerling, Monika van 5 jaar, huilend bij de leraar komt en zegt: 'Ik mag van Diana niet met die pop spelen!' De reacties die hierop vaak voorkomen en die non-acceptatie overbrengen, zijn onder te verdelen in de volgende drie categorieën:
1 adviezen geven, oplossingen aandragen
2 oordelen, negatieve waardering uitdrukken
3 het probleem uit de weg gaan, vermijden

*Ad 1 Adviezen geven, oplossingen aandragen*
Het geven van adviezen en oplossingen aandragen kan verschillende vormen aannemen:
- Suggesties geven – adviseren: 'Droog maar gauw je tranen. Straks mag jij met die pop.'
- Beleren – logisch redeneren: 'Kies maar wat anders; je kunt niet allebei tegelijk met die pop spelen.'
- Moraliseren: 'Dat is vervelend, maar je kunt nu eenmaal niet altijd je zin krijgen.'
- Bevelen – voorschrijven: 'Ophouden met huilen en snel iets anders kiezen.'
- Waarschuwen – dreigen: 'Als je niet gauw ophoudt met huilen mag je helemaal niet meer met de pop spelen.'

*Ad 2 Oordelen, negatieve waardering uitdrukken*
Oordelen en negatieve waardering uitdrukken komt in verschillende vormen voor:
- Analyseren – interpreteren: 'Je bent zeker met wat anders gaan spelen en nu wil je de pop weer terug.'
- Kritiek leveren – beschuldigen: 'Jij wilt altijd met iets spelen waar een ander net mee bezig is.'
- Etiketteren – schelden: 'Er kan ook nooit wat gebeuren of jij begint meteen te huilen.'

*Ad 3 Het probleem uit de weg gaan, vermijden*
Het probleem uit de weg gaan, vermijden neemt overwegend twee vormen aan:
1 Afleiden – negeren: 'Kom, jij mag de juf even helpen met het pakken van de melk.'
2 Sarcastisch zijn – grapjes maken: 'Wat een tranen. En het is vandaag al zo nat buiten!'

In geen van de drie categorieën wordt geprobeerd in te gaan op de gevoelens van de leerling. De leraar accepteert het gedrag van de leerling niet en maakt daardoor geen gebruik van de kans om er achter te komen wat echt het probleem van de leerling is, zodat daarmee eventueel rekening kan worden gehouden. Deze leraar blokkeert als het ware die mogelijkheid. Vandaar dat we dit soort reacties blokkerende opmerkingen noemen. Dit is als volgt weergegeven in figuur 5.1.

**Blokkerende opmerkingen**

**FIGUUR 5.1** Schema blokkerende opmerkingen

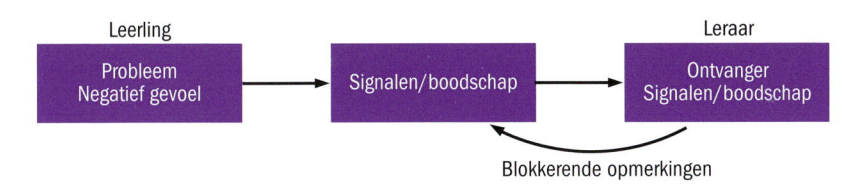

Leerling → Probleem / Negatief gevoel → Signalen/boodschap → Ontvanger Signalen/boodschap ← Leraar

Blokkerende opmerkingen

Deze taal van non-acceptatie komt vaak voor in het onderwijs. In de praktijk blijken leraren het veelal moeilijk te vinden dat hun reactie zo bepalend is voor de relatie tussen hen en de leerling. Het geeft hun het gevoel dat zij voortdurend hun reacties op een goudschaaltje moeten wegen. Blokkerende opmerkingen zijn te beschouwen als gemiste kansen om verbetering te brengen in de relatie tussen leraar en leerling. Dit is voor kinderen met een stevig zelfbeeld meestal niet direct schadelijk. Zij zullen in de regel opnieuw en vaak een duidelijker signaal geven. Kinderen met een negatief zelfbeeld zullen dat niet zo gauw doen. Vooral bij kinderen met een zwak ontwikkeld of negatief zelfbeeld of bij een zwakke relatie leraar-leerling is het gebruik van deze taal daarom belastend en belemmerend.

**Taal van de non-acceptatie**

Overigens is het bij heel duidelijke signalen, ongeacht het zelfbeeld van het kind, altijd belemmerend, zo niet schadelijk voor de relatie als je daarop blokkerend reageert.

---

**VOORBEELD 2.5**

## Saskia

Saskia, een altijd opgewekt kind, komt op een dag op school met een betraand gezicht en met diepe kringen onder haar ogen. Dit is een duidelijk signaal dat iets aan de hand is. Een dergelijk signaal mag je als leraar niet laten liggen of afdoen met een blokkerende opmerking.

---

**Luisteren effectief en vruchtbaar**

De vraag is dus hoe we met kinderen kunnen communiceren om te weten te komen wat hen dwarszit. De belangrijkste hulp die je een kind met problemen kunt bieden is vaak orde te scheppen in de chaos die het rond zijn problemen ervaart (Delfos, 2003). Luisteren blijkt vaak de meest effectieve en vruchtbare aanpak. Niet 'zomaar' luisteren, maar luisteren vanuit respect en acceptatie: actief luisteren. Dit is weergegeven in figuur 5.2.

**FIGUUR 5.2** Schema actief luisteren

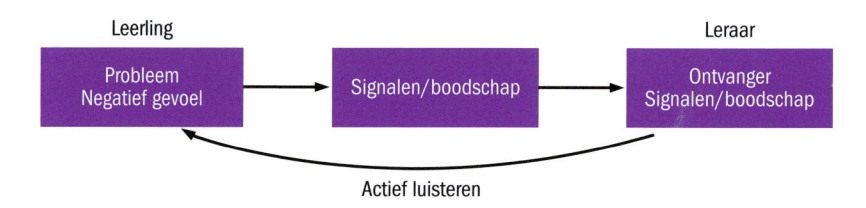

```
      Leerling                                    Leraar
  ┌──────────────┐      ┌──────────────────┐     ┌──────────────────┐
  │  Probleem    │ ───▶ │ Signalen/boodschap│ ──▶│    Ontvanger     │
  │Negatief gevoel│      └──────────────────┘     │Signalen/boodschap│
  └──────────────┘                                └──────────────────┘
         ▲                                                 │
         └─────────────────────────────────────────────────┘
                          Actief luisteren
```

**T 5.4**   **TUSSENVRAAG 5.4**
Waardoor kenmerkt zich de taal van de non-acceptatie?

**T 5.5**   **TUSSENVRAAG 5.5**
Onder welke categorie valt de aanvankelijke reactie van de leraar van Karen?

## 5.4 Taal van de acceptatie

Wanneer iemand voelt dat hij door een ander echt geaccepteerd wordt zoals hij is, dan voelt hij zich vrij om vanaf dat punt verder te gaan en na te denken over hoe hij wil gaan veranderen, hoe hij het anders kan doen, hoe hij wil groeien, hoe hij zichzelf kan veranderen, hoe hij zich naar beste vermogen kan ontwikkelen.
Vergelijk de volgende gesprekken eens:

---

**VOORBEELD 5.4**

## Arda

*Arda*: 'Balen, weer dat stomme rekenen.'
*Leraar (ironische toon)*: 'Tja, dat heb je nu eenmaal als je op school zit.'
*Arda*: 'Ik mag het toch wel stom vinden.'
*Leraar*: 'Rekenen is niet stom, rekenen is juist heel belangrijk. Zonder rekenen wordt het niets met je. En nu aan het werk.'

En nu hetzelfde voorbeeld maar met een reactie waarin de leraar acceptatie toont.

*Arda*: 'Balen, weer dat stomme rekenen.'
*Leraar*: 'O?'
*Arda*: 'Rekenen is hartstikke stom.'
*Leraar*: 'Rekenen is dus niks.'
*Arda*: 'Nee, en keersommen vind ik helemaal niks.'
*Leraar*: 'Je vindt rekenen dus echt erg vervelend, misschien kan ik iets doen om rekenen voor jou leuker te maken.'
*Arda*: 'Minder geven, ik krijg het nooit af.'
*Leraar*: 'Ik zal kijken hoeveel je afhebt na een kwartier en dan bepalen wij hoeveel je nog moet maken. Ik wil dan wel zien dat je doorwerkt.' (Arda gaat aan het werk.)

In het eerste gesprek geeft de leraar zijn eigen mening – in de vorm van moraliseren, voorschrijven en sarcasme (taal van de non-acceptatie) – over wat Arda zegt, hij reageert niet op wat Arda eigenlijk wil zeggen (blokkeren). In het tweede gesprek probeert de leraar te begrijpen wat Arda eigenlijk bedoelt, welke gevoelens ze duidelijk wil maken. Hij accepteert het gevoel van Arda, en door het onder woorden te brengen wordt het probleem voor Arda duidelijker (taal van de acceptatie). Ter illustratie volgt hierna een ander gesprek.

**VOORBEELD 5.5**

## Sven

De directeur stuit in de gang op Sven en vraagt: 'Waar ga jij heen?'
*Sven*: 'Ik ga nooit meer naar school; het is een rot school.'
*Directeur*: 'Zo, jij bent behoorlijk kwaad! Er moet wel iets heel vervelends gebeurt zijn.'
*Sven*: 'Nou! Die stomme vent van gym moet ook altijd mij hebben.'
*Directeur*: 'Hij stuurt jou steeds eruit en dat vind jij oneerlijk.'
*Sven*: 'Ja, ik was echt niet de enige die zat te klieren.'
*Directeur*: 'Dus, als hij de anderen niet straft, moet hij jou ook niet straffen.'
*Sven*: 'Ja... (korte stilte). Nou ja, ik déd wel wat, maar niet alleen. (weer korte stilte) Hij is eigenlijk best aardig, maar hij kan helemaal geen orde houden.'
(Sven kalmeert. Voor hem is het probleem voor dit moment opgelost.)

Dit gesprek met Sven en het tweede gesprek met Arda laten een goede manier zien om acceptatie te tonen. We noemen dit actief luisteren. Je kunt dit toepassen als het kind een probleem heef, als het ergens mee zit. Deze manier van luisteren bestaat uit twee onderdelen:

1 *Empathie*
   Je moet goed luisteren naar wat de leerling *eigenlijk* wil zeggen en proberen je in te leven in welke gevoelens er spelen.
2 *Onder woorden brengen / zeggen*
   Vervolgens moet je dat onder woorden brengen en dat tegen het kind zeggen.

**Actief luisteren**

## 1 Empathie

Het uiten van gevoelens en verlangens kan op verschillende manieren gebeuren. Je kunt rechtstreeks zeggen wat je wilt of voelt: 'Ik vind het niet leuk hier in de klas' of 'Ik ben bang dat ik blijf zitten.'
Meestal echter worden gevoelens en verlangens niet direct geuit. Daarvoor kunnen allerlei redenen zijn:
- Kinderen zijn er in het algemeen weinig op gericht te communiceren over hun gevoelens, verlangens enzovoort (zie paragraaf 4.1).
- Niet altijd weten leerlingen precies wat zij willen of voelen.
- Leerlingen kunnen hun gevoel of verlangen niet goed onder woorden brengen (zie ook paragraaf 5.2).
- De leerling durft zijn gevoelens of verlangens niet rechtstreeks te uiten.
- De omstandigheden zijn niet geschikt, bijvoorbeeld een gevoelig onderwerp aansnijden waar anderen bij zijn.

---

**VOORBEELD 5.6**

### Patrick

Patrick maakt zich veel zorgen over zijn spelling, omdat hij daarmee achter is. Hij vraagt aan de leraar: 'Krijgen we al gauw een dictee?'

---

**Niet zomaar een vraag**

Hoewel Patrick slechts informeert naar het tijdstip van een dictee, zit er achter zijn vraag méér: hij maakt zich namelijk zorgen over zijn achterstand bij spelling. Zo is het ook in het voorbeeld van Rianne: Rianne wil best naar gymnastiek, maar is bang voor de jongens omdat die de bal hard naar haar schoppen of gooien.
Uit deze voorbeelden wordt duidelijk dat kinderen dat, wat ze voelen en willen vaak niet op een directe manier zeggen, maar dat ze hun gevoelens en verlangens als het ware 'verpakken', zoals weergegeven in figuur 5.3.

**FIGUUR 5.3** Het 'verpakken' van gevoelens

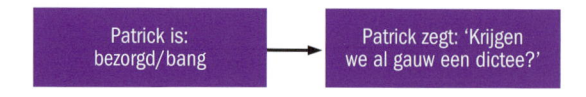

Patrick is: bezorgd/bang → Patrick zegt: 'Krijgen we al gauw een dictee?'

**Vertalen**

Wat een kind zegt, moet dus vaak niet al te letterlijk worden opgevat; we kunnen beter proberen erachter te komen wat het kind eigenlijk wil zeggen. We moeten wat het kind zegt als het ware 'vertalen'. De leraar vat Patricks vraag 'Krijgen we al gauw een dictee?' als volgt op: 'Hij maakt zich zorgen over zijn spelling.' Dat is in dit geval dus goed 'vertaald', zie figuur 5.4.

**FIGUUR 5.4** Het 'vertalen' van gevoelens

Patrick is: bezorgd/bang → Patrick zegt: 'Krijgen we al gauw een dictee?' → Leraar vertaalt: hij maakt zich zorgen over zijn spelling

## 2 Onder woorden brengen / zeggen

Als je eenmaal vertaald hebt wat de leerling zegt, kun je:
- niets doen, maar dan kan het zijn dat je een kans laat liggen om acceptatie te tonen. Bovendien ziet de leerling je dan niet als iemand van wie hulp en begrip te verwachten zijn. De leraar had bijvoorbeeld kunnen zeggen: 'Oh, dat weet ik nog niet precies, dat merk je wel.' Er is dan echter geen sprake van actief luisteren
- de achterliggende verlangens en gevoelens onder woorden proberen te brengen

In ons voorbeeld zou de leraar tegen Patrick kunnen zeggen: 'Je maakt je de laatste tijd, geloof ik, nogal zorgen over je spelling, hè?'
Volledig in schema gebracht verloopt de situatie als afgebeeld in figuur 5.5.

**FIGUUR 5.5** Volledig ingevuld schema

Patrick is: bezorgd/bang → Patrick zegt: 'Krijgen we al gauw een dictee?' → Leraar vertaalt: hij maakt zich zorgen over zijn spelling → Leraar zegt: 'Je maakt je de laatste tijd, geloof ik, nogal zorgen over je spelling, hè?'

Als je de gevoelens en / of verlangens van een leerling goed onder woorden brengt, is de kans groot dat hij zelf verdergaat met het onderzoeken en oplossen van zijn probleem. Als je de gevoelens en / of verlangens van een leerling niet goed vertaalt en onder woorden brengt, is dat niet erg. Het kind zal dat dan wel aangeven, omdat het voelt dat je probeert hem te begrijpen. De leraar had de boodschap ook als volgt kunnen vertalen: hij heeft zeker thuis geoefend. Als hij tegen het kind gezegd had: 'Heb je gisteren thuis alvast geoefend, zodat je het nu nog goed weet', dan had hij er dus naast gezeten. Dat is niet erg, omdat de leerling dan waarschijnlijk 'nee' had gezegd, of zijn schouders had opgehaald. De leraar had dan wel begrepen dat de leerling iets anders bedoelde, en hij zou opnieuw kunnen proberen erachter te komen wat de leerling dan wél bedoelde. *Herkennen gevoelens / verlangens*

Wat je wilt bereiken is: herkennen van de gevoelens en verlangens van de ander, en de ander laten wéten dat je zijn gevoel en verlangen herkent, en dat je bereid bent er met hem verder op in te gaan. Je wilt het kind de gelegenheid geven zelf zijn probleem op te lossen. Tegelijkertijd toon je je bereidheid om daarbij te helpen.

Actief luisteren wil niet zeggen dat de leerling ook altijd een oplossing zal vinden voor zijn probleem. Maar ook als er geen oplossing gevonden wordt, of als zich zelfs helemaal geen oplossing voor het probleem aandient, dan is het voor het kind toch vaak een opluchting dat het er met iemand over kan praten. Hierdoor wordt het ook gemakkelijker om een probleem waar niets aan te doen valt, te accepteren. *Actief luisteren niet hetzelfde als oplossen*

## Karen (deel 7)

In het geval van Karen, in de openingscasus, is er slechts gedeeltelijk een oplossing mogelijk voor haar probleem. Maar het begrip dat de leraar toont en zijn bereidheid rekening te houden met haar 'probleemdagen', hebben op zichzelf al een positief effect.

T 5.6

**TUSSENVRAAG 5.6**
Waardoor kenmerkt zich de taal van de acceptatie?

Actief luisteren leidt meestal tot verbetering van de relatie leerling-leraar. Het kind zal de leraar gaan zien als iemand bij wie het met zijn problemen terecht kan. Dit komt zowel het leren als doceren ten goede.

Actief luisteren nalaten

Actief luisteren is zonder meer af te raden wanneer:
- er onvoldoende tijd is om het kind zich volledig te laten uiten. Zeg dan liever tegen het kind dat je nu geen tijd hebt, maar dat je er straks of morgen over wilt praten
- je het op dat moment niet aankunt. Dan ook maar liever later of een volgende keer; zeg dit ook weer tegen de leerling
- je niet echt wilt luisteren naar het kind, het niet echt wilt helpen; je de gevoelens en / of verlangens van het kind niet kunt accepteren; je vindt dat het kind zich zo niet zou moeten voelen. Overigens, als je vaak de gevoelens en / of verlangens van het kind niet kunt accepteren, mag je wel eens nagaan waarom dat zo is: alle reden voor reflectie (deel 4)
- je er geen vertrouwen in hebt dat de leerling zal proberen zijn eigen problemen op te lossen
- je de leerling niet in staat acht de met de mogelijke oplossing gepaard gaande verantwoordelijkheid te dragen

## 5.5 Veel voorkomende problemen

Hierna volgt een aantal opmerkingen met betrekking tot problemen die veel voorkomen bij actief luisteren (Van Londen e.a., 1979; Delfos, 2003):
1. niet papegaaien
2. te weinig of te veel gevoel
3. open vragen stellen
4. geen waarom
5. soms niet actief luisteren
6. soms alleen informatie geven
7. niet vervallen in oude reacties
8. geen truc

*Ad 1 Niet papegaaien*

Niet papegaaien

Het komt bij het leren 'vertalen en verwoorden' vaak voor dat je het kind alleen maar napraat en het gevoel vergeet. Kijk eens naar het volgende voorbeeld:

**VOORBEELD 5.7**

# Papegaaien

*Hugo*: 'Juf, oma heeft gevraagd of ik morgen bij haar kom logeren.'
*Leraar*: 'Ja, heeft oma je gevraagd of je komt logeren?'

In dit voorbeeld herhaalt de leraar bijna letterlijk wat Hugo heeft gezegd ('papegaaien') en zij vergeet het gevoel van Hugo onder woorden te brengen. Als de leraar het gevoel van Hugo onder woorden had gebracht, had zij bijvoorbeeld: 'Dat vind je fijn, hè?', gezegd.

*Ad 2 Te weinig of te veel gevoel*
Het kan zijn dat je wel het gevoel onder woorden brengt, maar dat je het met te weinig of te veel gevoel verwoordt. Iemand voelt zich het best begrepen, als de ander precies zegt wat hij voelt. Dus als iemand erg verdrietig is, voelt deze zich het best begrepen, als de ander dat ook zegt. Als die ander zou zeggen: 'Je vindt het niet leuk', dan zou hij zich minder begrepen voelen. Het omgekeerde is ook het geval: als je iets minder leuk vindt en de ander zegt: 'Je vindt het vreselijk', dan voel je je eveneens minder begrepen. Je probeert dus het gevoel van het kind met de juiste 'sterkte' onder woorden te brengen.

**Te weinig of te veel gevoel**

*Ad 3 Open vragen stellen*
Probeer zo veel mogelijk gesloten vragen te vermijden. 'Vind je Yaël leuk?' 'Ja'. 'Hoe was het bij gymnastiek?' 'Leuk'. Dit zijn gesloten vragen. Er is maar een beperkt aantal antwoorden mogelijk. Open vragen laten ruimte voor meer antwoorden. 'Vertel eens, hoe was het bij Yaël?' is een voorbeeld van een open vraag. Je nodigt het kind uit te vertellen wat er bij hem speelt. Als het gesprek al op gang is en er het nodige vertrouwen is tussen jou en het kind, kun je soms wel een gesloten vraag stellen.

**Open vragen**

*Ad 4 Geen waarom*
Ook met de vraag 'Waarom?' doet een kind niet zoveel. In de eerste plaats weten we (kinderen en volwassenen) vaak niet waarom we boos, bang, blij, verdrietig enzovoort zijn. Op de vraag 'Waarom?' moeten we dan ook vaak het antwoord schuldig blijven. Als je verdrietig bent, zul je je schouders ophalen; als je kwaad bent, zul je misschien iets zeggen in de geest van: 'Nou, dáárom.' Verder durven leerlingen hun gevoelens vaak niet rechtstreeks te uiten. Zeker wanneer zich grote problemen voordoen, heeft de vraag naar het waarom dan ook geen zin. Als we daarentegen de gevoelens van een ander gaan verwoorden, kunnen ze vaak wel gehanteerd worden: dit nu is het doel van actief luisteren.

**Geen waarom**

*Ad 5 Soms niet actief luisteren*
Niet altijd vinden kinderen het prettig over hun gevoelens te praten. Soms hebben ze er geen tijd voor, maar het kan ook zijn dat ze het (op dat moment) te pijnlijk vinden om erover te praten. Het kind wil er dan niet over praten, en de enige juiste manier om actief te luisteren is dan inderdaad: er niet verder op doorgaan! Ook kun je het signaal verwoorden, namelijk dat het kind er op dat moment niet over wil praten. Ditzelfde geldt, als je al actief aan het luisteren was, maar het kind te kennen geeft door bijvoorbeeld

**Soms niet actief luisteren**

de andere kant op te kijken, een ongeduldige gezichtsuitdrukking of iets te zeggen dat hij het zo wel genoeg vindt.

*Ad 6 Soms alleen informatie geven*
Niet bij alles wat het kind zegt, is actief luisteren op zijn plaats. Soms wil de leerling alleen maar informatie. Een kind dat zwemt als een rat, zou vreemd staan te kijken als je op zijn vraag: 'Meester, hoe diep is het water hier?' zou antwoorden: 'Ben je soms bang dat het zo diep is dat je verdrinkt?'

*Ad 7 Niet vervallen in oude reacties*

**Niet vervallen in oude reacties**

Ook moet degene die actief luistert, voorkomen dat hij halverwege het gesprek vervalt in zijn oude reacties. Kijk eens naar het volgende voorbeeld.

---

**VOORBEELD 5.8**

## Marieke

*Marieke*: 'Ik wil mijn kastje niet opruimen, het is niet nodig.'
*Leraar*: 'Je hebt er een hekel aan hè, dat ik je telkens zeg dat je je kastje op moet ruimen.'
*Marieke*: 'Ja, een beetje rommelig is toch helemaal niet erg, ik kan toch alles vinden.'
*Leraar*: 'Ja, maar als de hele klas zo zou zijn, dan was de bende niet te overzien.' (De leraar moraliseert hier, geeft een oordeel.)
*Marieke*: 'Nou, we hoeven toch niet allemaal even netjes te zijn.'
*Leraar*: 'Ik zou mijn mond maar houden en snel mijn kastje gaan opruimen.'
(De leraar moraliseert en beveelt hier.)

---

Het zal wel duidelijk zijn dat Marieke zich in de kou voelt staan, als de leraar wel op haar gevoel ingaat, aangeeft over het probleem te willen praten, maar als Marieke zich dan uit, het gesprek afbreekt door zoals in dit voorbeeld te moraliseren, te oordelen en te bevelen.

*Ad 8 Geen truc*

**Geen truc**

Ten slotte willen we voor het volgende waarschuwen: gebruik deze manier nóóit als een 'truc' om kinderen te laten denken en handelen zoals jij dat zou willen.

---

**VOORBEELD 5.9**

## Philip

*Henk*: 'Philip slaat me steeds.'
*Leraar*: 'Je bent kwaad op Philip en je vindt zeker dat het geruzie alleen maar aan hem ligt.'

---

In dit voorbeeld accepteert de leraar het gevoel van Henk niet en hij dringt Henk zijn mening op. 'Dat jullie ruzie hebben, ligt niet alleen aan Philip, maar ook aan jou.'

## 5.6 Omgang met ouders

Niemand zal ontkennen dat een goede relatie tussen ouders en leraar bevorderlijk is voor de omgang met de leerlingen. Hoewel we hier in deel 5 uitgebreid aandacht aan besteden, willen we in het kader van actief luisteren er ook hier kort op ingaan.
De meeste scholen onderkennen het belang van overleg tussen ouders / verzorgers en leraren en treffen daartoe voorzieningen in de vorm van ouderavonden en gesprekken. Het doel van deze gesprekken is in de eerste plaats de ouders / verzorgers informeren over het functioneren van het kind op school. Iedere leraar die deze gesprekken wel eens heeft gevoerd, weet echter hoe gemakkelijk ook allerlei andere zaken aan de orde kunnen komen, bijvoorbeeld:
- opvoedingsproblemen thuis
- huwelijksmoeilijkheden
- ruzies in de buurt
- bezwaren tegen andere leraren of de directeur
- nadrukkelijk ophemelen van de vorige leraar
- aanwezigheid en toename van het aantal buitenlandse kinderen op school

Een veelgehoorde klacht van leraren is dat zij niet weten óf zij wel moeten ingaan op dergelijke discussies en zo ja, hoe. Op school bestaan hiervoor zelden speciale richtlijnen.
Wat zou nu een effectieve aanpak kunnen zijn?
Eerst moet je je afvragen: 'Wiens probleem is het? Raakt dit probleem mij op zo'n manier dat ik mij in mijn werk of als persoon gehinderd of belemmerd voel?' Bij het beantwoorden van deze vraag kan weer gebruik worden gemaakt van 'de rechthoek', zie figuur 5.6.

Als het antwoord op voorgaande vraag ontkennend is, gaat het dus om een probleem van de ouder. Als je voor jezelf bepaald hebt dat het gaat om een probleem van de ouder en dat hij er wel op in wil gaan, is actief luisteren een zeer geschikt hulpmiddel. Als het te berde gebrachte onderwerp de leraar echter duidelijk en concreet raakt, is actief luisteren niet langer geschikt, daar het probleem dan van de leraar is (in hoofdstuk 6 wordt besproken op welke wijze je dan kunt reageren).

**Actief luisteren**

**FIGUUR 5.6** De 'rechthoek'

| | | |
|---|---|---|
| Ouder vraagt de leraar harder op te treden | Het probleem is van de leraar | Ouder verzoekt de leraar wat vaker op huisbezoek te komen |
| Ouder vraagt hoe het niveaulezen in elkaar zit | Geen probleem | Ouder wil weten of de school meedoet aan de verkeersexamens |
| Ouder uit bezorgdheid over toename buitenlandse kinderen op school | Het probleem is van de ouder | Ouder meldt gedragsproblemen thuis |

**Onderliggende problemen**

Ten slotte willen we erop wijzen dat opmerkingen van ouders die in eerste instantie geen probleem lijken in te houden, aanduidingen kunnen blijken van onderliggende problemen. Bijvoorbeeld met de vraag: 'Hoe zit niveaulezen in elkaar?' kan de ouder bedoelen: 'Waarom is mijn kind niet naar de volgende niveaugroep gegaan?' De leraar kan in zo'n geval twee dingen doen:

1 Hij beantwoordt de gestelde vraag. In dit geval geeft hij alle informatie die hij heeft over niveaulezen.
2 Hij geeft door middel van actief luisteren de ouders de gelegenheid hun (vermoede) problemen naar voren te brengen, bijvoorbeeld door te zeggen: 'Bent u soms bezorgd over de leesvorderingen van uw kind?' Gaan de ouders hier niet op in of antwoorden ze ontkennend, dan kan de gevraagde informatie alsnog gegeven worden.

In deel 5 bespreken we uitgebreid hoe je als leraar goed kunt omgaan met ouders.

# Samenvatting

De samenvatting van dit hoofdstuk staat op www.pabowijzer.nl.

# Valkuilen en tips

**Vakuil 1**
'Een probleem vraagt om een oplossing.'

*Tip 1*
Bij actief luisteren is dit een grote valkuil.
Het is heel menselijk bij een probleem vooral gericht te zijn op een oplossing. Maar actief luisterengaat over *luisteren*, niet over oplossingen. Dat wordt door degene die luistert vaak als onbevredigend ervaren, hij voelt zich ongemakkelijk, tekortschieten ('een leraar moet een probleem toch oplossen?'). Het doel van actief luisteren is niet gericht op een oplossing, maar de leerling duidelijk maken dat je weet dat hij een probleem heeft en dat je bereid bent hem ermee te helpen.

**Vakuil 2**
Leerling reageert: 'huh.'
Leraar: 'Je vindt dat dus heel vervelend.'
Leerling: 'Nou, nee.'
Leraar: 'Maar je keek boos en zei "huh", dan vind je het toch heel vervelend?!'
Leerling: 'Nee, hoor.'
Leraar raakt geïrriteerd.

*Tip 2*
Deze leraar houdt vast aan zijn interpretatie van de signalen van de leerling. Dat komt veel voor. Een leraar heeft bijvoorbeeld al een tijdje het idee dat er wat is met een leerling en hij meent ook te weten wat de oorzaak is. Dan ligt de valkuil van vasthouden aan je interpretatie op de loer.
Het gaat bij actief luisteren om wat de leerling denkt, voelt, enzovoort. Dus als hij zegt dat jouw 'vertaling' niet klopt, dan is dat zo. Probeer een ander spoor.

**Vakuil 3**
De leerling 'bombarderen' met vragen.

*Tip 3*
Het verwoorden van het probleem is voor een leerling vaak heel moeilijk. Dat kan uitlokken dat je steeds meer vragen gaat stellen. 'Is het dit? Vind je het vervelend dat je een zusje hebt gekregen? Ja? Of vind je het juist leuk?', en zo maar door. De kans is erg groot dat een kind hierdoor helemaal dichtslaat, het tegenovergestelde gebeurt van wat je wilt bereiken.

**Valkuil 4**
Pas op voor sociaal wenselijke reacties van een kind.

*Tip 4*
Geringe weerbaarheid, angstig zijn, gevoelige onderwerpen, de aandacht op zich van actief luisteren, dit alles kan een reden zijn voor sociaal wenselijk antwoorden. Het kind geeft de antwoorden waarvan het denkt dat de leraar die wil horen. Je kunt dit zo veel mogelijk beperken door een sfeer van acceptatie en veiligheid, het soort vragen dat je stelt en de toon waarop.

# Kernbegrippenlijst

| | |
|---|---|
| **Actief luisteren** | Actief luisteren is een effectieve manier van reageren wanneer de ander een probleem heeft; je toont daarmee oog en oor te hebben voor de problemen van de ander en bereid te zijn erop in te gaan. |
| **Blokkerende opmerkingen** | Opmerkingen waardoor je de mogelijkheid blokkeert er achter te komen wat het probleem van de ander is, zodat je daar eventueel rekening mee kunt houden; zie ook taal van de non-acceptatie. |
| **Empathie** | Verplaatsen in, begrijpen van de gevoelens van de ander zonder hierover te oordelen. |
| **Taal van de acceptatie** | De spreker probeert aan de ander over te brengen dat hij de signalen opvangt van zijn problemen en bereid is erop in te gaan. |
| **Taal van de non-acceptatie** | Het tegenovergestelde van acceptatie: de spreker zendt naar de ander de boodschap uit geen oog of oor te hebben voor zijn problemen. |

# Vragen

**5.1** Geef aan welk 'gevoel' mogelijk is bij de volgende opmerkingen. Het gaat er niet om of het goed of fout is, maar om te laten zien dat achter elke opmerking een bepaald gevoel schuil kan gaan. Om je op weg te helpen het volgende voorbeeld. Een kind zegt: 'Ik wil nooit meer met Yvonne spelen. Ze is stom en vervelend.'
Het gevoel dat hierachter kan zitten is boosheid, verontwaardiging of verdriet.

a Gelukkig, nog maar tien dagen, dan is het vakantie.
b Mag ik naast jou lopen als we naar de speeltuin gaan?
c De juffrouw van vorig jaar deed het altijd heel anders.
d Het ging een tijdje goed, maar nu gaat het nog slechter dan eerst, en ik doe toch echt mijn best.
e Ik wil niet meer naast Jeroen zitten.
f Juf, kijk eens, ik heb thuis een vliegtuig gemaakt met m'n nieuwe gereedschap.
g Mijn kleren zijn heel anders dan die van Jeannette en Leonie.

**5.2** Bedenk nu bij elk van de voorbeelden uit oefening 5.1 een zin, waaruit blijkt dat je actief luisterend ingaat op een van de achterliggende gevoelens.

**5.3** Beschrijf hoe het gesprek tussen Karen, uit de openingscasus, en haar leraar verlopen kan zijn nadat zij de klas uit is gelopen.

De antwoorden op deze vragen kun je vinden op www.pabowijzer.nl.

# 6
# Ik-boodschappen

6.1 Een goede relatie en ik-boodschappen
6.2 Probleem van de leraar
6.3 Jij-boodschappen: ineffectief
6.4 Effectief reageren
6.5 Fouten bij ik-boodschappen
6.6 Resultaten in de praktijk

**Kennisdoelen**
1 Het eerste doel van dit hoofdstuk is leren dat een probleem van de leraar een heel andere wijze van reageren vraagt dan een probleem van een leerling.
2 De leraar krijgt inzicht in het verband tussen een goede relatie en een effectieve wijze van reageren als hij een probleem heeft.
3 De leraar leert het verschil tussen effectief en ineffectief reageren.

**Toepassingsdoel**
Met de kennis uit dit hoofdstuk is de leraar in staat om op een effectieve manier te reageren in de situatie dat het probleem bij hem, de leraar ligt. Hij doet dat door duidelijke en goede ik-boodschappen te geven en effectief te reageren als de leerling op zijn ik-boodschap niet adequaat reageert.

## 6.1 Een goede relatie en ik-boodschappen

In hoofdstuk 4 hebben we het belang besproken van probleemtoekenning: van wie is het probleem? In dit hoofdstuk komt aan de orde hoe te reageren als een probleem jouw probleem is. Wat heeft dit te maken met de kwaliteit van de relatie met een leerling?

*Machts- en krachtsverschil tussen leraar en leerling*

Per definitie is er een machts- en krachtsverschil tussen leraar en leerling. De leraar is de 'baas' in de klas, hij bepaalt de gang van zaken. De leerling is in sterke mate afhankelijk van de leraar en van de relatie met die leraar. Dergelijke in de situatie besloten liggende ongelijke verhoudingen leggen een bijzondere verantwoordelijkheid bij degene met de grotere invloed. Hij dient zich hiervan bewust te zijn en er rekening mee te houden. Een leraar die geen verantwoordelijkheid neemt voor een probleem dat zijn probleem is en geen respect toont voor het kind als gesprekspartner, schaadt de relatie tussen hem en de leerling.

### Karen (deel 8)

Bij Karen versterken de eerste reacties van de leraar de ongelijkheid in de verhouding leraar-leerling. Het effect op Karen is dat de leraar haar niet de mogelijkheid biedt om te vertellen wat haar dwars zit.
In feite zegt hij: ík ben hier de baas, en het interesseert mij niet, ik heb geen aandacht voor eventuele problemen, ik wil dat jij werkt, want dat niet-werken irriteert mij.

*Ineffectieve probleemhantering*

Deze manier van omgaan met een kind is weinig vruchtbaar en staat op gespannen voet met twee belangrijke competenties: interpersoonlijk competent en pedagogisch competent. En kinderen met problemen op het gebied van het zelfbeeld zijn extra gevoelig voor de negatieve effecten van deze benadering. Kinderen willen serieus genomen worden, moeten zich veilig kunnen voelen, willen hun leraar kunnen vertrouwen. Met een dergelijke probleemhantering bereik je als leraar het tegenovergestelde. Deze staat haaks op het bouwen en in stand houden van een goede relatie. Je stelt het kind verantwoordelijk voor iets dat jouw probleem is en dit verdraagt zich niet met de bouwstenen van een goede relatie: acceptatie, betrokkenheid, ondersteuning.

## 6.2 Probleem van de leraar

*Onacceptabel gedrag*

Allerlei gedragingen van leerlingen kunnen de leraar belemmeren in het doceren. Concreet verhinderen deze gedragingen de leraar om zijn werk op zijn manier te doen. Kijk eens naar de volgende situaties. Een leerling zit steeds te wippen.
Een leerling zit kauwgom te kauwen. Onder het uitleggen van de les zitten een paar meisjes besmuikt te giechelen. Een leerling pakt zonder te vragen een pen van je tafel. Enkele leerlingen komen keer op keer op luidruchtige wijze te laat binnen. Een leerling praat steeds voor zijn beurt. Een leerling ruimt de door hem gebruikte materialen niet op. Een leerling verspilt tekenpapier.

Geen enkele leraar wil de rommel van een ander opruimen, tegen kauwende gezichten aankijken of iets uitleggen aan kinderen die niet luisteren. Ook leraren hebben zo hun wensen en verlangens. Zij maken talloze gedragingen van leerlingen mee, die zij niet willen of kunnen accepteren. De leraar zit hier dus met een probleem. Dergelijke gedragingen horen dan ook in het bovenste gedeelte van de acceptatierechthoek, boven de acceptatielijn (zie figuur 4.1). Bemerk je bij jezelf gevoelens van verveling, boosheid, verstrooidheid en irritatie, dan zijn dat duidelijke aanwijzingen dat jij als leraar met een probleem zit. Een ander soort aanwijzingen vormt de lichamelijke uiting van deze innerlijke gevoelens: gespannenheid, een onbehaaglijk gevoel, een maag die van streek is, hoofdpijn, zenuwachtigheid (Gordon, 2003).

Het is van groot belang dat je deze signalen bij jezelf onderkent, net zoals het belangrijk was om de signalen op te vangen die een leerling uitzendt om aan te geven dat hij een probleem heeft (hoofdstuk 5 en ook deel 4, paragraaf 12.2).

*Signalen bij jezelf onderkennen*

## Karen (deel 9)

Op haar slechte dagen let Karen, uit de openingscasus van dit deel, niet goed op. Haar leraar zou dit van haar kunnen accepteren en het erbij laten. Dan is er geen probleem. Hij ervaart het echter als hinderlijk en heeft dus een probleem.

Als dit het geval is – het probleem is dan van jou – is actief luisteren niet de aangewezen manier van reageren; ook kun je niet doen alsof er niets aan de hand is; het doceer-leergebied wordt namelijk verkleind en daarmee de mogelijkheid tot optimaal lesgeven. Daarom dient er naar een oplossing gezocht te worden. Vaak gebeurt dit, bezien vanuit de optiek van de communicatievaardigheden, op een niet zo effectieve wijze.

**TUSSENVRAAG 6.1**
Hoe kun je vaststellen dat jij als leraar een probleem hebt?

T 6.1

## 6.3 Jij-boodschappen: ineffectief

Op school doen zich veel situaties voor waarin de leraar vindt dat de leerling het probleem vormt. Hij schrijft het probleem aan de leerling toe. In veel gevallen is dat echter nog maar de vraag.
Kijk eens naar de situatie in het volgende voorbeeld.

*Probleem toeschrijven aan leerling*

---

**VOORBEELD 6.1**

### Rob

Een leraar is onder schooltijd de klas alvast grondig aan het opruimen met het oog op de naderende zomervakantie. De kinderen worden steeds rumoeriger en met name Rob loopt hem steeds voor de voeten.

Hier volgt een aantal reacties, dat in een dergelijke situatie wel door leraren worden gegeven:
- Wat ben jij toch weer vervelend.
- Kun jij nou niet eens één keertje doen wat ik je vraag.
- Rob, weg hier!
- Jij denkt zeker dat ik niets anders te doen heb.
- Hoe zou jij het vinden, als je bezig bent, en ik kom je telkens storen?
- Je denkt zeker dat het al vakantie is.

---

**Jij-boodschappen**

In dit voorbeeld ligt het probleem niet bij het kind – dit heeft misschien wel het grootste plezier –, maar bij de leraar: die wil opschieten en vindt het vervelend dat de leerling hem voor de voeten loopt. Uit zijn reacties blijkt dit echter niet. Deze wekken de indruk dat het om een probleem van de leerling gaat: hij is vervelend en moet eens een keertje doen wat van hem gevraagd wordt. Het nadeel en het oneerlijken van deze reacties is, dat zowel de schuld als de oplossing voor het probleem bij de ander gelegd wordt. We noemen deze reacties daarom jij-boodschappen (Gordon, 2003): Wat doe *jij* toch weer vervelend. Je houdt ook nooit eens rekening met een ander! En: Weg hier! waarmee ook de ander bedoeld wordt: ga *jij* eens weg.

## Karen (deel 10)

Uit de reacties van de leraar van Karen blijkt dat hij niet vindt dat hij een probleem heeft. Integendeel, Karen moet opletten, beter haar best doen, want bij dat gedrag kan hij gewoon doorgaan met lesgeven. Daarmee legt hij zowel de oorzaak als de oplossing bij Karen.

Ga bij jezelf eens na: hoe zou jij je voelen als iemand een dergelijke opmerking tegen je maakte? Je voelt je waarschijnlijk gekleineerd, onrechtvaardig behandeld of opstandig; en als het vaker gebeurt, wend je je misschien wel af van die persoon. Zo vergaat het een kind ook.

**Negatieve invloed van jij-boodschappen**

Hoe groot de negatieve invloed van jij-boodschappen is, hangt af van de kwaliteit van het zelfbeeld van het kind en van de relatie tussen leraar en leerling. Betreft het een kind met een stevig zelfbeeld en kan de leraar een potje breken bij de leerling, dan zullen de gevolgen minder negatief zijn. Bevorderend voor de relatie zijn jij-boodschappen echter nooit.
Daarom is het, als het probleem bij de leraar ligt, beter daarvoor ook de verantwoordelijkheid te nemen. Dit gebeurt door middel van ik-boodschappen.

**T 6.2**

**TUSSENVRAAG 6.2**
Waarom zijn jij-boodschappen ineffectief?

## 6.4 Effectief reageren

Er zijn belangrijke verschillen tussen ik-boodschappen en jij-boodschappen. In figuur 6.1 maken we dit duidelijk aan de hand van een in de dagelijkse praktijk veelvoorkomende situatie.

**FIGUUR 6.1** Voorbeeld ik- en jij-boodschap

| De leraar vindt het vervelend, dat hij/zij niet kan opschieten | |
|---|---|
| **Jij-boodschap** | **Ik-boodschap** |
| Leraar zegt bijvoorbeeld: wat ben je toch weer vervelend, ga naar je plaats | Leraar zegt: ik vind het vervelend dat je voor mijn voeten loopt, want ik wil graag opschieten |
| ↓ | ↓ |
| Kind denkt: ik ben vervelend, ik moet weg | Kind denkt: de juffrouw/meester wil graag opschieten |

De essentie van ik-boodschappen is dat de verantwoordelijkheid voor het probleem daar gelegd wordt waar deze thuishoort, namelijk bij degene van wie het probleem is. Daarom luidt in voorbeeld 6.1 de ik-boodschap: 'Ik vind het vervelend dat je voor mijn voeten loopt, want ik wil graag opschieten.' Door middel van ik-boodschappen geef je als leraar te kennen dat jíj een probleem hebt, zonder dat je de schuld daarvoor op de leerling afschuift. Je gaat ervan uit, je vertrouwt erop, dat het kind bereid is rekening te houden met je gevoelens. Je doet dus wel een beroep op het kind zich anders te gedragen, maar dit wordt niet dwingend opgelegd.

*Verantwoordelijkheid voor het probleem*

**TUSSENVRAAG 6.3**
Waarom is het in het kader van de communicatieve vaardigheden in dit deel verkeerd ander gedrag dwingend aan een leerling op te leggen?

*T 6.3*

De verschillen tussen ik- en jij-boodschappen staan aangegeven in figuur 6.2.

*Samenstelling ik-boodschap*

**FIGUUR 6.2** Verschillen ik- en jij-boodschappen

| **Bij jij-boodschappen** | **Bij ik-boodschappen** |
|---|---|
| Toon je je eigen gevoel niet | Zeg je eerlijk wat je denkt en voelt |
| Leg je de schuld bij het kind, ver- / beoordeel je het kind; hij zal zich daardoor schuldig of boos voelen en wordt opstandig en / of wordt in de verdediging gedrukt (non-acceptatie) | Geef je aan dat het probleem bij jezelf ligt, je wekt daardoor minder weerstand en opstandigheid op |
| Leg je de verantwoordelijkheid bij het kind voor wat jouw gevoel is, en doe je alsof hij expres geen rekening met jou houdt | Neem je verantwoordelijkheid voor je eigen gevoel en vertrouw je dat het kind rekening wil houden met jouw gevoel |

Een ik-boodschap is als volgt samengesteld, hij:
- begint met 'ik'
- zegt wat je voelt en denkt
- noemt het gedrag van de ander

De volgende voorbeelden illustreren dit.

---

**VOORBEELD 6.2**

## Ik-boodschappen

Na de tekenles worden de verfdozen telkens niet opgeruimd.
Ik-boodschap, bijvoorbeeld: 'Jongens, ik erger me verschrikkelijk dat jullie de verfdozen iedere keer niet terugzetten in de kast, want nu moet ik het iedere keer na schooltijd nog doen.'
Irma (10) zit ondanks herhaalde waarschuwingen toch telkens weer met haar voeten in het gangpad. Je bent er al een keer bijna over gestruikeld en het begint je steeds meer te irriteren.
Ik-boodschap, bijvoorbeeld: 'Als je met je voeten in het gangpad zit, dan kan ik er gemakkelijk over vallen. Ik vind het erg vervelend daar telkens op te moeten letten.'

---

**TUSSENVRAAG 6.4**
Wat is de essentie van een ik-boodschap?

## 6.5 Fouten bij ik-boodschappen

Niet elke boodschap die met 'ik' begint, is daarmee een ik-boodschap. Je kunt verschillende fouten maken bij ik-boodschappen:
1 verkapte jij-boodschap
2 niet het eigenlijke gevoel weergeven
3 onvoldoende je gevoel weergeven of het gevoel afzwakken
4 manipuleren

### 1 Verkapte jij-boodschap
Het feit dat een zin met 'ik' begint, wil nog niet zeggen dat het een goede ik-boodschap is. Zinnen als 'ik vind, dat jij...' geven niet je gevoel weer en leggen nog steeds de schuld en verantwoordelijkheid voor het probleem bij het kind. In de zin 'Ik vind dat je erg slordig schrijft de laatste tijd', geef je niet je gevoel weer.
Een ik-boodschap zou als volgt kunnen luiden: 'Ik vind het vervelend dat je zo slordig schrijft, want dat kost me veel tijd bij het nakijken.'
Bij een zin als 'Ik word doodmoe van je gezeur' leg je de oorzaak van het probleem bij het kind. Daarom is ook dit een verkapte jij-boodschap. Een echte ik-boodschap zou zijn: 'Ik ben erg moe en wil even niet gestoord worden.'

### 2 Niet het eigenlijke gevoel weergeven
Vooral als iemand niet gewend is uiting te geven aan zijn gevoelens, zal het niet altijd gemakkelijk zijn het juiste gevoel weer te geven. Een kind zal het in het algemeen aanvoelen als de verbale en non-verbale boodschap niet met elkaar in overeenstemming zijn (paragraaf 1.4). Daarmee is de boodschap minder effectief.

**VOORBEELD 6.3**

## Zwemles

Een leraar staat aan de kant toe te kijken tijdens de zwemles. Een van de leerlingen gooit een kind dat nog nauwelijks kan zwemmen, in het diepe. Zijn primaire reactie is schrik. Maar dan gaat hij, terwijl de badmeester het kind uit het water vist, op de boosdoener af en veegt hem de mantel uit: 'Als je dat nog eens waagt! Ben jij helemaal gek geworden! Wil je soms dat hij verdrinkt?' (Duidelijke jij-boodschappen.)

---

De bedoeling van het 'boos doen' is de leerling te bestraffen in de hoop dat hij het niet nog eens zal doen, en om je eigen (schrik)gevoelens af te reageren. Boosheid is een secundair gevoel, er gaat een primair gevoel aan vooraf (bijvoorbeeld eerst schrik, gekwetstheid, opluchting, en dan pas boosheid).

*Primaire gevoelens*

**VOORBEELD 6.4**

## Primair gevoel

De leraar heeft veel moeite gedaan om een interessante demonstratie voor te bereiden. De leerlingen zijn rusteloos en verveeld en zitten briefjes aan elkaar door te geven. Het primaire gevoel van de leraar is teleurstelling. De leraar zegt dan boos: 'Je moet niet denken dat ik nog eens zoveel moeite zal doen om iets leuks te maken voor jullie. Het is toch niet besteed aan zo'n ondankbaar stelletje.'

---

Het is erg belangrijk boze jij-boodschappen te herkennen en ze op hun waarde te schatten (secundaire gevoelens) en je te richten op het uitzenden van het primaire gevoel in de vorm van een ik-boodschap.
In het voorbeeld van de zwemles had de leraar erbij moeten zeggen dat hij zich wild geschrokken was (primair gevoel).

### 3 Onvoldoende je gevoel weergeven of het gevoel afzwakken
Omdat we vaak niet gewend zijn gevoelens te uiten, is het niet alleen lastig het juiste gevoel weer te geven, maar ook om de intensiteit ervan goed tot uitdrukking te brengen. Ook hier geldt dat als er een verschil is tussen de verbale en non-verbale boodschap, de boodschap aan effectiviteit inboet.

*Juiste gevoel weergeven*

**VOORBEELD 6.5**

## Gevoel afzwakken

Tijdens het speelkwartier loopt een kind onverwacht van het plein af en steekt de straat over. Het is een drukke verkeersweg en dus schrik je erg. Je gaat naar het kind toe en zegt: 'Ik vind het niet prettig dat je zo maar de weg oversteekt.'

Dit is wel een ik-boodschap, maar de heftigheid van de gevoelens komen er niet in tot uiting. Op deze wijze is het voor het kind onduidelijk wat het probleem is voor de leraar, waardoor de kans kleiner is dat het er rekening mee zal houden.

### 4 Manipuleren

Omdat voor optimaal lesgeven rust en orde in de klas nu eenmaal essentieel zijn, kun je geneigd zijn ik-boodschappen als truc toe te passen.
Een voorbeeld hiervan is zeggen: 'Ik ben erg teleurgesteld', terwijl je eigenlijk gewoon boos bent, omdat je weet dat een kind gevoeliger is voor teleurstelling dan voor boosheid. Dit is manipuleren en dat draagt beslist niet bij aan een goede communicatie.

*Ik-boodschap geen truc*

In dit voorbeeld is sprake van een gericht gebruik van een ik-boodschap als truc. In de praktijk zien we nog een ander verkeerd gebruik van de ik-boodschap dat neerkomt op manipuleren. In paragraaf 6.3 hebben we al aangegeven dat bij een ik-boodschap essentieel is dat je dat wat je wilt, niet dwingend oplegt. Toch kunnen ik-boodschappen dit effect hebben als je deze toepast zonder de relatie te leggen met de bedoelingen van de communicatievaardigheden in dit deel. Je verpakt dan als het ware wat je wilt in een prettig klinkende boodschap – een ik-boodschap is plezieriger om te horen dan een jij-boodschap –, maar wel met de bedoeling je zin te krijgen. Deze ik-boodschappen gaan voorbij aan het uitgangspunt dat het kind bereid is rekening te houden met wat jij wilt. Dit komt neer op manipuleren.
Een ik-boodschap mag dus nooit een truc worden om je zin te krijgen.

**T 6.5**

**TUSSENVRAAG 6.5**
Geef in je eigen woorden kort weer welke fouten je kunt maken bij ik-boodschappen.

## 6.6 Resultaten in de praktijk

Bij het geven van ik-boodschappen leg je de verantwoordelijkheid om zich anders te gedragen bij de leerling. Je zegt niet: 'Ruim die rommel eens op', maar: 'Ik vind het naar, als ik steeds jouw rommel moet opruimen.' In het laatste geval ga je er dus van uit, vertrouw je erop, dat het kind bereid is rekening te houden met je gevoelens. Toch moet je niet verbaasd zijn, als de leerling ik-boodschappen soms negeert. Dit negeren komt zeker in het begin nogal eens voor. Je moet je realiseren dat het voor het kind – evenals voor jezelf – in het begin nogal onwennig is. Het is dan ook niet vreemd dat kinderen proberen of je het wel echt meent. Je kunt hun duidelijk maken dat het je ernst is, dat je geen grapje maakt, door als ze je eerste ik-boodschap negeren nog eens een tweede ik-boodschap te geven. Dat kan dezelfde ik-boodschap zijn als de eerste, maar je kunt ook iets zeggen in de geest van: 'Ik voel me voor gek staan, als je net doet of je me niet hoort' of: 'Ik vind het naar, dat je geen rekening wilt houden met mijn gevoelens.'
Meestal zal het kind zijn gedrag, nadat je een of meer ik-boodschappen gegeven hebt, wel veranderen, zeker als het eraan gewend is om op deze manier met anderen om te gaan.
Soms echter wil het kind zijn gedrag niet veranderen. Het is dan ook heel goed mogelijk dat een 'echte' ik-boodschap van jou beantwoord wordt met een ik-boodschap van het kind. Dit is geen reden om ontmoedigd te raken: je gaat actief luisteren en herhaalt dan nog eens je ik-boodschap. Op deze manier kan een open en eerlijke relatie ontstaan.

*Negeren ik-boodschap*

**VOORBEELD 6.6**

## Nicole

Stel dat Nicole (11), met wie je hebt afgesproken dat zij de zorg heeft voor de planten, er al een paar keer niets aan gedaan heeft.
Een gesprek daarover zou als volgt kunnen verlopen:

*Leraar*: 'Ik vind het jammer dat je al een paar keer de planten niet hebt gedaan, terwijl we toch hadden afgesproken dat jij er de zorg voor had. Nu heb ik het moeten doen.'
*Nicole*: 'Alle anderen gaan altijd meteen naar buiten en dan kan ik niet meer meedoen.'
*Leraar*: 'Je bent dus bang dat je niet meer mee mag doen als je niet ook meteen naar buiten gaat.' (De leraar gaat actief luisteren.)
*Nicole*: 'Ja, het is al een paar keer gebeurd dat ze zeiden: "Ga jij maar weg, je kan er nou niet meer bij." En dan had ik niets meer te doen.'
*Leraar*: 'Ja, dat is inderdaad heel vervelend voor je (actief luisteren), maar ik had het prettig gevonden als je even naar me toe was gekomen, want nu staan de planten droog' (tweede ik-boodschap).
*Nicole*: 'Zou iemand anders het niet willen doen?'
*Leraar*: 'Dat is misschien wel een idee, dat zullen we morgen in de klas even bespreken.'

Als het kind zijn gedrag niet wil veranderen en jij je gedrag ook niet wilt veranderen, dan hebben jullie een gezamenlijk probleem, dan is er een conflict. Dit behandelen we in het volgende hoofdstuk.

# Samenvatting

De samenvatting van dit hoofdstuk staat op www.pabowijzer.nl.

# Valkuilen en tips

**Valkuil 1**
Je voelt weerstand tegen deze manier van communiceren, maar past hem wel toe.

*Tip 1*
Als je communiceren met behulp van ik-boodschappen onzin vindt, moet je het niet doen. Dan worden het trucjes om je zin te krijgen. Overigens is het dan wel zinvol bij jezelf na te gaan wat je bezwaren zijn en hoe jij vorm geeft aan een respectvolle wijze van met elkaar omgaan (pedagogisch competent).

**Valkuil 2**
Je gebruikt ik-boodschappen, terwijl je niet bereid bent tot actief luisteren.

*Tip 2*
Actief luisteren en ik-boodschappen maken onderdeel uit van een bepaalde manier van communiceren. Je maakt een duidelijk onderscheid van wie het probleem is, legt de verantwoordelijkheid waar deze thuis hoort en reageert dienovereenkomstig. Daarmee bouw je aan een goede relatie, waarin respect centraal staat.

**Valkuil 3**
Een leerling reageert niet positief op jouw ik-boodschap. Je denkt: 'Het is toch wel een erg lastige jongen.'

*Tip 3*
Een negatief oordeel als een leerling in jouw ogen niet adequaat reageert op jouw ik-boodschap, verhoudt zich niet met de communicatievaardigheden, zoals deze behandeld zijn in dit deel. Je reactie wijst erop dat je eigenlijk gewoon wilt dat de leerling doet wat je zegt. Misschien heeft de leerling een goede reden om niet op jouw ik-boodschap te reageren. Met actief luisteren zou je daar achter kunnen komen.

**Valkuil 4**
'Ik ben niet boos, maar wel teleurgesteld.'

*Tip 4*
Een dergelijke opmerking mag alleen, als je het ook echt zo voelt. Als je eigenlijk wel boos bent, is het een vorm van manipuleren. Je gaat ervan uit dat je met deze opmerking meer kans hebt om je doel te bereiken. Je bent dan onecht in het uiten van je gevoelens. Benoem duidelijk je echte gevoelens. Dat betekent dat jij ook duidelijk gericht bent op de gevoelens van de kinderen. Kinderen zijn zeker ontvankelijk voor jouw gevoelens, indien er sprake is van wederzijds respect.

# Kernbegrippenlijst

| | |
|---|---|
| **Actief luisteren** | Een effectieve manier van reageren wanneer de ander een probleem heeft. Je toont daarmee oog en oor te hebben voor de problemen van de ander en bereid te zijn erop in te gaan. |
| **Ik-boodschappen** | Een effectieve manier van reageren wanneer jij als leraar een probleem hebt. Je legt daarmee de verantwoordelijkheid voor het probleem waar deze thuishoort, bij jezelf. |
| **Jij-boodschappen** | Een ineffectieve manier van reageren wanneer jij als leraar een probleem hebt. Je legt de schuld voor het probleem bij de ander, terwijl jíj een probleem hebt. |
| **Manipulerende ik-boodschappen** | Ik-boodschappen – al dan niet bewust – gebruiken als middel om je zin te krijgen. |
| **Verkapte jij-boodschappen** | Het verpakken van een jij-boodschap als een ik-boodschap; je gebruikt alleen de taal van de ik-boodschap, maar met de bedoeling je zin te krijgen. |

# Vragen

**6.1** Welk antwoord betreft een ik-boodschap? Davey (7½) zit zeer zichtbaar kauwgum te kauwen.
a Ik heb een hekel aan dat gekauw.
b Ik vind dat je die kauwgum nu maar eens weg moet doen.
c Spuug uit, die boel.

Geef aan waarom de andere twee antwoorden fout zijn.

**6.2** Welk antwoord betreft de ik-boodschap?
Erwin (5) doet een uitval met een schaar naar een ander kind.
a Ben je nou helemaal gek geworden. Ga nou maar even de klas uit.
b Ik vind het toch wel jammer dat je nu al weer ruzie hebt.
c Joh, dát kan je niet doen. Ik schrik me wild! Dat is toch hartstikke gevaarlijk.

Geef een toelichting waarom de andere antwoorden niet goed zijn.

**6.3** Geef aan hoe een ik-boodschap luidt in de volgende situaties:

a Je hebt al een paar keer aan Michael (8) gevraagd of hij zijn neus wil snuiten, maar hij blijft zijn neus ophalen.
b Rudi (5) zit aan een voorwerpje op je tafel waar je nogal aan gehecht bent.

**6.4** Tijdens de les word je gestoord door de directeur. Je zegt tegen de klas dat zij even stil moeten doorwerken. Terwijl je op de gang met de directeur praat, wordt het behoorlijk rumoerig in de klas. De kinderen hebben duidelijk verschrikkelijk veel pret. Je komt de klas weer binnen.
a Schrijf op hoe je reageert met een jij-boodschap.
b Schrijf op hoe je reageert met een ik-boodschap.
c Schrijf op hoe je reageert met een verkapte jij-boodschap.

**6.5** Marcel (groep 6) is in de pauze zo kwaad geworden op zijn klasgenoten dat hij van school is weggelopen. Na de pauze is hij nog niet binnen. Pas na een kwartier komt hij tot je opluchting weer binnen.
a Geef een juiste ik-boodschap.
b Geef een jij-boodschap.
c Geef een verkapte jij-boodschap.
d Geef een boodschap, waarbij je niet je eigenlijke gevoel weergeeft.

**6.6** Geef aan wat een goede ik-boodschap is op het moment dat Karen (uit de openingscasus) slordig werk inlevert.

**6.7** Verzin een situatie, waarbij je een ik-boodschap geeft die een manipulerende bedoeling heeft.

De antwoorden op deze vragen kun je vinden op www.pabowijzer.nl.

# 7
# Oplossen van conflicten

7.1 Een goede relatie en het oplossen van conflicten
7.2 Wat is een conflict?
7.3 Winnen of verliezen?
7.4 De win-winmethode
7.5 De win-winmethode: concrete uitwerking
7.6 Tips voor de praktijk

**Kennisdoelen**
1 Dit hoofdstuk is erop gericht inzicht te krijgen in conflictoplossingen. De leraar leert hoe conflicten tussen leraar en leerling vaak worden opgelost op een manier die maar bevredigend is voor een van beide partijen en hoe belastend en vaak zelfs schadelijk dat is voor de relatie tussen leraar en leerling.
2 De leraar leert wat verstaan wordt onder een conflict en wanneer er sprake is van een conflict.
3 De leraar krijgt inzicht in hoe conflicten vaak leiden tot een (machts)strijd met een winnaar en een verliezer als resultaat.
4 De leraar leert hoe het oplossen van een conflict niet hoeft uit te lopen op een situatie met winnaars en verliezers.

**Toepassingsdoel**
De leraar is in staat om bij conflicten te zoeken naar oplossingen die voor alle betrokkenen aanvaardbaar zijn. Hij is in staat bij conflicten win-winsituaties te creëren.

## 7.1 Een goede relatie en het oplossen van conflicten

**Behoeften niet met elkaar verenigbaar**

Ondanks luisteren en ik-boodschappen kunnen leraar en leerling in een situatie terechtkomen waarin hun behoeften niet met elkaar verenigbaar zijn. Dan hebben ze een conflict (zie paragraaf 7.2 definitie 'conflict'). Wat dan? Omdat het zo belangrijk is, herhalen we hier nog maar eens wat we in paragraaf 6.1 ook benadrukt hebben: de leerling is in sterke mate afhankelijk van de leraar en van de relatie met die leraar. Deze verhoudingen leggen een bijzondere verantwoordelijkheid bij degene met de grotere invloed. Hij dient zich hiervan bewust te zijn (zie ook deel 4, paragraaf 12.2) en er rekening mee te houden, ook in een conflict. In de praktijk blijkt dit niet altijd zo gemakkelijk.

---

**VOORBEELD 7.1**

### Marcel en Sandrina

Van Marcel (groep 7) is bekend dat hij nogal moeite heeft met rekenen. Hij krijgt vaak extra aandacht en uitleg. Op een dag geeft hij al tijdens de instructie van de rekenles aan dat hij de opdracht niet begrijpt. Je reageert kortaf dat hij nu even niet aan de beurt is. Na jouw reactie mompelt Marcel wat. Je vraagt niet wat hij mompelt, maar interpreteert dit gemompel als brutaal en wordt kwaad. Marcel moet zijn werk neerleggen en pas in de pauze zijn werk maken.

Je wilt graag dat Sandrina (groep 1) eens een keer niet in de poppenhoek gaat spelen. Op het planbord zet je haar bij de bouwhoek. Sandrina verlegt stilletjes de kaartjes op het planbord en zit weer lekker in de poppenhoek. Je ontdekt dat en als straf mag zij voorlopig niet meer in de poppenhoek. Je vraagt je niet af waarom Sandrina steeds alleen voor de poppenhoek kiest.

---

**Conflict en emoties**

Situaties zoals in deze voorbeelden groeien gemakkelijk uit tot een conflict. Bij een conflict spelen al gauw allerlei emoties een rol. De leerling is al dagen vervelend en je hebt er schoon genoeg van; je bent erg moe en kunt niet veel hebben; je bent met een erg moeilijke les bezig en wil deze niet onderbreken. Allemaal omstandigheden waarin een leraar geneigd kan zijn gebruik te maken van zijn sterkere positie als leraar. Op de korte termijn kan dit effectief zijn, uiteindelijk komt de relatie met de leerling erdoor in het gedrang. Met reageren vanuit je machtspositie geef je de boodschap dat je de leerling niet respecteert, dat jij het voor het zeggen hebt zonder met hem rekening te houden. Dat schept een klimaat van onveiligheid, nietacceptatie (zie verder paragraaf 7.3). Een andere reactie is dat je de macht bij het kind legt. Je geeft toe, je ziet geen kans de situatie anders op te lossen. In termen van winnen en verliezen: het lukt je niet om te winnen, je verliest. Een leerling die jou steeds in een positie manoeuvreert waarin jij verliest, geeft daarmee aan dat hij geen rekening wil houden met jouw belangen of die van de andere kinderen. Dit is een bron voor allerlei negatieve gevoelens. Ook deze benadering is schadelijk voor de relatie (zie ook paragraaf 7.3).

**Reageren vanuit machtspositie**

**Macht bij het kind**

Beide benaderingen verdragen zich slecht met een goede relatie. Het is dus belangrijk dat bij het oplossen van een conflict acceptatie, ondersteuning en betrokkenheid – de bouwstenen voor een goede relatie – centraal blijven staan. In dit hoofdstuk gaan we hier uitgebreid op in.

**TUSSENVRAAG 7.1**
Wat is de invloed van macht bij conflicten als jij als leraar wint en als de leerling wint?

T 7.1

## 7.2 Wat is een conflict?

Conflicten kunnen zeer schadelijk zijn voor een goede relatie tussen leraar en leerling(en), met name als er niets mee gedaan wordt (Bernstein e.a., 2006). In het belang van een goed functionerende leerling, effectief onderwijs en optimale leeropbrengsten is het dus zaak een conflict aan te pakken. Maar dan moeten we eerst bepalen wat we onder een conflict verstaan.

*Conflicten aanpakken*

---

**VOORBEELD 7.2**

### Conflict

Vóór de pauze heb je de leerlingen van je klas verteld dat ze binnen moeten komen zodra je hen roept, omdat er iemand van de verkeerspolitie wat komt vertellen en dat hij weinig tijd heeft. Toen je ze ging roepen, bleven de meesten doodgemoedereerd doorspelen. Ten slotte kreeg je ze pas binnen door woedend uit te varen.

---

In dit voorbeeld hebben leraar en leerling(en) een gezamenlijk probleem: er is dan een conflict ontstaan.

*Gezamenlijk probleem*

### Karen (deel 12)

In de openingscasus van dit deel zagen we dat er ook tussen Karen en haar leraar op haar 'slechte' dagen een conflict is. De leraar wil graag doorgaan met lesgeven. Hij heeft er last van dat zij niet oplet, want dan moet hij haar straks extra uitleg geven. Karen piekert dan over de situatie thuis en kan zich daardoor niet goed concentreren. Zij wil op die dagen met rust gelaten worden, temeer daar zij op andere dagen goed presteert. Aandrang van de leraar goed op te letten en te werken roept alleen maar verzet bij haar op. Soms doet zij om de lieve vrede een poging beter op te letten, maar veel verbetering levert dit niet op. Zij is te zeer met haar gedachten bij thuis

Ook hier hebben leraar en leerling een gezamenlijk probleem, een conflict. Een conflict is de strijd of botsing die tussen twee (of meer) mensen ontstaat die een doelstelling nastreven of een waarde aanhangen die onverenigbaar blijken te zijn. We onderscheiden twee soorten conflicten:
1 *Behoefteconflict.*
2 *Waardeconflict.*

**Behoefteconflict**
Er is sprake van een behoefteconflict wanneer gedragingen indruisen tegen het voldoen aan de behoeften van de ander.

---

**VOORBEELD 7.3**

## Behoefteconflict

'Hoe vaak ik mijn kleuters ook vertel dat iedereen moet helpen opruimen als we buiten hebben gespeeld, toch draait het er altijd weer op uit dat ik het snel zelf doe. Ik heb het al geprobeerd met straf en ook met ik-boodschappen, maar de situatie doet zich steeds weer voor.'

---

In deze situatie bestaat het conflict uit de gerechtvaardigde wens (behoefte) van de leraar dat de kinderen helpen bij het opruimen, en de behoefte van de kinderen om door te spelen. Op dat moment is er een *behoefteconflict*. Ook in de situatie van voorbeeld 7.3 gaat het om een behoefteconflict. Het is onvermijdelijk dat leraren in situaties terechtkomen waarin hun ik-boodschappen niet tot gevolg hebben dat de leerling(en) zijn (hun) gedrag wil(len) veranderen. Dit komt meestal doordat de behoeften die aanleiding zijn voor het onaanvaardbare gedrag van de leerling(en), zo sterk zijn dat de leerlingen deze niet willen of kunnen veranderen. Ook kan het zijn dat de relatie met de leraar van dien aard is, dat het de leerlingen niet kan schelen of ze wel of niet aan de behoeften van de leraar tegemoetkomen.

**Waardeconflict**
Bij een waardeconflict gaat het om een botsing van normen en waarden. Dergelijke conflicten stoelen vaak op morele of politieke opvattingen. Zij zijn gemakkelijk als zodanig te herkennen doordat je denkt en spreekt in termen van: 'Dat hoort niet, dat past niet, dat kan ik niet toestaan.'

---

**VOORBEELD 7.4**

## Waardeconflict

De inspecteur, een uitzonderlijk kleine man, komt de klas binnenlopen. Terwijl je met hem staat te praten, hoor je een stel kinderen lacherig met elkaar fluisteren en giechelen en je vangt commentaar op over het verschil in lengte tussen jullie.
Nadat hij weggegaan is, veeg je de betreffende kinderen de mantel uit, omdat je vindt dat je dergelijk gedrag niet kunt tolereren. De leerlingen reageren verontwaardigd met de opmerking: 'Zo erg was het toch ook weer niet.'

---

Veel conflicten hebben zowel een waarde- als een behoefte-element in zich. Stel je eens de volgende situatie voor.

---

**VOORBEELD 7.5**

## Behoefte- of waardeconflict?

Je bent de klas een dictee aan het afnemen. Op een gegeven moment hoor je een leerling vloekend commentaar geven.

---

Dit conflict wordt een waardeconflict als het accent komt te liggen op het niet-accepteren van het vloeken, omdat dit niet strookt met jóúw normen en waarden. Er is sprake van een behoefteconflict als je ingaat op het feit dat je in je lesgeven gestoord wordt.

## Karen (deel 11)

In het geval van Karen en haar leraar, uit de openingscasus, kun je spreken van een behoefteconflict. Karen heeft behoefte aan minder (goed) werken op haar slechte dagen en haar leraar wil dat zij op hetzelfde niveau presteert als anders.

In de praktijk lijken leraren geneigd te zijn botsende belangen algauw als een conflict van waarden te zien of te ervaren, en dienovereenkomstig te reageren. Het is dan ook belangrijk om bij een conflict tot een juiste probleemdefiniëringte komen, namelijk of het een behoefte- of een waardeconflict betreft. Bij de bespreking over het oplossen van conflicten laten we het waarde-element buiten beschouwing, omdat normen en waarden in onze opvatting persoonsgebonden zijn. Wij beperken ons dus tot de conflicten die ontstaan wanneer het gedrag van de leerling(en) merkbaar en concreet in strijd is met de behoeften en verlangens van de leraar, die zo goed mogelijk wil lesgeven.

*Probleem-definiëring*

**TUSSENVRAAG 7.2**
Geef aan wat het verschil is tussen een waarde- en een behoefteconflict.

T 7.2

## 7.3 Winnen of verliezen?

Hoe worden behoefteconflicten vaak opgelost? Leraren hebben nogal eens het gevoel dat er bij het oplossen van conflicten slechts twee benaderingen mogelijk zijn: ze kunnen streng of toegevend zijn, de leerlingen hard of zacht aanpakken, autoritair of anti-autoritair zijn. Het is heel gebruikelijk dat mensen, en dus ook leraren, bij het oplossen van conflicten denken in termen van winnen of verliezen. Dit komt tot uiting in de volgende uitdrukkingen:
- 'Ik vertik het om over me heen te laten lopen!'
- 'Het probleem van deze tijd is dat de leerlingen veel te veel mogen.'
- 'De leerlingen krijgen altijd hun zin.'
- 'Hoe zouden wij, leraren, ook de baas kunnen blijven?'
- 'De schoolleiding steunt ons nooit, dus geven we iedere keer maar toe.'
- 'Ik? Och, soms trek ik aan het langste eind, soms niet. Maar in de belangrijkste dingen bepaal ik wat er gebeurt.'

*Autoritair of anti-autoritair*

**Positie als overwinnaar**

Het volgende verhaal is zeer illustratief voor de manier waarop een leraar zich kan verzekeren van een positie als overwinnaar.

**VOORBEELD 7.6**

## De teugels strak houden

'Wat ik als beginnend leraar het eerste te horen kreeg, was de stelregel hoe ik mijn klas in de hand kon houden. Het was heel eenvoudig. Het enige wat ik moest doen was: beginnen met een strenge aanpak en geen "flauwekul" gedurende de eerste paar weken. Als de leerlingen dan eenmaal wisten wie er de baas was, kon ik de teugel een beetje laten vieren.'

**Afkeer van conflicten**

Voor sommige leraren is deze stelregel moeilijk na te leven omdat ze een afkeer hebben van conflicten in de klas, zoals in het volgende voorbeeld.

**VOORBEELD 7.7**

## Liever geen conflicten

Een leraar zegt: 'Ik houd niet van autoritair optreden. Ik heb een hekel aan schreeuwen en doe liever alsof ik niets merk, dan door hard optreden mijn zin door te zetten.'

Deze leraar heeft dus een voorkeur voor een toegevende houding. De termen 'autoritair' en 'anti-autoritair' zijn in de pedagogiek zo vaak gebruikt, dat ze een emotionele lading hebben gekregen, waardoor er soms verhitte discussies ontstaan. We houden verder de termen 'winnen' en 'verliezen' aan.

**T 7.3**

**TUSSENVRAAG 7.3**

Waarom zijn er bij veelgebruikte oplossingen van conflicten winnaars en verliezers?

### 7.3.1 De leraar wint, de leerling verliest

In de volgende situatie is er een conflict: de behoefte van de leraar dat de kinderen rustig op het plein spelen botst met het (gewelddadige) verlangen van de kinderen om volgens de spelregels te spelen.

**VOORBEELD 7.8**

## Leraar als winnaar

Een onderwijzeres is aan het surveilleren. Een groep jongens uit haar eigen klas (groep 5) is met een spel bezig. Na korte tijd ontstaat er een hevige ruzie over wie er wel en niet mogen meedoen. Er dreigt een handgemeen. Een aanpak met de leraar als winnaar verloopt ongeveer als volgt:

*Leraar* (kortaf): 'Wat is hier aan de hand?'
*Hans*: 'Wim en Janko verpesten steeds het spel, ze houden zich niet aan de spelregels.'

| | |
|---|---|
| *Ronald*: | 'Wim kan niet tegen zijn verlies, hij wil nooit af zijn.' |
| *Hans*: | 'En Maarten moet ook altijd meedoen en die snapt er nooit wat van.' |
| *Thijs*: | 'Er is zo helemaal niks aan.' |
| *Leraar*: | 'We maken geen ruzie op het schoolplein. Als jullie niet normaal met elkaar kunnen spelen, blijven jullie morgen maar eens in de pauze binnen.' |
| *Thijs* en *Hans*: | 'Ja maar, dat is niet eerlijk, wij doen niks, zij doen het' (wijzend op Wim, Janko en Maarten). |
| *Wim* en *Maarten*: | 'O, jullie doen nooit wat, hè?' |
| *Leraar*: | 'Nu is het genoeg, ga allemaal de rest van de pauze maar binnen zitten.' |

---

Kenmerkend voor de in dit conflict gekozen aanpak is dat deze alleen voor de leraar aanvaardbaar is (de leraar heeft gewonnen). Bij een dergelijke gedragslijn is de kans groot dat de geschiedenis zich zal herhalen in de eerstvolgende pauze waarin de leerlingen weer naar buiten mogen, omdat aan hun behoefte, namelijk spelen volgens de spelregels, niet is voldaan.

Wat weten we over deze manier van conflictoplossing?
Er bestaat veel onderzoek naar de effecten van conflictoplossing op de autoritaire manier – in gezinnen (Berk, 2003; Tausch & Tausch, 1980), in de maatschappij, enzovoort. Een aantal van de uitkomsten van deze studies verduidelijkt wat er kan gebeuren bij deze aanpak:

Leraar is winnaar

a Deze aanpak is doelmatig in die situaties die direct handelen vereisen. Denk bijvoorbeeld aan een kind dat zonder uitkijken de straat wil oversteken. Verder is zij vaak het enige effectieve middel in die situaties, waarin het gaat om een groot aantal mensen. Het is dan moeilijk in overleg de gang van zaken te regelen, bijvoorbeeld het tot rust manen van de kinderen bij een schoolvoorstelling ('En nu allemaal stil!').

Doelmatig

b Deze handelwijze zal bij de leerling ('de verliezer') zeer waarschijnlijk allerlei negatieve gevoelens oproepen: wrok, vijandigheid, gevoelens van vernedering (niemand ervaart het als prettig als iets afgedwongen wordt) en verzet. Dit soort gevoelens zal meestal tot gevolg hebben dat de leerling vooral uit angst voor de winnaar zal doen wat hem opgedragen wordt. Hierdoor zal de leerling zich maar nauwelijks betrokken voelen bij de aangedragen oplossingen. Evenmin zal hij zich verantwoordelijk voelen voor zijn handelen bij conflicten. Een gevolg is dat hij niet leert zelf oplossingsmethoden te vinden die passen bij zijn persoonlijkheid.
Ten slotte is de kans om gevoel voor verantwoordelijkheid, zelfbeheersing en zelfdiscipline te ontwikkelen erg klein als de leraar alles beheerst.

Negatieve gevoelens

c Deze aanpak kost in het algemeen de leraar ('winnaar') veel inspanning, omdat hij de enige regelaar is en het gebeuren in de klas niet tot stand komt door samenwerking, maar door dwang ('politieagent spelen'). Bovendien zal hij meestal steeds meer macht moeten gebruiken om te zorgen dat de ander toegeeft. De leraar dient te beseffen dat hij met het gebruik van deze aanpak steeds meer van het doceer-leergebied zal afknabbelen.

Dwang

**TUSSENVRAAG 7.4**
Waarom werkt conflictoplossing met de leraar als winnaar op de lange duur meestal niet?

T 7.4

### 7.3.2 De leerling wint, de leraar verliest

In de situatie dat de leerling wint en de leraar verliest, verloopt het oplossen van het conflict uit voorbeeld 7.7 ongeveer als volgt.

---

**VOORBEELD 7.9**

## Leraar als verliezer

*Leraar* (vragend): 'Wat is hier aan de hand?'
*Hans*: 'Wim en Janko verpesten het spel. Zij houden zich niet aan de spelregels.'
*Ronald*: 'Wim kan niet tegen zijn verlies. Hij wil nooit af zijn.'
*Hans*: 'Maarten moet ook altijd meedoen en die snapt er nooit wat van.'
*Thijs*: 'Er is zo helemaal niets aan.'
*Leraar*: 'Jongens, probeer nou leuk te spelen en maak geen ruzie.'
*Thijs en Hans*: 'Oké, maar dan doen zij (wijzend op Wim, Janko en Maarten) niet meer mee.'
*Wim en Maarten*: 'Huh, dat zullen jullie uitmaken!'
*Leraar* (weglopend): 'Geen ruzie, hè jongens!' Even later vliegen de kinderen elkaar in de haren.

Hier bieden de kinderen weerstand aan de oplossing van de leraar en deze geeft toe, zij het niet van harte.

---

Wat weten we over deze manier van conflictoplossing?
Ook hiernaar is het nodige onderzoek gedaan (Berk, 2003). Een aantal bevindingen zijn:

**Leerling wint**

**Weinig conflicten**
a Het voordeel van deze handelwijze is dat je met weinig conflicten te maken krijgt: je geeft namelijk toe. Daarmee blijft de sfeer in de klas vaak plezierig.

**Incapabel en slap**
b Hier staat echter tegenover dat de verliezer (de leraar) vaak gevoelens van afkeer krijgt ten opzichte van de winnaar (de leerlingen) en daarmee van het lesgeven. Hij zal zichzelf op den duur als een incapabel en slap iemand gaan zien en waarschijnlijk zullen de leerlingen hem ook als zodanig beschouwen.

**Chaotisch en onhandelbaar**
c De ruimte die deze methode de leerlingen laat, zal hun spontaniteit vergroten (wat wel ten koste gaat van de leraar). Bovendien wordt bij de leerlingen ongedisciplineerdheid, veeleisendheid en een gevoel van zelfzucht in de hand gewerkt, waardoor ze steeds minder bereid en in staat zijn tot samenwerking. Uiteindelijk kan de klas hierdoor chaotisch en onhandelbaar worden.

In het algemeen kan het steeds wisselen van de aanpak van conflicten – de ene keer win je als leraar, de andere keer verlies je – verwarring wekken bij de leerlingen, in die zin dat het hun dan niet duidelijk is waarom bepaald gedrag op het ene moment wel toegestaan is en op het andere moment niet. Het is ondoenlijk alleen maar autoritair of alleen maar anti-autoritair te zijn, maar als je de leerlingen duidelijk maakt, waarom je de ene keer zus en de andere keer zo handelt (bijvoorbeeld 'Ik heb er vandaag mijn hoofd niet bij, want ik heb hoofdpijn'), zal er minder verwarring zijn ten aanzien van de vraag waar de grenzen liggen (ik-boodschappen).

**TUSSENVRAAG 7.5**
Wat zijn de kenmerken van het aanpakken van conflicten met de leraar als verliezer? Geef aan wat de voor- en nadelen zijn.

## 7.4 De win-winmethode

Waar bij de aanpak van een conflict zoals beschreven in de vorige paragraaf een conflict gezien wordt als een strijd met een winnaar en een verliezer, worden bij de win-winmethode conflicten beschouwd als niet-destructieve, natuurlijke gebeurtenissen in de relatie tussen leraar en leerling(en). Met de conflicten wordt op zodanige manier omgegaan, dat waar ze eerst tegenstanders waren, er ten slotte bij leraar en leerling meestal eerder positieve dan negatieve gevoelens ten opzichte van elkaar ontstaan.

*Conflicten als niet-destructieve gebeurtenissen*

Bij deze methode wordt een conflict gedefinieerd als een probleem dat om een oplossing vraagt, waarbij de behoefteconflictsituatie zodanig aangepakt wordt, dat de partijen in het conflict samen naar een oplossing zoeken, die voor *beide* aanvaardbaar is (Gordon, 2003). Dit betekent dat er uiteindelijk noch een winnaar noch een verliezer is of anders gezegd: alleen winnaars. De win-winmethode is schematisch weergegeven in figuur 7.1.

**FIGUUR 7.1** Win-winmethode

Leraar ↔ Wederzijds respect ↔ Leerling
Communicatie in twee richtingen
Oplossing is voor beiden acceptabel

Bij het bekijken van de figuur zul je opmerken dat hierin de leraar en de leerling worden weergegeven door cirkels van gelijke grootte, om aan te geven dat het gaat om een relatie van gelijkwaardigheid. De één staat niet boven de ander en elk van beiden geeft weer wat er in hem omgaat (behoeften of gevoelens). De leraar wenst zijn macht niet te gebruiken en de leerling weet dat: in de win-winmethode speelt macht geen enkele rol.

*Gelijkwaardigheid*

De leraar moet bij een conflict het volgende kunnen overbrengen: 'Ik wil mijn macht niet gebruiken om te winnen ten koste van jou, maar ook weiger ik jou te laten winnen ten koste van mezelf. Ik ben bereid jouw behoeften te respecteren, maar ik wil mijn eigen behoeften niet negeren. Laten we eens een andere aanpak proberen waarmee we een oplossing kunnen vinden die zowel aan jouw als aan mijn behoeften tegemoetkomt.'

Deze oplossingsmethode is het gevolg van een interactieproces dat zich afspeelt als twee mensen samen hun best doen een aanvaardbare weg te vinden om te voldoen aan hun beider behoeften. De oplossing moet zowel voor de leraar als voor de leerling aanvaardbaar zijn. Aan de behoeften van elk van beiden moet worden voldaan, zodat er een tweerichtingsverkeer van wederzijds respect ontstaat, in plaats van een naar één kant gerichte stroom van negatieve gevoelens.

*Oplossing aanvaardbaar voor leraar én leerling*

*Tweerichtingsverkeer*

**T 7.6**

**TUSSENVRAAG 7.6**

Geef met een paar woorden aan wat de essentie is van de win-winmethode.

## 7.5 De win-winmethode: concrete uitwerking

Het ligt in de aard van de methode dat deze aan de leerlingen voorgelegd wordt in de vorm van een probleem dat opgelost moet worden. ('We hebben samen een probleem, laten we eens kijken of we tot een oplossing kunnen komen.') Het gaat hier om een proces met verschillende stadia. Het volgende verslag van een leraar is een voorbeeld van zo'n probleemoplossingsproces.

*Proces van probleem-oplossing*

---

**VOORBEELD 7.10**

### Mark

*Leraar*: 'Ik zit met een probleem en wil graag dat we daar met z'n allen over praten. Dit jaar zijn er voortdurend problemen tussen Mark en de klas. Ik heb geprobeerd daar wat aan te doen, maar dat heeft niet geholpen. Toch wil ik graag dat dit probleem opgelost wordt, want het stoort mij te vaak in mijn lesgeven. Jullie zitten in groep 7 en ik vind dat we met elkaar toch tot een oplossing moeten kunnen komen. Laten we eens allerlei dingen bedenken om dit probleem op te lossen op zo'n manier dat we allemaal tevreden zijn met de oplossing. Ik zal een paar voorstellen doen en jullie komen met alles wat je maar kunt bedenken. Ik schrijf alles op het bord. We schrijven ieder voorstel op, maar geven nog geen commentaar. Later bespreken we ze allemaal en de voorstellen die ons niet bevallen, schrappen we.'

De lijst met voorstellen die op het bord komt, ziet er als volgt uit:
1  Mark in een andere klas zetten.
2  Mark meer straf geven.
3  Mark met rust laten.
4  Proberen niet zo gauw boos te worden op elkaar.
5  Mark blijft in de pauze binnen.
6  De andere kinderen sneller straf geven.
7  Mij (d.i. Mark) gewoon mee laten doen.
8  Mark dichter bij de tafel van de meester laten zitten.
9  Proberen vrienden met hem te worden door hem 's morgens van huis op te halen.
10  Mark moet niet zo gauw schoppen en slaan.
11  De meester moet ons meer helpen als we ruzie krijgen.

*Leraar*: 'Laten we nu eens wegstrepen, waar we het niet mee eens zijn. Ik zou de punten 1, 2, 5 en 10 willen schrappen, daar ben ik het niet mee eens. Vooral dat schoppen en slaan is nu juist waar Mark zelf ook zo mee zit. Dat kan hij niet één-twee-drie veranderen.' (Mark schrapt 2 en 8 en de andere leerlingen de punten 6 en 7).
*Leraar*: 'Laten we nu eens de overgebleven punten bekijken. Wat vinden jullie van punt 3?'
*Yvonne*: 'Dat hebben we al vaak geprobeerd en dat hielp niets.'
*Leraar*: 'Punt 4 dan?' (Er komen geen bezwaren.)
*Leraar*: 'Goed, dan zijn we het er dus over eens dat we proberen minder gauw boos te worden, dat Mark 's morgens van huis gehaald wordt

en ik sneller te hulp kom bij ruzies. We hebben nu een soort contract met elkaar, een overeenkomst tussen jullie en mij. We moeten allemaal proberen deze overeenkomst na te komen en het contract niet te verbreken.'

In dit voorbeeld gaat de leraar *stapsgewijs te werk*. We gaan nu het probleemoplossingsproces nader analyseren. Er blijken dan zes stappen te onderscheiden:

**Stapsgewijze aanpak**

**Stap 1 Beschrijven of vaststellen van probleem of conflict**
Stel eerst vast dat er een conflict is, wat het conflict is en kijk wat de behoeften van alle partijen zijn.

**Stap 2 Verzamelen van mogelijke oplossingen**
Verzamel daarna zo veel mogelijk oplossingen die het conflict uit de weg kunnen ruimen, en besef wel: er zijn vele oplossingen mogelijk.

**Stap 3 Evalueren van de mogelijke oplossingen**
Evalueer de gevonden oplossingen.

**Stap 4 Uitkiezen van de oplossing(en)**
Kies een of meer oplossingen uit die voor beiden aanvaardbaar is (zijn).

**Stap 5 Uitvoering van de beslissing**
Maak daarover concrete afspraken: wie wanneer wat doet.

**Stap 6 Toetsing van de oplossing**
Als de oplossing na enige tijd niet blijkt te werken, is het noodzakelijk er nogmaals over te praten.

Deze zes stappen vormen de richtlijnen bij het toepassen van de win-winmethode in de klas. Wanneer je deze methode toepast in een situatie met één leerling kan stap 2, het aandragen van oplossingen, soms wat stroever verlopen. In de klas zijn meer personen die met een oplossing kunnen komen en bovendien blijkt in de praktijk dat vaak niet-belanghebbende leerlingen met creatieve oplossingen aankomen. In individuele situaties heb je als leraar dus een extra verantwoordelijkheid als bewaker van het proces.
We gaan deze zes stappen nu nader uitwerken.

**Stap 1 Beschrijven of vaststellen van probleem of conflict**
Het beschrijven of vaststellen van een probleem of conflict is een zeer belangrijke stap. Immers, het gezamenlijk zoeken naar een oplossing is al bij voorbaat tot mislukking gedoemd als je niet heel precies weet over welk probleem of conflict je het hebt.
De behoeften en wensen van de betrokkenen moeten in kaart gebracht worden: door gebruik te maken van doelgerichte ik-boodschappen kun je jouw gevoelens weergeven. Als de leerlingen hetzelfde doen ten aanzien van hun verlangens, kun je goed gebruikmaken van actief luisteren.

**Ik-boodschappen en actief luisteren**

**Behoeften aangeven**

In deze stap dienen alleen behoeften aangegeven te worden (de definitie van het probleem dient weergegeven te worden in termen van een behoefteconflict), er mogen geen oplossingen aangedragen worden. Verzeker je ervan dat een ieder met zijn behoeften en verlangens voldoende aan bod is gekomen.

### Stap 2  Verzamelen van mogelijke oplossingen

Nadat een probleem nauwkeurig gedefinieerd is, kan (kunnen) zowel de leraar als de leerling(en) oplossingen aandragen, maar als de leerlingen de win-winmethode nog niet kennen, is het meestal beter dat de leraar eerst hun oplossingen aanhoort alvorens zelf een oplossing voor te stellen. Stap 2 heeft het karakter van een brainstormproces: de oplossingen dienen 'sec' aangedragen te worden. Noch degene die ze aandraagt, noch de anderen mogen commentaar of een toelichting geven. Dit is nodig om te voorkomen dat het zoeken naar een oplossing telkens opnieuw ontaardt in een emotionele discussie.

**Brainstormen**

Dit is voor kinderen vaak erg moeilijk, daarom dien je als leraar het verloop van deze stap nauwlettend te bewaken.

Het is aan te bevelen de voorgestelde oplossingen op te schrijven, vooral als er verscheidene oplossingen mogelijk zijn.

Niet altijd zullen leerlingen met oplossingen komen. De reden kan zijn dat zij (nog) niet aan deze benadering gewend zijn, niet met oplossingen durven komen of echt geen oplossingen weten. Op zichzelf is dat niet erg. De leraar moet er dan wel voor oppassen niet alleen zelf met oplossingen te komen. Ogenschijnlijk vinden de kinderen dit prima, want dan gebeurt er tenminste iets aan het conflict. Nadeel is dat hun eigen oplossingen dan geen rol hebben gespeeld in het keuzeproces, met het risico dat de door de leraar aangedragen oplossing niet werkt. Doet deze situatie zich voor, dan vergt deze stap extra aandacht. Een mogelijkheid is dan om de discussie uit te stellen en de kinderen gelegenheid te geven, bijvoorbeeld in overleg met elkaar of hun ouders, oplossingen te verzinnen die zij op een ander moment in de discussie kunnen inbrengen.

### Stap 3  Evalueren van de mogelijke oplossingen

In deze stap worden de aangedragen oplossingen op hun waarde beoordeeld. Al die oplossingen die voor een van de betrokkenen om wat voor reden dan ook niet aanvaardbaar zijn, moeten worden geschrapt. Hierbij spelen ik-boodschappen een belangrijke rol.

**Leraar als bemiddelaar**

Voor de leraar ligt hier een belangrijke taak als bemiddelaar leraar als bemiddelaar. Hij moet er door middel van actief luisteren voor zorgen dat iedereen precies begrijpt welke wensen en behoeften er geuit worden. Het is belangrijk ruimschoots de tijd te nemen voor het evalueren van de mogelijke oplossingen: overhaast het proces vooral niet en probeer een ieder zo goed mogelijk aan bod te laten komen. Stap 3 kan niet afgesloten worden als niet minstens één voor ieder aanvaardbare oplossing overgebleven is. Is dit niet het geval, dan moet stap 2 herhaald worden.

**Voor ieder aanvaardbare oplossing**

### Stap 4  Uitkiezen van de oplossing(en)

Als de stappen 1, 2 en 3 nauwkeurig doorlopen zijn, zal stap 4 niet zo moeilijk zijn als het misschien lijkt. In sommige gevallen komt de goede oplossing vanzelf naar boven. Iedereen is het dan eens en stap 4 is klaar.
Maar veel vaker komt het voor dat er aan het eind van stap 3 diverse goede oplossingen blijken te zijn. Het is dan nodig deze tegen elkaar af te wegen en zo op elkaar af te stemmen dat het mogelijk wordt ze uit te voeren. (Hier-

bij is het houden van een stemming in tegenspraak met de win-winmethode en dus uit den boze!)

**TUSSENVRAAG 7.7**
Waarom is het houden van een stemming in tegenspraak met het oplossen van een conflict volgens de win-winmethode?

T 7.7

### Stap 5  Uitvoering van de beslissing
Bij de uitvoering van de beslissing gaat het om het maken van afspraken, wie doet wat en wanneer. Vaak stranden pogingen om tot een oplossing te komen, ondanks alle goede wil op het niet voldoende concreet zijn bij het maken van de *afspraken*. Afspraken maken in de vorm van een contract is hierbij een handig hulpmiddel.

Concrete afspraken

### Stap 6  Toetsing van de oplossing
Bekijken in hoeverre het conflict of probleem nog bestaat, is meestal geen formele kwestie. Vaak is het al voldoende de vraag te stellen: 'Is het probleem verdwenen?' of 'Zijn we nog steeds tevreden met de gekozen oplossing?' Blijkt het antwoord op een van deze vragen 'nee' te zijn, dan kan het probleem of conflict aan de hand van de verschillende stappen opnieuw aangepakt worden.
Als er sprake is van een omvangrijk of langdurig conflict, is het verstandig vaker te kijken of de oplossing (nog) werkt.

Werkt de oplossing?

---

**VOORBEELD 7.11**

## Martine

Je hebt een paar dagen geleden van de ouders van Martine gehoord dat zij erg gepest wordt. Je wist dit niet. Het pesten blijkt al een paar maanden aan de gang te zijn. Er zijn goede oplossingen gevonden in het gesprek met de groep. Je spreekt af dat je na een week en dan elke twee weken vraagt of er nog gepest wordt. Dit houd je vol tot je ervan overtuigd bent dat het probleem definitief verdwenen is.

---

Met deze zes stappen in gedachten, gaan we even terug naar voorbeeld 7.9. In deze bijeenkomst doet de leraar een heleboel dingen erg goed, maar hij laat een paar belangrijke dingen na:
- Hij verwoordt het probleem in termen van zijn eigen behoeften en gebruikt ik-boodschappen om zijn gevoelens over te brengen. Maar zijn ik-boodschappen lijken wat te zwak om weer te geven wat voor hem het 'voelbare' en concrete effect is van de vele ruzies tussen de leerlingen.
- Hij moet verklaren waarom hij het met de oplossingen die hij schrapt, niet eens is.
- Verder dan stap 4 gaat de procedure niet, en vervolgens wordt er een beslissing genomen. Hij had stap 5 kunnen uitvoeren door de leerlingen te vragen: 'Goed, hoe gaan we dit nu doen? Wat moet er gebeuren? Wie doet wat?'
- Stap 6, de toetsing, had ingeleid kunnen worden met: 'Wanneer zullen we er weer over praten om te zien of we tevreden zijn met onze afspraken?'

Omdat het hier ging om een diepgaand conflict, was het verstandig van de leraar dat hij de procedure vrij nauwkeurig volgde.

## 7.6 Tips voor de praktijk

**Verloop niet zoals verwacht**

Als de zaken niet verlopen zoals men had verwacht, ligt dat meestal aan de beslissingen en niet aan de leerlingen, hoewel de leerling(en) zich niet aan de afgesproken oplossing zou(den) kunnen houden om de volgende redenen:
- De leerlingen zijn er (nog) niet aan gewend dat de problemen op deze manier worden opgelost; ze staan er dan ook vaak wat wantrouwend tegenover.
- De leerlingen zijn ook (nog) niet gewend om verantwoordelijkheid te dragen. Ze hebben zo'n situatie nog niet vaak meegemaakt, omdat de leraar bijna alles regelde. Je zult er dus begrip voor moeten hebben, dat zij moeite hebben met het leren dragen van hun eigen verantwoordelijkheid.
- Je bent van mening dat je een conflict hebt aangepakt volgens de win-winmethode. Maar als je het verloop van het proces nauwkeurig zou analyseren, blijk je steeds de oplossingen die de leerlingen aandragen verworpen te hebben.

Dit is een bekende valkuil. Je hebt – onbewust – niet veel vertrouwen in de oplossingen van de leerlingen en hoopt dat zij op een gegeven moment jouw oplossingen 'kiezen'. Deze ideeën bepalen je gedrag en je treedt zachtjes sturend op. De uitkomst is daarmee geen win-winsituatie, met als gevolg een grote kans dat de leerlingen zich niet houden aan de oplossing.

**Te weinig tijd**

Het zoeken naar oplossingen volgens de win-winmethode kost in het algemeen vrij veel tijd. Als het in de praktijk niet mogelijk is deze tijd te besteden aan het oplossen van een conflict, zorg er dan voor dat er in ieder geval voldoende tijd is om ten minste één stap van het proces af te maken. Ook kun je door middel van ik-boodschappen aangeven dat je hebt geconstateerd dat er een conflict bestaat, en dat je er later op terug wilt komen, als er meer tijd is. In sommige leraar-leerlingconflicten is het niet nodig om de procedure van de win-winmethode strikt te volgen. Om dit te illustreren is hierna weergegeven hoe de wordt gebruikt bij de ruzie op de speelplaats (voorbeeld 7.7 en 7.8).

**Verkorte win-winmethode**

---

**VOORBEELD 7.12**

### Win-winmethode verkort

*Leraar*: 'Komen jullie allemaal eens hier, ik wil met jullie praten. Het lijkt erop dat jullie in de pauze zelden met elkaar kunnen spelen zonder ruzie te maken. Hebben jullie een idee hoe dat komt?'
*Hans*: 'Wim en Janko houden zich nooit aan de spelregels.'
*Ronald*: 'Wim kan niet tegen zijn verlies, hij gaat dan altijd vechten.'
*Maarten*: 'En ik mag van Thijs nooit meedoen.'
*Leraar*: 'Dat is inderdaad niet leuk. Hoe zit dat precies, jongens?'
*Thijs*: 'Hij snapt er nooit wat van!'
*Hans*: 'Er is niks aan dat er nog steeds anderen bijkomen als we al aan het spelen zijn.'

| | |
|---|---|
| *Maarten* (herhalend): | 'Ik ben best op tijd, maar ik mag nooit meedoen, omdat ik er volgens jullie niets van snap.' |
| *Hans:* | 'Ja, dat is eigenlijk wel zo. Maar volgens mij ken je de spelregels niet en dat is zo lastig.' |
| *Maarten* | 'Dat is wel zo, maar dan moeten jullie ze niet telkens veranderen.' |
| *Leraar:* | 'Als ik jullie zo hoor, is er nogal wat onduidelijkheid over de spelregels.' |
| | De jongens beamen dit. |
| *Leraar:* | 'Wat vinden jullie ervan om dit eens met elkaar te bespreken?' |
| *Thijs:* | 'Dat vind ik best, maar alleen als ook Janko en Wim eerlijk doen.' |
| *Leraar:* | 'Wat bedoel je daarmee?' |
| *Thijs:* | 'Nou, ze moeten zich gewoon aan de spelregels houden.' |
| *Ronald:* | 'Maar dan moeten we wel vaste spelregels hebben.' |
| *Leraar:* | 'Denken jullie dat het zin heeft om de spelregels op te schrijven en af te spreken je eraan te houden?' |
| | (Allen bevestigen dit, behalve Wim.) |
| *Wim*: | 'Kunt u ons daarmee dan misschien helpen?' |
| *Leraar:* | 'Als de rest het daarmee eens is, vind ik het prima.' |

In samenwerking met de leraar wordt vervolgens een contract met de spelregels opgesteld. Van tijd tot tijd wordt gecontroleerd in hoeverre deze oplossing werkt en voor iedereen nog bevredigend is.

In de voorbeelden in dit hoofdstuk gaat het om conflicten tussen een leraar en een aantal leerlingen. In die gevallen is het kringgesprek een goede vorm om de win-winmethode toe te passen. Gaat het echter om een probleem tussen de leraar en één leerling, dan kan dit natuurlijk niet. De leraar moet er dan voor zorgen dat de privacy van de leerling gewaarborgd is en dit kan alleen in een gesprek onder vier ogen.

## Karen (deel 13)

We gaan even terug naar de openingscasus van dit deel.
In het geval van Karen en haar leraar is het denkbaar dat een gesprek als volgt verloopt.

| | |
|---|---|
| *Leraar:* | 'Zo, zit je hier. Waarom ben je de klas uitgelopen, je weet dat dat tegen de regels is. Straks kan ik je alles opnieuw uitleggen (behoefteconflict, ik-boodschap). Dit is al een tijdje aan de gang en het kan zo echt niet langer.' |
| *Karen:* | zat stilletjes te huilen, maar dat gaat na deze opmerking over in hevig huilen. |
| *Leraar:* | 'Je bent vandaag helemaal van slag, zo ken ik je niet, Karen. Ik maak mij zorgen over je.' (De leraar gaat over op een ik-boodschap.) |

| | |
|---|---|
| *Karen:* | huilt nog harder en wendt haar hoofd af van de leraar. |
| *Leraar:* | 'Ik zie dat je vreselijk verdrietig bent en dat je het moeilijk vindt erover te praten.' |
| *Karen:* | knikt 'ja'. |
| *Leraar:* | 'Ik vind dat wel erg jammer. Als ik niet weet wat er mis is met jou, kan ik er geen rekening mee houden en dan word ik boos als je niet oplet' (conflictbeschrijving). |
| *Karen (snikkend):* | 'Het is thuis helemaal niet leuk meer.' |
| *Leraar:* | 'Wat is er dan?' |
| *Karen:* | zwijgt. |
| *Leraar:* | 'Ik merk dat je het moeilijk vindt erover te praten (actief luisteren). Zijn er thuis problemen?' |
| *Karen:* | knikt 'ja'. |
| *Leraar:* | 'Wil je vertellen wat er aan de hand is?' |
| *Karen:* | 'Ik mag er niet over praten.' |
| *Leraar:* | (begrijpt inmiddels dat er bij Karen thuis serieuze problemen zijn): 'Oké, maar wat moet ik dan als er bij jou thuis problemen zijn?' |
| *Karen:* | zwijgt en haalt haar schouders op. |
| *Leraar:* | 'Zullen we afspreken dat jij mij een seintje geeft als het thuis niet goed gaat? Dan probeer ik daar rekening mee te houden en niet boos te worden als jij niet goed werkt. Als ik geen seintje gehad heb, word ik gewoon boos als je niet goed werkt.' |
| *Karen:* | 'Oké.' |

Later vertelt Karen onder geheimhouding van de leraar wel wat er thuis aan de hand is, nadat ze de leraar bezworen heeft er tegen niemand iets over te vertellen.

# Samenvatting

De samenvatting van dit hoofdstuk staat op www.pabowijzer.nl.

# Valkuilen en tips

**Valkuil 1**
Een conflict loopt zo hoog op dat er voor jou of de leerling geen weg meer terug is.

*Tip 1*
Het conflict is een prestigeconflict geworden. Vermijd te allen tijde prestigeconflicten. Bij prestigeconflicten zijn er uiteindelijk geen winnaars. Het enige resultaat is dat de relatie tussen jou en de leerling (nog verder) onder druk komt te staan.

**Valkuil 2**
Je moet nooit toegeven als je een conflict hebt met een leerling. Dan is het hek van de dam.

*Tip 2*
Als dit je uitgangspunt bij conflicten is, is de kans zeer groot dat het conflict een prestigekwestie wordt en er een machtsstrijd ontstaat met als uitkomst een winnaar en een verliezer, of alleen maar verliezers (zie tip 1). We hebben in dit hoofdstuk uiteengezet wat de nadelen hiervan zijn en hoe belangrijk het oplossen van een conflict volgens de win-winmethode is voor de relatie tussen leraar en leerling(en) en daarmee voor het functioneren van de leerling(en) en effectief onderwijs.

**Valkuil 3**
Je wilt geen conflict en denkt: 'Ik zal maar de wijste zijn en het niet op de spits drijven.'

*Tip 3*
De vraag is of dit zo wijs is. Als je tot het besluit komt na een goede belangenvergelijking en je bent je ervan bewust wat eventuele gevolgen zijn, kan het wijs zijn. Maar veelal is dit niet het geval en dan ben je verliezer. De gevolgen hiervan hebben we besproken in paragraaf 7.3.

**Valkuil 4**
'Kinderen zijn vooral gericht op hun eigen belangen.'

*Tip 4*
Als je het eens bent met deze stelling, betekent het dat je er geen vertrouwen in hebt dat leerlingen rekening kunnen houden met jouw belang. Uitgangspunt van de communicatievaardigheden in dit deel is dat in een situatie van wederzijds respect, leerlingen heus wel oog zullen hebben voor jouw belangen en bereid zijn hun belangen, indien nodig, ondergeschikt te maken aan

die van jou. Dit lukt als jij jouw belangen goed onder woorden brengt, terwijl je oog houdt voor de belangen van de leerlingen.

**Valkuil 5**
Ik ga maar geen conflict aan met die leerling. Het wordt dan altijd ook ruzie met de ouders.

*Tip 5*
Geen conflict aangaan met de leerling vanwege een dreigend conflict met de ouders zal de leerling vrij spel geven. Jij bent als leraar dan altijd de verliezer. Als je een conflict hebt met een leerling wees dan niet bang voor een conflict met de ouders. Probeer dan de ouders eerder in te lichten dan de leerling zelf en waarschuw de directie van tevoren als het toch problematisch gaat worden.

# Kernbegrippenlijst

**Actief luisteren** — Een effectieve manier van reageren wanneer de ander een probleem heeft. Je toont daarmee oog en oor te hebben voor de problemen van de ander en bereid te zijn erop in te gaan.

**Anti-autoritair** — Gekant tegen het gebruik van macht en / of positie om de gang van zaken te bepalen, beslissingen af te dwingen.

**Autoritair** — Gebruikmaken van macht en / of positie om de gang van zaken te bepalen, beslissingen af te dwingen.

**Brainstormen** — Oplossingen voor een conflict worden aangedragen zonder commentaar of toelichting.

**Conflict** — Strijd of botsing tussen twee of meer mensen als:
1 hun gedragingen indruisen tegen het voldoen aan de behoeften van de ander, of
2 hun waardeoordelen niet met elkaar overeenstemmen.

**Ik-boodschappen** — Een effectieve manier van reageren wanneer jij als leraar een probleem hebt. Je legt daarmee de verantwoordelijkheid voor het probleem waar deze thuishoort, bij jezelf.

**Probleemdefiniëring** — Vaststellen of het om een behoefte- of een waardeconflict gaat.

**Win-winmethode** — De conflictsituatie wordt zodanig aangepakt, dat partijen in het conflict samen naar een voor beiden aanvaardbare oplossing zoeken.

# Vragen

**7.1** Bepaal van de hierna genoemde conflicten of het om een behoefte- en / of waardeconflict gaat. Motiveer je antwoord.
   a Marianne (9) heeft niet opgelet en gaat daardoor niet aan het werk.
   b Pietertje (5) weigert de van huis meegebrachte melk op te drinken.
   c Hans (11) wil voor een estafetteloop niet bij een groep meisjes ingedeeld worden.
   d Ondanks herhaalde ik-boodschappen komt Klaas (7½) weer met moddervoeten de klas in.

**7.2** Hierna wordt het conflict tussen Hans uit vraag 7.1c en de gymnastiekleraar nader beschreven.
Na de les neemt de leraar hem even apart. Het volgende gesprek ontwikkelt zich:

*Leraar:* 'Hans, ik heb er moeite mee dat jij niet bij een groep meisjes ingedeeld wilt worden.'
Hans haalt zijn schouders op en krijgt een kleur.
*Leraar:* 'Ik vind dat we hier samen een oplossing voor moeten zien te vinden. Heb jij een idee?'
*Hans:* 'Nou, mij gewoon niet meer bij de meisjes indelen.'
*Leraar:* 'Ja, ik snap dat je dat wilt, maar daar kan ik natuurlijk niet aan beginnen. Wat dacht je ervan dat je zelf de meisjes uit mag kiezen? Ook kunnen we misschien afspreken dat je eens zonder discussie vier lessen gewoon meedoet en als je er dan nog zoveel problemen mee hebt, kunnen we er opnieuw over praten.'
*Hans:* 'We kunnen het ook om en om doen, de ene les wel en de andere niet.'
*Leraar:* 'Geen gek idee, dat kunnen we altijd nog doen na die vier lessen. Zullen we het zo maar afspreken?'
*Hans* (mompelend): 'Oké.'

De eerstvolgende gymles doet het probleem zich alweer voor. De leraar heeft geprobeerd volgens de win-winmethode het conflict op te lossen, maar niet op de goede manier. Geef de fouten aan en motiveer je antwoord.

**7.3** Werk uit hoe de oplossing van het conflict volgens de win-winmethode wel zou moeten gaan. Beschrijf de zes stappen.

**7.4** In de openingscasus van dit deel staat beschreven dat de leraar en Karen afgesproken hebben dat Karen een seintje geeft als er thuis problemen zijn. De leraar heeft op een gegeven moment de indruk dat Karen soms misbruik maakt van de situatie. Vooral bij rekenen geeft zij vaker een seintje dan bij andere vakken. Je vertrouwt het niet helemaal en besluit tot een gesprek. Beschrijf dit gesprek.

De antwoorden op deze vragen kun je vinden op www.pabowijzer.nl.

# DEEL 3
# Effectief belonen en straffen

8 Gedrag en gedragstheorie 179
9 Effectief belonen en straffen 195
10 Gewenst gedrag aanleren / doen toenemen: werken met een beloningssysteem 215
11 Ongewenst gedrag afleren: werken met een gedragsveranderingsprogramma 241

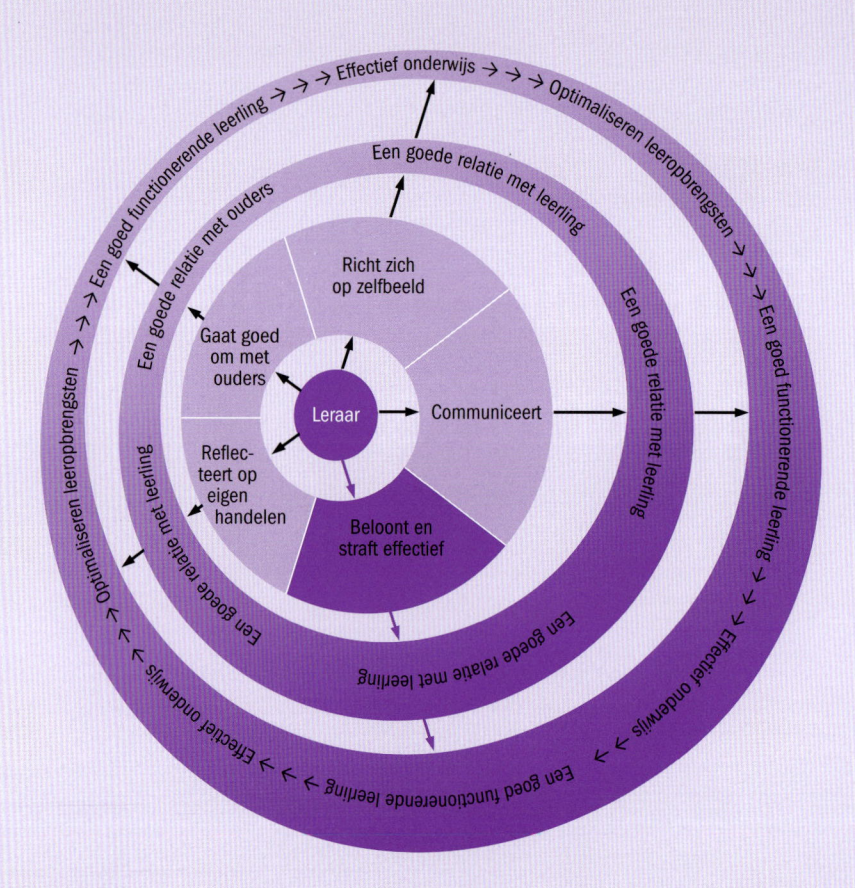

Problemen met gedrag zijn een steeds weerkerende bron van verstoring van de relatie tussen leraar en leerling. Elke leraar zal deze dan ook graag willen voorkomen of, als dat niet kan, ze zo goed en snel mogelijk willen aanpakken. Daarmee blijft het doceer-leergebied zo groot mogelijk. Een van de manieren is je richten op het gedrag van het kind met als doel dat te veranderen. Deze verandering probeer je te bewerkstelligen door belonen en straffen. Door gewenst gedrag te belonen zal het kind gedrag gaan vertonen dat de leraar graag wil zien. Het kind krijgt daardoor meer ruimte om te werken. Straffen van ongewenst gedrag is erop gericht dat het kind dit ongewenste gedrag niet meer vertoont, waardoor er ook meer ruimte ontstaat om te werken en les te geven. Hierbij maken we gebruik van de principes van de gedragstheorie.

De gedragstheorie is ontstaan in reactie op psychologische stromingen die uitgaan van begrippen en processen die niet waargenomen kunnen worden. Deze zouden verwerpelijk zijn omdat ze berusten op niet-bewijsbare veronderstellingen (zoals het bestaan van het on(der)bewuste bij Freud en Jung). De gedragstheorie is op verschillende manieren uitgewerkt door onder meer Watson, Pavlov, Skinner en Bandura. Voor dit deel is met name het werk van B.F. Skinner (geb. 1904) is richtinggevend geweest. Zijn zienswijze vatten we als volgt samen: 'Men kan in het onderwijs zijn doelen bereiken door een situatie te scheppen die bepaalde gedragingen mogelijk maakt – zowel met betrekking tot het omgaan met elkaar als tot het leren en dan vervolgens dat gedrag te belonen.'

De vaardigheden in deel 3 zijn een uitwerking van de competenties 'interpersoonlijk competent' en 'pedagogisch competent': je stimuleert gewenst gedrag en spreekt leerlingen aan op ongewenst gedrag, je stelt en bewaakt (consequent) regels en treedt op positieve wijze corrigerend op ter handhaving van de orde en een gestructureerde, veilige werksfeer; je beloont meer dan je straft, waardoor zij zich gewaardeerd en gerespecteerd weten. Ook sluiten de vaardigheden van dit deel aan bij Kennisbasis generiek. Deze veronderstelt bij de handelende leraar kennis van – onder meer – (ortho)pedagogische theorieën, waaronder de theorie van bekrachtiging (Skinner, Pavlov).

Net als bij communicatievaardigheden speelt in deze benadering acceptatie een belangrijke rol. Acceptatie is het beginpunt van het belonen en straffen. Je accepteert dat het kind bepaald gedrag nu eenmaal geleerd heeft; je rekent hem dat niet aan. Dat neemt niet weg dat je soms wel wilt dat het verandert. Bij deze handelwijze is de verbetering van de relatie geen doel, zoals bij communicatievaardigheden, maar wel een belangrijk bij-effect. Als het ongewenste gedrag verdwijnt en er komt gewenst gedrag voor in de plaats, is er meer ruimte om plezierig met elkaar om te gaan.

# Ricky

Ricky (groep 3) is een heel spontaan, druk jongetje. De leraar mag zijn spontaniteit wel, al vindt hij het soms ook behoorlijk vermoeiend. Ricky heeft veel moeite met rustig stil te zitten. Hij loopt steeds uit zijn bank, praat tijdens de instructie voor zijn beurt als hij een antwoord op een vraag al weet. Het antwoord is overigens meestal goed. Tijdens de verwerking van de leerstof wil hij altijd als eerste klaar zijn, hij let erg op de snelheid van werken van de andere kinderen en probeert hen voor te zijn. Zijn eigen werk is dan vaak niet goed, maar dat vindt Ricky niet erg. Hij is immers als eerste klaar. Wanneer de leraar het werk samen met Ricky doet, blijkt hij het goed te snappen.

De leraren van groep 1 en 2 vonden Ricky een heel gezellig, nog wat speels jongetje. Zij maakten zich weinig zorgen over hem. Als zijn werk niet in orde was, maakte hij het gewoon over. Als hij wat erg veel met werk van andere kinderen bezig was, kreeg hij een waarschuwing. Als hij niet op zijn plaats bleef zitten, werd hij, als zij het echt nodig vonden, met een lach of een grapje weer op zijn plaats gezet. Verder hebben zij geen bijzondere maatregelen genomen. De gedachte was dat Ricky hooguit nog een beetje speels was en dat dit wel zou bijtrekken in groep 3. Ook de ouders maken zich geen zorgen. Zij zijn erg trots op hem. Zij zien vooral wat hij allemaal goed doet. Als over zijn gedrag gesproken wordt, zeggen zijn ouders lachend in koor, dat vader ook zo geweest is. Zij vertellen allerlei anekdotes over Ricky, hoe leuk hij uit de hoek kan komen en hoe bedrijvig hij is. De vader geeft aan dat de leraar zich niet zo druk moet maken. Het gaat net als bij hem vanzelf over.

De leraar van groep 3 heeft echter behoorlijk last van het gedrag van Ricky. Zijn gedrag stoort de kinderen die wel moeite hebben met de leerstof. Ook kost het de leraar veel energie om Ricky in het gareel te houden. Hij doet verschillende pogingen om het gedrag van Ricky bij te sturen. Een tijdje pakt hij hem heel streng aan. Ricky krijgt veel straf als hij niet rustig is en als hij niet goed werkt. Deze aanpak heeft weinig, zo niet een averechts effect. De leraar blijft straffen. Nu ontstaan er conflicten met Ricky die er voorheen niet waren. Ricky wordt somberder. Het plezier in school verdwijnt, zo melden de ouders. De relatie met Ricky wordt er niet beter op. Ricky mijdt steeds vaker contact met de leraar. Deze probeert door een gesprek verbetering in de situatie te brengen. Hij maakt Ricky duidelijk hem een leuke spontane jongen te vinden en alleen last te hebben van zijn werkhouding (acceptatie en communicatievaardigheden). Het gesprek heeft Ricky kennelijk goed gedaan. Hij fleurt op en zoekt weer meer en meer contact met de leraar. Er komt echter geen verandering in zijn werkhouding.

De leraar merkt dat hij zich toch weer gaat ergeren aan Ricky. Hij vermoedt dat Ricky zich totaal niet bewust is van de gevolgen van zijn werkhouding en dat zijn eerdere aanpak daardoor waarschijnlijk geen effect heeft. Hij besluit tot een andere aanpak. Hij stelt zich bewust positief op naar Ricky. Als hij eventjes goed werkt, geeft de leraar hem een compliment en als hij niet goed werkt, beperkt hij zich ertoe Ricky weer op weg te helpen. Ricky's werkhouding verbetert enigszins, maar niet voldoende.

De leraar besluit nu tot een systematische aanpak. Als Ricky rustig en goed werkt, dan krijgt hij een sticker. Als hij tien stickers heeft, mag hij van zijn ouders iets moois kopen. In het begin is deze aanpak een groot succes. De eerste dagen haalt hij met gemak een sticker. Iedereen is blij. Echter, na een week blijkt ook deze aanpak niet het gewenste effect te hebben. Ricky vervalt weer in zijn oude gedrag. Hij krijgt geen beloningen meer, maar dat deert hem blijkbaar niet. Gezien het resultaat heeft de leraar niet op de goede wijze het gedragsveranderingsprogramma ingezet. In hoofdstuk 10 bespreken we waarom effect uitblijft.

# 8
# Gedrag en gedragstheorie

8.1 Een goede relatie en gedrag
8.2 Gedrag
8.3 Bezwaren tegen de gedragstheorie

**Kennisdoelen**
1 De leraar leert wat gedrag is, hoe het ontstaat en welke principes ten grondslag liggen aan de beïnvloeding van gedrag en hij maakt kennis met de begrippen aanleg, aangeboren of aangeleerd gedrag.
2 De leraar krijgt inzicht in het verband tussen gedrag en een goede relatie.
3 De leraar maakt kennis met het begrip probleemgedrag vanuit de gedragsmodificatietheorie.

**Toepassingsdoel**
Met de kennis uit dit hoofdstuk kan de leraar, op basis van inhoudelijke argumenten, zijn beslissing om het gedrag van een kind met behulp van de gedragsmodificatietheorie te beïnvloeden, onderbouwen.

## 8.1 Een goede relatie en gedrag

**Onderscheid persoon en gedrag**

Voor een goede relatie is het essentieel onderscheid te maken tussen een persoon en diens gedrag. Acceptatie van het kind als persoon is een wezenlijk onderdeel van deze benadering (hoofdstuk 3). Maar al accepteer je een kind als persoon, dan kan het toch gedrag(ingen) vertonen die je onwenselijk vindt en waarin je verandering zou willen brengen. Dan moet je wel weten wat gedrag is en wat gedragingen zijn, anders kun je geen onderscheid maken tussen een persoon en diens gedrag. In de praktijk blijkt dat dit vaak veel lastiger is dan menigeen denkt.

---

**VOORBEELD 8.1**

### Carla en Arend

Carla (groep 2) is een meisje dat vaak nogal bokkig reageert. De leraar probeert hier verandering in te brengen door Carla een beloning in het vooruitzicht te stellen als zij zich lief gedraagt. Tot verbazing van de leraar verergert de situatie.

Een groot deel van de klas heeft moeite met netjes schrijven. Ook voor Arend (groep 6) is dat een hele opgave. De leraar stelt iedere leerling die netjes schrijft een beloning in het vooruitzicht. De leerlingen mogen dan met een vierkleurenpen schrijven. Arend doet heel erg zijn best, maar als hij zijn werk aan de leraar laat zien, zegt deze dat het niet netjes is. Arend krijgt dus geen beloning. Hij reageert boos en zegt dat het niet eerlijk is. Later blijkt hij tegen zijn moeder gezegd te hebben dat de leraar een hekel aan hem heeft.

---

**Aanpak te algemeen**

In beide voorbeelden denkt de leraar dat hij zich richt op het gedrag van deze leerlingen. De aanpak is echter te algemeen. Opdrachten als 'lief gedragen' en 'netjes schrijven' zijn voor meer interpretaties vatbaar. De leerlingen vatten het anders op dan de leraar bedoelt. Carla ervaart haar gedrag helemaal niet als een probleem. Zij denkt nu dat de leraar haar niet lief vindt en raakt daardoor erg van slag. Arend doet erg zijn best, maar komt toch niet in aanmerking voor een beloning. Hij begrijpt daar niets van, want hij vindt dat hij netjes heeft geschreven. Het komt dan ook hard aan bij hem dat hij geen beloning krijgt. Kinderen willen graag beloond worden en als een kind naar zijn idee onterecht een beloning niet krijgt, zet dat de relatie met de leraar onder druk.

In beide situaties is het gevolg van de te algemene aanpak dat de kinderen zich vooral als persoon aangesproken voelen en zich daardoor niet geaccepteerd voelen. Het komt veel voor in het onderwijs: je denkt het gedrag van de leerling aan te pakken, maar het kind voelt zich als persoon aangesproken.

**Gedrag aanpakken, niet de persoon**

En zoals we ook al eerder aangegeven hebben: voor een kind met een positief zelfbeeld heeft een dergelijke handelwijze – mits deze niet te vaak voorkomt – meestal geen al te grote gevolgen. Maar voor het kind met problemen op het gebied van zijn zelfbeeld pakken de gevolgen meestal veel negatiever uit dan jij als leraar bedoelt en inschat, waardoor de relatie onder druk komt te staan. Voor het opbouwen en in stand houden van een goede relatie dient een leraar dus te weten wat gedrag is en hoe je dat kunt beïnvloeden.

**TUSSENVRAAG 8.1**   T 8.1
Leg uit hoe het kan dat je relatie met een leerling onder druk komt te staan, terwijl je de leerling juist wilt belonen.

## 8.2 Gedrag

Als je het leraren zou vragen, is waarschijnlijk een van hun meest uitgesproken wens dat alle leerlingen zich zo gedragen dat er maximale ruimte is voor lesgeven en leren. Een zo groot mogelijk doceer-leergebied hebben we dit in hoofdstuk 3 genoemd. De werkelijkheid is zelden in overeenstemming met deze wens. Leerlingen vertonen allerlei gedragingen die het doceer-leergebied verkleinen, wat lagere leeropbrengsten tot gevolg kan hebben. Denk bijvoorbeeld aan een jongen die in de klas steeds op zijn stoel zit te wippen of een meisje dat tijdens de instructie met haar buurman kletst.
In dit hoofdstuk bespreken we hoe je zulk gedrag kunt veranderen met de gedragstheorie als uitgangspunt.

### 8.2.1 Principes van de gedragstheorie

De psychologie houdt zich bezig met het menselijk gedrag. De vele stromingen in de psychologie proberen allemaal vanuit een eigen perspectief de vraag te beantwoorden waarom de mens zich gedraagt zoals hij zich gedraagt. Een van die stromingen is het behaviorisme, dat we hier verder aanduiden als 'gedragstheorie'. Aan deze theorie verbonden namen zijn onder meer: Watson, Skinner, Pavlov, Bandura en Eysenck.
In de gedragstheorie staat gedragsverandering centraal, het aanleren en afleren van gedrag. Deze benadering onderscheidt zich van andere psychologische theorieën door de volgende kenmerken:

- De gedragstheorie richt zich op gedrag zoals we dat met onze zintuigen kunnen waarnemen: waarneembaar gedrag.
- De nadruk ligt op het huidige gedrag. Gegevens uit het verleden zijn alleen belangrijk voor zover zij het huidige gedrag beïnvloeden. Deze invloed zal uit observaties moeten blijken.
- Gedrag wordt bepaald door de directe gevolgen die het heeft. Daar deze niet constant zijn, is gedrag aan verandering onderhevig.

*Kenmerken gedragstheorie*

De gedragstheorie richt zich dus hoofdzakelijk op aangeleerd gedrag. De nadruk ligt op gedragsdeterminanten buiten ons lichaam, ons gedrag (Schreuder Peters & Boomkamp, 2004).
In de praktijk betekent dit, dat wie door belonen en straffen gedrag wil veranderen eerst nauwkeurig dient te bepalen om welk gedrag het gaat. Daarna kijkt hij naar hetgeen steeds volgt op het gedrag. Door in de gevolgen veranderingen aan te brengen (bijvoorbeeld door niet meer te reageren als de leerling iets vraagt zonder zijn vinger op te steken), zal het gedrag waarschijnlijk ook veranderen (in het voorbeeld zal het kind waarschijnlijk voortaan wél zijn vinger opsteken als het iets wil vragen). In subparagraaf 8.2.4 gaan we hier verder op in.

*Gedragstheorie richt zich op aangeleerd gedrag*

De gedragstheorie richt zich dus hoofdzakelijk op de invloed van externe factoren. Toch willen we de vraag naar de invloed van wat aangeboren is, aanleg dan wel omgeving en de interactie tussen deze factoren niet buiten beschouwing laten. Door steeds geavanceerdere technieken komen we de laatste jaren steeds meer te weten over de relatie hersenen en gedrag.

Steeds algemener wordt aangenomen dat gedrag het gevolg is van een continue interactie tussen genen en omgeving (Van der Linden, 2007). Neurowetenschappelijk onderzoek brengt steeds vaker in beeld wat er in onze hersenen gebeurt wanneer we iets leren. Als we het hebben over beïnvloeden van gedrag, is het dus zinvol kennis te nemen van de ontwikkelingen op dit gebied.

*Interactie genen en omgeving*

### 8.2.2 Aangeboren, aanleg of aangeleerd?

Als we het hebben over gedrag, stuit je direct op een aantal vragen: wat is gedrag, hoe ontstaat het, waarom gedraagt de één zich anders dan de andere, hoe ontstaan veranderingen in gedrag? Al in de oudheid hield men zich bezig met deze vragen en nog steeds proberen allerlei zeer uiteenlopende theorieën deze vragen te beantwoorden.

Komt het kind als een onbeschreven blad ter wereld, zoals de filosoof John Locke (1632-1704) meende? Of is in aanleg alles al aanwezig en zorgt een gezonde omgeving ervoor dat aangeboren talenten tot ontwikkeling komen, zoals Rousseau dacht (1712-1778)? Zoals we in subparagraaf 8.2.1 al hebben aangegeven, is men het er steeds meer over eens dat zowel aanleg als omgeving een belangrijke rol spelen in de ontwikkeling van het kind. Daarbij is onderscheid te maken tussen aangeboren en aangeleerd gedrag.

*Zowel aanleg als omgeving belangrijk*

*Aangeboren gedrag* is al het gedrag dat we bij onze geboorte hebben meegekregen. Een bekend voorbeeld van aangeboren gedrag is de kniepeesreflex: wanneer de dokter tegen je kniepees tikt, springt je onderbeen omhoog. Een ander voorbeeld is het in elkaar duiken bij een plotseling hard geluid. Dit zijn voorbeelden van gedrag dat elk mens vertoont. Er is geen enkele vorm van leren voor nodig geweest, dit in tegenstelling tot aangeleerd gedrag, dat we niet bij onze geboorte hebben meegekregen.

*Aangeboren gedrag*

Dan is er aanleg voor bepaald gedrag. De mogelijkheid bepaald gedrag te ontwikkelen en te vertonen is dus *in aanleg* aanwezig, maar er is een vorm van leren nodig alvorens iemand dit gedrag kan vertonen. Aanleg hebben voor bepaald gedrag betekent dus niet dat je dat gedrag ook zonder meer gaat vertonen. Er zijn externe factoren, omgevingsinvloeden, voor nodig om dat gedrag te gaan vertonen. Voorbeelden van aangeleerd gedrag zijn: spreken, schrijven en stilzitten.

*Aangeleerd gedrag*

De discussie over hoe groot de rol is van aanleg en hoe groot die van de omgeving, en over de interactie tussen beide is al decennia lang in volle gang. Bij deze discussie gaan bevindingen op het gebied van de neurowetenschappen een steeds grotere rol spelen. Deze tak van wetenschap onderzoekt hoe de ontwikkeling van gedragsfuncties gerelateerd kan worden aan rijping van verschillende gebieden binnen het brein en wat de interactie is tussen genetische predisposities en omgevingsinvloeden bij de vorming van het brein en zijn functies (Crone, 2004). Voor ons allemaal is het heel vanzelfsprekend dat een kind van een paar maanden nog niet kan praten. En dat je een kind van 6 jaar nog geen logaritmen moet leren, omdat zijn brein nog niet voldoende ontwikkeld is om deze te kunnen begrijpen. Veel leertheorieën zijn mede op deze kennis gebaseerd. Door geavanceerde technieken wordt er in hoog tempo steeds meer bekend over de werking van ons brein en het verband met gedrag. Een recent voorbeeld hiervan is te vinden in een onderzoek van de onderzoeksgroep van Eveline Crone naar leren op basis van feedback. Niet onbelangrijk volgens de onderzoekers, want feedback vormt een onmisbare schakel in het onderwijs. Met hersenonderzoek tonen zij aan dat kinderen van 8 en 9 jaar, van 11-13 jaar en 18-25 jarigen op een andere manier leren. Alle deelnemers aan het onderzoek

*Werking van ons brein en het verband met gedrag*

presteerden meer accuraat en sneller bij positieve feedback dan bij negatieve feedback, maar de 8-9 jarigen het beste van positieve feedback: aanmoediging, 'goed zo' enzovoort (Van Duijvenvoorde e.a., 2008). Pas zo rond hun 11de jaar leren ze ook van negatieve feedback als 'nee, dit is niet goed, je moet het anders doen'. Ook levert hersenonderzoek veel aanwijzingen voor een grote individuele variabiliteit tussen kinderen wat betreft het juiste moment van aanbieden van de leerstof (Jolles op webcomment, 2009).

Wat betekenen de resultaten van dergelijke onderzoeken voor het onderwijs? Daarover zijn de meningen verdeeld. Er zijn, zoals gebruikelijk bij alle nieuwe ontwikkelingen, de sceptici en er zijn de enthousiaste voorlopers, die erg positief zijn over het toepassen van resultaten van hersenonderzoek in het onderwijs. Er zijn begeleidingsinstituten en scholen die – experimenteel – gebruikmaken van onderzoeksresultaten op dit gebied. Al met al lijkt zich een ontwikkeling af te tekenen waarbij de resultaten van hersenonderzoek in toenemende mate kunnen bijdragen aan effectief onderwijs en daarmee aan het welbevinden van de leerling en hogere leeropbrengsten. Het is zeker de moeite waard deze ontwikkeling in de gaten te houden. Maar de ontwikkeling is erg pril en tot nu toe is er weinig materiaal over de relevantie van hersenonderzoek voor onderwijs dat goed toegankelijk is voor niet-specialisten. Eén ding is in elk geval duidelijk: al voor de geboorte spelen omgevingsinvloeden een grote rol (Blakemore & Frith, 2008). En daarmee zijn we terug bij het onderwerp van dit hoofdstuk: gedrag en gedragstheorie.

**Hersenonderzoek en onderwijs**

**TUSSENVRAAG 8.2**
Welke soorten gedrag onderscheidt de gedragstheorie en om welk gedrag gaat het bij gedragsbeïnvloeding?

T 8.2

### 8.2.3 Wat is gedrag?

Zoals al is gezegd, om op basis van de principes van de gedragstheorie gedrag te kunnen beïnvloeden, is het nodig om te weten wat gedrag is. In paragraaf 8.1 hebben we gezien dat het niet altijd meevalt duidelijk onderscheid te maken tussen een persoon en diens gedrag.

Wanneer we over kinderen praten, maken we zelden onderscheid tussen wat we feitelijk waarnemen (wippen op een stoel) en onze gedachten en mening daarover (het is een onrustig kind).

Vergelijk eens in figuur 8.1 de uitspraken aan de linkerkant met die aan de rechterkant.

Figuur 8.1 **Interpretaties van gedrag**

| Gedrag | Interpretatie van gedrag |
|---|---|
| Karel is lui | Het lukt Karel haast nooit binnen de daarvoor gegeven tijd zijn werk af te maken |
| Ineke is een lief meisje | Ineke praat weinig in de klas |
| Rob is zo verlegen | Rob zegt weinig in de klas |
| Bart is erg agressief | Bart vecht elke dag wel een keer met iemand |

Hoewel Ineke en Rob hetzelfde gedrag vertonen, namelijk weinig zeggen, wordt Ineke beschreven als lief en Rob als verlegen. 'Lief' en 'verlegen' zijn interpretaties van gedrag. Dit is in tegenspraak met de meest elementaire opvatting in de gedragstheorie, namelijk: gedrag is alleen dat wat we met onze zintuigen kunnen waarnemen.

Waarom nu juist deze definitie? Om dit te verduidelijken geven we het volgende voorbeeld: op veel scholen is het gebruikelijk dat een leraar bij de overgang een beschrijving geeft van elk kind. Stel je nu eens voor dat Karel beschreven wordt als een luie, niet te motiveren jongen. Het beeld dat de nieuwe leraar hierdoor van Karel krijgt, hoeft absoluut niet overeen te komen met dat van de vorige leraar. Hij kan dat gedrag ook heel goed als traag bestempelen. Lui is namelijk een begrip waaraan ieder een verschillende inhoud en waarde kan toekennen. Met andere woorden: 'lui' is een *interpretatie van gedrag*, geen beschrijving van gedrag.

**Interpretatie van gedrag**

### Ricky (deel 1)

Ook bij Ricky, uit de openingscasus, zien we dit verschijnsel. De ouders en de leraren geven allemaal een andere interpretatie van het gedrag van Ricky. De ouders en de leraren van groep 1 en 2 bestempelen zijn gedrag als spontaan en speels. De leraar van groep 3 vindt hem erg druk.

Wanneer we spreken in interpretaties kan dit een bron zijn van aanzienlijke misverstanden. Daarom mag gedrag in de gedragstheorie alleen beschreven worden in termen van *waarneembare uitingen*.

In de voorbeelden van figuur 8.1 zijn de uitspraken in de linker kolom interpretaties van gedrag (gedachten en meningen). De rechter kolom beschrijft gedragsuitingen die we waarnemen.

**Waarneembare uitingen**

T 8.3

**TUSSENVRAAG 8.3**
Waarom maakt de gedragstheorie verschil tussen waarneembaar gedrag en interpretaties van gedrag?

#### 8.2.4  Ontstaan van gedrag
In de gedragstheorie bepalen de directe gevolgen of iemand gedrag aanleert of afleert. Dit lichten we toe aan de hand van de volgende voorbeelden.

---

**VOORBEELD 8.2**

### Margje en Anton

Margje gaat graag naar gymnastiek, want ze is er goed in, mag vaak oefeningen voordoen en bovendien krijgt ze complimenten van de vakleraar. Anton gaat niet graag naar gymnastiek, want hij valt veel en wordt regelmatig uitgelachen door de andere kinderen.

---

We zien dat het al dan niet naar gymnastiek gaan bepaald wordt door de gevolgen die het heeft: prettige voor Margje, waardoor ze graag gaat; onprettige voor Anton, waardoor hij niet graag gaat. Dit is een *kernprincipe* in de gedragstheorie: gedrag wordt bepaald door de directe gevolgen die het heeft:

**Kernprincipe gedragstheorie**

- Zijn de gevolgen prettig, dan kan gedrag ontstaan, blijft het voorkomen of neemt het toe.
- Zijn de gevolgen niet prettig, dan neemt het gedrag af of het verdwijnt.

In figuur 8.2 is dit schematisch weergegeven (Van Londen e.a., 1979).

**FIGUUR 8.2** Directe gevolgen van bepaald gedrag

| Situatie | Gedrag | Gevolgen |
|---|---|---|
| Marieke gaat naar gymnastiek | Ze voert de opdrachten uit met succes | Ze mag veel voordoen en krijgt complimenten |
| **Volgende keer** | | |
| Marieke gaat naar gymnastiek | Ze doet dit met (nog) meer enthousiasme | |

| Situatie | Gedrag | Gevolgen |
|---|---|---|
| Anton gaat naar gymnastiek | Hij voert de opdrachten uit, maar valt steeds | Hij doet zich pijn en wordt uitgelachen |
| **Volgende keer** | | |
| Anton gaat naar gymnastiek | Hij wil niet meer meedoen | |

Dus: afhankelijk van de directe gevolgen wordt gedrag aan- of afgeleerd. In de gedragstheorie onderscheiden we de begrippen:
1 versterking
2 verzwakking

*Ad 1*
Als gedrag wordt aangeleerd, blijft bestaan of toeneemt doordat het gevolgd wordt door prettige dingen of gebeurtenissen, spreken we van versterking van gedrag. De prettige gevolgen (beloningen) noemen we de versterkers.

**Versterking van gedrag**

In het voorbeeld van Marieke vindt er versterking van het gedrag plaats, omdat het gevolgd wordt door iets prettigs; de versterkers zijn het voordoen en de complimenten die ze krijgt.

*Ad 2*

**Verzwakking als gedrag**

We spreken van verzwakking als gedrag afneemt of verdwijnt doordat het gevolgd wordt door onprettige dingen of gebeurtenissen. Deze onprettige gevolgen noemen we de verzwakkers (onthouden van beloningen, negeren en straffen). In het voorbeeld van Anton zijn dit het zich pijn doen en het uitgelachen worden.

**T 8.4**

**TUSSENVRAAG 8.4**

Hoe ontstaat volgens de gedragstheorie gedrag?

### 8.2.5 Probleemgedrag

Een kind ontwikkelt zowel gewenst als ongewenst gedrag. Ongewenst gedrag is gedrag dat de omgeving, zoals ouders of leraren, niet acceptabel vindt.

Hoe kijkt men vanuit de gedragstheorie nu aan tegen ongewenst gedrag in de klas? We zullen dit aan de hand van een voorbeeld illustreren.

---

**VOORBEELD 8.3**

## Patricia

Patricia zit tijdens de verkeersles steeds achterstevoren in haar bank met andere kinderen te praten. Wanneer de leraar daar iets van zegt, luistert ze niet en praat door.

---

Een aantal gedragingen van Patricia zijn voor de leraar een probleem: achterstevoren in de bank zitten; praten met andere kinderen; niet luisteren naar de leraar.

**Ongewenste gedragingen**

**Probleemgedrag**

We spreken niet over Patricia als probleemkind, maar als een kind met *ongewenste gedragingen*. Gedrag dat een kind vertoont, maar niet zou moeten vertonen, noemen we *probleemgedrag*.

In voorbeeld 8.3 is zonder meer duidelijk dat Patricia iets doet wat ze niet zou moeten doen: het probleemgedrag is hier duidelijk waarneembaar. Dit is echter niet altijd het geval.

---

**VOORBEELD 8.4**

## Joke

Joke is een stil meisje dat weinig praat. Als ze wat zegt, is ze moeilijk verstaanbaar. Tijdens het buiten spelen doet ze zelden mee. Ze blijft meestal in de buurt van de juffrouw.

---

**Probleemgedrag**

In dit voorbeeld gaat het, in tegenstelling tot het voorbeeld van Patricia, om gedrag dat juist niet valt waar te nemen, maar dat men graag zou willen zien. Ook dan spreken we van probleemgedrag: in het geval van Joke is dat weinig zeggen en onverstaanbaar spreken.

## Ricky (deel 2)

We keren even terug naar de openingscasus. De ouders en de leraren van groep 1 en 2 vonden het gedrag van Ricky vertederend. Het is zo'n spontaan en gezellig jongetje. Wanneer Ricky zich niet aan een opdracht of taak hield, werd daarop niet negatief gereageerd. Men probeerde hem met een grapje en een lach weer aan het werk te krijgen. In termen van de gedragstheorie: er volgden geen verzwakkers. Integendeel, de grap en de lach zijn positieve reacties en werken als versterkers.
De leraar van groep 3 heeft geen kans gezien dit patroon te doorbreken.

Zoals is gezegd gaat men er in de gedragstheorie van uit dat vrijwel alle gedrag aangeleerd is, dus ook probleemgedrag. En als iets is aangeleerd, kan het ook worden afgeleerd. Probleemgedrag kan men vaak afleren door de principes van versterking en verzwakking *doelbewust* en *systematisch* te hanteren. Dit komt aan de orde in de hoofdstukken 9, 10 en 11. De principes van versterking en verzwakking zien we terug in belonen en straffen, respectievelijk versterkers en verzwakkers. Dit zijn in het onderwijs dan ook belangrijke instrumenten om invloed uit te oefenen op gedrag en dus ook om ongewenst gedrag aan te pakken. De aard en ernst van het ongewenste gedrag is van invloed op de aanpak. Vaak is een positieve reactie op gewenst gedrag en een negatieve reactie bij ongewenst gedrag voldoende om probleemgedrag bij te sturen en / of te voorkomen. Dit bijsturen of voorkomen maakt onderdeel uit van het dagelijks pedagogische handelen van de leraar. In hoofdstuk 9 gaan we hier op in. Soms echter is een meer systematische aanpak nodig, als het negatieve gedrag van de leerling(en) hardnekkig is. Dit komt aan de orde in de hoofdstukken 10 en 11. Daarin gaan we respectievelijk in op het aanleren / doen toenemen en het afleren / doen afnemen van gedrag volgens een systematische aanpak: werken met een beloningssysteem en een gedragsveranderingsprogramma.
Hoewel de technieken die we in deze hoofdstukken beschrijven in de praktijk eerder naast elkaar dan apart gebruikt moeten worden (bijvoorbeeld het belonen van een vinger opsteken naast het negeren van het niet opsteken van de vinger), bespreken we ze los van elkaar ter wille van een duidelijk overzicht.

*Doelbewust en systematisch*

*Belonen en straffen*

**TUSSENVRAAG 8.5**
Wat is volgens de gedragstheorie probleemgedrag en op welke wijze stelt men volgens de gedragstheorie vast dat er sprake is van probleemgedrag?

T 8.5

## 8.3 Bezwaren tegen de gedragstheorie

Er rijzen nogal eens bezwaren tegen gedragsbeïnvloeding op basis van de gedragstheorie en gedragsveranderingsprogramma's. Op de volgende vaak gehoorde bezwaren gaan wij hierna in:
1 manipulatie en omkoping
2 het is onnatuurlijk
3 het is alleen symptoombestrijding
4 moet voor ieder probleem een programma gemaakt worden?
5 het is te veel moeite en kost te veel tijd

*Ad 1 Manipulatie en omkoping*
Leraren nemen veel beslissingen voor leerlingen. Ze moeten nu eenmaal begeleiden en lesgeven. Het gaat er niet om of je wel of niet mag beïnvloeden, want dat doe je toch wel. Het gaat erom dat je dit met overleg en systematisch doet, én in het belang van het kind, zodat het zich ontwikkelt tot een zelfstandig, bekwaam, creatief en verantwoordelijk persoon. In dit verband zijn (effectief) belonen en straffen volkomen legitiem.

**Waarde gedragsbeïnvloeding**
Gedragsbeïnvloeding heeft onder andere zijn *waarde* bewezen in situaties waarin de verhouding tussen leraar en leerling zo slecht was, dat een zinvol gebruik van de communicatievaardigheden uit het eerste deel onoverkomelijke bezwaren zou hebben opgeleverd. Gedragsbeïnvloeding op basis van de gedragstheorie en gedragsveranderingsprogramma's bieden namelijk de gelegenheid tot een zakelijke benadering van problemen, zonder dat negatieve gevoelens een (hoofd)rol spelen.
Een (prettige) bijkomstigheid is dat de relatie vaak verbetert als de gedragsverandering optreedt, waardoor beter gebruikgemaakt kan worden van de communicatievaardigheden.

*Ad 2 Het is onnatuurlijk*
Veel gedrag en veel versterkers bestaan reeds in de klas. Het is vaak een kwestie van beter rangschikken. Als we kunstmatige versterkers gebruiken, moeten we die langzamerhand vervangen door meer natuurlijke versterkers, zoals sociale versterkers. Prijzen, complimenten en genegenheid zijn hiervan voorbeelden. Ten slotte zal het kind zelf trots zijn op wat hij doet of er plezier in krijgen (Van Londen e.a., 1979).
Het slagen van een programma zal in het algemeen een gunstig effect hebben op het zelfbeeld van het kind. Doordat een gedragsprogramma zich steeds richt op iets wat een leerling kan, wordt zijn gevoel van bekwaamheid versterkt. Het overleg met de leraar en de versterkers die het kind krijgt (complimentjes, aandacht) brengen mee dat het zich door de leraar als persoon geaccepteerd voelt.

*Ad 3 Het is alleen symptoombestrijding*
Dat het bij gedragsbeïnvloeding alleen symptoombestrijding betreft, is ten dele waar. In de praktijk blijkt echter dat vaak overdracht van het geleerde plaatsvindt naar andere situaties, wat het functioneren van het kind ten goede komt. Een voorbeeld is dat bij behandeling van één angst vaak een generaliserend effect optreedt naar andere angsten, dat wil zeggen dat het kind ook minder bang is in andere situaties dan die ene waar het bij de behandeling om ging. Wel bestaat bij deze methode het risico dat bij abrupt verminderen van de hoeveelheid versterkers de leerling weer het oorspronkelijke gedrag (symptomen) gaat vertonen. Ook kan hij op andere, mogelijk eveneens ongewenste, gedragingen overgaan om aan zijn versterkers te komen (symptoomverschuiving).

**Symptoomverschuiving**
Een voorbeeld van zogenaamde symptoomverschuiving is het verhaal van Alexa in voorbeeld 11.2. De angst voor gymnastiek is zo groot dat Alexa, om deze angst te vermijden, hoe dan ook haar toevlucht zal nemen tot probleemgedrag.
Als er symptoomverschuiving optreedt, is het belangrijk de reden hiervan op te sporen, zodat je adequater kunt reageren.

*Ad 4 Moet voor ieder probleem een programma gemaakt worden?*
Niet voor elk probleem moet een programma gemaakt worden. In subparagraaf 8.2.5 hebben we het gehad over de aanpak van een probleem als onderdeel van je dagelijks pedagogisch handelen en een systematische aanpak. In de volgende hoofdstukken maken we duidelijk wanneer het aan de orde is te kiezen voor een systematische aanpak.

*Ad 5 Het is te veel moeite en kost te veel tijd*
Meestal kost gedragsbeïnvloeding niet meer moeite en tijd dan je toch al kwijt bent. Wanneer een kind problemen heeft die met je gebruikelijke benadering niet op te lossen zijn, vraagt dat kind toch al veel tijd en energie. Op de lange duur zal het minder tijd en moeite vergen dan bij een niet-systematische aanpak van het probleemgedrag. Een goed programma stelt het kind immers in staat meer zelf te doen.

**TUSSENVRAAG 8.6**     T 8.6
Welke kritiek is mogelijk op de aanpak van problemen op basis van de principes van de gedragstheorie?

# Samenvatting

De samenvatting van dit hoofdstuk staat op www.pabowijzer.nl.

# Valkuilen en tips

**Valkuil 1**
'Zeg, doe eens even normaal.'

*Tip 1*
Afgezien van het feit dat je hier een oordeel uitspreekt, kan een leerling hier niets mee. Weet hij wat 'normaal' is? Impliciet bedoel je dat de leerling zich moet gedragen naar jouw maatstaven.
Zeg steeds tegen de leerling zo duidelijk mogelijk welk gedrag je precies wilt zien.

**Valkuil 2**
'Zeg, doe eens even normaal.'

*Tip 2*
Los van het gestelde bij de vorige valkuil: Het andere gedrag dat je van de leerling vraagt, kan voor hem een erg grote gedragsverandering zijn. Wellicht te groot. Bepaal voordat je bepaald gedrag vraagt van een leerling of hij in staat is dat gedrag te vertonen.

**Valkuil 3**
'Zeg, doe eens even normaal.'

*Tip 3*
Je reageert met een negatieve opmerking op ongewenst gedrag. Realiseer je dat als je dit vaak doet, dergelijke opmerkingen op den duur niet veel effect meer hebben en de relatie met de leerling (ernstig) kan verstoren (denk aan acceptatie). Een leerling zal zijn gedrag eerder veranderen als hij (ook) complimenten krijgt.

**Valkuil 4**
'Zeg, doe eens even normaal.'

*Tip 4*
Het is helemaal niet zo 'normaal' (vanzelfsprekend) als een leerling na zo'n opmerking inderdaad zijn gedrag verandert. Toch laten veel leraren dergelijke veranderingen na zo'n – pedagogisch niet verkieslijke – aanpak onopgemerkt. Dat is een gemiste kans. Laat een leerling merken dat jij na je waarschuwing een positieve verandering in zijn gedrag gezien hebt en positief waardeert.

# Kernbegrippenlijst

| | |
|---|---|
| **Aangeboren gedrag** | Dit is al het gedrag dat we bij onze geboorte hebben meegekregen. Het zijn gedragingen die elk mens vertoont. Er is geen enkele vorm van leren voor nodig geweest. |
| **Aangeleerd gedrag** | De gedragstheorie gaat ervan uit dat de aanleg om gedrag te vertonen meestal wel aanwezig is, maar dat er een vorm van leren nodig is alvorens iemand dit gedrag kan vertonen. |
| **Acceptatie** | Het aanvaarden van de ander als persoon met zijn meningen en gevoelens. |
| **Feedback** | Letterlijk betekent dit woord terugkoppeling: de reactie van de een (bijv. de leraar) op gedrag of een handeling van de ander (bijv. de leerling). |
| **Gedrag** | In de gedragstheorie betreft dit uitsluitend gedrag zoals we dat met onze zintuigen kunnen waarnemen. Gedrag wordt bepaald door de directe gevolgen die het heeft. Daar deze niet constant zijn, is gedrag aan verandering onderhevig. |
| **Gedragstheorie** | Theorieën van onder meer Pavlov, Skinner en Eysenck over het ontstaan en veranderen van gedrag. |
| **Probleemgedrag** | Een kind ontwikkelt zowel gewenst als ongewenst gedrag. Probleemgedrag is ongewenst gedrag: gedrag dat de omgeving, zoals ouders of leraren, niet acceptabel vindt. |
| **Versterker(s)** | Als gedrag wordt aangeleerd, blijft bestaan of toeneemt doordat het gevolgd wordt door prettige dingen of gebeurtenissen, spreken we van versterking van gedrag. De prettige gevolgen (beloningen) noemen we de versterkers. |
| **Verzwakker(s)** | We spreken van verzwakking als gedrag afneemt of verdwijnt doordat het gevolgd wordt door onprettige dingen of gebeurtenissen, zoals het onthouden van een beloning, negeren of straf. Deze onprettige gevolgen noemen we de verzwakkers. |

# Vragen

**8.1** In de gedragstheorie spreken we altijd over gedrag, nooit over interpretaties van gedrag. In de praktijk echter zijn we gewend nogal eens interpretaties van gedrag te gebruiken. Beschrijf de waarneembare gedragsuitingen die tot de volgende vier interpretaties kunnen leiden:
1. stiekem
2. irriterend
3. rustig
4. blij

**8.2** In deze vraag keren we het om. In een verslag staan waarneembare gedragsuitingen beschreven. Geef aan wat een mogelijke interpretatie zou zijn.
1. Peter loopt tijdens een uur driemaal uit zijn bank.
2. Tijdens het kringgesprek heeft Karin zich niet bewogen.
3. Nancy heeft een kind geslagen. Zij kijkt de leraar niet aan, als hij haar ernaar vraagt.
4. Charlene heeft tijdens een dictee negenmaal door een woord gekrast om het woord te verbeteren.
5. Tijdens een rekentoets van 30 minuten levert Kees na 15 minuten zijn werk in. Hij heeft geen enkele fout gemaakt.
6. Tijdens diezelfde rekenles levert Petra na Kees ook haar werk in. Zij heeft een heleboel sommen niet gemaakt.

**8.3** Ga bij jezelf eens na welke interpretaties je vaak gebruikt. Probeer in plaats van deze interpretaties waarneembaar gedrag te formuleren.

**8.4** Probeer hoe je de volgende beschrijvingen van problemen met kinderen zodanig kunt veranderen dat ze voldoen aan de principes van de gedragstheorie.
a. Karla is een leuk spontaan meisje, dat weinig zelfstandig is. Een probleem is dat ze zich snel op stang laat jagen en dan stilletjes in een hoekje gaat zitten.
b. Jelle is een probleemkind. Hij is één brok onrust. Hij zit altijd met zijn gedachten ergens anders. Hoewel het een pienter joch is, kan hij niet meekomen met het klassenniveau. Hierdoor heeft hij faalangst ontwikkeld.

De antwoorden op deze vragen kun je vinden op www.pabowijzer.nl.

# 9
# Effectief belonen en straffen

9.1 Een goede relatie en effectief belonen en straffen
9.2 Effectief belonen
9.3 Effectief straffen

**Kennisdoelen**
1 De leraar krijgt inzicht in het verband tussen gedrag en effectief belonen en straffen.
2 De leraar maakt zich de principes eigen die ten grondslag liggen aan effectief belonen en aan effectief straffen.

**Toepassingsdoel**
Met de kennis uit dit hoofdstuk is de leraar in staat om te bepalen in welke situaties hij wil belonen dan wel straffen. Hij weet hoe hij moet handelen om de beloning en / of straf effectief te laten zijn.

## 9.1 Een goede relatie en effectief belonen en straffen

Om goed en effectief onderwijs te kunnen geven, willen leraren dat hun leerlingen bepaald gedrag vertonen. Belonen en straffen zijn daarbij niet weg te denken. Belonen en straffen gebeuren vaak volgens bepaalde – al dan niet bewuste – ideeën. Voorbeelden zijn de leraar die alleen een plaatje plakt in het schrift van die leerlingen die 0 of 1 fout hebben om zo de andere leerlingen nog meer te stimuleren hun best te doen, de leraar die geen 10 geeft voor een opdracht of de leraar die alle leerlingen die hun werk niet af hebben als straf in de pauze laat doorwerken in de veronderstelling dat ieder kind (dus ook de zwakste leerling) het werk kan maken. Er ligt een, soms impliciete, pedagogische opvatting ten grondslag aan dergelijke ideeën. Waar menig leraar veel minder bij stilstaat, is welk effect zijn manier van belonen en straffen heeft op een kind en daarmee op de relatie tussen hen. Goed gebruikt, kunnen het zeer krachtige en effectieve middelen zijn. De praktijk blijkt echter vaak weerbarstig en dan kunnen belonen en straffen hun doel voorbij schieten en zelfs negatieve effecten hebben. Een belangrijk negatief effect van ineffectief straffen en / of belonen is dat de relatie tussen jou en de leerling(en) onder druk komt te staan.

*Belonen / straffen volgens impliciete opvattingen*

---

**VOORBEELD 9.1**

### Niet het gewenste effect

Arvind (groep 4) merkt dat hij steeds een compliment krijgt als hij rustig op zijn plaats gaat zitten. Om de leraar 'te attenderen' op een beloning, gaat hij herrie maken. Als hij dat namelijk niet eerst doet, krijgt hij geen beloning. Om een beloning te krijgen is Arvind dus negatief gedrag gaan vertonen.

Als Nathalie (groep 6) goed gewerkt heeft, mag zij eerder stoppen met werken en alvast gaan lezen in haar bibliotheekboek. Echter, lezen is wel het laatste wat zij wil; zij heeft er een vreselijke hekel aan. Nathalie gaat steeds slechter werken. Wat als beloning bedoeld is, is voor haar geen beloning.

Als Fokko (groep 6) weer eens heel druk is, wordt hij de klas uitgestuurd. Dat vindt hij bepaald geen probleem, want dan hoeft hij niet meer te rekenen. De andere kinderen vinden hem dan wel stoer. Fokko gaat steeds drukker gedrag vertonen. Zijn gedrag wordt dus versterkt.

De leraar van Jeffrey krijgt van de ambulante begeleider het advies om positief gedrag van Jeffrey in kaart te brengen en te belonen. Hij voelt eigenlijk weinig voor die aanpak, maar begint er toch maar aan. Na een week constateert hij dat de aanpak niet werkt. Hij heeft geen positief gedrag van Jeffrey gesignaleerd en op de complimentjes die hij hem desondanks heeft gegeven, reageert Jeffrey niet.
Wat hier gebeurt, is dat de relatie tussen Jeffrey en de leraar al dermate verstoord is, dat een aanpak met een beloningssysteem onwaarachtig wordt. Dat werkt contraproductief en de relatie komt nog verder onder druk te staan. 'Zie je wel, met hem valt niets te beginnen. Dat wist ik wel.'

---

De leraar van Arvind, Nathalie, Fokko en Jeffrey wil gedrag veranderen, maar de aanpak heeft bepaald niet het gewenste effect. In tegendeel, de aanpak leidt tot meer ongewenst gedrag. Het gevolg is dat de relatie tussen de leraar en deze leerlingen verslechtert. En zoals we gezien hebben, een goede relatie vormt de basis voor een goed functionerende leerling en effectief onderwijs. Alle reden dus om je te verdiepen in effectief belonen en straffen.

**TUSSENVRAAG 9.1**
Noem vier redenen waarom belonen en straffen de relatie juist niet verbetert?

T 9.1

## 9.2 Effectief belonen

In deze paragraaf gaan we dieper in op het onderwerp effectief belonen. In subparagraaf 9.2.1 plaatsen we belonen en complimenten in een theoretische context. In subparagraaf 9.2.2 zetten we uiteen wanneer een beloning en / of compliment effectief zijn en waarom deze niet altijd het gewenste resultaat hebben.

### 9.2.1 Belonen en complimenten: theoretische kanttekeningen

Een kind is op school om zich te ontwikkelen en te leren. Om goed en effectief les te kunnen geven verwacht een leraar bepaald gedrag van de leerling. Denk aan luisteren, richten van de aandacht, omgaan met andere kinderen. Dit gedrag is dus een voorwaarde om te kunnen leren. We noemen dit gewenst gedrag. De meeste kinderen leren gewenst gedrag gaandeweg. De leraar beschikt daarbij over een belangrijk middel: belonen en complimenten. Goed zo, een plaatje, een knipoog, een krul onder een goed gemaakte opdracht, het is niet weg te denken uit het onderwijs. Vaak zal de leraar zich niet of nauwelijks bewust zijn dat hij op zulke momenten bezig is met het beïnvloeden van gedrag. Toch is dat zo. Belonen en complimenten zijn dus belangrijk instrumenten waarmee je als leraar probeert bepaald gedrag te laten ontstaan of probeert te doen toenemen.

*Belonen en complimenten*

*Gewenst gedrag en belonen*

Opmerkelijk in het leven van alledag en ook in de onderwijspraktijk is dat er meer aandacht en tijd besteed wordt aan (het corrigeren van) ongewenst gedrag dan dat er aandacht is voor goed gedrag, dit is gewenst gedrag. Het lijkt wel of goed gedrag iets vanzelfsprekends is, waarvoor geen aandacht nodig is. We reageren pas als een kind een regel overtreedt: ongewenst gedrag vertoont. Dit is een reactieve benadering: je reageert als het gedrag zich al heeft voorgedaan. Op dat moment verkleint de ruimte voor leren en doceren. Het ongewenste gedrag is immers al opgetreden en het kost tijd en aandacht om het te corrigeren. En elke leraar wil natuurlijk zo min mogelijk leer- of doceerruimte verloren laten gaan. Daar past een proactieve benadering van lesgeven bij. Je weet wat je doelen zijn, je anticipeert op mogelijke verstorende factoren, je beschikt over strategieën hoe deze te bereiken en je bent in staat om veel zaken tegelijkertijd te overzien en inschattingen te maken om zaken bijtijds in juiste banen te leiden. Je waardeert positief gedrag en ook pogingen tot positief gedrag. De kern is anticiperen op mogelijke gedragingen: in je voorbereidingen, je laat je niet afleiden door mogelijke verstoringen, je kunt dingen laten passeren omdat je deze op hun juiste waarde schat.

*Meer aandacht voor ongewenst dan voor gewenst gedrag*

*Reactieve benadering*

*Proactieve benadering*

*Anticiperen*

> ## Ricky (deel 3)
>
> In de openingscasus van Ricky probeert de leraar de relatie met Ricky te verbeteren door hem te vertellen dat hij hem een aardige jongen vindt. Dit is een goede aanpak, maar daarna zien we een vooral reactieve aanpak. Hij wacht af of de werkhouding van Ricky verandert. Hij schept niet de voorwaarden waardoor Ricky zijn werkhouding kan veranderen. Hij laat hem niet merken dat hij zijn pogingen tot beter werken ziet en waardeert. Vooral de negatieve kanten van Ricky's gedrag zijn bepalend voor zijn reactie (ergernis). Bij een meer proactieve houding kan de leraar Ricky bijvoorbeeld meer beurten geven met een zekere kans dat hij het antwoord weet. Hij kan tegen Ricky zeggen dat hij om de tien minuten komt kijken hoe hij gewerkt heeft, om dan aan te geven waarop hij let. En waarop hij let, is voor Ricky gemakkelijk haalbaar.

*Positieve feedback effectiever*

In de proactieve benadering gaat het niet zozeer om belonen en straffen, maar om positieve en negatieve feedback, die gewenst gedrag uitlokt, stimuleert en in stand houdt. Het accent ligt daarbij op positieve feedback. Deze blijkt namelijk veel effectiever te zijn dan negatieve feedback, de sfeer wordt niet aangetast, de relatie blijft goed of versterkt zelfs (zie ook subparagraaf 8.2.2). Een proactieve benadering betekent echter niet dat zich geen ongewenst gedrag meer zal voordoen. Daarmee komen we op het terrein van feedback in de vorm van belonen en straffen. Ook hiervoor geldt dat belonen een effectiever instrument is dan straffen. Ons uitgangspunt is: *Belonen waar mogelijk, alleen straffen als het niet anders kan.* En dan hebben we het wel over effectief belonen en straffen. In de volgende paragrafen gaan we hierop in.

*T 9.2*

**TUSSENVRAAG 9.2**
Geef aan wat het essentiële verschil is tussen een proactieve en reactieve houding van een leraar?

### 9.2.2 Effectieve complimenten en effectief belonen

Zoals besproken in het vorige hoofdstuk staan twee principes centraal bij het ontwikkelen van gewenst gedrag:

1 *Gedrag is geleerd.* Daarom kan het beïnvloed / veranderd worden.
2 *Gedrag wordt bepaald door de gevolgen die het heeft.* Door iets te doen aan de gevolgen probeer je gedrag te veranderen.

Belonen en complimenten zijn de positieve gevolgen, ook wel versterkers genoemd.

*Effectieve complimenten*

Het geven van complimenten kun je beschouwen als een 'lichte' vorm van belonen. Deze begrippen liggen in elkaars verlengde. In hoofdstuk 3 hebben we besproken hoe je met het geven van effectieve complimenten een leerling acceptatie kunt tonen en daarmee kan bijdragen aan een positief zelfbeeld. Het kind staat daar dus centraal. In deze paragraaf gaan we eveneens in op het geven van (effectieve) complimenten, maar nu richt je je op gedragsverandering. Het gedrag staat dus centraal.

*Gedrag staat centraal*

Jij wilt lesgeven en bepaald gedrag van een leerling verhindert dat. Dat gedrag wil je veranderen. Wat jij als leraar wilt, staat dus centraal. Zoals aangegeven in figuur 9.1 kan het gevolg zijn een positief effect op jullie relatie, maar dat is niet je doel.

**FIGUUR 9.1** Effectieve complimenten gericht op gedrag

**Effectieve complimenten**

Kind ← Gedrag

De complimenten zijn gericht op verandering van het *gedrag* van de leerling.
Het gevolg kan zijn dat er zo meer ruimte komt om een goede relatie op te bouwen.

Complimenten en belonen hebben niet altijd het bedoelde resultaat. Redenen kunnen zijn:
1 Het kind ervaart een compliment of beloning niet als zodanig.
2 Kinderen zijn verschillend. Wat voor de één een compliment of beloning is, is het niet voor de ander.
3 Er kan een verschil zijn tussen je inschatting welk gedrag een kind kan vertonen en de werkelijkheid. Soms wil je erg graag dat een kind zijn gedrag verandert en schat je de mogelijkheden daardoor te optimistisch in. Omdat complimenten plezierig zijn, probeert de leerling ander gedrag te vertonen, maar uiteindelijk ligt een blijvende gedragsverandering niet binnen zijn bereik.
4 De manier waarop je een compliment of beloning geeft kan bepalen of het kind het ook zo ervaart.

*Belonen / complimenten niet gewenste resultaat*

---

**VOORBEELD 9.2**

## Sasha

Sasha (groep 5) heeft zelden haar werk op tijd af, maar dit keer wel. De leraar reageert enorm enthousiast. Hij meldt dit aan de klas en vraagt om voor Sasha te applaudisseren. De klas doet dat. Sasha vindt het helemaal niet leuk om zo in het middelpunt te staan en voelt zich erg ongemakkelijk. Voor Sasha is dit dus geen compliment. Zij had het wel leuk gevonden als de leraar haar zachtjes had gecomplimenteerd.

---

5 Complimenten die geen complimenten zijn, maar in feite kritiek, bijvoorbeeld door (voorbeeld)gedrag van andere kinderen of een groepje te noemen. Veel kinderen zullen dit niet als een compliment ervaren, want impliciet houdt dit afkeuring in – een negatieve reactie op het gedrag van een ander kind dat dit gedrag niet vertoont. Bedenk dus goed wat je hiermee wilt bereiken.

---

**VOORBEELD 9.3**

## Géén compliment

In de klas heerst een negatieve sfeer tussen de leerlingen. De leraar wil dat de leerlingen hun mond houden. Zij complimenteert het groepje jongens dat al rustig is. De reactie van de andere leerlingen is negatief: 'Ja altijd zij, zij zijn de lieverdjes van de juf.' Dit is dus géén compliment.

---

6 Het compliment dat je geeft, is geen effectief compliment. Veel gebruikte complimenten zijn 'goed zo', en dergelijke. Weet de leerling waarop je doelt met 'goed zo', wat doet hij precies goed, was er eerder dan misschien iets verkeerds? Kortom, het compliment schiet zijn doel voorbij en is dus geen effectief compliment. Denk aan de regel uit hoofdstuk 3: een *effectief compliment* beschrijft precies wat het kind doet (*gedrag kind*) en wat het *effect* is op jou als leraar.

7 In termen van de gedragstheorie zijn een compliment en een beloning een versterker. De – al dan niet bewuste – bedoeling is dat bepaald gedrag vaker zal optreden. Je dient rekening te houden met de volgende principes:
   a Een beloning of compliment moet direct volgen op het gedrag dat je wilt versterken. Aan het eind van de ochtend een positieve opmerking maken over gedrag dat een leerling bij binnenkomst vertoonde, heeft veel minder effect dan wanneer je er meteen op het moment zelf op reageert.
   b De effectiviteit van een beloning of compliment hangt samen met hoe nieuw bepaald gedrag is.

---

**VOORBEELD 9.4**

## Johan

Johan (groep 1) kan zichzelf niet goed zelfstandig aankleden. De leraar ziet na de gymles dat hij zijn kleren zelf aangetrokken heeft en prijst hem uitbundig. Maar Johan had die dag toevallig heel gemakkelijke kleren aan, waardoor het hem lukte zich aan te kleden. Hoewel Johan het uitbundig prijzen prettig vindt, is de kans dat hij dit gedrag de volgende keer weer kan vertonen klein. Als dat niet gebeurt, mag de leraar dat niet beschouwen als terugval in gedrag. De beloning is deze keer met toeval 'binnengehaald'.

---

Het kan zelfs zijn dat je gedrag verwacht van een kind dat nog helemaal niet in zijn repertoire zit. Je kunt dan kiezen uit twee benaderingen:
- Je wacht tot het gewenste gedrag zich voordoet en beloont dit gedrag. Dit doe je door pogingen van de leerlingen in de goede, gewenste richting meteen te belonen.
- Je kiest voor een systematische aanpak, een gedragsveranderingsprogramma. In hoofdstuk 10 gaan we hier uitgebreid op in.

**Kleine stapjes**

8 Gedragsverandering werkt met kleine stapjes. Beloningen en complimenten werken op den duur niet als het doel niet haalbaar is. Dus een kind dat moeite heeft met stil zitten, kan zich niet meteen een half uur rustig houden.

9 Een beloning werkt soms – onbedoeld en vaak onopgemerkt – als bekrachtiger van negatief gedrag. Kinderen hebben heel snel in de gaten welk gedrag zij moeten vertonen om een beloning te krijgen. En dat kan ook negatief gedrag zijn. Arvind weet dat hij eerst negatief gedrag moet vertonen om de leraar een beloning te ontlokken. Vaak ziet de leraar wel het gewenste gedrag, maar niet dat er een koppeling is ontstaan met daaraan voorafgaand negatief gedrag. We zien dit patroon vooral vaak bij kinderen met behoefte aan aandacht. Zich netjes gedragen levert niets op, terwijl hij in de gaten gekregen heeft dat ongewenst gedrag wel iets oplevert, namelijk aandacht. In deze gevallen 'beloont' de leraar in werkelijkheid het negatieve gedrag. Dit is dus niet effectief belonen, maar bekrachtigen van negatief gedrag.

**TUSSENVRAAG 9.3**
Wanneer is er sprake van effectief belonen?

## 9.3 Effectief straffen

In paragraaf 9.2 hebben we aangegeven dat ons uitgangspunt is: *Belonen waar mogelijk, alleen straffen als het niet anders kan.*
Het is een illusie dat het altijd mogelijk is om met belonen / bekrachtigen de gewenste resultaten te bereiken. Uit allerlei wetenschappelijk onderzoek is zelfs op te maken dat om ongewenst gedrag in goede banen te leiden een evenwichtige benadering van verschillende methoden het meest effectief is (Marzano, 2007). Het is dus nodig ons te verdiepen in het begrip straffen.

Kritiek beschouwen we als een 'lichte' vorm van straffen. Voor effectieve kritiek geldt hetzelfde als voor effectieve complimenten: je richt je op verandering van gedrag dat jou verhindert les te geven. Het gedrag staat centraal (zie figuur 9.2).

*Effectieve kritiek en effectief straffen*

*Effectieve kritiek*

**FIGUUR 9.2** Effectieve kritiek gericht op gedrag

**Effectieve kritiek**

Kind ← Gedrag

De kritiek is gericht op verandering van het *gedrag* van de leerling.
Het gevolg kan zijn dat er zo meer ruimte komt om een goede relatie op te bouwen.

Ook nu maken we weer gebruik van de principes van de gedragstheorie, namelijk dat gedrag wordt bepaald door de gevolgen die het heeft. Bij het afleren of verminderen van ongewenst gedrag zijn deze gevolgen negatief, ook wel verzwakkers genoemd. Effectieve kritiek en straf zijn zulke verzwakkers. Straf en kritiek hebben niet altijd het bedoelde effect: het probleemgedrag

*Effectieve kritiek en straf zijn verzwakkers*

wordt er dan niet door afgeleerd. De leerling blijft ondanks kritiek en / of (de dreiging van) straf het ongewenste gedrag vertonen, soms zelfs in sterkere mate. Dit betekent dat de kritiek en / of (de dreiging van) straf niet effectief waren. Bij kritiek kan daarvoor de reden zijn dat het geen effectieve kritiek was. Zoals uiteengezet in hoofdstuk 3 bevat effectieve kritiek drie elementen: gedrag-effect-alternatief (zie verder paragraaf 3.4).

*Onderscheid bedoeling en effect kritiek / straf*

Een andere belangrijke verklaring voor het uitblijven van het gewenste effect van kritiek en / of straf is het onderscheid tussen de bedoeling van kritiek / straf en het effect van kritiek / straf. Voor de leesbaarheid spreken we hierna over straf.

**FIGUUR 9.3** De gevolgen van het geven van straf

| Situatie | Gedrag | Gevolgen |
|---|---|---|
| Klaas gaat naar school | Hij doet zijn werk en maakt veel fouten | Juf moppert en voor straf moet hij zijn werk overdoen |
| **De volgende keer** | | |
| Klaas gaat naar school | Hij wil zijn werk niet doen | |

In het voorbeeld in figuur 9.3 is de bedoeling van de straf dat Klaas beter gaat werken. Het effect is echter dat hij niet meer werkt.

*Effectieve straf*

We spreken pas van een effectieve straf als het gedrag dat we door middel van onprettige gevolgen willen afleren, ook echt vermindert of verdwijnt. Hoe je als leraar effectief kunt straffen, zullen we hierna uiteenzetten.
Een leerling vertoont gedrag dat voor de leraar niet acceptabel is. De leraar wil de leerling duidelijk maken dat het gedrag ongewenst is en wil bewerkstelligen dat de leerling dit gedrag in de toekomst niet meer vertoont. Hiertoe dient een straf. Vaak blijkt echter dat de leerling ondanks (de dreiging van) straf het ongewenste gedrag blijft vertonen, soms zelfs in sterkere mate. Dit betekent dat de (dreiging van) straf niet effectief was.

In de situatie waarin de leraar ongewenst gedrag wil afleren door middel van straf, onderscheiden we:
1 leerling-daad (gedrag)
2 leraar-daad (gedrag)
3 daad (gedrag)-straf
4 straf-leerling

Dit wordt als volgt weergegeven in figuur 9.4.

Deze vier relaties zullen we in de subparagrafen hierna bespreken.

**FIGUUR 9.4** Onderlinge relaties bij het geven van straf

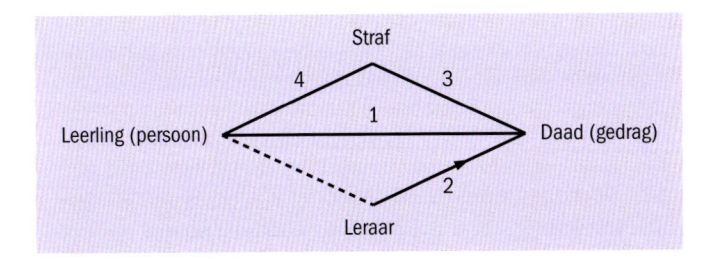

### 9.3.1 Leerling-daad (gedrag)

Een leerling doet iets of heeft iets gedaan. Dit gedrag is in de ogen van de leraar ongewenst en hij wil dat het kind dit gedrag afleert. Maar een leerling kan ongewenst gedrag vertonen omdat er zodanige beperkingen (lichamelijk, cognitief, emotioneel, sociaal) zijn, dat hij echt niet in staat is ander gedrag te vertonen.

*Geen ander gedrag mogelijk*

---

**VOORBEELD 9.5**

## Annette en Petra

Annette is een meisje dat medicijnen krijgt tegen epilepsie. Deze werken enigszins versuffend. Haar werktempo ligt daardoor lager. Dit heeft tot gevolg dat zij haar werk meestal niet afkrijgt. Ook al is dit gedrag ongewenst (voor de leraar), toch is het zinloos te straffen omdat ze haar werk niet afheeft. Straf zal er namelijk niet toe leiden dat zij sneller gaat werken.

Petra heeft erg veel problemen thuis. Haar ouders zijn aan het scheiden en zij kan dit erg moeilijk verwerken. In de klas kan ze hierdoor haar aandacht niet bij het werk houden en maakt ze meer fouten dan anders. Straf zal het schoolleven voor Petra moeilijker maken en daardoor dus zeker niet effectief zijn.

---

In dergelijke situaties is het beter en zinvol in te gaan op de achterliggende problemen, bijvoorbeeld door actief te luisteren (hoofdstuk 5) of het kind voorlopig maar met rust te laten.

*Ingaan op achterliggende problemen*

In het onderwijs komt het nogal eens voor dat er gestraft wordt zonder dat men zich realiseert dat het kind het ongewenste gedrag vertoont omdat het niet geleerd heeft hoe het het gewenste gedrag kan vertonen. Zowel op pedagogisch als didactisch gebied zien we dit gebeuren. Een dyslectisch kind krijgt straf omdat het niet meeleest met klassikaal lezen; een cognitief zwakke leerling moet nablijven omdat hij het rekenwerk niet af heeft; de leraar rekent alle woorden fout die hij niet goed kan lezen, terwijl bekend is dat de leerling motorisch zwak is; een leerling met ADHD krijgt straf omdat hij zo onrustig is.

*Gewenst gedrag niet geleerd*

**VOORBEELD 9.6**

## Bernadette

Bernadette is een meisje van vier jaar dat door haar moeder hevig betutteld wordt. Ze zit nu een paar maanden op de kleuterschool. Het begint de leraar steeds meer te ergeren dat Bernadette bij het opruimen altijd maar wat rondhangt. Ook als ze straf krijgt, komt ze niet tot opruimen. Wanneer dit probleem met de moeder besproken wordt, blijkt dat Bernadette thuis nooit hoeft op te ruimen. Met andere woorden: het door de leraar gewenste gedrag was het kind onbekend.

## Ricky (deel 4)

Ook bij Ricky, uit de openingscasus van dit deel, zie je dat straffen niet het gewenste resultaat heeft. Het is in het geval van Ricky heel goed mogelijk dat hij het gedrag dat de leraar van groep 3 wenst te zien, niet geleerd heeft. Alleen maar straffen leidt bij hem dan tot negatieve emoties, zoals onmacht en boosheid.

*Alleen straf ineffectief*

In dergelijke situaties wordt een kind gemakkelijk onzeker, omdat het niet weet welk gedrag er eigenlijk van hem verlangd wordt. Daarom kun je het kind beter vertellen welk gedrag je graag ziet en dat in zo concreet mogelijke termen. Op deze manier geef je het kind de kans om te doen wat jij graag wilt, je biedt het structuur. Met andere woorden: straffen heeft alleen dan zin, als de leerling tegelijkertijd geleerd wordt hoe hij gewenst gedrag kan vertonen. Wordt hem het alternatief (namelijk het gewenste gedrag) niet geboden, dan kan de situatie gemakkelijk uit de hand lopen en leiden tot steeds zwaardere straffen voor hetzelfde vergrijp. Dit is een ineffectieve aanpak.

*T 9.4*

**TUSSENVRAAG 9.4**
Wanneer is straffen niet zinvol?

### 9.3.2 Leraar-daad (gedrag)

*Straf richten op daad*

De leraar ziet gedrag van een leerling, vindt dit ongewenst en wil het daarom bestraffen. Wil die straf effectief zijn, dan zal de leraar zich vooral moeten richten op de daad. Het signaleren van ongewenst gedrag gaat echter meestal gepaard met negatieve gevoelens ten aanzien van de (persoon van de) leerling. Dit is op zichzelf vanzelfsprekend en hoeft ook niet onderdrukt te worden (ik-boodschappen, hoofdstuk 6). Vaak echter zien we dat deze gevoelens een zodanige rol gaan spelen dat de leraar de daad uit het oog verliest en zich te veel (of alleen) gaat richten op (de persoon van) de leerling. Dit wordt in figuur 9.5 zichtbaar gemaakt doordat de stippellijnen uit figuur 9.4 zijn vervangen door een doorlopende lijn en de relatie leraar-daad door een stippellijntje.

**FIGUUR 9.5** Gewijzigde relatie leraar-leerling

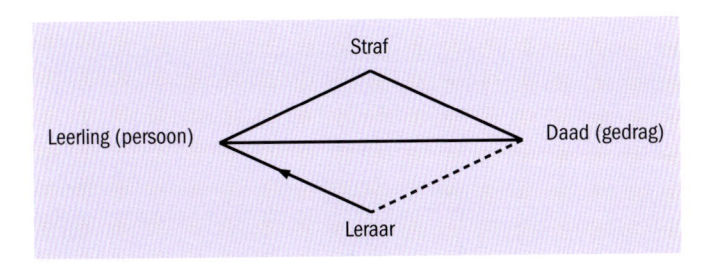

*[Figuur: driehoek met hoekpunten Straf (boven), Leerling (persoon) (links), Daad (gedrag) (rechts), en Leraar (onder)]*

In deze benadering voelt de leerling zich persoonlijk aangevallen, waardoor de kans groot is dat er problemen ontstaan in de relatie leraar-leerling, die langzamerhand een eigen leven gaan leiden. Is dit het geval, dan komt straf nogal eens in de prestigesfeer te liggen (zie ook paragraaf 7.3). De straf is dan allerminst effectief.

*Straf in prestigesfeer*

---

**VOORBEELD 9.7**

## Erik

Erik is een vrij ongedurige jongen, die nogal eens een correctie nodig heeft. Op een middag valt hij met zijn stoel achterover. Voor de leraar is hiermee de grens bereikt en hij vaart hevig tegen hem uit, waarbij hij hem uitmaakt voor alles wat mooi en lelijk is. Erik moet van hem als straf drie kwartier voor het bord staan. Deze is verbaasd en verontwaardigd, en weigert de straf omdat hij vindt dat het zo erg niet was wat hij deed. Bovendien deed hij het ook niet expres. Door deze reactie wordt de leraar nog bozer en verzwaart de straf. Op dit moment is de daad op de achtergrond geraakt, zijn er problemen ontstaan tussen leraar en leerling en is de straf in de prestigesfeer gekomen.

---

**TUSSENVRAAG 9.5**
Geef aan hoe emoties van een leraar zich verhouden tot straffen.

*T 9.5*

### 9.3.3 Daad (gedrag)-straf

Een straf kan alleen effectief zijn, als deze in verhouding staat tot de daad. Dat wil zeggen dat voor een geringe overtreding een lichte straf gegeven wordt en voor een ernstiger overtreding een zwaardere straf. Soms echter is een lichte overtreding voor de leraar de druppel die de emmer doet overlopen. Het gevolg is dat de leerling dan een veel te zware straf krijgt. De leerling kan dit als onrechtvaardig ervaren, wat gevoelens van verzet oproept.

*Effectieve straf staat in verhouding tot daad*

---

**VOORBEELD 9.8**

## Zahmira

Al de hele dag zit de leraar te mopperen over de sfeer en de werklust van de kinderen. Hij waarschuwt en dreigt regelmatig met straf. Op een gegeven moment zegt hij dat degene die het eerst nog wat tegen zijn buurman zegt,

flink straf zal krijgen. Op dat moment vraagt Zahmira, een van de rustigste kinderen van de groep, aan haar buurvrouw haar gum terug. Zahmira krijgt daarop de volle laag van de leraar. Zij loopt huilend de klas uit.
Het gedrag van Zahmira was de druppel die de emmer deed overlopen. Zahmira krijgt als het ware een straf in relatie tot de emmer en niet in relatie tot de druppel. Zeker gezien het feit dat Zahmira zo'n rustig kind is, maakt dat de leraar heel wat uit te praten heeft met haar, wil de relatie tussen hen niet verstoord raken.

---

*Straf níet in overeenstemming met daad*

In de praktijk komt het veel voor dat de straf eerder in overeenstemming is met de emotie van de leraar dan met de aard van de daad. (Denk aan het voorbeeld van Erik.) Diezelfde leraar zal op een ander moment voor dezelfde daad misschien een veel lichtere straf geven. De leerling krijgt dan een gevoel van willekeur en de straf zal niet effectief zijn.

---

**VOORBEELD 9.9**

## Ordeproblemen

De leraar van groep 7 heeft veel ordeproblemen. Het zijn met name drie jongens, Dwight, Robin en Kevin, die de boel telkens op stelten zetten. De leraar heeft op allerlei manieren geprobeerd hen in de hand te houden, maar dat is hem niet gelukt. Het is nu februari en hij heeft het min of meer opgegeven. Hij 'negeert' hun gedrag zo veel mogelijk, of liever gezegd, hij zit te verbijten om er niets van te zeggen. Als het erg uit de hand loopt, komt het steeds vaker voor dat hij ongewenst gedrag van een ander kind niet accepteert, waar hij dat voorheen wel gedaan zou hebben. Niet weten waar de klas is met lezen, voor de beurt praten, praten met een buurman, hij zit er bovenop en deelt ruim straffen uit. Steeds meer kinderen voelen zich onrechtvaardig behandeld, wat de sfeer en de motivatie van de kinderen aantast.

---

In dit voorbeeld kan de leraar niet omgaan met zijn gevoelens van onmacht om orde te houden en reageert dit af op de andere kinderen. Vaak heeft een leraar in zo'n situatie niet in de gaten wat er gaande is. Een dergelijke situatie kan dan gemakkelijk escaleren.

---

**VOORBEELD 9.10**

## Wanorde en escalatie

In groep 6 heerst de laatste tijd nogal wanorde. Het kost de leraar veel moeite om orde te houden. Hij probeert de klas in toom te houden door namen van kinderen die vervelend zijn op het bord te schrijven. Elke keer als een kind zich misdraagt, komt er een kruisje achter zijn naam. Bij vier kruisjes moeten zij nablijven. Echter, een kind kan door zich goed te gedragen ervoor zorgen dat een kruisje achter zijn naam weggeveegd wordt.
Dit systeem kan voor heel wat wanorde, onrust en gezagsondermijning zorgen. Zo ook in deze groep. De leraar dreigt voortdurend met kruisjes door op het bord te tikken als waarschuwing. Soms deelt hij ineens heel wat

kruisjes uit en dan weer houdt hij het bij dreigen. Er ontstaat een steeds grotere willekeur. De kinderen weten niet meer waar zij aan toe zijn en komen in verzet. Zo gooit Tom op een gegeven moment een propje naar Elise. De leraar zegt er niets van. Kim steekt dan haar vinger op om te 'vragen' waarom Tom geen kruisje krijgt. Vervolgens krijgt Kim een kruisje. Stephan heeft al drie kruisjes. Op een zeker ogenblik steekt hij zijn vinger op met de opmerking dat hij nu al een tijdje lief is en dat hij vond dat er een kruisje weg moet. Het gevolg is dat de leraar kwaad wordt en een vierde kruisje achter zijn naam zet.

Na afloop van de lessen zijn er altijd wel een paar kinderen met vier of meer kruisjes. Het valt sterk te betwijfelen of zowel de leraar als de kinderen nog precies weten welk gedrag de oorzaak was voor de straf. Ineffectieve straffen dus. Deze aanpak leidt dan ook niet tot meer orde in de klas.

---

Straf en daad moeten dus in verhouding staan tot elkaar. Verder hangt de effectiviteit van straf af van de tijd die er zit tussen daad en straf. De effectiviteit is optimaal als de straf zo kort mogelijk volgt op de daad.

*Effectiviteit straf afhankelijk van tijd tussen daad en straf*

---

**VOORBEELD 9.11**

## Peter

Peter is een zesjarige jongen die tijdens het voorlezen zit te giechelen. Voor straf moet hij om half vier nablijven.
De kans is groot dat Peter om half vier allang niet meer weet waarvoor hij straf heeft. Deze zal dan ook weinig effect hebben.

---

Het is dus niet altijd mogelijk een straf direct aan een leerling op te leggen. Als er langere tijd zit tussen daad en straf, is het noodzakelijk de leerling duidelijk te maken welke daad tot de straf heeft geleid. Doe dit door kort te noemen welke daad tot de straf geleid heeft. In zo'n situatie zijn leraren wel eens geneigd er een moralistisch tintje aan te geven door te vragen of het kind nog weet wat het fout gedaan heeft. Een dergelijke benadering maakt een straf in het algemeen minder effectief.

**TUSSENVRAAG 9.6**

Waar moet je op letten opdat de leerling een duidelijke relatie blijft zien tussen zijn gedrag en een straf?

T 9.6

### 9.3.4 Straf-leerling

Straf zal alleen dan het ongewenste gedrag verminderen als:
a de leerling precies weet wat hij verkeerd gedaan heeft (denk aan de drie elementen van effectieve kritiek (paragraaf 3.4) en de straf ziet in samenhang met zijn daad
b de leerling de straf als zodanig ervaart

Voor Theo is nablijven echt een straf, want hij doet niets liever dan buiten spelen, maar voor Ellen, die veel aandacht tekort komt, werkt het eerder als een versterker.

**Straf afstemmen op persoon**

Een straf dient dus afgestemd te worden op de persoon voor wie hij bedoeld is. Het draagt bij aan een zakelijke benadering als je als leraar van tevoren bepaalt welke straf voor een bepaald kind passend is. Straffen is een creatief proces. Het ter plekke moeten uitzoeken of een straf is afgestemd op de persoon, is niet reëel. Op dat moment spelen er allerlei emoties en wil je een situatie niet uit de hand laten lopen. Dat leidt al gauw tot het uitdelen van standaardstraffen. En die zijn minder effectief.

In de praktijk blijken leraren soms bezwaar te hebben tegen het afstemmen van een straf op de persoon. Men heeft het idee dat dit zich slecht verhoudt met een ander uitgangspunt, namelijk dat je consequent zou moeten zijn bij het geven van straf. Consequent houdt voor hen in dezelfde reactie op eenzelfde daad, dus standaardstraffen. De reden voor standaardstraffen is veelal dat straffen afgestemd op de leerling reacties bij leraren en kinderen oproepen dat dat niet rechtvaardig zou zijn. Het verhaal van gelijke monniken, gelijke kappen. Dit kan een principiële keus zijn. Maar vaker is het zo dat dergelijke discussies met elkaar en met kinderen lastig zijn. Zonder algemene regels moet je namelijk zelf bij ieder kind bedenken wat een effectieve straf zou kunnen zijn. Bij de beslissing over de manier van straffen dient de effectiviteit van het straffen zwaar te wegen. En hiervoor is al gezegd dat standaardstraffen minder effectief zijn.

**Bijverschijnselen niet effectief straffen**

**Zich terugtrekken**

Effectief straffen is zo belangrijk omdat niet effectief straffen nogal eens nare bijverschijnselen oproept, zoals:
- Het kind kan zich gaan terugtrekken. Het kan de plaats waar het gestraft wordt gaan mijden (niet meer naar school gaan bijvoorbeeld). Het kan de persoon die gestraft heeft gaan mijden (niet meer naar je toe komen). Het kan de hele situatie mijden (bijvoorbeeld thuis geen schoolcijfers meer laten zien of helemaal niet meer vertellen wat het op school of na school gedaan heeft).

**Afreageren**
- Het kind kan agressief worden als het op een erg boze manier bestraft wordt. Zijn schrik omdat het door jou gestraft wordt, kan het kind bijvoorbeeld afreageren op zijn vriendjes, broertjes, of het kan dingen gaan vernielen (soms jouw dingen, als wraak). Omdat het geven van straf op agressieve wijze kan gebeuren, is het mogelijk dat het kind op deze manier (via imitatie) agressief gedrag kan leren. Het kan jouw voorbeeld gaan nadoen.

**Ander gedrag minder vertonen**
- Het kind kan ook ander gedrag minder gaan vertonen, terwijl je dat niet bedoeld hebt. Als je hem bijvoorbeeld gestraft hebt toen hij een ander kind in de rede viel tijdens het kringgesprek, kan hij ook zijn mond gaan houden in andere situaties, waarin hij wel spontaan mag praten, bijvoorbeeld als hij zelf aan de beurt is.

**Negatief zelfbeeld**
- Behalve dat niet-effectief straffen de sfeer niet ten goede komt, bestaat er ook het gevaar dat het kind een negatief zelfbeeld ontwikkelt. In het eerste hoofdstuk zijn we uitvoerig op het zelfbeeld ingegaan. Als het kind gaat denken: 'Ik ben toch slecht, dus ik kan net zo goed verkeerde dingen doen', heb je juist ongewenst gedrag gestimuleerd in plaats van afgeremd.

**Gedrag onderdrukken**
- Het kind kan het gedrag waarvoor hij op school gestraft wordt op school onderdrukken, maar op andere plaatsen, bijvoorbeeld op straat of thuis, juist meer vertonen (vloeken en vechten bijvoorbeeld).

**Gedrag verdwijnt tijdelijk**
- Ook bestaat de kans dat het gedrag slechts tijdelijk verdwijnt en na verloop van tijd weer terugkomt. Als dat gebeurt, moet je steeds na een

bepaalde tijd weer gaan straffen, en dat is ook voor jou niet prettig. Je moet dan vaak steeds zwaarder straffen, wil het nog effect sorteren.

Tot slot van deze paragraaf merken we nog het volgende op. Er is een verschil tussen een kind straf geven met het doel ongewenst gedrag af te leren en het treffen van – pedagogische – maatregelen met het oog op een goed verloop van de les.

**Voortgang les**

---

**VOORBEELD 9.12**

## Sven

Het is bekend dat Sven (groep 5) ADHD heeft. Hij is soms zo onrustig, dat de leraar niet goed in staat is instructie aan de groep te geven. Met Sven is afgesproken dat hij tijdens de instructie even buiten de klas gaat zitten. Na de instructie mag hij weer binnenkomen en krijgt hij apart instructie van de leraar. Dit uit de klas gaan is dus geen straf. Het is niet de bedoeling dat Sven door het uit de klas gaan beter gaat opletten. Dat zal overigens ook niet lukken.

---

Dit voorbeeld laat zien dat het van belang is duidelijk voor ogen te hebben wat het doel is van maatregelen die je neemt. Zorgen voor voortgang van het onderwijs is een legitiem doel. Je kunt dan echter niet verwachten dat de maatregel, bijvoorbeeld het uit de klas sturen van een leerling, als effectieve straf werkt. De maatregel is namelijk bedoeld voor jezelf en niet voor de leerling. Het doel van een maatregel voor ogen houden betekent ook dat de leerling als hij terugkomt in de les, instructie krijgt zodat hij verder kan met de les. Doe je dat niet, dan probeer je – verkapt – toch de leerling te straffen voor zijn gedrag. Wil je tegelijkertijd het ongewenste gedrag aanpakken, dan dien je de uitgangspunten van effectief straffen te hanteren.

**TUSSENVRAAG 9.7**                                                                 T 9.7
Noem verschillende redenen waarom het zo belangrijk is effectief te straffen.

# Samenvatting

De samenvatting van dit hoofdstuk staat op www.pabowijzer.nl.

# Valkuilen en tips

**Valkuil 1**
Aan het begin van elk schooljaar vertel je de leerlingen welke regels er gelden in jouw klas en welke straf er aan overtredingen is gekoppeld.

*Tip 1*
Veel leraren doen dit met de bedoeling leerlingen een duidelijke structuur te bieden. Je schept inderdaad een duidelijke structuur door kinderen te laten weten dat bepaald gedrag bepaalde consequenties heeft. Bedenk echter dat standaardstraffen minder effectief zijn dan wanneer een straf is afgestemd op de persoon (zie paragraaf 9.3 ad 4).

**Valkuil 2**
Je beloont een leerling uitgebreid voor gedrag dat hij al langere tijd uit zichzelf vertoont.

*Tip 2*
Op een gegeven moment moet bepaald gedrag na een periode van belonen verinnerlijkt zijn. Het moet 'gewoon' worden. Als je blijft belonen, weet je niet of het gedrag al verinnerlijkt is. Vertoont hij het gedrag alleen nog voor de beloning? Het is wel goed de leerling te laten merken dat je diens gewenste gedrag hebt gezien, bijvoorbeeld met een effectief compliment.

**Valkuil 3**
Je geeft een leerling straf voor ongewenst gedrag, terwijl je niet hebt vastgesteld of hij het gewenste gedrag wel kán vertonen. Denk aan een leerling die thuis geleerd heeft dat vloeken geen ongewenst gedrag is.

*Tip 3*
Een kind straf geven voor ongewenst gedrag terwijl hij niet in staat is tot het gewenste gedrag zet je relatie met hem onder druk. Als je wilt dat een leerling ongewenst gedrag niet meer vertoont, dien je er zeker van te zijn dat hij in staat is het gewenste gedrag te vertonen. Is dit niet het geval, dan moet eerst het gewenste gedrag aangeleerd worden.

**Valkuil 4**
Jouw uitgangspunt is: 'Wie goed doet, zal goed ontmoeten.'

*Tip 4*
Het uitgangspunt is prima: een positieve benadering van het kind staat centraal. Maar een positieve benadering zonder meer leidt niet altijd tot positief gedrag van een leerling. Het kan voor een kind aanleiding zijn grenzen op te zoeken, te kijken hoe ver hij kan gaan: 'Als ik erg vervelend ben, blijft de leraar dan ook nog zo aardig?' Als er geen grenzen gesteld worden, gaat de leerling steeds verder en neemt een loopje met de leraar. Wees alert op signalen van dergelijk ongewenst gedrag, blijf positief, maar stel wel grenzen.

# Kernbegrippenlijst

| | |
|---|---|
| **Beloning** | Een beloning is een positief, prettig gevolg, ook wel versterker genoemd. |
| **Effectief belonen** | We spreken van een effectieve beloning, als de leerling het gedrag dat we door middel van prettige gevolgen willen aanleren of doen toenemen, ook gaat vertonen en blijft vertonen. |
| **Effectief compliment** | Een effectief compliment beschrijft precies wat het kind doet en wat het effect op de leraar is. |
| **Effectieve kritiek** | Effectieve kritiek beschrijft altijd drie dingen: het gedrag, het effect en het alternatief. |
| **Effectieve straf** | Straf is een verzwakker. Een straf kan wel of niet effectief zijn. We spreken pas van een effectieve straf, als het gedrag dat we door middel van onprettige gevolgen willen afleren, ook echt vermindert of verdwijnt. |
| **Feedback** | Letterlijk betekent dit woord terugkoppeling: de reactie van de een (bijvoorbeeld de leraar) op gedrag of een handeling van de ander (bijvoorbeeld de leerling). |
| **Gedrag** | In de gedragstheorie betreft dit uitsluitend gedrag zoals we dat met onze zintuigen kunnen waarnemen. Gedrag wordt bepaald door de directe gevolgen die het heeft. Daar deze niet constant zijn, is gedrag aan verandering onderhevig. |
| **Gedragstheorie** | De theorie over het ontstaan en veranderen van gedrag. |
| **Gewenst gedrag** | Gedrag dat de omgeving, zoals ouders en leraren, graag zou zien. |
| **Probleemgedrag** | Een kind ontwikkelt zowel gewenst als ongewenst gedrag. Probleemgedrag is ongewenst gedrag: gedrag dat de omgeving, zoals ouders of leraren, niet acceptabel vindt. |
| **Straf** | Straf is een verzwakker. Een straf kan wel of niet effectief zijn. We spreken pas van een effectieve straf, als het gedrag dat we door middel van onprettige gevolgen willen afleren, ook echt vermindert of verdwijnt. |

| | |
|---|---|
| **Versterker(s)** | Als gedrag wordt aangeleerd, blijft bestaan of toeneemt doordat het gevolgd wordt door prettige dingen of gebeurtenissen, spreken we van versterking van gedrag. De prettige gevolgen (beloningen) noemen we de versterkers. |
| **Verzwakker(s)** | We spreken van verzwakking als gedrag afneemt of verdwijnt doordat het gevolgd wordt door onprettige dingen of gebeurtenissen, zoals het onthouden van een beloning, negeren of straf. Deze onprettige gevolgen noemen we de verzwakkers. |

# Vragen

**9.1** In groep 6 gedraagt Mart zich in het begin van het jaar erg provocerend naar de leraar. Deze heeft erg veel gedaan om een goede relatie met Mart te krijgen, met succes. Nu zit hij in groep 7 bij een nieuwe leraar. Mart vertoont weer provocerend gedrag. De leraar van groep 7 geeft veel complimenten als hij zich goed gedraagt. Toch verandert het gedrag van Mart niet. Hoe interpreteer je nu deze situatie?

**9.2** Bedenk een goede beloning voor een leerling die netjes geschreven heeft.

**9.3** Wat is een goede straf voor een kind dat steeds zit te praten onder het uitleggen van een les?

**9.4** Gijs (5) mept een ander kind in de zandbak flink met een schep. Je vindt dit niet acceptabel. Wat is een effectieve straf?

**9.5** Richard is een jongen van acht jaar. Hij komt uit een gezin waarin de kinderen veel aan zichzelf worden overgelaten. Hij heeft door een zwakke fijne motoriek problemen met schrijven.

Al sinds geruime tijd zit Richard tijdens de taalles voortdurend te kletsen. Waarschuwen heeft niet geholpen en je laat hem voor straf na schooltijd zijn werk afmaken. Na verloop van tijd blijkt dat hij nog minder is gaan uitvoeren. Hoe komt dit?

De antwoorden op deze vragen kun je vinden op www.pabowijzer.nl.

# 10
# Gewenst gedrag aanleren / doen toenemen: werken met een beloningssysteem

10.1 Een goede relatie en werken met een beloningssysteem
10.2 Werken met een beloningssysteem
10.3 Verkort beloningssysteem

**Kennisdoelen**
1 De leraar krijgt inzicht in het verband tussen een goede relatie en werken met een beloningssysteem.
2 De leraar maakt zich de principes eigen die ten grondslag liggen aan werken met een beloningssysteem.
3 De leraar leert wat een verkort beloningssysteem inhoudt en hoe hij dit kan uitvoeren

**Toepassingsdoelen**
1 Met de kennis uit dit hoofdstuk is de leraar in staat om met behulp van een beloningssysteem een kind gewenst gedrag aan te leren of te doen toenemen.
2 Hij kan met een gericht doel, namelijk het doorbreken van een vastgelopen negatieve verhouding tussen hem en de leerling, een verkort handelingsplan opstellen

## 10.1 Een goede relatie en werken met een beloningssysteem

Als kinderen op school komen, is er allerlei gedrag vereist dat nodig is om zich te kunnen ontwikkelen en leren, maar dat nog niet tot hun repertoire behoort. Dat gedrag moeten ze nog leren. En jij als leraar gaat daarmee aan de slag. Maar niet alle kinderen leren even snel en gemakkelijk. Daar houd je rekening mee, je weet natuurlijk dat er de nodige verschillen zijn tussen kinderen. Maar hoe zeer je ook je best doet en al je kunde inzet, er zullen altijd situaties zijn waarin een kind bepaald gewenst gedrag niet vertoont. Het ontbreken van of niet tot stand komen van gewenst gedrag kan de relatie tussen leraar en leerling onder druk zetten.

*Ontbreken van of niet tot stand komen van gewenst gedrag*

---

**VOORBEELD 10.1**

### Timo

Timo (groep 4) heeft van huis uit geleerd dat hij mag slaan als iemand iets lelijks over hem zegt of als iemand hem pijn doet. Dat doet hij dan ook. Elke keer als hij dat doet, krijgt hij een compliment van zijn vader. Timo snapt maar niet dat dit op school niet kan. Tot groot ongenoegen van de leraar blijft hij agressief naar andere leerlingen toe.

---

Als een kind gewenst gedrag niet vertoont, wordt dit nogal eens aan onwil toegeschreven. Het kost vaak heel wat les- en leertijd, voordat een leraar beseft dat het kind dat gedrag niet kán vertonen. Het kind kan het gedrag niet vertonen omdat het bedoelde gedrag hem niet bekend is. Je vindt het heel vanzelfsprekend dat je tegen een vierjarige niet zegt: 'Hier is een boekje, ga jij maar lezen.' Maar er is allerlei ander gedrag dat een leraar van een kind verwacht zonder zich te realiseren dat het kind dat gedrag (nog) niet kan vertonen. In dergelijke situaties komt de relatie tussen leraar en leerling vaak steeds meer onder druk te staan. Je hebt het toch al vele malen uitgelegd en voorgedaan? Hoe professioneel je ook probeert te zijn, menselijke reacties kun je niet uitbannen. Een leraar is in dergelijke situaties vaak steeds moeilijker in staat tot een positieve omgang met deze leerling en ook de leerling gaat negatief en / of vermijdingsgedrag vertonen.

*Kind kan gedrag (nog) niet vertonen*

Voor Timo is het ook lastig: thuis krijgt hij een compliment voor agressief gedrag en op school mag hij dat gedrag niet vertonen. Het wordt nog moeilijker voor school omdat de ouders dit gedrag zelfs stimuleren: 'De wereld is hard en hij mag geen doetje zijn.' De ouders hebben gelukkig wel begrip voor het standpunt van school, maar zullen thuis niet meewerken.

Een systematische aanpak met behulp van een beloningssysteem is zeer geschikt voor het aanleren van gewenst gedrag, vooral als andere manieren om dat gedrag aan te leren niet het gewenste resultaat hebben opgeleverd. Het is een zakelijk-objectieve benadering, die uitgaat van waarneembaar gedrag (zie ook hoofdstuk 8) en vervolgens heel concreet stapsgewijs volgens een van te voren vastgesteld traject gedrag aanleert en doet toenemen. Door de systematische aanpak krijg je oog voor de kleine verbeteringen in het gedrag. In plaats van negatieve gevoelens en reacties vanwege het ongewenste gedrag ga je de gewenste veranderin-

*Zakelijk-objectieve benadering*

gen zien. En daarmee kan de relatie tussen leraar en leerling weer in het goede vaarwater komen.

**TUSSENVRAAG 10.1**
Welke invloed kan het werken met een beloningssysteem hebben op de relatie tussen leraar en leerling?

T 10.1

## 10.2 Werken met een beloningssysteem

In hoofdstuk 8 hebben we aangegeven wat ongewenst gedrag in de klas is, namelijk gedrag dat voor de leraar niet acceptabel is. Gewenst gedrag is dan gedrag dat de leraar graag zou zien.

*Gewenst gedrag*

---

**VOORBEELD 10.2**

### Stijn

Tijdens het kringgesprek ontstaat steeds ruzie doordat Stijn telkens aan de kinderen naast hem zit. De leraar krijgt hier langzamerhand genoeg van. Zij zou graag zien dat Stijn op zijn stoel blijft zitten zonder aan andere kinderen te komen.
Dat is het gewenste gedrag dat de leraar graag zou uitlokken.

---

Ondanks veelvuldig gebruik van effectieve complimenten en belonen is Stijn niet het gewenste gedrag gaan vertonen. Hoe kunnen we nu dan toch bereiken dat dit gewenste gedrag ontstaat en blijft voorkomen?
We hebben gezien dat bepaald gedrag kan ontstaan, blijft voorkomen of toeneemt indien dat wat er direct op volgt prettig is voor het kind dat het gedrag vertoont. Complimenten en beloningen zijn dergelijke prettige gevolgen. Maar deze hebben niet gewerkt. Daarom kiezen we nu voor een systematische aanpak: werken met een beloningssysteem. We gaan gericht kijken welke gevolgen het kind prettig vindt; anders gezegd: we bepalen de versterkers. Vervolgens laten we deze versterkers systematisch volgen op elke uiting van het gedrag dat we graag willen zien. Bij het veranderen van gedrag komt het aan op het kiezen van de juiste versterker(s).

*Beloningssysteem: kiezen juiste versterkers*

---

**VOORBEELD 10.3**

### Chantal en Ronnie

Chantal, een meisje dat niet gesteld is op lichamelijk contact, is een trage werkster. De leraar zou graag een hoger werktempo zien en besluit om iedere keer als ze een taak af heeft haar te belonen met een aai over haar bol. Deze leraar moet niet verwonderd zijn als zij, tegen zijn verwachting in, nog minder af heeft. Gelet namelijk op het feit dat zij niet gesteld is op lichamelijk contact, zal Chantal de aai over haar hoofd absoluut niet als prettig ervaren. Integendeel zelfs, ze kan maar het beste nog minder gaan werken om deze 'versterker' te vermijden.
Voor Ronnie, een enorme knuffelaar, zou in dezelfde situatie de aai over zijn bol waarschijnlijk wel een juiste versterker geweest zijn.

---

**Zelfbeeld en de beleving van het kind uitgangspunt**

Uit deze voorbeelden blijkt dat het kiezen van de juiste versterker volkomen afhankelijk is van het kind met wie je te maken hebt. Bij het kiezen van versterkers dient dan ook het zelfbeeld en de beleving van het kind uitgangspunt te zijn.

**T 10.2**

**TUSSENVRAAG 10.2**
Wat bepaalt of de reactie van een leraar op het gedrag van een leerling een versterker is of niet?

**Systematisch te werk gaan**

Als je bepaald gedrag wilt aanleren of wilt doen toenemen, zul je systematisch te werk moeten gaan. In de openingscasus van dit deel mislukte de beloningsaanpak doordat de leraar niet systematisch te werk was gegaan. Voor deze aanpak kun je gebruikmaken van een programma dat bestaat uit vijf stappen (Van Londen e.a., 1979):

---

**Stap 1 Overzicht maken van een gebeurtenis**

**Stap 2 Specificeren / concreet omschrijven van bepaald gedrag**

**Stap 3 Tellen en meten**

**Stap 4 Vaststellen van de nieuwe gevolgen (versterkers)**

**Stap 5 Kijken of het al beter gaat**

---

Deze vijf stappen lichten we in de volgende subparagrafen toe

## 10.2.1 Stap 1 Overzicht maken van een gebeurtenis

Om inzicht te krijgen welke factoren van invloed zijn op het gedrag waarop we ons richten, moeten we weten in welke situatie het gedrag zich voordoet, wat het gedrag zelf is en wat de gevolgen zijn. We maken daarbij gebruik van het zogenaamde S-G-G-schema (situatie-gedrag-gevolgen), zoals dit is weergegeven in figuur 10.1.

**Figuur 10.1** S-G-G-schema

| Wat voor situatie is het? | Wat doet het kind? | Wat is het gevolg? |
|---|---|---|
| Wie zijn er bij?<br>Waar is het?<br>Wanneer doet het zich voor? | Gedrag omschrijven in termen van waarneembare uitingen | Het directe gevolg/de directe gevolgen voor het kind |

Met behulp van dit schema kun je meer inzicht krijgen in wat er gebeurt. In de middelste kolom beschrijf je het probleemgedrag waarom het gaat, in de eerste kolom de situatie waarin het voorkomt, in de derde kolom de gevolgen (versterkers) die het gedrag nu heeft.

# Ricky (deel 5)

In het geval van Ricky, uit de openingscasus, zijn er verschillende mogelijkheden voor een schematisch overzicht .

**S-G-G-schema van Ricky**

**a**

| Wat voor situatie is het? | Wat doet het kind? | Wat is het gevolg? |
|---|---|---|
| Tijdens instructie en verwerking | Uit de bank lopen | Met lach en geintje terugsturen of laten lopen |

**b**

| Wat voor situatie is het? | Wat doet het kind? | Wat is het gevolg? |
|---|---|---|
| Tijdens instructie | Voor de beurt praten | Er iets van zeggen, maar het antwoord toch goedvinden |

**c**

| Wat voor situatie is het? | Wat doet het kind? | Wat is het gevolg? |
|---|---|---|
| Tijdens verwerken | Veel te snel werken | Werk nakijken en individueel opnieuw langsgaan |

In woorden: het gedrag van de leraar werkt in dit geval waarschijnlijk als een versterker voor Ricky (het levert hem aandacht op, zijn werk wordt goedgekeurd), waardoor het probleemgedrag blijft voorkomen. Dat het gedrag van de leraar de versterker zou zijn, is een vooronderstelling (hypothese). Mogelijk gelden ook andere versterkers, bijvoorbeeld dat Ricky door uit zijn bank te lopen contact kan hebben met andere kinderen, of dat de leraar hem komt helpen.

### 10.2.2 Stap 2 Specificeren / concreet omschrijven van bepaald gedrag

Stap 1 bestaat uit een algemene omschrijving. Dit is echter niet voldoende. De beschrijving van het te veranderen gedrag (probleemgedrag) en het gewenste gedrag (doelgedrag) moet voldoen aan de principes van de gedragstheorie. *Probleemgedrag*
*Doelgedrag*

Je gaat als volgt te werk:
a observatie in waarneembare termen
b bepalen van het doelgedrag

#### a Observatie in waarneembare termen
Eerst omschrijf je het probleemgedrag in termen van waarneembare uitingen. Je wilt heel precies weten om welk gedrag het gaat, wanneer het optreedt en wat erna gebeurt. Dat kun je alleen vaststellen door middel van observatie.

We hebben gezien dat gedrag, dus ook probleemgedrag, in stand wordt gehouden door versterkers. Als probleemgedrag regelmatig voorkomt, dan kunnen we er ook van uitgaan dat het regelmatig wordt versterkt en daardoor weer wordt uitgelokt. Anders zou het probleemgedrag verdwijnen. Ook hebben we gezien dat versterkers altijd prettige dingen of gebeurtenissen zijn, die onmiddellijk op het gedrag volgen. *Versterkers opsporen*

**VOORBEELD 10.4**

## Ernst en Helen

Ernst kliedert vaak met zijn melk. Zijn gedrag wordt versterkt door de andere kinderen, die daar steeds om moeten lachen.
Helen kauwt steeds het uiteinde van haar potlood stuk. Als zij het helemaal afgekauwd heeft, krijgt zij van de leraar een nieuw potlood. Bestraffende woorden dat zij dat niet meer moet doen, helpen niet. Iedere keer dat zij een mooi, nieuw potlood krijgt van de leraar, werkt dit als versterker voor het kauwgedrag.

Deze versterkers kunnen, zoals gezegd, geïdentificeerd worden door observatie van wat er direct op het probleemgedrag volgt. Bij de observatie in stap 2 stellen we dus de volgende drie vragen:

*Drie vragen*

1 Wat is het probleemgedrag?
2 Wanneer, in welke situatie komt het voor?
3 Wat is de versterker of wat zijn de versterkers?

### b Bepalen van het doelgedrag

Bij het aanleren / doen toenemen van gewenst gedrag staat niet het probleemgedrag centraal, maar het doelgedrag. Het nauwkeurig beschrijven van het probleemgedrag is noodzakelijk om goed te kunnen bepalen welk gedrag je dan wél wenst te zien.

*Gedrag dat je meer wenst te zien is doelgedrag*

Nu kun je bepalen welk gedrag je meer wenst te zien, dit is het doelgedrag (zie figuur 10.2).

**Figuur 10.2** Probleemgedrag en doelgedrag

| Probleemgedrag | Doelgedrag |
|---|---|
| Patricia zit onder de verkeersles steeds achterstevoren, praat met andere kinderen en luistert niet | Patricia moet tijdens de verkeersles recht zitten, haar mond houden en luisteren |
| Joke praat weinig en onverstaanbaar en speelt niet met de andere kinderen | Joke moet vaker iets zeggen, verstaanbaar zijn en vaker met de andere kinderen spelen |

Wie gedrag wil veranderen, moet dat zo omschrijven dat er om te beginnen geen misverstand kan ontstaan over de uitingen die men bedoelt, maar ook

*Tellen of meten*

zo dat de schrijver (of iemand anders) kan tellen of meten hoe vaak de uiting van dat gedrag voorkomt en wat de tijdsduur ervan is.
Specifiek omschreven gedrag is het zeggen van: 'Dag, hoe gaat het met u' of na de handenarbeidles de eigen spullen opruimen zonder dat erom gevraagd wordt. Niet specifiek is bijvoorbeeld 'aardig zijn' en 'zijn werk doen'.

Specifiek, concreet gedrag is dus iets wat je kunt zien en tellen of meten, en waarover, als je het aan een ander beschrijft, geen misverstanden mogelijk zijn (Van Londen e.a., 1979).

## Ricky (deel 6)

In onderstaand schema geven we de beschrijving van het gedrag van Ricky uit de openingscasus.

**Probleemgedrag en doelgedrag van Ricky**

| Probleemgedrag | Doelgedrag |
| --- | --- |
| Uit de bank lopen zonder te vragen | Tijdens de instructie gedurende tien minuten in de bank blijven zitten |
| Voor de beurt praten | Vinger opsteken en pas iets zeggen als zijn naam genoemd wordt |
| Te snel werken en veel fouten maken | Hoogstens vier fouten maken door een lager tempo bij twintig sommen |

**TUSSENVRAAG 10.3**
Wat is het verschil tussen probleemgedrag en doelgedrag?

### 10.2.3 Stap 3 Tellen en meten

We hebben al aangegeven dat het bij het aanleren/doen toenemen van gewenst gedrag niet gaat om het probleemgedrag. Bij deze stap staat het doelgedrag centraal. Om het doelgedrag te kunnen versterken, moeten we eerst weten of het in elementaire vorm voorkomt, en zo ja, hoe vaak en / of hoe lang. Om dit te weten te komen, gaan we tellen of (tijd)meten. Daartoe moeten we weer gaan observeren.
Bij het observeren moeten we twee keuzes maken:
a Tellen of (tijd)meten
b Bepalen van het tijdstip of de duur van de observatie

*Ad a Tellen of (tijd)meten*
Wat we kiezen is afhankelijk van de meest kenmerkende eigenschap van het doelgedrag, namelijk of het vaak voorkomt (frequentie) of dat het gedurende een bepaalde periode voorkomt (duur).
Bij Patricia uit figuur 10.2 was het doelgedrag: tijdens de verkeersles recht zitten, mond dicht houden en luisteren. Dit zijn alle drie gedragingen, waarbij de duur de kenmerkende eigenschap is. In zo'n geval gaan we (tijd) meten.
Bij Joke daarentegen, die vaker wat moet zeggen, verstaanbaar moet zijn en meer met andere kinderen moet spelen, is het belangrijkste hoe váák dit doelgedrag voorkomt. Dus gaan we bij haar tellen.

*Ad b Bepalen van het tijdstip of de duur van de observatie*
In het voorbeeld van Joke kunnen we aannemen dat het doelgedrag niet vaak voorkomt. Observeren gedurende een lange, aaneengesloten periode is dan de aangewezen methode. We zetten bijvoorbeeld gedurende de gehele dag iedere keer een streepje als het gedrag voorkomt.
Dit is echter niet altijd mogelijk. Interfereert het observeren van het gedrag te zeer met het lesgeven of is het doelgedrag gebonden aan een specifieke situatie, dan is het beter om gedurende een bepaalde periode van de dag te observeren.

**Tellen en meten in de praktijk**

Zo is in het voorbeeld van Patricia het doelgedrag gebonden aan een specifieke situatie, namelijk de verkeersles. Het is daarom volkomen nutteloos gedurende de gymnastiekles te observeren.
Ook als rechtzitten enzovoort gedurende de gehele dag het doelgedrag zou zijn, kan toch het observeren tijdens een bepaalde periode de aangewezen methode blijken. Immers, het is in de praktijk van de klas meestal onmogelijk dat de leraar zulk gedrag de hele dag observeert. Bovendien is een uur observatie meestal wel voldoende om een goed beeld te krijgen van de mate waarin het kind aanzetten tot het doelgedrag vertoont. We observeren dan wel iedere dag even lang en op dezelfde tijd, bijvoorbeeld iedere ochtend van negen tot tien. Deze observatieperiode hoeft niet aaneengesloten te zijn. Wij kunnen bijvoorbeeld iedere ochtend van half tien tot tien uur en iedere middag van half twee tot twee uur observeren. Bij de keuze van het tijdstip dient de leraar wel rekening te houden met mogelijke verschillen in gedrag in de loop van de dag onder invloed van een factor als vermoeidheid.

**Observatieperiode**

## Ricky (deel 7)

Bij Ricky, uit de openingscasus, gaat het om drie probleemgedragingen (zie ook de figuur op de vorige pagina). Aan de hand daarvan hebben we vastgesteld wat het gewenste gedrag is, het doelgedrag. Dit was respectievelijk tijdens de instructie gedurende tien minuten in de bank blijven zitten; vinger opsteken en pas iets zeggen als zijn naam genoemd wordt; hooguit vier fouten maken in twintig sommen door een lager tempo. Deze gedragingen gaan we tellen of meten. De leraar moet een keuze maken welk doelgedrag hij het liefst wil zien. Alle probleemgedragingen tegelijk oplossen zal niet lukken. Als het uit de bank lopen het grootste probleem is, is het te observeren doelgedrag hoe lang Ricky tijdens een les in de bank kan blijven zitten. Dit is gedrag dat we alleen kunnen meten. Tijdens een rekenles gaat de leraar gedurende een lesweek observeren. De uitslag van de observatie 'blijven zitten in de bank' is te zien in navolgend 'schema.

**Uitslag observatie**

| Dag | 1 | 2 | 3 | 4 | 5 |
|---|---|---|---|---|---|
| Duur | 3 minuten | 2 minuten | 2 minuten | 7 minuten | 4 minuten |

Als het voor de beurt praten het grootste probleem is, is het te observeren doelgedrag hoe vaak hij iets zegt in combinatie met zijn vinger

> opsteken. Dit is gedrag dat we alleen kunnen tellen. Tijdens de instructie van een rekenles gaat de leraar gedurende een lesweek observeren.

---

**Praten in combinatie met vinger opsteken**

| Dag | 1 | 2 | 3 | 4 | 5 |
|---|---|---|---|---|---|
| Aantal keren | 0 | 3 | 1 | 2 | 3 |

Als het snelle werken het grootste probleemgedrag is, wordt het aantal goede antwoorden geteld in een rekenles met twintig sommen.

---

Tellen en meten is nuttig om twee redenen:
1 We kunnen precies zien hoe ernstig het probleem is. Je denkt bijvoorbeeld dat een kind iets nooit doet, het doelgedrag dus helemaal niet vertoont. Uit de telling of meting kan dan blijken dat het af en toe wel dat gedrag vertoont. Ook kan blijken dat probleemgedrag minder vaak voorkomt dan je denkt: 'Jij maakt je rekenen nooit af' blijkt dan bijvoorbeeld twee keer per week te zijn.
2 We kunnen pas veranderingen meten, als we eerst weten hoe vaak of hoe lang bepaald gedrag voorkomt: dus wat we bij stap 3 geteld of gemeten hebben, dient als uitgangspunt voor het verdere veranderingsprogramma. Dit noemen we de basislijn.

*Ernst van het probleem*

*Basislijn*

### 10.2.4 Stap 4 Vaststellen van de nieuwe gevolgen (versterkers)

In de vorige stappen zijn we bezig geweest met vast te stellen hoe de situatie nu is, hoe vaak bepaald gedrag nu voorkomt. In deze fase gaan we proberen dit gedrag daadwerkelijk te veranderen. Dit doen we door het optreden van het gedrag te laten volgen door iets wat voor het kind prettig is. Deze stap is cruciaal in het werken met een beloningssysteem. Om gewenst gedrag aan te leren / te doen toenemen moeten we er consequent op een bepaalde, vastgestelde manier op reageren. Deze wijze van reageren moet een versterkende werking hebben, zodat het doelgedrag inderdaad (meer) gaat voorkomen.

*Gedrag veranderen*

*Consequent op een bepaalde, vastgestelde manier reageren*

In het algemeen worden vier soorten versterkers onderscheiden (zie bijlage 1):
1 sociale versterkers
2 ruilversterkers
3 activiteitenversterkers
4 materiële versterkers

*Ad 1 Sociale versterkers*
Mensen gebruiken in de omgang met elkaar sociale versterkers. Deze vormen altijd een onderdeel van hun gedragingen.

Voorbeelden van sociale versterkers zijn:
- klopje op de schouder
- een complimentje, aandacht
- knipoog
- in de pauze bij de leraar lopen

*Ad 2 Ruilversterkers*
Ruilversterkers hebben op zichzelf als versterker geen waarde, maar ze werken als versterker omdat ze ingeruild kunnen worden tegen leuke dingen (versterkers). Het voordeel van ruilversterkers is dat ze direct na het gewenste gedrag gegeven kunnen worden, terwijl dit met andere versterkers niet altijd mogelijk is.
Een duidelijk voorbeeld van een ruilversterker is een stempel: je kunt stempels inruilen tegen allerlei prettige versterkers, zoals een stripverhaal of een kwartier vrijspelen. Ook spaarzegels en fiches zijn voorbeelden van ruilversterkers.

*Ad 3 Activiteitenversterkers*
Ook prettige activiteiten kunnen als versterker dienen. Als Piet bijvoorbeeld eerst zijn taak moet afmaken en pas daarna op het schoolplein mag spelen, is het spelen een versterker voor het afmaken van zijn taak.

*Ad 4 Materiële versterkers*
Voorbeelden van materiële versterkers zijn: snoepjes, stripboek, kleurpotloden. Het gaat dus om tastbare zaken.

**T 10.4**

**TUSSENVRAAG 10.4**
Noem verschillende soorten versterkers.

*Versterker bepalen in overleg met het kind*

Omdat een gevolg, dat als versterker bedoeld is, voor het kind ook echt een versterker moet zijn, kun je zo'n versterker het beste in overleg met het kind bepalen. Indien je vindt dat dit om een of andere reden niet mogelijk is (je vindt het kind er bijvoorbeeld te jong voor), dan moet je op grond van wat je van het kind weet – of te weten kunt komen door hem in de klas gade te slaan – bepalen welke versterkers voor dit kind het meest geschikt zijn. In de praktijk blijken leraren nogal eens met plaatjes en stickers (materiële versterkers) te werken zonder zich af te vragen of deze voor het kind ook op de lange duur een echte beloning vormen.

Het zal echter duidelijk zijn dat onze voorkeur uitgaat naar de eerste mogelijkheid, omdat dan de kans op misverstanden het kleinst is. Probeer dus met het kind te bespreken welke versterkers het zou willen verdienen, voor welk gedrag het precies geldt (zie stap 2), en hoe vaak het gedrag moet voorkomen om beloond te worden. Voor dit onderhandelen kunnen we goed gebruikmaken van de vaardigheden die in het vorige deel besproken zijn (ik-boodschappen, actief luisteren).

*Is het gedrag haalbaar?*

## Ricky (deel 8)

We keren weer even terug naar de openingscasus. In het geval van Ricky ziet het vaststellen van de versterkers er als volgt uit:
Ricky is zeven jaar en zit in groep 3. Sociale versterkers blijken voor hem

belangrijk te zijn. Vanwege zijn leeftijd denken we dat het toepassen van sociale versterkers alléén niet het gewenste resultaat zal opleveren en we besluiten daarnaast ruilversterkers te gebruiken.

De leraar geeft met behulp van ik-boodschappen aan dat hij last heeft van de ongedurigheid van Ricky tijdens de rekenles. Hij zegt dat hij eens wil kijken of Ricky wat beter stil kan zitten. Afgesproken wordt dat na een paar minuten stilzitten een beloning volgt.

Uit de observatie blijkt dat Ricky in elk geval twee minuten kan stilzitten. Dat is niet veel. Het is daarom niet reëel te verwachten dat hij het in één keer klaarspeelt om gedurende de gehele rekenles stil te zitten.

Het is belangrijk dat de duur of frequentie van het gedrag dat het kind moet gaan vertonen, haalbaar is voor het kind. Is dit niet het geval, dan is de kans groot dat het werken met een beloningssysteem geen resultaat oplevert. Als het vertonen van het doelgedrag namelijk niet binnen de mogelijkheden van het kind ligt, kunnen er geen versterkers gegeven worden en zal het gedrag dus ook niet toenemen. Deze moeilijkheid kan ondervangen worden door het gestelde doelgedrag te splitsen in subdoelgedragingen.

*Is het gedrag haalbaar?*

*Subdoelgedragingen*

## Ricky (deel 9)

Zoals we in de openingscasus lazen, heeft de leraar bij Ricky al gewerkt met beloningen, echter zonder succes. De verklaring hiervoor is dat de leraar ervan uitging dat het doelgedrag in één keer haalbaar was voor Ricky; hij werkte niet met subdoelgedragingen. De kloof tussen het doelgedrag en de basislijn was te groot. Gevolg: geen gedragsverandering.

Het voorgaande kunnen we in de volgende twee basisprincipes samenvatten:
1 Het kind moet het 'eerste stukje gedrag' dat je wilt gaan versterken, kunnen vertonen. Met andere woorden: de eerste stap (subdoelgedrag) moet aansluiten bij de mogelijkheden van het kind.
2 Gedrag kun je het beste in kleine stapjes veranderen.

*Twee basisprincipes*

Deze basisprincipes moet je voortdurend in gedachten houden.
Als de leerling het eerste subdoelgedrag blijkt te kunnen halen, dient de leraar het volgende subdoelgedrag vast te stellen. Dit ligt weer net een stapje hoger.

## Ricky (deel 10)

Uit de observatie bleek dat Ricky in elk geval twee minuten stil kon zitten. Zoals gezegd noemen we dit de basislijn (zie stap 3). Op grond van de basislijn wordt vastgesteld wat het eerste (subdoel)gedrag is dat de leraar gaat versterken. Uitgaande van de basislijn zou drie minuten stilzitten en werken haalbaar moeten zijn voor Ricky.

Nu moeten er nog drie dingen gebeuren:
1 Afspreken welke ruilversterkers gebruikt gaan worden: Ricky kiest voor plaatjes en voor de afspraak dat hij bij vijf plaatjes de leraar mag helpen met het opruimen van de klas (dit heeft hij zelf gekozen).
2 Afspreken gedurende welke termijn dit gedrag versterkt gaat worden: voor Ricky wordt deze termijn gesteld op twee weken, waarna ze samen de resultaten zullen bespreken.
3 Ook wordt de afspraak gemaakt dat als Ricky meer dan twee minuten langer stilzit en werkt dan afgesproken is, hij twee plaatjes krijgt.

Het is wenselijk de gemaakte afspraken op te schrijven. Dit noemen we het opstellen van een 'contract'.

## Ricky (deel 11)

We blijven even bij Ricky. Het contract voor hem zou er als volgt uit kunnen zien.

'Wij, Ricky Klapstra en meester Sevenster, spreken het volgende af: als het Ricky lukt tijdens de rekenles een paar minuten stil te zitten, krijgt hij een plaatje. Als hij vijf plaatjes heeft mag hij de meester helpen opruimen. Dit houden we twee weken vol.

Datum:                              Handtekeningen:

N.B. Mocht binnen de genoemde periode blijken dat een van beiden de afspraak niet meer ziet zitten, dan kan in onderling overleg besloten worden deze te veranderen of te ontbinden.'

Een dergelijke toevoeging is nodig om te voorkomen dat de spanningen tussen leraar en leerling hoog oplopen indien het werken met een beloningssysteem al snel helemaal zou mislopen (bijvoorbeeld door fout tellen of meten).

### 10.2.5 Stap 5 Kijken of het al beter gaat

Nadat je met het programma gestart bent, dat wil zeggen nadat je andere versterkers bent gaan gebruiken, blijf je tellen of meten, zodat je – objectief – kunt vaststellen of de gewenste veranderingen optreden. Je zult waarschijnlijk niet onmiddellijk de gewenste verandering in het gedrag kunnen zien. Soms proberen kinderen eerst of je wel werkelijk meent wat je zegt. De gemaakte afspraken dienen dan ook consequent nagekomen te worden: als het kind het verdient, geef je de versterker(s) en als het de versterker(s) niet verdient, geef je deze niet.
Bij een positief resultaat kun je doorgaan. Soms kan en moet je al van succes spreken, als het gewenste gedrag zelfs maar één keer meer voorkomt dan voordat je met het werken met een beloningssysteem startte.

*Blijven tellen of meten*

*Afspraken consequent nakomen*

# Ricky (deel 12)

Bij Ricky zijn in twee weken de volgende resultaten bereikt.

**Resultaten gedrag Ricky**

| Dag | 6 | 7 | 8 | 9 | 10 |
|---|---|---|---|---|---|
| Duur | 8 minuten<br>2 plaatjes | 7 minuten<br>2 plaatjes | 2 minuten<br>geen | 1 minuut<br>geen | 5 minuten<br>1 plaatje |
| Dag | 11 | 12 | 13 | 14 | 15 |
| Duur | 5 minuten<br>1 plaatje | 8 minuten<br>2 plaatjes | 5 minuten<br>1 plaatje | 10 minuten<br>2 plaatjes | 7 minuten<br>1 plaatje |

Na dag 11 wordt het subdoelgedrag aangepast: na vier minuten volgt een beloning. Na dag 14 wordt opnieuw het subdoelgedrag verhoogd, nu naar zes minuten.
Ook het aantal plaatjes voor de beloning is verhoogd: 12 plaatjes = 2 keer helpen.

Alleen op de achtste en negende dag zijn de scores laag. Dit is een veelvoorkomend verschijnsel. Het nieuwtje van een dergelijke afspraak tussen leraar en leerling is er dan af en, zoals gezegd, gaat het kind dan vaak proberen of de leraar wel consequent is in het geven van de versterker. In figuur 10.3 maken we dit aanschouwelijk.

**FIGUUR 10.3** Het nieuwigheidseffect

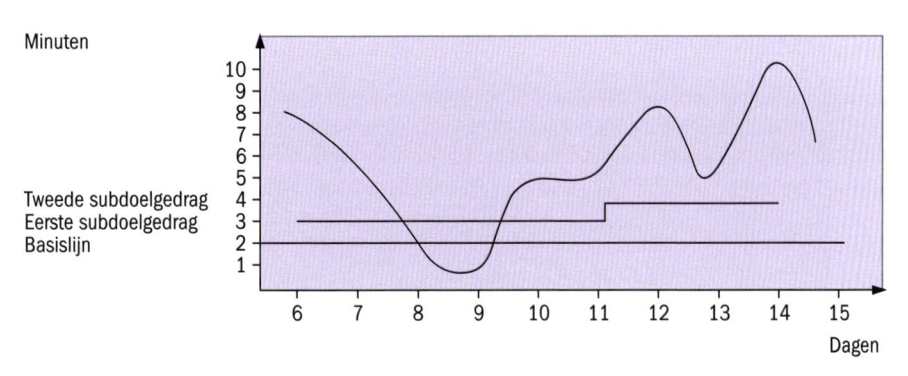

Na vijf dagen observatie is op dag 6 het programma gestart. Vervolgens zien we dat na twee dagen, op dag 8 en 9, het resultaat ineens snel zakt. De nieuwigheid is er blijkbaar vanaf. Volgens de theorie van de gedragsbeïnvloeding is dit geen reden het programma te stoppen. De resultaten van de eerste twee dagen moeten namelijk als bovenmatig en niet als maatgevend gezien worden. Ook dat is een veelvoorkomend verschijnsel, voortkomend uit het enthousiasme van het kind voor een geheel andere aanpak. Dit noemen we het nieuwigheidseffect. Uitgaande van de basislijn zijn de resultaten van dag acht en negen normaal te noemen. Als de eerste twee dagen buiten beschouwing blijven, is uit de grafiek een duidelijk positieve trend af te lezen.

*Nieuwigheidseffect*

> ### Ricky (deel 13)
>
> De resultaten van de tweede week laten zien dat het beloningssysteem het gewenste resultaat heeft en wel zodanig, dat in overleg met Ricky vier minuten stilzitten als volgende subdoelgedraging gesteld wordt. Ook nu geldt weer een termijn van twee weken.

Hoewel uit het schema blijkt dat Ricky ook tien minuten kan stilzitten, wordt toch zes minuten als subdoelgedrag genomen. Tien minuten zou een te hoge eis inhouden. Denk aan het principe beetje-bij-beetje veranderen; door een te hoge eis zou het programma kunnen mislukken.
Op deze manier tracht men het uiteindelijke doelgedrag te bereiken.

### 10.2.6 Als resultaat uitblijft

Soms treden de verwachte veranderingen niet op, bedenk dan:
*Er is meestal niets fout met jou of het kind, maar bijna altijd met het beloningssysteem.*

*Uitblijven van succes*

We bespreken hier enkele aspecten die je bij het uitblijven van succes nader kunt bekijken:

> **Stap 1 Overzicht maken van een gebeurtenis**
> Kijk dit overzicht nog eens na. Staat alles in de goede kolom? Staat het gedrag nauwkeurig genoeg omschreven?
>
> **Stap 2 Specificeren, concreet beschrijven van een gedragsuiting**
> Is het gedrag concreet en specifiek? Kun je het gedrag zien en tellen of meten en kun je het voor een ander zodanig beschrijven dat er geen misverstanden over kunnen bestaan?
>
> **Stap 3 Tellen en meten**
> Heb je consequent geteld of gemeten? Heb je de juiste telmethode gebruikt, steeds op dezelfde tijden, en kan iedereen de resultaten zien?
>
> **Stap 4 Het vaststellen van de gevolgen**
> Zijn de gevolgen juist? Zijn het echte versterkers voor het kind? Heb je eerlijk en positief onderhandeld? Was het kind het met jou eens, écht eens? Je kunt er nog een keer over praten. Je kunt andere gevolgen afspreken en kijken of die werken. Ben je gemakkelijk genoeg begonnen en heb je de kleine stapjes wel in de gaten gehouden?

Het starten van een beloningssysteem leidt automatisch tot de vraag wanneer en hoe ermee te stoppen. Je kunt er namelijk niet zo maar op een willekeurig moment mee ophouden. Omdat het afbouwen van een beloningssysteem voor het aanleren / doen toenemen van gewenst gedrag en afleren / doen afnemen van ongewenst gedrag hetzelfde is, behandelen we dit in paragraaf 11.3.

*Wanneer en hoe stoppen*

## Ricky (deel 14)

Er is nu een beloningssysteem vastgesteld voor Ricky voor doorwerken tijdens de rekenles en om het uit de bank lopen tegen te gaan. Als blijkt dat dit doelgedrag stabiel genoeg is, kan de leraar het contract uitbreiden met de andere doelgedragingen (vinger opsteken en zonder fouten werken). Hierbij moet de leraar dezelfde procedure volgen als bij het eerste doelgedrag.

**TUSSENVRAAG 10.5**

Noem bij elke stap van het beloningssysteem oorzaken waardoor het kan mislukken.

*T 10.5*

### 10.2.7 Praktische wenken

Ter afsluiting van dit hoofdstuk plaatsen we nog een aantal kanttekeningen. Bij het opstellen van een beloningssysteem kun je op het probleem stuiten dat bij het vaststellen van de basislijn (stap 3) blijkt dat het doelgedrag in het geheel niet voorkomt. Dit betekent dat je het kind uitgebreid moet uitleggen welk gedrag je graag wilt zien en hoe het dit kan vertonen. Hierbij is het vaak nodig het gewenste gedrag voor te doen opdat het kind het kan nadoen. Dit noemen we imitatieleren.

*Doelgedrag komt in het geheel niet voor*

---

**VOORBEELD 10.5**

### Annetje

Annetje (groep 2) kan bij het tekenen niet goed op het tekenvel blijven. Zij tekent steeds door op haar tafel. Zij merkt niet waar het tekenvel ophoudt en waar de tafel begint. De tafel wordt steeds erg vies. Jij gaat samen met haar tekenen en laat zien hoe het moet. Jij tekent iets en Annetje tekent het na terwijl jij het op het tekenvel blijven steeds hardop verwoordt.

---

Het is belangrijk het doelgedrag niet te absoluut te stellen. Bij kinderen die al een tijd als lastig ervaren worden, heeft de leraar soms de neiging dat wel te doen, als hij meer dan genoeg heeft van het probleemgedrag. Het is dan niet altijd gemakkelijk genoegen te nemen met heel kleine stapjes. Een voorbeeld van te absoluut gesteld doelgedrag voor Ricky is gedurende de gehele les doorwerken en niet uit de bank komen. Deze eis wordt ook niet aan andere kinderen gesteld. Elk kind overtreedt wel eens een regel.

*Doelgedrag niet te absoluut*

Ten slotte kan het gebeuren dat probleemgedrag onder invloed van de observatie niet of nauwelijks meer voorkomt. Wat we dan horen, is: 'Zo gek, hij vertoont dat gedrag niet meer.' Hiervoor is een goede verklaring. Doordat de aandacht van de leraar nu uitgaat naar het observeren, blijven de reacties uit die eerst op het probleemgedrag volgden. In termen van de gedragstheorie: door het uitblijven van de versterkers neemt het probleemgedrag af.

*Probleemgedrag neemt af*

## 10.3 Verkort beloningssysteem

In paragraaf 10.1 geven we aan hoe het ontbreken van of niet tot stand komen van ongewenst gedrag de relatie tussen leraar en leerling onder druk kan zetten. Een positieve omgang wordt voor leraar en leerling steeds moeilijker. Een systematische aanpak met behulp van een beloningssysteem is dan zeer geschikt, vooral als andere manieren om het gewenste gedrag uit te lokken geen resultaat hebben gehad, zo stellen wij. Maar er zijn situaties dat ook het werken met gedragsveranderingsprogramma's niet lukt. Soms is er zo'n negatieve relatie tussen leraar en leerling ontstaan dat er geen reële basis is voor het werken met een zo arbeidsintensief programma. Er is te veel weerstand, leraar en leerling zitten vast in een spiraal van straffen, mopperen en ongewenst gedrag. De leraar is niet (meer) in staat om voldoende afstand te nemen om objectief en systematisch te werk te gaan, wat essentieel is voor een gedragsveranderingsprogramma. In die situatie kan het zinvol zijn te kiezen voor een verkort beloningssysteem, een systeem gebaseerd op ruime ervaring in de praktijk. Het doel van deze aanpak is het doorbreken van de negatieve spiraal, zodat er ruimte komt voor een positieve(re) benadering of handelingsplan.

*Relatie leraar-leerling in negatieve spiraal*

*Ruimte scheppen voor positieve(re) aanpak of handelingsplan*

Dit systeem is gebaseerd op het nieuwigheidseffect dat vaak in het begin van een gedragsveranderingsprogramma optreedt (subparagraaf 10.2.5). Bij Ricky zien we dat hij de eerste week van het programma in staat is het doelgedrag te vertonen. Daarna zakt het resultaat ineens snel weg (figuur 10.3). De nieuwigheid van de andere aanpak is er af en Ricky vervalt in zijn oude gedrag. Bij een zeer negatieve relatie tussen leraar en leerling is dit vaak het moment dat ook de leraar afhaakt. 'Zie je wel, er is niets met dat kind te beginnen, al die moeite heeft helemaal geen zin'. Het programma verwatert en al gauw is alles bij het – negatieve – oude.

In een verkort beloningssysteem maak je gebruik van het nieuwigheidseffect. Een verkort beloningssysteem beslaat twee weken. Daarmee sluit het aan op het gevoel van geheel vastgelopen te zijn in je relatie met de leerling. Een periode van twee weken is te overzien en het hoort tot de professionaliteit van een leraar in elk geval deze inspanning te willen leveren. Het doel van een verkort beloningssysteem is dus het doorbreken van de negatieve spiraal tussen leraar en leerling. Dat doen we door bepaald positief gedrag van het kind te benoemen en dat gedurende twee weken te belonen. Het hoeft niet het gewenste gedrag (doelgedrag) te zijn, want dat was nu net het gedrag dat het kind niet kan of wilde vertonen. De kans de negatieve spiraal te doorbreken is dan klein.

*Doorbreken negatieve spiraal*

### Ricky (deel 15)

Het telkens weer uit de bank lopen van Ricky is het grootste probleem, dat tot een vastgelopen negatieve relatie heeft geleid. Dit gedrag laat je even voor wat het is. Je ziet wel dat Ricky een sociale jongen is, die dingen snel begrijpt en graag anderen helpt.

> Met name met Carlo, die pas nieuw is in de klas en nog niet zo goed Nederlands spreekt, heeft Ricky een goed contact. Ze zitten in hetzelfde groepje. Je besluit om iedere keer als Ricky Carlo helpt een sticker op een stickerkaart te plakken. Bij zes stickers krijgt Ricky een beloning. Hij mag dan een grote kaart uitzoeken, het bord schoonmaken, of iets anders dat echt een beloning voor hem is (zie paragraaf 10.2). Je vertelt Ricky wat je voor de komende twee weken van plan bent.

Je doorloopt dus niet stap 1, 2, 3 en 4 zoals deze beschreven zijn in paragraaf 10.2. De leraar let goed op hoe vaak de leerling het positieve gedrag laat zien – je neemt dus altijd gedrag dat het kind al laat zien of kan laten zien – en geeft dan een compliment (denk aan effectieve complimenten!), telt die op en noteert die goede gedragingen op een stickerkaart. Bij een bepaald aantal goede gedragingen volgt een beloning. Bij het bepalen van het aantal is belangrijk dat het gedrag voor het kind gemakkelijk haalbaar is. Je uitgangspunt is het doorbreken van een negatieve spiraal, dus hoe weinig het positieve gedrag in jouw ogen misschien ook voorkomt, het is een compliment waard. Is het aantal gedragingen voor een kind niet haalbaar, dan versterk je alleen maar je negatieve gevoelens ten opzichte van het kind. Mocht je moeite hebben bepaald gedrag van het kind als positief aan te merken, schakel dan iemand – bijvoorbeeld een intern of extern begeleider – in die niet met het kind in die negatieve spiraal zit en daardoor gemakkelijker positief gedrag zal opmerken.

*Haalbaar gedrag*

Vrijwel altijd zie je dat de leerling gedurende één of twee weken zo'n systeem als positief ervaart en zijn best doet om de beloning te halen. Dit effect gebruik je om de relatie tussen jou en de leerling in een positiever licht te gaan zien. Dit vraagt van jou als leraar een bewuste houding (zie ook reflectie, deel 4): 'Ik voer dit programma uit om hoe dan ook uit de negatieve spiraal van straffen en mopperen te komen en de basis te leggen voor een andere meer positieve aanpak en / of handelingsplan'.

Je kunt het effect van het belonen versterken door gebruik te maken van een bepaalde opklimmingsgraad bij het belonen. Dat werkt als volgt. Je hebt als uitgangspunt genomen dat Ricky nadat hij zes keer het positieve gedrag heeft vertoond, een beloning krijgt, bijvoorbeeld het bord schoonmaken. In een gedragsveranderingsprogramma zou je nu volgens een vast stramien gaan belonen (zie subparagraaf 10.2.4). Bij het verkorte beloningssysteem kun je anders te werk gaan met als doel nadrukkelijk uiting te geven aan je intentie met de leerling weer in positief vaarwater te komen. Je wacht bij Ricky met belonen dan niet tot hij weer zes keer het positieve gedrag heeft vertoond, maar doet dat bijvoorbeeld al na drie keer, of misschien wel na twee keer. Zo'n opklimmingsgraad is belangrijk voor leraar en leerling om zicht te blijven houden op het positieve gedrag.

*Effect belonen versterken*

Met het doorbreken van de negatieve spiraal zijn de problemen uiteraard nog niet verdwenen.

Maar er is nu wel weer ruimte voor (het opbouwen van) een goede relatie. De leraar kan nu kiezen welke andere benadering hij wil inzetten om het probleem aan te pakken. Dat kan nog steeds een gedragsveranderinsgprogramma zijn, maar ook een andere aanpak gebaseerd op de uitgangspunten in deel 1, 2 en 3. Door het herstellen van de goede relatie heeft die aanpak nu veel meer kans van slagen.

*Ruimte voor (het opbouwen van) een goede relatie*

*Gedragsveranderingsprogramma*

Een verkort beloningssysteem heeft dus niet als doel gedrag aan te leren of te veranderen maar dient vooral als een opmaat voor een andere benadering van het kind.

T 10.5

**TUSSENVRAAG 10.6**
Wat is het essentiële verschil tussen een gedragsveranderingsprogramma en een verkort beloningssysteem?

# Samenvatting

De samenvatting van dit hoofdstuk staat op www.pabowijzer.nl.

# Valkuilen en tips

**Valkuil 1**
Je start met een beloningssysteem. De eerste week zie je de gewenste veranderingen in het gedrag van de leerling. De tweede week gaat het niet goed, er is een duidelijke terugval. Je concludeert dat de aanpak niet werkt.

*Tip 1*
Je bent te snel met je conclusie. Vrijwel altijd is een beloningssysteem de eerste week een succes: het nieuwigheidseffect. De winst van de eerste week is vaak te groot en dus tijdelijk. Er is enige tijd voor nodig voordat gewenst gedrag gestabiliseerd is.
Blijf je programma dus volgen volgens de stappen die je hebt vastgelegd.

**Valkuil 2**
Je bent met een beloningssysteem gaan werken voor een bepaalde leerling. Op een gegeven moment toont de leerling zich verontwaardigd dat hij geen beloning krijgt. Jij vindt dat hij geen beloning verdient; de leerling is het daar niet mee eens.

*Tip 2*
Als er met de leerling een discussie komt over het al dan niet belonen, geeft dat aan dat het gewenste gedrag niet duidelijk, objectief waarneembaar is vastgesteld. Bespreek van tevoren precies met voorbeelden erbij welk gedrag door jou beloond gaat worden en welk gedrag (nog) niet.

**Valkuil 3**
Je begint met een beloningssysteem. Je stelt een doel, zonder vast te stellen of dit voor de leerling haalbaar is.

*Tip 3*
Het gewenste gedrag moet wel haalbaar zijn én blijven. Daarbij moet een terugval en een overtreding mogelijk zijn. Een einddoel dat de leerling bepaald gedrag nooit meer mag vertonen, is niet realistisch. Accepteer wat terugval, zeker na weekends en vakanties.

**Valkuil 4**
Je start met een beloningssysteem, maar komt tot de ontdekking dat het je te veel tijd kost. Je vergeet daardoor consequent te belonen.

*Tip 4*
Dit komt veel voor en veroorzaakt grote problemen in de relatie met de leerling. De hoop die de leerling heeft gekregen door de beloningen (= positieve benadering) verdwijnt weer.

Wees je van tevoren bewust van de tijdsinvestering van beloningssystemen in relatie tot je andere werk en de andere leerlingen.
Laat een beloningssysteem niet zonder reden verwateren.

**Valkuil 5**
Bij een verkort beloningssysteem ga je gedrag belonen, dat tegenovergesteld is aan het gedrag waaraan jij je zo stoort. Je bent verbaasd dat de leerling de beloning maar een enkele keer haalt.

*Tip 5*
Het lijkt zo logisch, gedrag te kiezen dat te maken heeft met het gedrag dat je zo stoort. Maar bij een verkort beloningssysteem gaat het niet om het veranderen van gedrag, maar om het verbeteren van de relatie. Je neemt dus positief gedrag, dat het kind al gemakkelijk vertoont, waar het geen moeite voor hoeft te doen en waarvoor je hem dus snel kunt belonen. Dat gaat wellicht tegen je gevoel in dat een beloning toch op zijn minst 'een beetje verdiend' moet worden, maar dat is het principe van de gedragsmodificatie. Nogmaals, het doel is het verbeteren van de relatie. Daarom kies je voor gedrag dat de leerling al goed kan vertonen en geen gedrag dat nog niet voldoende in zijn bagage zit.

# Kernbegrippenlijst

| | |
|---|---|
| **Activiteitenversterkers** | Prettige activiteiten die als versterker dienen. |
| **Basislijn** | Veranderingen zijn alleen te meten als we weten hoe vaak of hoe lang bepaald gedrag eerst voorkwam. Dat doen we door tellen of meten. De resultaten van die telling of meting dienen als uitgangspunt voor het verdere veranderingsprogramma. |
| **Beloningssysteem** | Het aanleren of doen toenemen van gedrag door gebruik te maken van een systematische aanpak. Hierbij ga je te werk volgens een programma dat bestaat uit vijf stappen. |
| **Doelgedrag** | Gewenst gedrag dat het kind moet (gaan) vertonen. |
| **Gedrag** | In de gedragstheorie betreft dit uitsluitend en alleen gedrag zoals we dat met onze zintuigen kunnen waarnemen. Gedrag wordt bepaald door de directe gevolgen die het heeft. Daar deze niet constant zijn, is gedrag aan verandering onderhevig. |
| **Gedragstheorie** | De theorie over het ontstaan en veranderen van gedrag. |
| **Gedragsveranderingsprogramma** | Als je gedrag wilt aanleren of wilt doen toenemen, zul je systematisch te werk moeten gaan. Hierbij kan gebruikgemaakt worden van een programma dat bestaat uit vijf stappen. |
| **Gewenst gedrag** | Gedrag dat de omgeving, zoals ouders en leraren, graag zou zien. |
| **Imitatieleren** | Als het doelgedrag in het geheel niet voorkomt, heeft een kind uitgebreid uitleg nodig welk gedrag gewenst is en hoe het dit kan vertonen. Hierbij is het vaak nodig het gewenste gedrag voor te doen opdat het kind het kan nadoen. |
| **Materiële versterkers** | Allerlei tastbare zaken die als versterkers van gedrag dienen. |
| **Nieuwigheidseffect** | De resultaten van de eerste twee à drie dagen na de start van een gedragsveranderingsprogramma moeten als bovenmatig en niet als normaal gezien worden. Dat is een veelvoorkomend verschijnsel, voortkomend uit het enthousiasme van het kind voor een geheel andere aanpak. |

| | |
|---|---|
| **Probleemgedrag** | Een kind ontwikkelt zowel gewenst als ongewenst gedrag. Probleemgedrag is ongewenst gedrag: gedrag dat de omgeving, zoals ouders of leraren, niet acceptabel vindt. |
| **Ruilversterkers** | Dit zijn allerlei dingen die op zichzelf als versterker geen waarde hebben, maar die als versterker werken omdat ze ingeruild kunnen worden tegen leuke dingen. |
| **S-G-G-schema** | Dit schema beschrijft de situatie, het gedrag en de gevolgen. Met behulp van dit schema kun je meer inzicht krijgen in wat er gebeurt. |
| **Sociale versterkers** | Versterkers die mensen in de omgang met elkaar gebruiken. |
| **Verkort beloningssysteem** | Aanpak gebaseerd op het nieuwigheidseffect met als doel het doorbreken van een vastgelopen verhouding tussen leraar en leerling, zodat er ruimte komt voor een positieve(re) benadering of handelingsplan. |
| **Versterker(s)** | Als gedrag wordt aangeleerd, blijft bestaan of toeneemt doordat het gevolgd wordt door prettige dingen of gebeurtenissen, spreken we van versterking van gedrag. De prettige gevolgen noemen we de versterkers. |

# Vragen

**10.1** Beschrijf bij de volgende voorbeelden het doelgedrag en bepaal of je gaat tellen of meten. Stel vervolgens het tijdstip en de duur van de observatie vast.
  a Yvonne (10) heeft de laatste twee maanden haar rekenwerk niet afgemaakt in de daarvoor gestelde tijd.
  b René (7) zit veel in zijn neus te peuteren.
  c Frans (11) begint te huilen als hij een beurt krijgt.

**10.2** Maak voor Ricky uit de openingscasus een beloningssysteem voor het aanleren van gewenst gedrag, waarbij het doelgedrag is de vinger opsteken. Verzin er, indien nodig, zelf observatiegegevens bij. Volg nauwkeurig de vijf stappen. Gebruik het protocol van bijlage 2.

**10.3** Wat zijn de fouten in het volgende beloningssysteem?
Bert van zes jaar doet voortdurend onaardig tegen Ruud, naast wie hij zit. De leraar, meneer Van Son, besluit om het aantal keren dat Bert iets aardigs of vriendelijks tegen Ruud zegt te gaan tellen. Een week lang telt hij het aantal keren tussen 9.00 uur en 10.30 uur. De resultaten staan in onderstaand schema.

| Dag  | 1 | 2 | 3 | 4 | 5 | Totaal |
|------|---|---|---|---|---|--------|
| Duur | - | 1 | 2 | - | - | 3 keer |

Na deze resultaten besluit meneer Van Son het volgende tegen Bert te zeggen: 'Bert, zoals jij je gedraagt kan het niet langer. Je bent voortdurend onaardig en daar heb je later last van. Als je zo blijft, dan word je een heel vervelende jongen. Daarom wil ik je een kans geven om te veranderen en weer aardig te worden. Van nu af aan moet je elke dag een paar keer aardig zijn tegen Ruud en, als dat lukt, dan mag je mij helpen en krijg je een plaatje.'

De resultaten van het beloningssysteem zijn als volgt:.

| Dag | 6 | 7 | 8 | 9 | 10 | 11 | 12 | 13 | 14 | 15 | Totaal |
|-----|---|---|---|---|----|----|----|----|----|----|--------|
|     | 8 | 6 | 6 | 5 | 4  | 2  | 1  | -  | 1  | -  |        |

Je ziet de resultaten na een goed begin weer afnemen. Wat zijn de fouten in het beloningssysteem?

**10.4** Chelsea (groep 5) is een van de betere leerlingen in de klas. Zij presteert goed en heeft altijd haar werk af. Op sociaal gebied gaat het niet zo goed. Zij is erg dominant en uit zich op een negatieve manier naar haar medeleerlingen. Jij ergert je steeds aan haar commentaar op andere leerlingen in de klas. Als je er wat van zegt, dan kan ook jij een grote mond krijgen.
Je wilt een verkort beloningssysteem opzetten om de negatieve spiraal in de relatie om te buigen.
Hoe ga je te werk?

De antwoorden op deze vragen kun je vinden op www.pabowijzer.nl.

# 11
# Ongewenst gedrag afleren: werken met een gedragsveranderingsprogramma

11.1 Een goede relatie en ongewenst gedrag afleren
11.2 Ongewenst gedrag afleren met een gedragsveranderingsprogramma
11.3 Afbouwen van het programma

**Kennisdoelen**
1 De leraar krijgt inzicht in het verband tussen een goede relatie en het afleren van ongewenst gedrag.
2 De leraar maakt zich de principes eigen die ten grondslag liggen aan een systematische aanpak van het afleren van ongewenst gedrag.
3 De leraar leert hoe hij een gedragsveranderingsprogramma moet afbouwen voor zowel het werken met een beloningssysteem als het afleren van ongewenst gedrag.

**Toepassingsdoel**
Met de kennis uit dit hoofdstuk is de leraar in staat een effectief gedragsveranderingsprogramma op te stellen en uit te voeren waarbij probleemgedrag afgeleerd wordt, terwijl de relatie met de leerling positief blijft.

## 11.1 Een goede relatie en ongewenst gedrag afleren

**Hardnekkig ongewenst gedrag zeer belastend voor relatie**

Ongewenst gedrag, probleemgedrag, gaat ten koste van leren en doceren, dat hebben we al vele malen gezegd. Hardnekkig ongewenst gedrag vormt bijna altijd een grote belasting voor de relatie tussen jou als leraar en de leerling.
Het is bepaald niet ondenkbaar dat je dan met het kind terechtkomt in een negatieve spiraal van boosheid, straffen, nog meer boosheid en nog meer straffen. In paragraaf 10.3 hebben we dit al aan de orde gesteld. Veel leraren zullen een kind met frequent ongewenst gedrag als bijzonder storend ervaren. Het is zeker geen uitzondering dat dergelijke gevoelens een zodanige rol gaan spelen dat je weinig goeds meer aan het kind kan ontdekken. Je ziet steeds minder kans met de leerling om te gaan op een manier waarin

**Geen acceptatie, ondersteuning en betrokkenheid**

acceptatie, ondersteuning en betrokkenheid – de bouwstenen voor een goede relatie – centraal staan. Vaak ontstaat een negatieve wisselwerking tussen jou en de leerling, die niet zelden uitloopt op een machtsstrijd. In paragraaf 7.1 hebben we besproken hoe belastend handelen vanuit een machts-

**Machtsstrijd**

strijd is voor de relatie met een leerling.

### Ricky (deel 16)

Tussen Ricky en de leraar gaat het steeds slechter. De leraar stopt met het beloningssysteem. Het heeft toch geen zin. Zijn aanpak verhardt. Hij stelt negatieve maatregelen (straffen) in het vooruitzicht als hij zijn werk niet netjes afmaakt. Ricky probeert in het begin wel aan de eisen te voldoen, maar dit lukt hem niet. Op een gegeven moment werkt Ricky dan maar helemaal niet meer. De leraar verscherpt de maatregelen. Het lukt echter niet meer om Ricky goed aan het werk te krijgen.

Vaak zullen dergelijke conflictsituaties zich meer dan eens voordoen, langer duren en zijn er steeds ingrijpender maatregelen nodig.
In paragraaf 10.3 hebben we besproken hoe je met behulp van een verkort beloningssysteem kan proberen een dergelijke negatieve spiraal te doorbreken. Deze aanpak heeft niet, zoals bij een gedragsveranderingsprogramma, als doel gedrag aan te leren of te veranderen, maar dient vooral als een opmaat voor een andere meer positieve benadering of aanpak van het kind. Maar ook een aanpak vanuit de principes van de gedragstheorie kan een goede keuze zijn om een dergelijke negatieve spiraal en handelen vanuit

**Doorbreken negatieve spiraal tussen leraar en leerling**

een machtsstrijd te doorbreken. In paragraaf 10.1 hebben we al uiteengezet wat de kracht is van gedragsverandering met behulp van de principes van gedragstheorie. Een programma voor het afleren van ongewenst gedrag heeft daarbij vaak het effect dat de leerling zich meer bewust wordt van zijn ongewenste gedragingen. Door de negatieve gevolgen op zijn gedrag gaat hij op zoek naar alternatieven, want straf krijgen is natuurlijk niet leuk.
Een gedragsveranderingsprogramma om ongewenst gedrag af te leren, biedt dus een goede mogelijkheid tot het doorbreken van een negatieve spiraal tussen leraar en leerling, ontstaan door hardnekkig probleemgedrag. Daardoor komt er weer ruimte voor een positieve omgang met elkaar.

## 11.2 Ongewenst gedrag afleren met een gedragsveranderingsprogramma

In hoofdstuk 10 is besproken hoe je met behulp van een beloningssysteem probleemgedrag kunt veranderen door gewenst gedrag aan te leren. Een andere benadering om probleemgedrag te veranderen, is het afleren van het ongewenste gedrag. Volgens de gedragstheorie zal gedrag verdwijnen als het gevolgd wordt door onprettige dingen of gebeurtenissen (verzwakkers). Een veelgebruikte verzwakker is straf. In paragraaf 9.3 zijn we al uitgebreid ingegaan op het begrip straf.
In subparagraaf 11.2.1 gaan we nog wat dieper in op de toepassing van straf als verzwakker. Een andere verzwakker is uitdoving. Ook op dit begrip gaan we in deze paragraaf nader in. In subparagraaf 11.2.2 bespreken we het afleren van ongewenst gedrag in de praktijk.

### 11.2.1 Verzwakkers: straf en uitdoving
Het is belangrijk een onderscheid te maken tussen:
a straf als verzwakker
b uitdoving als verzwakker

**Straf als verzwakker**
In de schoolsituatie kunnen we verschillende soorten straf toepassen: een materiële straf, een sociale straf en een activiteitenstraf. Bij een materiële straf moet het kind bijvoorbeeld iets fijns afstaan of krijgt iets niet wat hij juist fijn vindt om te krijgen. Onder de sociale straf vallen straffen als een boos gezicht, misprijzen of een standje. Kortom, dingen die deel uitmaken van de omgang tussen mensen. Bij een activiteitenstraf moet het kind moet iets vervelends doen of mag iets leuks niet doen (buiten spelen).
Fysiek straffen is in de schoolsituatie niet aan de orde.
In hoofdstuk 9 zijn we uitgebreid ingegaan op het belang van effectief straffen en de gevolgen van ineffectief straffen. In het kader van het aanpakken van ongewenst gedrag met behulp van een gedragsveranderingsprogramma willen we aanvullend nog wijzen op twee strafmogelijkheden, waarbij de kans om te vervallen in niet-effectief straffen (zie paragraaf 9.3) beperkt is:
1 het boetesysteem
2 afzondering

*Ad 1 Het boetesysteem*
Evenals alle andere vormen van straf moet je boete liefst niet op zichzelf staand gebruiken, maar bij voorkeur samen met versterking van gewenst gedrag. Een boete wordt vrijwel altijd in de vorm van een puntensysteem gebruikt. Bij dit systeem ga je als volgt te werk: het probleemgedrag is al vastgesteld. Er wordt nu een maat gesteld ten aanzien van het vertonen van het probleemgedrag (bijvoorbeeld in twee uur mag hij hoogstens zes keer uit zijn bank lopen).
Nu kun je twee dingen doen:
1 Het kind krijgt een bepaald aantal kaarten (of iets dergelijks) – in dit geval zes – en elke keer dat hij het probleemgedrag vertoont, moet hij een kaart inleveren. Zijn de kaarten op, dan volgt de afgesproken straf.
2 Iedere keer dat het kind het probleemgedrag vertoont, krijgt hij een boetepunt (op het bord, in een schrift enzovoort) en bij een bepaald aantal punten – volgens afspraak – volgt de straf.

*Marginalia:* Materiële straf · Sociale straf · Activiteitenstraf · Nog twee strafmogelijkheden · Boetesysteem

> ### Ricky (deel 17)
>
> We kijken nog even naar de openingscasus van dit deel. Bij Ricky wordt gekozen voor een kaartsysteem voor het uit de bank lopen. Uit de observatie is gebleken dat hij tot acht keer in een uur uit de bank loopt. Dat is de basislijn. De straf komt daarmee te liggen bij zevenmaal uit zijn bank lopen, dat moet voor hem haalbaar zijn. Ricky krijgt nu zes gele kaarten (= waarschuwingen) en één rode kaart (straf). Op de rode kaart staat de straf geschreven. De zeven kaarten liggen op zijn bank. Elke keer als hij uit de bank loopt, moet hij meteen bij de leraar een gele kaart inleveren. Zijn de gele kaarten op, dan moet hij als hij nog een keer de bank uit loopt, de rode kaart inleveren en wordt de afgesproken straf snel uitgevoerd.

**Richtlijnen bij boete**

Bij het gebruik van boete gelden de volgende richtlijnen:
- Boetes mogen niet zo groot zijn dat het kind in één keer bankroet is, maar ook niet zo klein dat het kind zijn schouders erover ophaalt.
- Leg een boete zo snel mogelijk na het probleemgedrag op.

*Ad 2 Afzondering (time-out)*

**(Time-out)**

Met de afzonderingsmethode leren we een kind probleemgedrag af doordat we het kind bij het optreden van dit gedrag korte tijd in een saaie ruimte zetten, met als doel dat het even geen toegang heeft tot versterkers.

---

**VOORBEELD 11.1**

### Max

Het kringgesprek wordt telkens verstoord door het gedrag van Max, die door de clown uit te hangen de aandacht naar zich toe weet te trekken.

---

Als de leraar negeren (zie hierna bij 'uitdoving als verzwakker') zou toepassen om het probleemgedrag af te leren, zou dat waarschijnlijk niet voldoende effect hebben, omdat de aandacht van de kinderen voor Max' gedragingen blijft. Ook straf zal niet altijd helpen, bijvoorbeeld als het succes bij de andere kinderen te aantrekkelijk voor hem is, doordat hij door dit gedrag een hoge sociale status heeft.

**Afzonderingsmethode**

In zo'n geval kunnen we de afzonderingsmethode toepassen. We zetten Max dan bij het optreden van het probleemgedrag gedurende een korte periode (zeker niet te lang, 3-5 minuten) in een kale, saaie ruimte. Hij moet zich in die ruimte niet kunnen vermaken. Op deze manier heeft hij geen toegang tot de versterkers die het probleemgedrag in stand houden, waardoor dit waarschijnlijk zal verminderen. Als het kind het probleemgedrag vertoont, gebruiken we eerst een waarschuwingsteken, bijvoorbeeld het noemen van de naam ('Max...!') of het opsteken van een oranje kaart. Het waarschuwingsteken is iedere keer hetzelfde en geeft het kind de kans om de afzondering te voorkomen. Als het kind echter het probleemgedrag blijft vertonen, gaat het zonder verdere vorm van discussie naar de afzonderingsruimte.

Als de leerling bij terugkomst het probleemgedrag weer vertoont, zonder hem dan meteen weer af.
De afzonderingsmethode dient altijd met het kind besproken te worden voor je deze toepast.

*Afzonderingsmethode altijd bespreken*

Bij het gebruik van deze methode moet je er goed op letten dat een leerling deze niet gaat gebruiken als een mogelijkheid om te ontvluchten aan een vervelende(r) situatie. De afzondering wordt dan versterker voor het probleemgedrag; als het kind bijvoorbeeld erg bang is voor zwemmen en in de gaten krijgt dat hij door zich vervelend te gedragen steeds weggestuurd wordt, zal dit probleemgedrag in elk geval blijven bestaan en waarschijnlijk zelfs toenemen.

### Uitdoving als verzwakker

Er zijn situaties waarin het handelen van de leraar ongewild werkt als versterker voor ongewenst gedrag. Kijk eens naar het volgende voorbeeld.

---

**VOORBEELD 11.2**

## Alexa

Alexa heeft sinds enige weken zo nu en dan haar gymspullen niet bij zich. De leraar stuurt haar dan bij het begin van de gymles naar huis om haar spullen te halen, waardoor Alexa nog maar een kwartier mee kan doen. Op een gegeven moment realiseert de leraar zich dat Alexa steeds vaker haar gymkleren niet bij zich heeft. Uit observatie blijkt dat zij zich nogal eens probeert te onttrekken aan de gymnastiekopdrachten. In een gesprek met haar komt naar voren dat ze gymnastiek niet leuk vindt. Hieruit kan geconcludeerd worden dat het ophalen van de gymspullen als versterker werkt voor het niet meenemen ervan.

---

Het ongewenste gedrag is in dit voorbeeld het vergeten van de gymspullen. Omdat bekend is welke versterker dit gedrag in stand houdt, is een goede methode om het gedrag af te leren ervoor te zorgen dat de versterker niet meer op het gedrag volgt. Dit betekent dat de leraar ervoor moet zorgen dat Alexa de gymles niet meer kan ontlopen. De afspraak zou bijvoorbeeld gemaakt kunnen worden dat zij op dagen dat er gymnastiek is, een kwartier eerder op school komt om haar gymspullen te laten zien.
We spreken van uitdoving, als het ongewenste gedrag vermindert / afgeleerd wordt doordat de instandhoudende versterkers er niet meer op volgen. Uitdoving kun je dus alleen toepassen als de versterkers van het gedrag bekend zijn.

*Instandhoudende versterkers*

De meest voorkomende vorm van uitdoving is negeren. Negeren is het onthouden van aandacht. Aandacht, zelfs negatieve aandacht, blijkt vaak als een versterker te (gaan) werken ('beter negatieve aandacht dan helemaal geen aandacht').

*Negeren*

Als we uitdoving toepassen, moeten we op twee dingen voorbereid zijn:
1 Het probleemgedrag neemt bij uitdoving in het begin meestal toe. Het kind probeert als het ware door meer inzet toch versterking te krijgen voor het probleemgedrag dat tot nu toe regelmatig werd versterkt. Het is erg belangrijk om de uitdoving zeer consequent vol te houden, want alleen dan zal het probleemgedrag na de opleving snel afnemen.

*Opleving probleemgedrag*

**Ander probleemgedrag**

2 In het begin van het toepassen van uitdoving gaat het kind soms ander probleemgedrag vertonen om toch zijn zin te krijgen. In het voorbeeld van Alexa is het denkbaar dat zij nu iedere keer bij het begin van de gymnastiekles naar de wc moet. Ook hier geldt dat je consequent moet volhouden, omdat alleen dan de probleemgedragingen snel zullen verdwijnen.

Het is wel aan te raden na te gaan waarom een leerling zo hardnekkig probleemgedragingen vertoont (actief luisteren). Het kan namelijk zijn dat de reden voor het probleemgedrag van zodanige aard is, dat het in eerste instantie belangrijker is hierachter te komen dan dat je je richt op het afleren van het ongewenste gedrag. Bij Alexa zou de reden van haar probleemgedrag (het mijden van de gymnastiek) een sterke angst kunnen zijn als gevolg van evenwichtsproblemen. Omdat angst een zeer sterke drijfveer is, is de kans op resultaat door middel van uitdoving gering. Er kan in dit geval beter gekozen worden voor het aanleren van gewenst gedrag.

**Negeren is erg moeilijk**

Negeren is erg moeilijk. Alleen negeren heeft in de praktijk van het onderwijs meestal weinig resultaat. In een groepssituatie zijn er bijna altijd wel reacties van andere kinderen op het ongewenste gedrag van het kind, waardoor het blijft bestaan. Voor een leerling is negeren door een leraar een erg negatieve situatie. Hij verliest alleen maar wat, namelijk aandacht. Zowel uit oogpunt van uitvoerbaarheid als pedagogisch handelen verdient het de voorkeur om negeren van ongewenst gedrag te koppelen aan het aanleren van gewenst gedrag.

Negeren is overigens niet hetzelfde als zwijgen en je verbijten. Zijn dit sterke gevoelens, dan verraadt de lichaamstaal vaak dat er geen sprake is van negeren. In hoofdstuk 1 hebben we al duidelijk gemaakt dat een kind deze signalen oppakt. We adviseren dan ook negeren alleen toe te passen als je jezelf in staat acht tot een zakelijke, neutrale houding. Anders is de kans op effect gering.

**T 11.1**

**TUSSENVRAAG 11.1**
Waarom is in de praktijk het advies het ongewenste gedrag te negeren zo moeilijk uit te voeren?

### 11.2.2 Het afleren van ongewenst gedrag: de praktijk

**Ongewenst gedrag afleren koppelen aan aanleren gewenst gedrag**

Hoewel het afleren / doen afnemen van ongewenst gedrag apart behandeld wordt, willen we er nogmaals op wijzen dat, indien mogelijk, de beste resultaten behaald worden als het aanleren van gewenst gedrag hier direct aan gekoppeld wordt.

Bij het afleren / doen afnemen van ongewenst gedrag met behulp van een gedragsveranderingsprogramma maken we gebruik van de methode uit het vorige hoofdstuk. De vijf stappen zijn nu als volgt:

> Stap 1 Overzicht maken van een gebeurtenis
> Stap 2 Specificeren / concreet maken van gedrag
> Stap 3 Tellen en meten
> Stap 4 Vaststellen van de nieuwe gevolgen (verzwakkers)
> Stap 5 Kijken of het ongewenste gedrag al afneemt

*Stap 1 Overzicht maken van een gebeurtenis*
Deze stap is precies hetzelfde als stap 1 in het vorige hoofdstuk (zie subparagraaf 10.2.1).

*Stap 2 Specificeren / concreet maken van gedrag*
In het vorige hoofdstuk bestond stap 2 uit twee gedeelten: het omschrijven van het probleemgedrag in waarneembare gedragsuitingen en vervolgens het vaststellen van het doelgedrag.
Bij het afleren / doen afnemen van ongewenst gedrag is slechts één handeling noodzakelijk: het omschrijven van het probleemgedrag (het ongewenst gedrag) in waarneembare termen.

## Ricky (deel 18)

Het probleemgedrag van Ricky uit de openingscasus is:
a steeds uit de bank lopen
b zonder zijn vinger op te steken antwoord geven op vragen
c te snel werken

Het vaststellen van het doelgedrag komt niet aan de orde, omdat je je richt op het probleemgedrag. Het vermijden van het probleemgedrag, dat is het doelgedrag.
Net als in subparagraaf 10.2.2 wordt om het gedrag in waarneembare termen te omschrijven gebruikgemaakt van observatie.

**TUSSENVRAAG 11.2** T 11.2
Waarom hoeft bij het afleren / doen afnemen van ongewenst gedrag geen doelgedrag vastgesteld te worden?

*Stap 3 Tellen en meten*
Om ongewenst gedrag af te leren / te doen afnemen, moeten we eerst weten in welke mate (hoe vaak, hoe lang) het voorkomt (de basislijn). Bij de keuze hoe je dit gaat doen (tellen of meten) spelen dezelfde overwegingen een rol als in stap 3 in subparagraaf 10.2.3.

## Ricky (deel 19)

Het probleemgedrag van Ricky is gemakkelijk te tellen of te meten, bijvoorbeeld als volgt:
a *Uit de bank lopen*. Er wordt gedurende een uur geobserveerd en geteld hoe vaak dit gedrag voorkomt. In onderstaand schema is dit weergegeven.

> We kijken nog even naar de openingscasus van dit deel. Bij Ricky wordt gekozen voor een kaartsysteem voor het uit de bank lopen. Uit de observatie is gebleden dat hij tot acht keer in een uur uit de bank

> loopt. Dat is de basislijn. De straf komt daarmee te liggen bij zeven maal uit de bank lopen, dat moet voor hem haalbaar zijn. Ricky krijgt nu zes gele kaarten (= waarschuwingen) en één rode kaart (straf). Op de rode kaart staat de straf geschreven. De zeven kaarten liggen op zijn bank. Elke keer als hij uit de bank loopt, moet hij meteen bij de leraar een gele kaart inleveren. Zijn de gele kaarten op, dan moet hij als hij nog een keer de bank uit loopt, de rode kaart inleveren en wordt de afgesproken straf snel uitgevoerd.
>
> b *Antwoord geven zonder vinger op te steken*. Er wordt geobserveerd tijdens de instructie. Er wordt geteld tijdens de eerste tien vragen die de leraar stelt aan de klas. De resultaten staan in het schema hierna.
>
> **Ricky: antwoord geven zonder vinger opsteken**
>
> | Dag  | 1 | 2 | 3 | 4 | 5 |
> |------|---|---|---|---|---|
> | Duur | 3 | 4 | 3 | 1 | 5 |

*Stap 4 Vaststellen van de nieuwe gevolgen (verzwakkers)*
We weten uit stap 3 in welke mate het ongewenst gedrag voorkomt. Nu gaan we ons richten op het afleren / doen afnemen van dit ongewenst gedrag. We doen dit door op het gedrag te reageren met andere gevolgen (verzwakkers), die niet-versterkend of zelfs onaangenaam zijn voor het kind, zodat het niet lonend meer is om dat gedrag te vertonen, zoals besproken in subparagraaf 11.2.1.

*Stap 5 Kijken of het ongewenste gedrag al afneemt*
Deze stap verschilt alleen in die zin van stap 5 uit het vorige hoofdstuk, dat je erop let of het probleemgedrag afneemt in plaats van te kijken of het doelgedrag toeneemt.

**T 11.3**

**TUSSENVRAAG 11.3**
Noem de verschillen in de vijf stappen van een programma voor aanleren en voor afleren van bepaald gedrag.

## 11.3 Afbouwen van het programma

**Stoppen beloningssysteem / gedragsveranderingsprogramma**

In deze paragraaf geven we aan hoe je het werken met een beloningssysteem voor het aanleren / doen toenemen van gewenst gedrag c.q. een gedragsveranderingsprogramma voor het afleren / doen afnemen van ongewenst gedrag kunt afbouwen.
Het starten van een beloningssysteem c.q. gedragsveranderingsprogramma leidt automatisch tot de vraag wanneer je ermee kunt / moet stoppen. Het antwoord luidt dat het doelgedrag gestabiliseerd moet zijn. Hoewel 'stabiel' niet in een concrete maat valt aan te geven, kan het wel omschreven wor-

**Stabilisatie doelgedrag**

den: het doelgedrag moet gedurende een langere periode met grote regelmaat voorkomen. Dit lijkt misschien vanzelfsprekend, maar in de praktijk blijken leraren nogal eens in de fout te vervallen dat ze de versterker(s) achterwege laten als het doelgedrag vier of vijf keer bereikt is. Hierdoor steekt het probleemgedrag meestal weer snel de kop op.

Het afbouwen van het programma vergt de nodige aandacht. Het kan niet van de ene op de andere dag stopgezet worden, ook al is het doelgedrag bereikt of het probleemgedrag verdwenen. Bij een plotselinge beëindiging ervan is de kans op een opleving van het probleemgedrag namelijk groot. Afbouwen dient dus geleidelijk plaats te vinden. Bij het afbouwen van een programma kunnen de volgende wegen bewandeld worden:

a  kunstmatige versterkers
b  onregelmatige versterking
c  communicatievaardigheden

*Geleidelijk afbouwen*

*Ad a  Kunstmatige versterkers*
Van de verschillende soorten versterkers en verzwakkers doen sommige vrij kunstmatig aan (bijvoorbeeld materiële versterkers). Andere kunnen we gemakkelijk in ons gewone gedrag opnemen. Het betreft dan bijna altijd sociale versterkers, zoals het geven van een complimentje.
Van dit gegeven kunnen we gebruikmaken bij het afbouwen van het programma. Geleidelijk aan vervangen we 'kunstmatige' door sociale versterkers of verzwakkers. Deze overgang levert de minste problemen op als in de opzet van het programma de 'kunstmatige' versterker gekoppeld is aan de sociale versterker(s).

*Ad b  Onregelmatige versterking*
Bij het afbouwen van een beloningssysteem voor het aanleren / doen toenemen van gewenst gedrag kunnen we ook gebruikmaken van onregelmatige versterking. Dat wil zeggen dat de versterker niet meer altijd volgt op het doelgedrag, maar slechts zo nu en dan. Hierdoor ontstaat een soepele overgang naar de dagelijkse gang van zaken.
Deze aanpak geldt niet voor het afleren / doen afnemen van ongewenst gedrag. Als je de verzwakker onregelmatig zou laten volgen op het gedrag, zou het kind het idee kunnen krijgen dat de leraar het probleem niet meer serieus neemt. Hij kan het gedrag dan weer (meer) gaan vertonen. Hier is een consequente toepassing dus op zijn plaats tot het gewenste effect gestabiliseerd is.
De toepassing van onregelmatige versterking dient heel geleidelijk te gebeuren. Als we een te grote stap maken, waardoor het kind plotseling te weinig versterking krijgt, kan het probleemgedrag weer toenemen en het doelgedrag afnemen.

*Onregelmatige versterking*

*Ad c  Communicatievaardigheden*
Als je vindt dat je kunt stoppen met het programma, kun je goed gebruikmaken van de communicatievaardigheden van deel 2. Door middel van ik-boodschappen geef je aan dat je graag zou willen stoppen met het programma, omdat je de indruk hebt dat het kind het gedrag uit zichzelf kan vertonen. Door actief te luisteren kun je vaststellen wat de leerling daarvan vindt. Meestal zal het kind hiervoor wel openstaan, omdat het vertonen van het doelgedrag op zichzelf als versterker werkt, omdat ook het kind dat gedrag als prettig ervaart.

*Communicatie-vaardigheden*

**Maak gebruik van communicatievaardigheden**

We kijken weer even naar de openingscasus.

### Ricky (deel 20)

De leraar heeft eerst het uit de bank lopen aangepakt. Dat stoorde hem het meest. Hij heeft gewerkt met het kaartsysteem zoals beschreven in stap 4 (subparagraaf 11.2.2). Toen het aantal ingeleverde kaarten steeds minder werd, heeft hij met Ricky afgesproken dat hij nu ook ander ongewenst gedrag gaat aanpakken, zoals het voor zijn beurt zonder vinger op te steken opgestoken en de beurt heeft gekregen. In één les zal hij Ricky twee keer een beurt geven, ten slotte moeten de andere kinderen ook aan bod komen. Ricky kan dus twee stickers per les verdienen. Als hij voor zijn beurt antwoord geeft, moet hij een sticker inleveren. Het maakt niet uit of hij een goed of een fout antwoord geeft.
De stickers werden op den duur vervangen door complimenten. Vooral bij het vinger opsteken ging dat op een heel natuurlijke manier.
Het te snel werken werd aangepakt door regelmatige controle. In twintig sommen mocht hij vier fouten maken. Na vijf sommen moest hij naar de leraar gaan. Zonder aanstrepen vertelde deze hoeveel fouten Ricky al had. De afspraak was dat hij de hele taak over moest maken als hij meer dan vier fouten had. Het afbouwen bestond uit het verminderen van het aantal controlemomenten.

# Samenvatting

De samenvatting van dit hoofdstuk staat op www.pabowijzer.nl.

# Valkuilen en tips

**Valkuil 1**
Een leraar start een gedragsveranderingsprogramma. Na een week denkt hij: Er verandert weinig, hij doet het nog steeds.

*Tip 1*
Bij een gedragsveranderingsprogramma door middel van straffen zal de leerling niet altijd direct het ongewenste gedrag stoppen. Dit gaat geleidelijk. De 'winst' bij gedragsveranderingsprogramma's door middel van straffen moet je heel exact vaststellen om niet in de valkuil te stappen dat je vindt dat er níets gebeurt. Van negen keer naar zeven is een goed resultaat. Denk aan werken met kleine stapjes, aan wat haalbaar is voor het kind en dat het gedrag niet perfect hoeft te zijn.

**Valkuil 2**
Je hebt met een leerling een heel programma doorlopen om bepaald ongewenst gedrag af te leren. Het is een tijd goed gegaan. Op een dag vertoont hij het gedrag toch weer. Je reageert teleurgesteld.

*Tip 2*
1 De verwachting dat een leerling door een gedragsveranderingsprogramma het ongewenste gedrag nooit meer zal vertonen, is irreëel. Beschouw een terugval in eerste instantie als een vergissing. Komt het ongewenste gedrag steeds vaker terug, pak dan het programma weer op.
2 Reageer niet emotioneel als de leerling toch weer het ongewenste gedrag vertoont. Dergelijke emotionele reacties zijn begrijpelijk, maar weinig effectief. Blijf zakelijk-neutraal en pak zo nodig het programma weer op.

**Valkuil 3**
Je bent gestart met een gedragsveranderingsprogramma en hebt een bepaalde straf afgesproken voor het ongewenste gedrag. Op een gegeven moment vertoont het kind dat ongewenste gedrag. Je maakt duidelijk dat hij straf krijgt. Vervolgens gedraagt de leerling zich buitengewoon lief. Je geeft de straf niet.

*Tip 3*
De kern van een gedragsveranderingsprogramma is dat een kind zijn gedrag verandert door de gevolgen op het ongewenste, te veranderen gedrag. Laat je de gevolgen (in dit geval straf) achterwege, dan ontkracht je dus het programma. Dit komt vaak voor. Het kind hoopt op deze manier onder de straf uit te komen. De stelregel is: een eenmaal gestart programma uitvoeren en volhouden tot het gedrag is gestabiliseerd.

**Valkuil 4**
Je deelt een leerling mee dat als hij nog eens bepaald ongewenst gedrag vertoont, hij het hele jaar niet meer naar gymnastiek mag.

*Tip 4*
Verzin geen straf die praktisch onuitvoerbaar is. Ook moet de straf die in het vooruitzicht gesteld is niet het karakter hebben van iets afschrikwekkends. Als de straf angst oproept bij de leerling, wordt het programma te beladen. Verder dient een straf te passen bij het programma. De leerling moet de straf als vervelend beschouwen, meer niet.

# Kernbegrippenlijst

| | |
|---|---|
| **Activiteitenstraf** | Het kind moet iets vervelends doen (het lokaal vegen) of mag iets leuks niet doen (buiten spelen). |
| **Basislijn** | Veranderingen zijn alleen te meten als we weten hoe vaak of hoe lang bepaald gedrag eerst voorkwam. Dat doen we door tellen of meten. De resultaten van die telling of meting dienen als uitgangspunt voor het verdere veranderingsprogramma. |
| **Beloningssysteem** | Het aanleren of doen toenemen van gedrag door gebruik te maken van een systematische aanpak. Hierbij ga je te werk volgens een programma dat bestaat uit vijf stappen. |
| **Boetesysteem** | Een vorm van straf, vrijwel altijd gebruikt in de vorm van een puntensysteem. Bij een afgesproken aantal punten volgt een straf. |
| **Doelgedrag** | Het gedrag dat het kind moet (gaan) vertonen: het gewenste gedrag. |
| **Gedrag** | In de gedragstheorie betreft dit uitsluitend gedrag zoals we dat met onze zintuigen kunnen waarnemen. Gedrag wordt bepaald door de directe gevolgen die het heeft. Daar deze niet constant zijn, is gedrag aan verandering onderhevig. |
| **Gedragsveranderingsprogramma** | Als je gedrag wilt aanleren of wilt doen toenemen, zul je systematisch te werk moeten gaan. Hierbij kan gebruikgemaakt worden van een programma dat bestaat uit vijf stappen. |
| **Gewenst gedrag** | Gedrag dat de omgeving, zoals ouders en leraren, graag zou zien. |
| **Materiële straf** | Iets fijns afstaan of iets niet krijgen wat een kind juist fijn vindt om te krijgen. |
| **Negeren** | Het onthouden, niet geven van aandacht. |
| **Probleemgedrag** | Een kind ontwikkelt zowel gewenst als ongewenst gedrag. Probleemgedrag is ongewenst gedrag: gedrag dat de omgeving, zoals ouders of leraren, niet acceptabel vindt. |

| | |
|---|---|
| **Sociale straf** | Dit zijn straffen als een boos gezicht, misprijzen of een standje; kortom dingen die deel uitmaken van de omgang tussen mensen. |
| **Stabilisatie gedrag** | We spreken van 'stabiel' als het doelgedrag gedurende een langere periode met grote regelmaat voorkomt. |
| **Straf** | Straf is een verzwakker. Een straf kan wel of niet effectief zijn. We spreken pas van een effectieve straf, als het gedrag dat we door middel van onprettige gevolgen willen afleren, ook echt vermindert of verdwijnt. |
| **Versterkers** | Als gedrag wordt aangeleerd, blijft bestaan of toeneemt doordat het gevolgd wordt door prettige dingen of gebeurtenissen, spreken we van versterking van gedrag. De prettige gevolgen noemen we de versterkers. |
| **Verzwakkers** | We spreken van verzwakking als gedrag afneemt of verdwijnt doordat het gevolgd wordt door onprettige dingen of gebeurtenissen. Deze onprettige gevolgen noemen we de verzwakkers. |

# Vragen

**11.1** Maak een programma voor Ricky om af te leren dat hij antwoordt zonder zijn vinger op te steken. Gebruik de observatiegetallen van figuur 10.6. Maak gebruik van het protocol in bijlage 2. Bedenk waar nodig zelf getallen.

**11.2** Maak een programma voor het afremmen van de werksnelheid van Ricky. Verzin, indien nodig, zelf de observatiegegevens. Maak gebruik van het protocol in bijlage 2.

De antwoorden op deze vragen kun je vinden op www.pabowijzer.nl.

# DEEL 4
# Reflectie op eigen handelen

12 Reflectie: theoretisch kader  263
13 Reflectie: 'anders denken, anders voelen, anders handelen'  279
14 'Anders denken, anders voelen, anders handelen' in de praktijk  295

## DEEL 4  REFLECTIE OP EIGEN HANDELEN

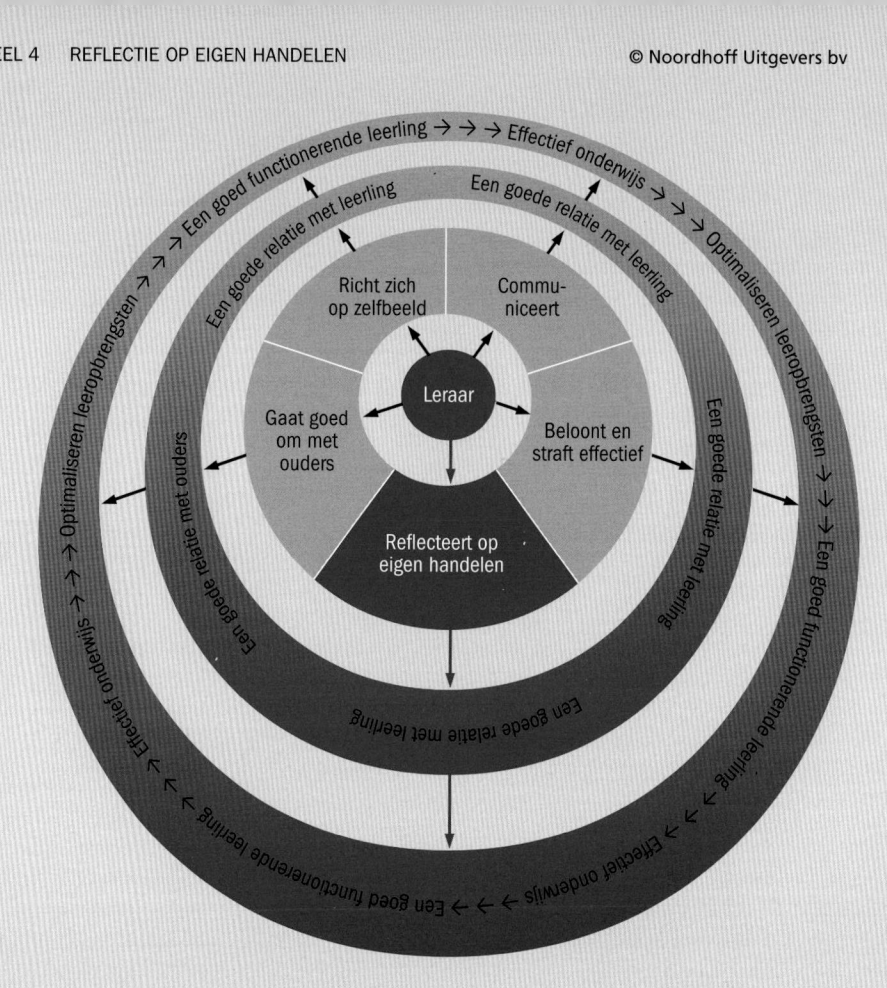

*Diagram: concentrische cirkels rondom "Leraar" met segmenten: Richt zich op zelfbeeld, Communiceert, Beloont en straft effectief, Reflecteert op eigen handelen, Gaat goed om met ouders. Buitenste ringen: Een goede relatie met leerling → Een goed functionerende leerling → Effectief onderwijs → Optimaliseren leeropbrengsten.*

Goed leraarschap kan niet zonder reflectie, dit is een van de competenties die zijn vastgelegd in het Besluit bekwaamheidseisen onderwijspersoneel. Of, zoals Kennisbasis generiek het stelt: 'Een (startbekwame) leraar werkt aan zijn innerlijke loopbaan door voortdurende professionele ontwikkeling en het onderzoeken van de eigen praxis'.

We hebben het in de inleiding bij de vorige delen ook al gezegd: een zo groot mogelijk doceer-leergebied is in het belang van zowel leraar als leerling. Problemen, zowel van de leerling als de leraar, verkleinen dit gebied met als gevolg minder effectief onderwijs en lagere leeropbrengsten. In deel 2 is de manier om het doceerleergebied zo groot mogelijk te maken gericht op de relatie tussen leraar en leerling, door gebruik te maken van communicatievaardigheden. In deel 3 probeert de leraar dit doel te bereiken door gedragsverandering van de leerling.

Maar ook de leraar zélf kan de oorzaak zijn van verkleining van het doceerleergebied. Hoe is je relatie met de leerling? Hoe reageer je op de problemen? Hoe ervaart volgens jou de leerling je handelen ten opzichte van hem? Zomaar een paar vragen waar het gaat om jouw invloed en rol als leraar. In dit deel leer je hoe je door reflectie kritisch kunt kijken naar jezelf. Je reflecteert op je eigen houding en gevoelens in een bepaalde probleemsituatie, met de bedoeling hierin verandering te brengen. Daarvoor gaan we eerst in op de theoretische achtergronden van het begrip reflectie (hoofdstuk 12). Vervolgens geven we in de hoofdstukken 13 en 14 een praktische uitwerking van het begrip reflectie, met als uitgangspunt de invloed die mensen zelf op hun gedrag kunnen uitoefenen door hun gedachten en denkbeelden. Deze denkwijze staat centraal in de opvattingen van de Amerikaan Albert Ellis (geb. 1913). Hij is zich in de loop van zijn leven steeds meer gaan interesseren voor de invloed die mensen zelf op hun gedrag kunnen uitoefenen. Zijn opvatting is dat de mens door middel van het denken inzicht kan krijgen in de drijfveren van zijn handelen en dat hij daardoor tot veranderen in staat is. Gedachten die we hebben brengen bepaalde gevoelens teweeg, die vervolgens ons handelen beïnvloeden. Door iets aan die gedachten te doen, kunnen we verandering brengen in de gevoelens en daarmee in ons handelen. Deze opvatting is inmiddels breed aanvaard en wordt op veel terreinen toegepast.

Jij als leraar bent in dit deel dus het aangrijpingspunt voor de aanpak van problemen met een leerling.

# Ellen

De volgende fragmenten komen uit het dagboek van Ellen van der Boog, leraar groep 6.

*20 augustus*
Morgen weer naar school. De eerste schooldag na een heerlijke vakantie. Ik heb er echt zin in. Ik hoop dat deze groep weer net zo gezellig is als de groep van vorig jaar. Michiel (vorige leraar van deze groep) zei voor de vakantie dat het een gezellige, drukke groep was.

*21 augustus*
Doodop. Wat een stel, zeg. We moeten er nog helemaal inkomen. Ik ben wel geschrokken van hun niveau. Zij zijn werkelijk alles vergeten van vorig jaar.

*25 augustus*
Ik ben blij dat het weekend is. Het is wel wat rustiger, maar ik vind het nog erg druk in de groep. Michiel zei dat hij in het begin de groep flink had aangepakt. Daarna ging het een stuk beter volgens hem. Dat flinke aanpakken ligt mij niet zo, maar ik moet het misschien toch maar doen.

*29 augustus*
Rot dag gehad. Ik heb de groep stevig aangepakt. Het werd een mislukking. Maarten, Bob en Serge gingen gewoon door. Ik heb hen op een gegeven moment uit de klas gezet. Daarna werd het rustiger. Ik moet gauw een oplossing vinden. Ik word gek van de drukte en vooral van dat groepje jongens.

*4 september*
Met Bob een enorme aanvaring gehad. Michiel zei dat ik nog veel te zacht was voor Bob, Maarten en Serge. Ik word daar zenuwachtig van. Ik kan niet goed zo streng zijn. Na de pauze vroeg ik Bob of hij Marian wilde gaan helpen. Hij was immers klaar met zijn werk. Dat weigerde hij en al lachend ging hij verder met Serge een spelletje doen. Toen ik het hem nogmaals vroeg, zei hij dat Marian stonk. Ik werd toen vreselijk kwaad en pakte hem in zijn nekvel. Hij had niet in de gaten gehad dat ik naar hem toekwam en ik 'gooide' hem bij Michiel in de klas. Hij vindt hem namelijk een leuk ventje.

*7 september*
Ik word steeds nerveuzer van Bob en zijn maatjes. Bob luistert nooit en zit constant te klieren. Je ziet aan het gezicht van Michiel dat hij het wel grappig vindt dat ik zo'n moeite heb met Bob. Aan zo'n vent heb je natuurlijk helemaal niets. Het is gewoon een arrogante kwast.
Ik probeer nu van alles met Bob. Ik pak hem zelfs heel lief aan. Dan weer negeer ik hem, maar dat werkt ook niet. Ik ga hem toch maar weer hard aanpakken. Ik moet zorgen dat ik de baas over hem word. Anders heb ik dit jaar geen leven meer.

*14 september*
Crisis. Ik word echt doodziek van Bob en die andere knullen. Ik heb nu echt alles geprobeerd. Niets werkt. Ik heb tegen Jan (directeur) gezegd dat ik het niet meer zie zitten met Bob. Hij stelde voor om maar eens met Michiel te gaan praten! Aan zo'n vent heb je dus ook niets. Ik ben woedend. Ik heb tegen Bob gezegd dat hij maar direct naar de klas van Michiel moet gaan. Ik wil hem niet meer in de klas hebben. Ik kon eindelijk eens rustig les geven.

*15 september*
Woedend ben ik. De ouders van Bob zijn bij Jan geweest om een klacht tegen mij in te dienen. Hoe durven zij. Ik heb een hekel aan Bob, zeiden zij, en daarom moet Bob bij Michiel in de klas. Volgens mij is Jan doodsbe-

nauwd voor die ouders. Hij stelde een gesprek voor met de ouders, Michiel, hemzelf en mij. Dat zie ik absoluut niet zitten. Ik weet precies wat er dan gebeurt. Michiel zegt dat hij nooit zo'n last van Bob heeft gehad, de ouders zeggen dat Bob thuis een lief, rustig jongetje is en Jan zegt niets. Zij zullen mij zeker afvallen bij de ouders. En de schuld komt dan bij mij te liggen. Als dat gebeurt, zal ik de ouders precies vertellen wat een vreselijk ventje hun zoontje is.

*16 september*
De eerste methodetoets voor rekenen afgenomen. Een drama! Het lijkt wel of alles mislukt in de klas. Dat kan wat worden bij de Cito in januari. Niet alleen de vervelende leerlingen scoorden zwak. Dat lijkt mij logisch, maar ook een heleboel andere leerlingen. Je ziet duidelijk dat niet alleen ik maar de hele klas lijdt onder het gedrag van Bob en zijn maatjes. Ik durf de uitslag van de methodetoetsen niet in de computer te zetten, want dan ziet de directie dat dit ook misgaat.

*20 september*
Diep in de put. Ik zie het helemaal niet meer zitten. Zoals ik al verwachtte, ligt het allemaal aan mij. Ik pak Bob blijkbaar verkeerd aan. Ik moet hem weer in de klas nemen. Ik weet absoluut niet meer wat ik moet doen. Ik sta er helemaal alleen voor. Als ik vraag hoe ik het moet aanpakken, zeggen zij dat ik streng moet zijn voor Bob. En als ik streng ben, vinden zij mij niet rechtvaardig en zeggen zij dat ik een hekel heb aan hem. Ik voel mij compleet onderuitgehaald door Michiel en Jan. Ik kan er blijkbaar niets meer van. Als het zo doorgaat, haal ik de herfstvakantie niet eens. Ik kan gewoon niet meer lesgeven. Er moet iets gebeuren.

*22 september*
De schoolbegeleider was vandaag op school. Ik heb een gesprek met hem gehad over de situatie in mijn klas. We waren het erover eens dat er iets moet gebeuren. Hij heeft mij verschillende mogelijkheden aangereikt. Hij heeft duidelijk gemaakt dat ik kan proberen de relatie met Bob weer wat in het gareel te krijgen door een betere communicatie; ik zou ook een programma kunnen opstellen voor gedragsverandering; en ik kan ook mijn eigen houding en gevoelens eens onder de loep nemen met de bedoeling deze te veranderen. Ik moet er maar eens over denken, want op deze manier loop ik helemaal vast.

# 12
# Reflectie: theoretisch kader

12.1 Een goede relatie en reflectie
12.2 Bewustzijn en attributie
12.3 Reflectie op eigen handelen: een begripsbepaling

**Kennisdoelen**
1 De leraar neemt kennis van de theoretische achtergronden van het begrip reflectie en de uitwerking die we in dit boek aan het begrip reflectie geven.
2 De leraar leert hoe belangrijk reflectie is voor de kwaliteit van de relatie leraar-leerling.
3 De leraar krijgt inzicht in het verband tussen reflectie op eigen handelen en anders willen reageren.
4 De leraar maakt kennis met het begrip attributie: je bewust zijn van je handelen én bereid te zijn in te zien dat dit handelen problemen veroorzaakt.

**Toepassingsdoel**
Met de kennis uit dit hoofdstuk is de leraar in staat om reflectie deel te laten uitmaken van zijn professioneel handelen. In de reflectie op de eigen praktijk kan hij de verschillende attributies herkennen, die van toepassing zijn op zijn handelen.
Hij kan onderscheid maken tussen verschillende soorten attributies en kan bepalen welke attributies bijdragen aan adequaat handelen bij problemen.

## 12.1 Een goede relatie en reflectie

Zonder leraar geen onderwijs; leerlingen kunnen niet zonder leraar. Een open deur zul je zeggen. Maar hoeveel leraren realiseren zich het belang hiervan in volle omvang en de consequenties die dat met zich meebrengt? Of korter gezegd: de *verantwoordelijkheid* die dat met zich meebrengt. Elk kind, nu ja, bijna elk kind heeft wel herinneringen aan een leraar door wie hij er in een moeilijke periode goed doorheen kwam; of juist aan een leraar door wie het leven zo zuur werd, dat dat jaar nog steeds met de nodige nare herinneringen in zijn geheugen staat. De leerling is dus in hoge mate afhankelijk van de leraar, qua kennis en kunde, maar vooral in zijn relatie met hem.

*Spilfunctie*
*Welbevinden van leerlingen*

Als leraar heb je dus een spilfunctie. Jij bepaalt in hoge mate het welbevinden van de leerling op school. Maar wat als je een leerling helemaal niet (meer) ziet zitten? Helemaal genoeg van hem hebt? Dat zeggen we maar liever niet al te hard. Of we zwakken het af. Want het is natuurlijk niet prettig te constateren dat het je niet lukt ongewenst gedrag van een leerling om te buigen. Dat wordt al gauw als zwakte gezien, misschien zelfs onkunde, dus daar kom je niet snel mee voor de dag. Maar dat betekent dat jullie relatie zwaar onder druk komt te staan. Kijk eens naar het volgende voorbeeld.

---

**VOORBEELD 12.1**

### Maaike

Je hebt met Maaike (groep 6) voortdurend conflicten. Haar optreden in de klas naar jou en naar de andere leerlingen is brutaal en provocerend. Als je haar hierop aanspreekt, krijg je een grote mond of een vernietigende blik. Je bent voortdurend op je hoede ten opzichte van haar en grijpt meteen in als zij dit gedrag vertoont. Haar gedrag verandert echter niet en de situatie begint uit de hand te lopen.
De ouders komen bij je klagen over de strafmaatregelen. Jouw reactie is dat als Maaike normaal doet, er niets aan de hand is.

---

De verantwoordelijkheid voor het probleem en de oplossing ervan komen geheel bij de leerling te liggen. Gelet op de situatie tot dan toe is het weinig waarschijnlijk dat dit iets oplost. In tegendeel, het is veel waarschijnlijker dat de zaak escaleert. Van een goede relatie is dan zeker geen sprake meer.
Het kan ook anders, zo blijkt uit hetzelfde voorbeeld met een ander verloop.

---

**VOORBEELD 12.2**

### Maaike (vervolg)

Je hebt met Maaike (groep 6) voortdurend conflicten. Haar optreden in de klas naar jou en naar de andere leerlingen is brutaal en provocerend. Als je haar hierop aanspreekt, krijg je een grote mond of een vernietigende blik. Je bent voortdurend op je hoede ten opzichte van haar en grijpt meteen in als zij dit gedrag vertoont. Haar gedrag verandert echter niet en de situatie begint uit de hand te lopen.
Na schooltijd denk je na over de problemen met Maaike en je vraagt je af waarom Maaike zich zo gedraagt. Weet je wel genoeg over haar achter-

grond? Heb je nog wel oog voor haar positieve gedragingen? Zie je nog wel positieve acties van haar? Reageer je daar dan ook wel op?

---

Bij deze benadering neem je je eigen handelen in ogenschouw. Je kan daardoor ontdekken wat jouw rol is in de problemen en hoe je daar verandering in kunt brengen. Daarmee geef je de relatie met de leerling weer een kans door je te richten op je eigen ontwikkeling.

Voor een goede relatie en effectief onderwijs moet je niet alleen verstand hebben van onderwijsmethoden en didactische werkvormen, maar moet je ook verstand hebben van jezelf en de invloed die je hebt op de relatie met een leerling.

**TUSSENVRAAG 12.1**
Waarom is reflectie op je eigen pedagogisch handelen zo belangrijk?

T 12.1

## 12.2 Bewustzijn en attributie

Reflectie op eigen handelen om vervolgens iets aan dat handelen te kunnen doen: het klinkt zo vanzelfsprekend, maar is dat allerminst. Je kunt namelijk pas je handelen veranderen, als je je ervan bewust bent dát je op een bepaalde manier handelt en weet waaróm je zo handelt. Dit bespreken we achtereenvolgens in de subparagrafen 12.2.1 en 12.2.2.

### 12.2.1 Bewustzijn

Steeds weer stellen we hoe belangrijk het is om een kind in zijn waarde te laten: door aandacht te hebben voor een positief zelfbeeld, door communicatievaardigheden en door je bij problemen te richten op het gedrag van het kind en niet op de persoon. In de praktijk blijkt dit lang niet altijd mee te vallen. Uit onderzoek blijkt dat, meer dan je zou verwachten, een leraar bepaalde ideeën en verwachtingen heeft over en van zijn leerlingen. Deze ideeën en verwachtingen krijgen al snel vorm in het begin van het schooljaar en veranderen niet gemakkelijk gedurende het jaar. Zijn de verwachtingen en ideeën negatief, maar is er een verklaring die houvast biedt voor een aanpak – bijvoorbeeld in geval van dyslexie of faalangst – dan geeft dit de leraar aanleiding tot ondersteuning en extra aandacht. Heeft dit geen of onvoldoende effect, dan zien we het idee postvatten: 'de leerling wil wel, maar kan niet'. Anders ligt het bij de leerling die niet meedoet of lastig is, terwijl er geen verklaring is voor dat gedrag. Dan is het al gauw: 'de leerling kan wel, maar wil niet' (Stevens, 1997). Het blijkt voor veel leraren niet mee te vallen dergelijke situaties aan te pakken. Gevolg kan zijn dat het probleem erger wordt en zelfs escaleert, met alle gevolgen van dien. Dit is wat er gebeurt in de casus van Ellen. De gevoelens krijgen zodanig de overhand dat zij er geen controle meer over heeft. Als dat gebeurt, zie je als leraar meestal geen kans (meer) onderscheid te maken tussen het gedrag van een kind en het kind als persoon. En dat kan er weer heel gemakkelijk toe leiden dat je helemaal vast komt te zitten in je negatieve gevoelens voor die leerling.

*Ideeën en verwachtingen*

*Leerling wil wel, maar kan niet*

*Kan wel, maar wil niet*

*Vastzitten in negatieve gevoelens*

Uit onderzoek (Bernstein e.a., 2006) blijkt dat mensen zich vaak niet of veel minder bewust zijn van hun gedachten en gevoelens over een ander dan zij zelf inschatten. Anders gezegd, mensen hebben lang niet altijd goed

**Inschatten eigen gedachten en gevoelens**

zicht op of inzicht in hun eigen reacties. Het kan dus heel goed zo zijn dat je je als leraar niet bewust bent van bepaalde – negatieve – denkbeelden en gevoelens over een leerling.

---

**VOORBEELD 12.3**

## Quincy en Eveline

Het is 8.40 uur.
De klas is binnen. Er zijn nog twee lege plekken: van Quincy en van Eveline. Quincy is een jongen met veel gedragsproblemen. Je voelt een soort opluchting dat hij er vandaag niet is. 'Vandaag geen problemen. Ik kan rustig lesgeven.' Het is 8.45 uur.
Quincy komt binnen. Je ervaart een duidelijke teleurstelling en je begint, omdat hij te laat is, direct uit te varen tegen hem en zegt dat hij zich de rest van de dag rustig moet houden.
Het is 8.50 uur.
Eveline komt binnen. Eveline, een rustig, lief meisje, heeft veel problemen thuis. Je was wat bezorgd dat zij er niet was. Als zij de klas in komt, ben je opgelucht en zegt tegen haar: 'Mooi zo, ga maar gauw zitten.'

---

Dezelfde gebeurtenis kan verschillende reacties oproepen bij de leraar. De leraar is zich niet bewust van zijn gedachten en gevoelens, die bij dezelfde gebeurtenis tot verschillend handelen leiden. Omdat de leraar zich niet bewust is van wat hier gebeurt, wat zijn gevoelens en gedachten zijn, zal er weinig veranderen. Om anders te kunnen handelen, is het nodig je bewust te worden van je handelen, van het hoe en waarom ervan. Anders gezegd: bewustzijn is noodzakelijk om je gedrag te kunnen veranderen. In de psychologie is een omschrijving van bewustzijn: het besef van wat er gebeurt in je omgeving en van je gedachten, gevoelens, waarnemingen en andere mentale processen (Bernstein e.a., 2006). Je ergens van bewust zijn betekent dat je in de gaten hebt, je realiseert dat er iets gebeurde, wat er gebeurde, wat jouw rol in de gebeurtenis was, hoe de leerling reageerde, enzovoort. Bewustzijn is nodig om besef te krijgen van je ideeën, gedachten en gevoelens over een leerling. Dit is belangrijk, maar leidt niet meteen tot anders handelen. Het is ook nodig te zoeken naar oorzaken. Wie of wat is naar jouw idee de oorzaak van de problemen? Ligt het aan de leerling? Aan het beleid van de school? Aan jezelf? Anders gezegd: aan wie of wat schrijf je het probleem toe? We hebben het dan over attributie.

**Bewust handelen**

**Omschrijving van bewustzijn**

**Oorzaken zoeken**

### 12.2.2 Attributie

Om de wereld om je heen te kunnen begrijpen, zoek je naar oorzaken, redenen waarom iets gebeurt: je wilt het ergens of aan iemand toe kunnen schrijven. Kijk eens naar het volgende voorbeeld.

---

**VOORBEELD 12.4**

## Jeffrey

In je klas zit Jeffrey (groep 4). Jeffrey is een jongen die moeilijk te benaderen is. Er zijn veel problemen thuis. Vandaag escaleert de situatie in de klas. Hij wil niet aan zijn rekenen beginnen en zit voortdurend tekeningetjes te maken in zijn schrift. Je zegt er wat van. Direct daarna loopt Jeffrey heel kwaad de klas uit.

---

Voor wat hier gebeurt, zijn allerlei verklaringen mogelijk:
- Hij zit in een hopeloze thuissituatie. Daar kan ik niets aan doen.
- Die sommen zijn ook lastig. Zij worden slecht uitgelegd in de methode.
- Jeffrey geeft ook nooit aan als hij iets niet snapt.
- Ik denk dat hij misschien wat autistisch is. Hij moet maar eens onderzocht worden.

Maar ook is mogelijk:
- Misschien pak ik hem niet goed aan.
- Ik heb vandaag niet goed gereageerd.
- Ik heb niet gezien dat Jeffrey vandaag in mineur op school gekomen is.
- Ik kan met dit soort kinderen niet omgaan.

De reden die iemand geeft voor zijn succes of zijn falen worden attributies genoemd. De attributies van een leraar bepalen in hoge mate zijn gevoelens en hoe hij daarna handelt. Om dat handelen te kunnen veranderen is het dus nodig inzicht te krijgen in de attributies die hij maakt. Onder meer B. Weiner heeft zich uitgebreid beziggehouden met de theorie van attributies. We kunnen de volgende attributies onderscheiden:

- *Interne of externe attributies*. Bij een interne attributie leg je de oorzaak / reden van succes of falen bij jezelf. Bij externe attributies leg je de oorzaak / reden van succes of falen buiten jezelf.
- *Stabiele of variabele attributies*. Bij een stabiele attributie heeft de oorzaak / reden een blijvend karakter. Bij een variabele attributie geldt de oorzaak / reden alleen maar voor dit moment.

**Redenen voor succes / falen: attributies**

Het gaat hierbij niet om objectieve oorzaken, maar hoe de leraar deze beleeft. Op basis van dit onderscheid kunnen we nu vier verschillende attributies vormen:
1 intern-stabiele attributies
2 intern-variabele attributies
3 extern-stabiele attributies
4 extern-variabele attributies

We geven de vier attributies schematisch weer in figuur 12.1.

**FIGUUR 12.1** De vier verschillende attributies

| Attributies | stabiel | variabel |
|---|---|---|
| intern | 1 | 2 |
| extern | 3 | 4 |

## 1 Intern-stabiele attributies

De leraar legt de reden of de oorzaak van zijn succes of falen bij zichzelf (intern) en geeft aan dat dit samenhangt met hemzelf als persoon en dat dit niet snel zal veranderen (stabiel).

**Intern-stabiele attributies bij succes**

Intern-stabiele attributies bij succes zorgen ervoor dat je als leraar positief blijft denken. Je hebt immers geen reden aan je vakkennis te twijfelen. Een volgende keer in dezelfde situatie handel je op dezelfde of gelijksoortige manier. Voorbeelden van intern-stabiele attributies bij succes zijn:
- Ik ben een goede leraar.
- Mijn aanpak van die leerling is goed.
- Mijn sterke punt is omgaan met alle leerlingen.

**Intern-stabiele attributies bij falen**

Door intern-stabiele attributies bij falen raakt een leraar gericht op wat hij níét kan, dus op mislukkingen.
Onzekerheid en aan zichzelf twijfelen zijn het gevolg: negatieve gevoelens over zijn bekwaamheid. Dergelijke attributies dragen niet bij aan het oplossen van een probleem. Integendeel, meestal verergert de situatie er alleen maar door. Voorbeelden van interne-stabiele attributies bij falen zijn:
- Ik breng er niets van terecht.
- Ik kan absoluut niet omgaan met trage leerlingen.
- Ik kan niet goed organiseren.

## 2 Intern-variabele attributies

De leraar legt de oorzaak van zijn succes / falen wel bij zichzelf (intern), maar geeft aan dat dit alleen maar geldt voor deze keer (variabel).

**Intern-variabele attributies bij succes**

Intern-variabele attributies bij succes lijken positief, maar zijn het niet. De leraar wijt zijn succes namelijk niet aan zichzelf, maar aan toeval of geluk. Het succes heeft geen blijvend karakter. Leraren die zo denken, hebben meestal geen hoge dunk van hun vakbekwaamheid. De blijdschap over het succes is kort en daarna overheersen weer negatieve gedachten. Voorbeelden van intern-variabele attributie bij succes zijn:
- Ik heb vandaag kennelijk de goede snaar bij hem geraakt.
- Ik heb mijn les vandaag blijkbaar goed voorbereid.

**Intern-variabele attributies bij falen**

Intern-variabele attributies bij falen zijn positief, omdat deze leiden tot zelfkritiek. Je legt de oorzaak voor déze situatie bij jezelf; je bent je ervan bewust dat het falen alleen deze keer plaatsvond als gevolg van een incidentele oorzaak. Je verbindt er geen – negatieve – conclusies aan voor andere situaties. Voorbeelden van intern-variabele attributies bij falen zijn:
- Ik heb deze les niet goed voorbereid.
- Ik heb vandaag mijn dag niet, ik kan weinig hebben.

## 3 Extern-stabiele attributies

De leraar legt de reden / oorzaak van zijn succes / falen buiten zichzelf en geeft aan dat hij hier geen invloed op heeft.

**Extern-stabiele attributies bij succes**

Extern-stabiele attributies bij succes zijn misschien wel waar, maar dragen niet bij tot het ontwikkelen van positieve competentiegevoelens. Je bagatelliseert je rol als leraar.
Voorbeelden van extern-stabiele attributie bij succes:
- Leerlingen in deze buurt behalen gemakkelijk goede leerprestaties.
- Wij hebben nu eenmaal goede leermethoden.

Extern-stabiele attributies bij falen zijn reden tot zorg. De oorzaken spelen misschien wel een rol, maar dat is niet waar het om gaat. De leraar ziet de oorzaken als voldongen feiten waar hij geen invloed op heeft. Dergelijk attributies kunnen gemakkelijk leiden tot gevoelens van machteloosheid ('wat ik ook doe, het heeft toch geen zin'), boosheid ('allemaal problemen, omdat de ouders er een rotzooi van maken') of moedeloosheid ('in deze buurt valt geen eer te behalen').

*Extern-stabiele attributies bij falen*

Voorbeelden van extern-stabiele attributie bij falen zijn:
- Het is de thuissituatie.
- Hij heeft ADHD.
- Ik heb een moeilijke klas gekregen.

### 4 Extern-variabele attributies

De leraar legt de reden / oorzaak van succes of falen buiten zichzelf, maar dat geldt alleen voor deze situatie.

Extern-variabele attributies bij succes dragen niet bij tot een gevoel van competentie. Het succes wordt als eenmalig ervaren en de leraar heeft niet het idee dat hij daarbij invloed heeft gehad. Het was gewoon geluk of toeval dat het vandaag goed ging.

*Extern-variabele attributies bij succes*

Voorbeelden van extern-variabele attributie bij succes zijn:
- Kennelijk was dit een gemakkelijke les.
- De leerlingen gedroegen zich netjes, omdat de inspecteur er was.
- Gelukkig was deze leerling er niet, daardoor bleef de klas rustig.

Extern-variabele attributies bij falen zijn vaak minder hevig dan extern-stabiele attributies en hebben een duidelijk eenmalig karakter: het heeft te maken met déze situatie. De leraar geeft een reden voor het falen. Die legt hij buiten zichzelf, maar hij verbindt er geen negatieve conclusies aan voor een volgende keer. Het leidt niet tot anders handelen en daar is ook geen reden voor. Voorbeelden van extern-variabele attributie bij falen zijn:

*Extern-variabele attributies bij falen*

- Er zit storm in de lucht.
- De kinderen zijn vandaag wel erg onrustig.
- Kennelijk is er bij Tom thuis weer wat aan de hand.

## Ellen (deel 1)

In de openingscasus zie je bij Ellen een verschuiving in de attributies die zij maakt en parallel daaraan een ontwikkeling van de emoties en van haar handelen.

Op 21 augustus meldt zij dat het nog niet helemaal goed is: 'Wij moeten er nog helemaal inkomen.' Dit is een intern-variabele attributie bij falen. Op basis van deze attributie gaat Ellen aan de slag.

Op 20 september meldt zij in haar dagboek: 'Ik kan gewoon niet meer lesgeven.': een interne-stabiele attributie bij falen. Je ziet dan gelijk haar wanhoop. Daartussen zie je nog extern-stabiele attributies over de leerlingen (vooral Bob), de ouders, de vorige leraar en de directeur. De negatieve gevoelens van boosheid en moedeloosheid gaan overheersen.

We onderscheiden dus verschillende attributies. Niet allemaal dragen ze bij tot een adequate reactie op de situatie. Daar komt nog bij dat het verklaren van falen en succes bemoeilijkt wordt doordat mensen bij falen geneigd zijn tot externe attributies ('dat is ook zo'n lastige jongen') en bij succes tot interne attributies ('Ik heb deze moeilijk klas erg goed in de hand'). Bij falen, zeker als het om extern-stabiele attributies gaat, kan dit tot gevolg hebben dat de leraar zijn eigen rol in de problematiek buiten beschouwing laat en dus niet of niet adequaat handelt. Hij wordt zich niet bewust van zijn aandeel in de problemen en zal dus niet gaan reflecteren op zijn eigen handelen en staat niet open voor veranderen.

*Extern-stabiele attributies vermijden*

Bij falen dienen we externe-stabiele attributies dan ook zo veel mogelijk te vermijden en steeds variabele attributies te maken: het is mij vandaag niet gelukt om deze leerling (met die moeilijke thuissituatie) aan het werk te krijgen. Wat heb ik niet goed gedaan en wat zal ik morgen doen?

*Interne-stabiele attributies bij succes versterken zelfvertrouwen*

Bij succes kun je het best zo veel mogelijk interne-stabiele attributies maken. Dat versterkt het zelfvertrouwen.

---

**VOORBEELD 12.5**

## Samuel en Jonathan

Samuel en Jonathan (groep 7) hebben op de speelplaats telkens ruzie met elkaar. In het team is afgesproken dat zij onmiddellijk bij een beginnende ruzie van elkaar gescheiden worden. Jij hebt pleinwacht. Op een gegeven moment merk je dat deze twee in een hevige ruzie verwikkeld zijn.
Je denkt: het is weer zover. Het zijn die twee ook altijd. Je gaat gauw naar hen toe en geeft ze straf. Ze moeten direct naar binnen.
Je had ook kunnen denken: Oh, ja dat is waar ook. Ik moest ervoor zorgen dat ze gescheiden moesten spelen. Je gaat naar hen toe en plaatst zonder veel woorden Jonathan bij een ander groepje.

---

In het tweede geval maak je een intern-variabele attributie bij falen: je legt de oorzaak voor déze situatie bij jezelf. Dit leidt tot adequaat handelen.
In het eerste geval maak je een externe-stabiele attributie. Je legt de schuld bij de twee leerlingen en ziet over het hoofd dat jij vergeten bent die twee bij een beginnende ruzie op de speelplaats te scheiden.

De menselijke aard brengt dus met zich mee dat het bij problemen met een leerling lastig is je bewust te worden en te zijn van jouw rol in het probleem en de oorzaak toe te schrijven aan jezelf. Dat vraagt een open, kritische houding naar jezelf toe. Als je daartoe in staat bent, is er de juiste uitgangssituatie voor reflectie op eigen handelen en ontwikkeling.

*Open, kritische houding naar jezelf*

T 12.2

**TUSSENVRAAG 12.2**
Wat is de definitie van attributie en welke attributies onderscheiden we?

## 12.3 Reflectie op eigen handelen: een begripsbepaling

Als je je bewust bent geworden van ideeën, gedachten en gevoelens over een leerling en het probleem toeschrijft aan jezelf (attributie), zijn de voorwaarden aanwezig voor reflecteren op eigen handelen.

In de opleiding tot en in de beroepsuitoefening van leraar is geleidelijk meer oog gekomen voor het belang van reflectie op eigen handelen. 'Competent in reflectie en ontwikkeling' is een van de competenties, vastgelegd in het Besluit bekwaamheidseisen. 'Reflectere' is het Latijnse woord voor 'terugbuigen'. In onze taal heeft het de betekenis gekregen van bewust nadenken over jezelf, kijken naar en nadenken over je handelen, het hoe en waarom daarvan. Dat is nodig om je handelen bij te kunnen stellen, te kunnen veranderen waar nodig.

*Reflecteren nodig om te kunnen veranderen*

Er zijn verschillende opvattingen wat reflecteren inhoudt. Korthagen (Korthagen e.a., 2006) meent dat er geen algemeen aanvaarde definitie is van het begrip reflectie. Wel constateert hij dat er een aantal wezenlijke aspecten overeenkomen, waardoor hij tot de volgende definitie komt: Iemand reflecteert als hij zijn ervaringen en / of kennis probeert te herstructureren (Korthagen, 2001). Ergens over nadenken, bezinning, je bewust worden van gevoelens zonder dat dit leidt tot actie (herstructureren van ervaringen en / of kennis) is dus geen reflectie.

*Verschillende opvattingen over reflecteren*

Je kunt reflecteren op van alles: op je handelen, op het gebruik van methodes, op collegiale omgang, op het verloop van gesprekken met ouders. Dit boek gaat over omgaan met kinderen. Onderwerp van reflectie is voor ons dan ook de relatie met de leerling, met name als het functioneren van de leerling en effectief onderwijs geven door jouw gevoelens in het gedrang komen. Gevoelens kunnen je danig in de problemen brengen.

## Ellen (deel 2)

In het dagboek (14, 15 en 20 september) van Ellen zie je haar gevoelens over de klas en vooral over de situatie met Bob steeds heftiger worden: woedend, wanhopig en diep in de put. Uit de beschrijving van de andere dagen kun je opmaken dat zij niet weet wat zij moet doen. Integendeel, zij constateert dat zij niet meer kan lesgeven.

Ellens gevoelens verhinderen haar adequaat te handelen. Daar dient zij zich op te richten, op te reflecteren. Je richt je dus niet op het verbeteren van communicatievaardigheden of gedragsverandering bij de leerling, maar op jouw denkbeelden en gevoelens, omdat deze een verbetering van de situatie in de weg staan: reflectie op eigen handelen door je te richten op je gedachten en gevoelens. Gebleken is dat dit een effectieve manier is om een problematische situatie weer hanteerbaar te maken. De kern van deze benadering is dat mensen zich in hun handelen laten leiden door hun denkbeelden (cognities). De cognitieve theorie houdt zich bezig met de mentale processen (geheugen, leren en denken, waarnemen, problemen oplossen) en de invloed daarvan op de verwerking van informatie.

*Reflectie op eigen handelen door je te richten op je gedachten en gevoelens*

Een belangrijke vertegenwoordiger van deze richting is *Albert Ellis*, de grondlegger van de rationeel-emotieve therapie, de RET. Hij is zich in de loop van zijn leven steeds meer gaan interesseren voor de invloed die mensen zelf op hun gedrag kunnen uitoefenen. Zijn opvatting is dat de mens door middel van de rede, het denken inzicht kan krijgen in de drijfveren van zijn handelen en dat hij daardoor tot veranderen in staat is. Rationaliteit en gezond verstand zijn daarbij de sleutelwoorden. Overigens heeft Ellis op een gegeven

**Verband tussen denkbeelden, gevoelens en gedrag**

moment aangegeven dat hij voortaan wil spreken van de REBT. Dit staat voor *Rational Emotive Behavioral Therapy*. Het gaat dus nadrukkelijk om het verband tussen denkbeelden, gevoelens en gedrag.

Deze denkbeelden zijn voor ons de leidraad bij de uitwerking die wij geven aan reflecteren op eigen handelen: hoe kun je zicht krijgen op en je verdiepen in jouw gevoelens, gedachten en ideeën, kortom denkbeelden en hoe kun je deze veranderen om tot ander handelen te komen: 'anders denken, anders voelen, anders handelen'.

**T 12.3**

**TUSSENVRAAG 12.3**

Waarom is reflectie op je eigen gedachten, gevoelens en handelen over een leerling nodig?

**Reflectie ontwikkelen**

Om leraar te worden volg je een opleiding. Reflectie maakt deel uit van je professioneel functioneren als leraar en ook dat moet je ontwikkelen. Reflectie, zeker als je er nog weinig ervaring mee hebt, is een competentie die je je door veel oefenen eigen moet maken. We hebben het in de vorige paragraaf al gehad over bewustzijn en attributie.

Maar er zijn nog een aantal belangrijke voorwaarden, namelijk:

**Bewust besluiten**
- Je dient bewust te besluiten ermee aan de gang te gaan.
  Problemen met een leerling kunnen een aanleiding zijn om eens kritisch naar de situatie te kijken, maar dat gebeurt lang niet altijd. En ook als je het wel doet, gebeurt het niet op een systematische en effectieve manier. Reflecteren kan niet aan het toeval overgelaten worden. Je moet het plannen. Je moet oefenen en er de tijd voor nemen.

**Openheid**
- Reflectie vraagt openheid. Bij reflectie in de zin van 'anders denken, anders voelen, anders handelen', moet je deze drie componenten zo objectief mogelijk in beeld brengen. Daar zit meteen al de moeilijkheid. In het algemeen is de mens niet zo geneigd kritisch naar zijn eigen handelen te kijken, met name als er mogelijk falen een rol speelt. In de vorige paragraaf hebben we dit besproken. Dit staat 'zo objectief mogelijk in beeld brengen' dan ook vaak in de weg. Het valt niet mee om op te schrijven: 'Bob praatte voor zijn beurt en ik heb hem woedend de klas uitgestuurd en gezegd: "Jou wil ik nooit meer zien."

**Niet om de schuldvraag**
- Daarmee komen we bij een zeer belangrijk punt: het gaat niet om de schuldvraag. Dit is vaak lastig. Constateren dat je handelen niet adequaat was, gaat bij veel mensen meteen gepaard met schuldgevoelens. En schuldgevoelens zijn niet productief. In tegendeel, deze brengen je er eerder toe niet helder naar een situatie te kijken, af te zwakken, enzovoort. Bedenk dat reflectie is gericht op de toekomst: hoe kan ik een volgende keer anders, adequater omgaan met de situatie?

**Gestructureerde aanpak**
- Reflectie dient, zoals Korthagen zegt, te leiden tot een herstructurering van ervaring en kennis. Dat vraagt een gestructureerde aanpak, oefenen en discipline. Alleen dan kun je je deze vaardigheid eigen maken.

**Tijd**
- Een gestructureerde aanpak vraagt tijd, zeker als je er nog niet erg vertrouwd mee bent.

In de volgende twee hoofdstukken werken we reflectie in de zin van 'anders denken, anders voelen, anders handelen' uit.

**T 12.4**

**TUSSENVRAAG 12.4**

Noem de voorwaarden die nodig zijn om effectief te reflecteren.

# Samenvatting

De samenvatting van dit hoofdstuk staat op [ws]www.pabowijzer.nl.

# Valkuilen en tips

**Valkuil 1**
'Ik heb grondig nagedacht over de problemen met die leerling.'

*Tip 1*
Nadenken en reflecteren zijn niet hetzelfde. Reflecteren houdt in dat het nadenken over een situatie leidt tot ander handelen. Het is nadenken over jouw rol in die situatie, deze ter discussie stellen en kijken hoe je anders, meer adequaat, kunt handelen. Maak daarbij steeds een onderscheid tussen de situatie op zich en jouw rol in die situatie.

**Valkuil 2**
De moeder van Irina geeft aan dat haar dochter met steeds meer tegenzin naar gymnastiek gaat. Je reageert: 'Ja, dat heb ik ook gemerkt, zo vervelend, ik weet niet wat we daar nu mee moeten.'

*Tip 2*
Je laat je reactie vooral door een gevoel van schuld bepalen. Reflectie op eigen handelen gaat niet over de schuldvraag. Dat is weinig effectief. Een dergelijk signaal zou aanleiding moeten zijn tot reflectie: wat is het probleem, wat is mijn rol daarin en wat kan ik doen om verandering in de situatie te brengen?

**Valkuil 3**
'De thuissituatie van dit kind is zo gecompliceerd, daar is niet tegenop te werken.'

*Tip 3*
Dit is een extern-stabiele attributie. Je bij problemen beperken tot extern-stabiele attributies betekent dat je niet je eigen rol in ogenschouw neemt. Gevoelens van boosheid, ontmoediging, machteloosheid zijn veelal het gevolg: zij doen er niets aan en ik blijf daardoor met een probleem zitten.
Het is weinig professioneel je te beperken tot extern-stabiele attributies. Probeer variabele attributies te maken, ook bij problemen van langdurige aard buiten jouw directe invloedssfeer: 'Vandaag is het niet gelukt. Hoe kan ik het morgen anders aanpakken?' Met variabele attributies word je creatiever en creativiteit vergroot de kans op een succesvolle aanpak.

**Valkuil 4**
Onder collega's: 'Het is zo rustig in de klas. Ik weet niet wat er nu veranderd is, maar Mireille is een stuk rustiger. Ik ben benieuwd hoe lang die rust duurt.'

*Tip 4*
Dit is een extern-variabele attributie. Je schrijft je succes toe aan geluk of toeval. Daarmee doe je jezelf tekort. In feite laat je ermee zien dat je geen vertrouwen hebt in jouw invloed op een situatie.
Probeer bij succes zo veel mogelijk intern-stabiele attributies te maken. Je mag jezelf heus wel een compliment geven en vinden dat je goed bezig bent. Overigens dien je dan wel te weten – door reflectie – welk handelen tot het succes heeft geleid.

# Kernbegrippenlijst

| | |
|---|---|
| **Attributie** | De redenen die iemand geeft voor zijn succes of zijn falen worden attributies genoemd. |
| **Attributie: extern-stabiel** | De reden of de oorzaak van succes of falen legt iemand buiten zichzelf (extern) en hij geeft aan dat dit een kenmerk is dat niet snel zal veranderen (stabiel). |
| **Attributie: extern-variabel** | De reden of oorzaak legt iemand buiten zichzelf (extern), maar dit geldt alleen voor deze situatie. |
| **Attributie: intern-stabiel** | De reden of de oorzaak van succes of falen legt iemand bij zichzelf (intern) en hij geeft aan dat dit een kenmerk is dat niet snel zal veranderen (stabiel). |
| **Attributie: intern-variabel** | De reden of oorzaak van succes of falen legt iemand bij zichzelf (intern), maar hij ziet dit niet als een vaststaand gegeven. Een volgende keer kan hij anders handelen. |
| **Bewustzijn** | Het besef van de wereld buiten jezelf en van je gedachten, gevoelens, waarnemingen en andere mentale processen. |
| **Cognities** | De gedachten, ideeën, denkbeelden, inzichten die iemand heeft met betrekking tot zichzelf en de wereld om hem heen. |
| **Cognitieve benadering** | De cognitieve theorie houdt zich bezig met de mentale processen (geheugen, leren en denken, waarnemen, problemen oplossen) en de invloed daarvan op de verwerking van informatie. |
| **Doceer-leergebied** | In de acceptatierechthoek van Gordon onderscheiden we een deel met de aanvaardbare gedragingen: het acceptatiegebied. In dit gebied hoeft de leraar niet te mopperen, boos te worden, te straffen enzovoort. De leerling kan in rust leren. In dit gebied vindt het leren en doceren plaats. Als problemen het kind belemmeren in rust te leren, verkleint hierdoor het doceer-leergebied. |
| **Rationeel-emotieve therapie (RET)** | Dit is de term voor de opvattingen van Albert Ellis (geb. 1913). Ellis is zich in de loop van zijn leven steeds meer gaan interesseren voor de invloed die mensen zelf op hun gedrag kunnen uitoefenen. Zijn opvatting is dat de mens door middel van de rede inzicht kan krijgen in de drijfveren van zijn handelen en dat hij daardoor tot veranderen in staat is. |

**REBT**     Dit staat voor Rational Emotiv Behavioral Therapy. Ellis heeft op een gegeven moment aangegeven dat hij voortaan wil spreken van de REBT. Hiermee gaf hij aan dat het nadrukkelijk gaat om het verband tussen denkbeelden, gevoelens en gedrag.

# Vragen

**12.1** Welke attributie maakt deze leraar?
  a Ik heb niet goed geslapen, daarom lukte de les niet.
  b Johnny kan zich niet concentreren, want zijn moeder is ziek.
  c Matthijs kan zich ook niet goed concentreren, want hij heeft ADHD.
  d Onze rekenmethode is te chaotisch.
  e Ik kan een goede relatie opbouwen met lastige kinderen.
  f Er is duidelijk storm op komst. De leerlingen zijn erg druk.
  g Ik kan absoluut niet opschieten met de ouders van Michelle.
  h Die ouders van Michelle zijn ontzettend veeleisend en komen steeds bij mij zeuren.

**12.2** De leraar maakt de volgende analyse van een situatie in de klas. Hij maakt diverse attributies. Zoek die op en benoem ze.
'Ik heb Jasmijn in de klas. Zij is een ontzettend verwend meisje. Dat merk je duidelijk in de klas. Als zij iets niet snapt gaat zij aanstellerig gedrag vertonen. Ik kan gewoonweg niet tegen kinderen die dreinen. Ik probeerde pas eens aardig tegen haar te zijn. Ik voelde mij een slijmjurk. Ik was onecht bezig. Bij leerlingen als Jasmijn moet je gewoon heel streng zijn en vaak flink boos worden, dan houden ze wel op.'

**12.3** In het volgende verhaal maakt de leraar voortdurend extern-stabiele attributies. Herschrijf dit verhaal in meer variabele attributies:
'Het gaat helemaal niet meer in de klas. Ik kan er niet meer tegen. Voortdurend zitten Asmara en Kim met elkaar te kibbelen. Het zijn enorme kletskousen. Waarschuwen en straffen heeft geen zin. Zij moeten hiermee ophouden want zo kan ik geen les geven.'

**12.4** Zet de volgende casus om in een reflectieverslag:
Sander (groep 4) is enorm druk. Hij zit voortdurend te bewegen, loopt veel uit zijn bank voor iets pietluttigs en gaat steeds in discussie als ik hem hierover aanspreek.

De antwoorden op deze vragen kun je vinden op www.pabowijzer.nl.

# 13
# Reflectie: 'anders denken, anders voelen, anders handelen'

13.1 Een goede relatie en 'anders denken, anders voelen, anders handelen'
13.2 'Anders denken, anders voelen, anders handelen': theoretisch kader
13.3 De invloed van (ir)rationeel denken

**Kennisdoelen**
1 De leraar maakt kennis met de uitwerking van het begrip reflectie: door anders te denken, veranderen je gevoelens en kun je anders handelen.
2 De leraar leert wat de invloed is van zijn denkbeelden op zijn relatie met de leerling.
3 De leraar leert wat het verband is tussen denken, voelen en handelen.

**Toepassingsdoel**
Met de kennis uit dit hoofdstuk is de leraar in staat om zijn eigen gevoelens en de invloed daarvan op de leerling en het handelen van hem als leraar naar de leerling te herkennen. De leraar is in staat gedachten te onderscheiden in rationeel of irrationeel.

## 13.1 Een goede relatie en 'anders denken, anders voelen, anders handelen'

*Reflecteren op denken, gevoelens en handelen*

In het vorige hoofdstuk hebben we aangegeven op welke wijze wij uitwerking geven aan reflectie in de praktijk, namelijk reflecteren op wat je denkt, voelt en hoe je vervolgens handelt. Het is vaak confronterend dat wat je denkt en voelt soms leidt tot handelen dat op gespannen voet staat met een professionele houding. Toch komt elke leraar dit vroeger of later tegen. Onderwijs is een beroep waar mensen centraal staan en niets menselijks is ons vreemd. Het hoort dan ook tot je professionaliteit te reflecteren op dat denken, op die gevoelens, en tot welk handelen ze leiden. Ellen doet dit niet met alle gevolgen van dien. Laten we eens kijken naar de gevoelens van Ellen.

### Ellen (deel 3)

Ellen geeft in het begin van haar dagboek aan dat zij nog wat moeite heeft met de groep in zijn totaal en gaat aan de slag. Dit is reflectie op de situatie en haar rol daarbij. Zinvol, want daardoor probeert zij te komen tot adequaat handelen. Vervolgens zie je dat Bob als de grote veroorzaker van de problemen beschouwd wordt. Dit is een extern-stabiele attributie. Dit draagt niet bij aan een oplossing van de situatie. De relatie wordt steeds negatiever. Op een gegeven moment vindt Ellen dat de beste oplossing is Bob in een andere klas te plaatsen. Dit valt niet onder de noemer: werken aan de relatie! Het positieve van Ellen is wel dat zij daarna toch bereid is haar rol ter discussie te stellen en hulp te aanvaarden van de schoolbegeleider.

Geleidelijk nemen de negatieve gevoelens de overhand en worden bepalend voor haar handelen.
In hoofdstuk 1 hebben we uitgebreid besproken dat een goede relatie de basis is voor een goed functionerende leerling, effectief onderwijs en het optimaliseren van leeropbrengsten: acceptatie, ondersteuning en betrokkenheid. Hoe voelt bijvoorbeeld Bob zich in deze situatie? Het is niet waarschijnlijk dat hij zich geaccepteerd voelt, betrokkenheid ervaart of ondersteuning. Integendeel, een kind voelt vrijwel altijd als 'de leraar hem niet moet'. Het effect daarvan wordt veelal onderschat.

*Negatieve gevoelens niet bepalend laten zijn voor relatie*

Een professionele houding in zo'n situatie houdt in dat Ellen beseft dat haar negatieve gevoelens jegens Bob bijdragen aan de verergering van de problematiek (intern-variabele attributie). Ellen reageert door haar negatieve gevoelens veel feller op Bob dan op de andere leerlingen die ook lastig zijn, zoals Maarten en Serge. Op het moment dat Ellen haar rol en haar gevoelens jegens Bob (h)erkent, gaat zij aan de slag, in dit geval door hulp te aanvaarden van een schoolbegeleider. Dat is een professionele houding, die bijdraagt aan de verdere ontwikkeling als leraar.

T 13.1

**TUSSENVRAAG 13.1**
Waarom is het belangrijk dat je als leraar goed oplet of je negatieve gevoelens hebt ten opzichte van een leerling?

## 13.2 'Anders denken, anders voelen, anders handelen': theoretisch kader

Mensen denken. Van deze uitspraak zal niemand opkijken.
Mensen voelen, hebben emoties. Ook van die uitspraak zal niemand opkijken. Maar bij de koppeling van denken aan gevoelens zijn de reacties terughoudender. Als iemand het advies krijgt een situatie wat minder emotioneel, en liever wat rationeler, met wat meer gezond verstand te benaderen, is de kans groot dat dit advies weerstand oproept.
Als ze het woord 'rationeel' horen, reageren veel mensen afwijzend. Ze denken dat iemand die rationeel denkt en leeft, een mens is met een vooral zakelijke, koele instelling die emoties buiten de deur houdt. Dat rationeel denken juist alles te maken heeft met gevoelens en waar gevoelens toe kunnen leiden, zullen we in het vervolg duidelijk maken.
Bekijk de volgende situaties eens:
- Je wilt graag op tijd thuis zijn na je werk, maar je krijgt een lichte aanrijding, waardoor je na anderhalf uur nog niet thuis bent.
- Een kind dat op het bord staat te schrijven, valt plotseling flauw.
- Tijdens de leesles zie je opeens dat Vincent een bladzijde uit zijn boek scheurt.

Het zal niemand verbazen als de betrokkene in dergelijke situaties reageert met irritatie, schrik of woede. Als gevraagd zou worden waarom de genoemde reacties zo vanzelfsprekend zijn, dan is het antwoord: 'Dat is toch logisch, wie wordt er nu niet kwaad (geïrriteerd, bang) in zo'n situatie?' Dit is schematisch als volgt weer te geven (figuur 13.1).

**FIGUUR 13.1** De situatie bepaalt hoe wij voelen en handelen

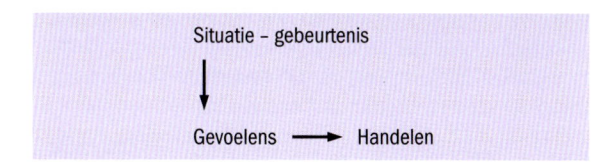

Situatie – gebeurtenis
↓
Gevoelens → Handelen

In woorden wil dit zeggen dat de situatie bepaalt hoe wij voelen en handelen. In de opvatting van de benadering 'anders denken, anders voelen, anders handelen' is dit onzin. Een situatie of gebeurtenis kan niet op een min of meer wetmatige wijze gevoelens en handelingen meebrengen. Niet elk kind is verdrietig als het blijft zitten. Niet elke leraar wordt boos als een kind erg brutaal is. Met andere woorden, in dezelfde situatie zijn verschillende reacties mogelijk.
Bekijk de volgende voorbeelden eens.

*In dezelfde situatie verschillende reacties*

## VOORBEELD 13.1
### Verschillende reacties

Op het moment dat Vincent (zie hiervoor) de bladzijde uit het boek scheurt, komt net de directeur langs en deze ziet wat er gebeurt. Terwijl de leraar woedend uitvaart tegen Vincent, komt het hoofd binnenlopen en zegt op kalme toon tegen Vincent: 'Dat had je beter niet kunnen doen joh, want dat gaat je geld kosten. Kom om twaalf uur maar bij me.'

Twee kinderen (10 jaar) uit je klas hebben een fikse onvoldoende gekregen voor een rekentaak. Het ene kind begint te huilen als hij ziet welk cijfer hij heeft gekregen, terwijl het andere kind zijn rekenboek pakt en de gemaakte taak gaat controleren.

Aan twee mensen, een leraar en een schoolarts, wordt gevraagd welke reactie de volgende rij woorden bij hen oproept: directeur-hondje-doubleren-hoofdluis.
De leraar zegt: 'Oh, hoofdluis, ik krijg al jeuk bij het idee!' De schoolarts zegt: 'Directeuren, praat me er niet van, nooit hebben ze eens tijd voor je!'

---

**T 13.2**

**TUSSENVRAAG 13.2**
Waarom is het in de opvatting van 'anders denken, anders voelen, anders handelen' onzin als iemand zegt dat hij in een bepaalde situatie niet anders kon handelen dan hij deed?

*Vermogen om te denken*

*Vermogen om te redeneren*

Eerdergenoemde voorbeelden hebben gemeen dat de betrokkenen in eenzelfde situatie anders voelen en reageren.
Hoe komt dit? De belangrijkste conclusie in dit verband is dat mensen het unieke vermogen hebben om te denken en te redeneren. Dat wil zeggen: met wat voor situaties we ook in aanraking komen, we hebben er altijd wel een mening, een (voor)oordeel of opvatting over (Diekstra & Dassen, 1979). Dit hangt nauw samen met ervaringen en kennis die we hebben opgedaan. Onze meningen, gedachten en verwachtingen met betrekking tot een bepaalde situatie liggen ten grondslag aan onze gevoelens en handelingen. Soms verloopt dit proces van interpretatie zo snel, dat we ons er niet van bewust zijn dat het heeft plaatsgevonden. Als je dan echter terug zou gaan denken, blijken er wel degelijk allerlei gedachten aan je gevoelens en handelingen vooraf te zijn gegaan. Als je jezelf heel intensief zou gaan bestuderen, zou je merken dat ons denken altijd verloopt in eenvoudige zinnen en uitdrukkingen. Anders gezegd, wanneer we denken, praten we tegen onszelf. Ofschoon we het soms ook hardop doen, praten we meestal zachtjes in onszelf. Je kunt dit zien als een soort interne dialoog. Dit verklaart waarom de betrokkenen in voorgaande voorbeelden elk voor zich anders voelen en handelen. Zij hebben namelijk ieder een andere kijk op de situatie en ze houden er andere gedachten op na (zie ook subparagraaf 12.2.2 Attributie).

*Gedachten veroorzaken gevoelens*

Het zijn dus gedachten die gevoelens veroorzaken.
Onze handelingen volgen gewoonlijk onze gevoelens. Wat we doen zal meestal afhangen van wat we in een bepaalde situatie denken en voelen. Dus: *gedachten* veroorzaken *gevoelens* die op hun beurt weer *handelingen* teweegbrengen. In deze theorie blijven buiten beschouwing de gevoelens die

*Gedachten-gevoelens-handelingen*

veroorzaakt worden door drugs, hormonen en dergelijke. Deze stelling betekent dat de schematische weergave herzien moet worden en wel als volgt (zie figuur 13.2).

**FIGUUR 13.2** Gedachten, gevoelens en handelingen

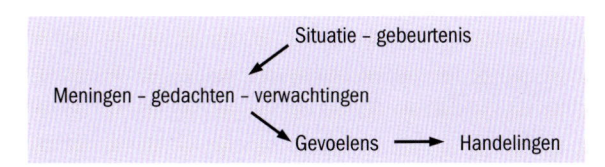

```
                    Situatie – gebeurtenis
                   ↙                    ↘
Meningen – gedachten – verwachtingen
                          ↘
                           Gevoelens  →  Handelingen
```

Verder redenerend kunnen we zeggen dat hoe extremer ons standpunt over een gebeurtenis is, hoe heftiger ons gevoel en handelen ten aanzien van die gebeurtenis zijn.

*Standpunt – gevoel*

De reden dat de leraar van Vincent erg boos reageerde, was omdat hij in dit geval dacht: 'Het zal Vincent eens niet zijn. Die kan de laatste tijd nergens met zijn vingers meer van afblijven!'
De directeur daarentegen dacht: 'Daar gaat mijn boek. Even zorgen dat hij het zelf betaalt.' Hierdoor waren zijn gevoelens en handelen veel gematigder.

**TUSSENVRAAG 13.3**
Welke rol speelt het denken in relatie tot een gebeurtenis en ons handelen?

*T 13.3*

Bij 'anders denken, anders voelen, anders handelen' staat de volgende redenering centraal: als iemand anders gaat denken over een situatie, zal hij ook anders voelen en zal hij daarom anders handelen in die situatie.

---

**VOORBEELD 13.2**

## Verkeersles

Een leraar heeft net een verkeersles gegeven. De leerlingen moeten nu in hun werkschrift plaatjes bij de behandelde les plakken. Een van de leerlingen zit voor zich uit te kijken en doet niets. De leraar geeft hem een aansporing, maar als hij na vijf minuten opkijkt, blijkt de leerling nog steeds niets gedaan te hebben. De leraar raakt geïrriteerd en begint zich steeds meer op te winden. Op een gegeven moment stapt hij naar de leerling toe met het voornemen hem flink de mantel uit te vegen. Hij komt bij zijn tafel, maar voordat hij iets heeft kunnen zeggen, zegt de leerling: 'Meester, mijn opa is gisteren doodgegaan.' De leraar toont zijn medeleven en laat het niet-werken verder voor wat het is.

---

Wat hier gebeurt, is dat de kwaadheid van de leraar is omgeslagen in medelijden. De drastische ommekeer in gevoelens in dit voorbeeld komt niet doordat de gebeurtenis is veranderd. Nee, louter en alleen ten gevolge van nieuwe kennis kijkt de leraar op een heel andere manier tegen de situatie aan.

**Anders denken →
anders voelen →
anders handelen**

Met andere woorden: anders denken leidt tot anders voelen en anders voelen leidt tot anders handelen. Iemand kan dus in een bepaalde situatie anders gaan voelen en handelen, terwijl hij eerst dacht hiertoe niet in staat te zijn.

> ### Ellen (deel 4)
>
> Ellen geeft in haar dagboek aan niet meer te weten wat ze moet doen. Zij heeft naar haar idee alles geprobeerd en niets werkt. Dit zijn gedachten en gevoelens die ervoor zorgen dat zij bij de pakken neerzit en de situatie over zich heen laat komen. Als zij niet van gedachten verandert, zal de situatie mogelijk nog verder escaleren. Zij zal niet de eerste zijn die op deze manier overspannen raakt.

**T 13.4**

**TUSSENVRAAG 13.4**
Hoe leidt reflecteren op je handelen, voelen en denken tot ander handelen?

## 13.3 De invloed van (ir)rationeel denken

In de vorige paragraaf hebben we gezien dat anders denken leidt tot anders voelen en daarmee tot anders handelen. In subparagraaf 13.3.1 bespreken we het onderscheid tussen rationele en irrationele gedachten. Dit onderscheid is belangrijk om je denken te kunnen veranderen, en daarmee je gevoelens en je handelen. In subparagraaf 13.3.2 komt een aantal veelvoorkomende irrationele gedachten aan bod. We sluiten de paragraaf af met aan te geven wat de waarde is van het 'anders denken, anders voelen, anders handelen' in de klas.

### 13.3.1 Rationeel en irrationeel

**Gevoelens op zichzelf zijn nodig**

Ieder mens heeft zijn eigen gevoelens. De intensiteit ervan verschilt van mens tot mens. Iemand zal zelden aangename gevoelens uit de weg gaan, maar ook onaangename gevoelens hebben zin. Zo kan bijvoorbeeld verdriet helpen bij het verwerken van een rouwproces; met boosheid kan iemand zijn ongenoegen met betrekking tot een bepaalde situatie kenbaar maken opdat de ander(en) hierop zullen reageren.

**Adequaat reageren**

**Adequaat handelen**

Echter, onaangename gevoelens zijn alleen dan zinnig als ze duidelijk in verband staan met de werkelijkheid (de situatie) en bijdragen tot een adequate manier van reageren. Kenmerkend is dat ze na enige tijd weer verdwijnen. Soms echter zijn gevoelens te hevig in verhouding tot een situatie; ze komen telkens terug of duren te lang voort. Het zit je erg dwars dat je je zo voelt, je zou liever willen dat je je anders voelde. Als dit zo is, dan zijn de gevoelens niet zinnig meer. Integendeel, dikwijls verhinderen ze je dan adequaat te reageren en te handelen. De kans is zeer groot dat dergelijke gevoelens het gevolg zijn van 'niet-zinnige' gedachten.
We noemen dergelijke gedachten irrationeel. Er is een belangrijk onderscheid tussen rationele en irrationele gedachten.

Rationele gedachten zijn gedachten die maken dat we ons prettig voelen of dat we gevoelens als schuld, angst, woede, verdriet in een zodanige vorm ervaren, dat deze in verhouding staan tot de situatie of gebeurtenis. Het is dus niet zo dat het gedachten zijn die leiden tot het afvlakken of onderdrukken van gevoelens. Kenmerkend voor gevoelens die voortkomen uit rationele gedachten is dat ze tijdelijk zijn en niet een opzichzelfstaand leven gaan leiden. Als die nare gevoelens niet te hevig zijn en niet te lang duren, kunnen ze ons helpen om adequaat te handelen en om problemen effectief op te lossen.

*Rationele gedachten*

---

**VOORBEELD 13.3**

## (Ir)rationele gedachten

Een leraar komt na een vermoeiend weekend, bepaald niet uitgerust, op maandagmorgen op school. Eenmaal binnen spreekt de directeur hem aan met de mededeling dat de leraar de lezing van die avond van hem moet overnemen, omdat hij om dringende redenen niet aanwezig kan zijn.
In deze situatie kan de leraar verschillende dingen denken:
- 'Hè, wat vervelend nou. Nu moet ik m'n afspraak om half vier met mevrouw Van der Vlught afzeggen, omdat ik die lezing moet voorbereiden.'
- 'O jee, van dat onderwerp weet ik weinig. Ken ik niet iemand die er meer van weet en die het van me over zou willen nemen?'
- 'Wel p…! (krachtterm). Ik had het kunnen weten. Eerst dat rotweekend en nu dit ook nog!'
- 'Het is ook altijd hetzelfde. Op belangrijke momenten schittert hij door afwezigheid en zadelt een ander op met de rotklussen. Zo kan ik ook directeur zijn!'

---

De eerste twee gedachten zijn rationeel, wat valt af te leiden uit het feit dat de mate van vervelende gevoelens in verhouding is met de aard van de situatie en de leraar adequaat probeert te handelen. Dit geldt niet voor de laatste twee gedachten. Deze zijn dan ook irrationeel.

*Verhouding situatie gevoelens*

Irrationele gedachten zijn gedachten die gevoelens met zich meebrengen waarvan de hevigheid niet in verhouding staat tot de situatie en / of die (onnodig) langdurig zijn. Bijvoorbeeld lang wroeging voelen of vaak angstig of woedend zijn. Daardoor zijn we dikwijls niet meer in staat om adequaat te reageren. Bovendien zien we vaak dat er nog meer problemen bij komen in plaats dat het aanvankelijke probleem wordt opgelost.
In voorbeeld 13.3 is het gevolg van de irrationele gedachten van de leraar dat hij zich die morgen afreageert op de klas. Later heeft hij hier weer spijt van. Wellicht zit iemand die zo reageert tussen de middag voortdurend te mopperen over de situatie, terwijl hij deze tijd had kunnen gebruiken om de avond voor te bereiden (adequaat handelen).

*Irrationele gedachten*

**TUSSENVRAAG 13.5**  T 13.5
Geef het verschil aan tussen rationele en irrationele gedachten.

### 13.3.2 Veelvoorkomende irrationele gedachten

Als we onszelf gedurende enige tijd zouden kunnen beluisteren, zouden we merken dat we woorden als 'moet', 'altijd' en 'nooit' en 'verschrikkelijk' veelvuldig gebruiken. Meestal houdt dit taalgebruik een (sterke) overdrijving in, en gaan er heftige gevoelens mee gepaard. Niet zozeer de woorden roepen deze overdrijving op, als wel de houding van de spreker die erachter schuilgaat en zijn neiging om te overdrijven.

*Overdrijving in taalgebruik*

Er zijn drie groepen van veelvoorkomende irrationele gedachten:
a moetisme
b absolutisme
c dramatiseren

#### a Moetisme

Het gebruik van het woordje 'moet' of 'moeten' is een vorm van jezelf onnodig onder druk zetten. Van een wens wordt een eis gemaakt, en wel veelal een irreële eis. Wanneer je zegt dat iets moet, zou dat inhouden dat het dus zo zou lopen zoals jij dat wilt; dit betekent dat als jij zou willen dat het gras voortaan paars zou zijn, dat ook zou gebeuren. Hoe kunstmatig dit voorbeeld ook lijkt, het maakt wel duidelijk hoe onzinnig en irreëel het gebruik van 'moet' is. Je wilt hoogstens iets heel graag, maar 'het moet' niet. Je wilt graag goed kunnen opschieten met de kinderen uit je klas, maar als je zou zeggen dat het moet, is bij uitblijvend succes de kans op gevoelens van onkunde, teleurstelling, onmacht, enzovoort erg groot. En dat het niet volledig lukt is een aan zekerheid grenzende waarschijnlijkheid. Moetisme (Van Londen e.a., 1979) is zo irrationeel, omdat het leidt tot allerlei onnodig onaangename gevoelens.

*Wanneer 'moet' iets*

Het woordje 'moet' is op zijn plaats:
- als de gebeurtenissen onderhevig zijn aan natuurwetten (Als je een krijtje loslaat, moet het vallen, dat is de wet van de zwaartekracht.)
- als aan alle voorwaarden is voldaan om iets te laten gebeuren

We geven een paar voorbeelden.

---

**VOORBEELD 13.4**

### 'Moeten'?

Een landkaart die aan de muur hangt, valt naar beneden. Dit *moet* gebeuren, omdat aan de voorwaarden voldaan is, namelijk de spijker is niet groot / stevig genoeg om de landkaart te dragen. Als niet aan alle voorwaarden is voldaan, hoeft iets niet logischerwijs te gebeuren en zal het ook niet gebeuren. Als de spijker stevig genoeg was geweest zou de kaart niet zijn gevallen.
Als een kind aan het eind van de pauze de bel niet hoort, daarop naar binnen loopt, zijn jas uittrekt en de klas ingaat (dit zijn de voorwaarden om op tijd in de klas te zijn), dan kan het niet bijtijds in de klas zijn. Het is dan ook irrationeel om te denken: 'Hij had op tijd in de klas *moeten* zijn', want niet aan alle voorwaarden was voldaan.

---

Overigens is 'moeten' acceptabel als je het jezelf hebt opgelegd. Bijvoorbeeld: 'Ik wil mijn tentamen graag halen, dus moet ik vandaag keihard leren.' Dit 'moeten' zet je wel enigszins onder druk, maar niet op een onnodige manier; je formuleert moeten met een voorwaarde erbij, het is geen absolute eis. Op deze manier kan 'moeten' zelfs aanzetten tot effectief handelen.

Het antwoord op de vraag 'Moet het?' is bijna altijd: 'Nee, het moet niet! Wij *willen* het graag.' Als wij willen dat iets gebeurt, kunnen we proberen de voorwaarden tot stand te brengen om het te laten gebeuren.

*Het moet niet, ik wil het graag*

### b Absolutisme

Vaak maken mensen zonder dat zij er erg in hebben kwistig gebruik van de woorden 'absoluut', en 'altijd' en 'nooit'. 'Hij luistert nooit'; 'zij is altijd vervelend'; 'hij kan zich absoluut niet concentreren.' Ook deze woorden houden een overdrijving in. Het zal maar zeer zelden voorkomen dat een kind altijd vervelend is, of zich absoluut niet kan concentreren. Dergelijke beweringen zullen dan ook meestal niet waar zijn. Het gebruik van dergelijke termen leidt tot sterke gevoelens van boosheid, machteloosheid en wanhoop. Zij hebben een absoluut karakter en daardoor is de leraar vaak niet in staat goede momenten te zien, ze op waarde te schatten en er gebruik van te maken om het probleem aan te pakken.

*'absoluut', 'altijd', 'nooit' zelden waar*

### c Dramatiseren

Het gebruik van woorden als 'verschrikkelijk', 'rampzalig', 'ontzettend' en 'afschuwelijk' houdt meestal een irreële overdrijving in. Wanneer je iets verschrikkelijk noemt, maak je van een teleurstelling een ramp of een catastrofe. Door een dergelijke manier van denken maak je van een ongemakkelijke of onfortuinlijke situatie iets ergs, terwijl je die situatie hoogstens als ongemakkelijk of onfortuinlijk hoeft te beschouwen (Diekstra & Dassen, 1979).

*Irreële overdrijving*

Het onderscheiden van rationele en irrationele gedachten is belangrijk, omdat het de sleutel biedt tot hoe we onze gevoelens en handelingen kunnen veranderen. Dit is de uitwerking die wij geven aan reflectie op eigen handelen: 'anders denken, anders voelen, anders handelen'. De praktische toepassing hiervan komt in het volgende hoofdstuk aan de orde.

**TUSSENVRAAG 13.6**
Noem drie veelvoorkomende irrationele gedachten en licht toe waarom deze irrationeel zijn.

T 13.6

### 13.3.3 Waarde van 'anders denken, anders voelen, anders handelen' in de klas

Als je weinig of niets meer van een leerling kunt hebben, betekent dit dat je je acceptatiegrens zover hebt verlaagd, dat er nauwelijks meer ruimte overblijft voor lesgeven; en dus voor de leerling voor leren (paragraaf 3.2). Dit gaat ten koste van het welbevinden van jou als leraar, de leerling en de leeropbrengsten. Die acceptatiegrens moet dus weer omhoog. Jíj kunt weinig of niets meer van de leerling hebben. Dat ga je aanpakken door onder ogen te zien en hardop te zeggen dat het tussen jou als leraar en een leerling vastloopt en terwijl je je eerst geweldig opwindt, op een gegeven moment te denken: 'Ach, zo erg is het ook weer niet, ik maak me eigenlijk druk om niets.' Hierdoor ontdoe je je van onnodige opwinding, waardoor je adequater kunt handelen en de omgang met de kinderen plezieriger en effectiever zal zijn. Dit is in een notendop de essentie van 'anders denken, anders voelen, anders handelen' en een demonstratie van de waarde ervan in de klas. Elke

*Geen onnodige opwinding*

leraar zal het liefst zo lesgeven dat hij zo min mogelijk gehinderd wordt door (hevige) negatieve gevoelens die hem in zijn handelen belemmeren. Het is uiteraard niet de bedoeling dat, zoals ook al eerder is gezegd, deze wens leidt tot het aankweken van een onverschillige, onkwetsbare houding. De wens houdt in dat een leraar kan besluiten een probleemsituatie aan te pakken door te proberen zijn eigen gevoelens en gedrag te veranderen. 'Anders denken, anders voelen, anders handelen' stelt een leraar in staat zo efficiënt mogelijk zijn doel (namelijk zo goed mogelijk lesgeven op een zo prettig mogelijke manier met optimale leeropbrengsten) te bereiken zonder een ongewenst conflict met zichzelf of met zijn omgeving. Het is van belang de term ongewenst juist te begrijpen: ongewenst conflict verwijst alleen naar wat de betreffende persoon niet *wil* accepteren.

### Ellen (deel 5)

We gaan nog even terug naar Ellen uit de openingscasus. Ellen ziet het niet meer zitten. Dit is het gevolg van allerlei gedachten, die als irrationeel te bestempelen zijn. Het dagboek maakt dit duidelijk.
'Ik word doodziek van Bob.
Je hebt ook helemaal niets aan Jan.
Jan en Michiel zullen mij zeker afvallen bij de ouders. Ik sta er helemaal alleen voor. Ik haal de herfstvakantie zo niet.'
Dit zijn gedachten die gemakkelijk een eigen leven gaan leiden. Zij leiden niet tot gevoelens die in verhouding staan tot de situatie en helpen niet om adequaat te handelen. Integendeel, zij leiden tot wanhoop en bij de pakken neerzitten. Als Ellen zo blijft denken, krijgt zij gelijk dat zij de herfstvakantie niet haalt!

# Samenvatting

De samenvatting van dit hoofdstuk staat op www.pabowijzer.nl.

# Valkuilen en tips

**Valkuil 1**
Je bent op weg naar school en denkt: Ik moet vandaag echt dat hoofdstuk voor rekenen afmaken. Je voelt boosheid in je opkomen, omdat je het er niet mee eens bent dat het curriculum zo strikt gevolgd moet worden.

*Tip 1*
Moeten leidt al gauw tot boosheid of machteloosheid. Dergelijke gevoelens dragen niet bij aan adequaat handelen. Analyseer steeds eerst bij jezelf wat er kan gebeuren als datgene wat moet, niet zou plaatsvinden.

**Valkuil 2**
Op weg naar school merk je dat je je erge zorgen maakt over een leerling met problemen thuis. Je denkt: Niet doen, daar bereik ik niets mee.

*Tip 2*
Het is niet de bedoeling dat je altijd sterke gevoelens rationaliseert. Rationeel heeft niets te maken met geen gevoelens willen of mogen hebben. Ook sterke emoties kunnen effectief zijn in relatie tot de gebeurtenis. Als je in een situatie hevige emoties ervaart, analyseer dan steeds of die emoties in verhouding staan met de gebeurtenis.

**Valkuil 3**
Collega's wisselen vaak van gedachten over een probleem met een leerling. Ter verdediging van een bepaalde aanpak is een veel gehoorde uitspraak: 'Jij zou in deze situatie ook zo reageren.'

*Tip 3*
1 Een opmerking ter verdediging impliceert een schuldvraag. Denk aan hoofdstuk 12: bij reflecteren gaat het níet om de schuldvraag.
2 Een opmerking als: 'jij zou in deze situatie ook zo reageren', is onjuist. Niet de situatie is bepalend voor het handelen, maar jouw denken en voelen (paragraaf 13.2). Alleen als een ander precies dezelfde gedachten en gevoelens heeft, zal hij hetzelfde reageren. Dit is zeer onwaarschijnlijk. Als je andermans advies wilt, vraag dan eerst hoe hij de situatie interpreteert. Als je wat ziet in die andere interpretatie, is dat een aanknopingspunt voor 'anders denken, anders voelen, anders handelen'.

# Kernbegrippen

| | |
|---|---|
| **Absolutisme** | Woorden als 'absoluut', en 'altijd' en 'nooit' houden een overdrijving in. Het zal maar zeer zelden voorkomen dat een kind altijd vervelend is, of zich absoluut niet kan concentreren. Dergelijke beweringen zijn zelden waar. Dergelijke woorden hebben een absoluut karakter en daardoor is iemand vaak niet in staat adequaat op een situatie te reageren. |
| **Cognities** | De gedachten, ideeën, denkbeelden en inzichten die iemand heeft met betrekking tot zichzelf en de wereld om hem heen. |
| **Dramatiseren** | Woorden als 'verschrikkelijk', 'rampzalig', 'ontzettend' en 'afschuwelijk' houden meestal een irreële overdrijving in. Door een dergelijke manier van denken maak je van een ongemakkelijke of onfortuinlijke situatie iets ergs, terwijl je die situatie hoogstens als ongemakkelijk of onfortuinlijk hoeft te beschouwen. Dit staat adequaat handelen in de weg. |
| **Irrationele gedachten** | Dat zijn gedachten die gevoelens meebrengen waarvan de hevigheid niet in verhouding staat tot de situatie en / of die (onnodig) lang duren. Dikwijls verhinderen dergelijke gedachten je adequaat te reageren en te handelen. |
| **Moetisme** | Het woord 'moet' of 'moeten' is een vorm van overdrijven. Van een wens wordt een eis gemaakt, en wel een veelal irreële eis. Wanneer je zegt dat iets moet, zou dat inhouden dat het dus zo zou lopen zoals jij dat wilt. Je wilt hoogstens iets heel graag, maar 'het moet' niet. Moetisme is irrationeel, omdat het leidt tot allerlei onnodig onaangename gevoelens. |
| **Rationeel-emotieve therapie (RET)** | Dit is de term voor de opvattingen van Albert Ellis, die zich in de loop van zijn leven steeds meer is gaan interesseren voor de invloed die mensen zelf op hun gedrag kunnen uitoefenen. Zijn opvatting is dat de mens door middel van de rede inzicht kan krijgen in de drijfveren van zijn handelen en dat hij daardoor tot veranderen in staat is. Later: REBT. |
| **Rationele gedachten** | Dit zijn gedachten die maken dat we ons prettig voelen of dat we gevoelens in een zodanige vorm ervaren, dat deze in verhouding staan tot de situatie of gebeurtenis. Deze gevoelens zijn tijdelijk en gaan niet een opzichzelfstaand leven leiden. Als die nare gevoelens niet te hevig zijn en niet te lang duren, kunnen ze ons helpen om adequaat te handelen en om problemen effectief op te lossen. |

**REBT** — Dit staat voor Rational Emotiv Behavioral Therapy. Ellis heeft op een gegeven moment aangegeven dat hij voortaan wil spreken van de REBT. Hiermee gaf hij aan dat het nadrukkelijk gaat om het verband tussen denkbeelden, gevoelens en gedrag.

# Vragen

**13.1** Hierna staat een aantal uitspraken.
Bekijk eens of deze rationeel of irrationeel zijn. Motiveer je antwoord en probeer de irrationele uitspraken om te zetten in rationele.
a Hij kan zich absoluut niet concentreren.
b Hij vraagt om een oplawaai.
c Wat vervelend dat hij te laat is.
d Hij moet binnen een kwartier zijn rekenen afhebben.
e Had ik nou toch maar ingegrepen.
f Doe ik het goed?
g Het zal Pim eens niet zijn!
h Waarom moest mij dat nou overkomen?
i Ik vind hem vandaag knap lastig.

**13.2** Geef aan waarom vooroordelen horen tot de irrationele gedachten. Voorbeelden zijn:

'Oh, niet weer een kind van de familie Van der Vlam in de klas.'
'Linkshandige kinderen hebben moeite met schrijven.'
'Die kinderen van Hindoestaanse afkomst laten nooit blijken wat er in hen omgaat.'

**13.3** Vergelijk de gedachten van Ellen uit de openingscasus van 14 september en erna en geef de verschillen aan.

De antwoorden op deze vragen kun je vinden op www.pabowijzer.nl.

# 14

# 'Anders denken, anders voelen, anders handelen' in de praktijk

14.1 Een goede relatie en 'anders denken, anders voelen, anders handelen' in de praktijk
14.2 ABC van gevoelens
14.3 ABC-schema
14.4 Zich eigen maken van deze benadering
14.5 'Anders denken, anders voelen, anders handelen' bij kinderen

**Kennisdoelen**
1 De leraar krijgt inzicht in het verband tussen een goede relatie en werken met 'anders denken, anders voelen, anders handelen'.
2 De leraar maakt zich de principes eigen die ten grondslag liggen aan werken met 'anders denken, anders voelen, anders handelen'.
3 De leraar leert hoe ook voor kinderen met problemen deze benadering een hulpmiddel kan zijn.

**Toepassingsdoel**
De leraar raakt zo vertrouwd met 'anders denken, anders voelen, anders handelen' dat deze benadering onderdeel gaat uitmaken van zijn dagelijks reageren en handelen.

## 14.1 Een goede relatie en 'anders denken, anders voelen, anders handelen' in de praktijk

*'Anders denken, anders voelen, anders handelen' vaak een keerpunt*

Het aanpakken van je gevoelens om tot adequaat handelen te komen, is vaak een keerpunt in een slechte relatie met een leerling. Kijk eens naar het volgende voorbeeld.

---

**VOORBEELD 14.1**

### Warner

In je klas zit Warner. Het is een stille en teruggetrokken jongen. Je hebt nauwelijks contact met hem. Je realiseert je dat niet zo, want in de klas zitten nogal wat drukke kinderen die veel aandacht nodig hebben. Op een dag komt de moeder van Warner met je praten. Zij vertelt dat haar zoon thuis van een gezellig kind steeds stiller en zwijgzamer wordt. Met veel moeite heeft zij uit hem gekregen dat de meester volgens hem een hekel aan hem heeft.
Als de moeder van Warner weg is, ga je bij jezelf na hoe het zit. Je realiseert je dat je erg weinig aandacht aan Warner besteedt en dat met al die drukke kinderen in de klas het je eigenlijk wel goed uitkomt, zo'n jongen die weinig aandacht vraagt. Je realiseert je ook dat je eigenlijk weinig hebt met zo'n stille, teruggetrokken jongen. Tot je schrik ontdek je dat als hij aandacht vraagt, jij daar kortaf op reageert. Het lijkt erop dat jij zijn aandacht vragen er niet bij wilt hebben. Je hebt al zoveel kinderen die aandacht vragen. Blijkbaar heeft Warner jouw reacties opgevat in de zin dat je hem niet mag.
Je beseft dat allerlei ideeën en gedachtes je houding ten opzichte van Warner hebben bepaald. Je voelt je niet prettig bij de gedachte dat je nauwelijks geïnvesteerd hebt in deze jongen en dat hij jouw reacties op zijn pogingen om onder de aandacht te komen nogal negatief ervaren heeft.
Je wilt het anders gaan doen. Warner heeft net als elk ander kind recht op aandacht en je gaat je in hem verdiepen en investeren in het opbouwen van een goede relatie. Gevolg is dat Warner loskomt en veel beter gaat functioneren. Ook thuis is hij weer de oude.

---

Deze leraar is tot het inzicht gekomen dat allerlei ideeën over een kind nergens op gebaseerd waren en verhinderden een goede relatie met hem op te bouwen.
Hij heeft besloten tot 'anders denken, anders voelen, anders handelen'. Het resultaat is een goede relatie en een kind dat goed functioneert, op school en thuis. Hoe je in de praktijk door het veranderen van denkbeelden en gedachten kunt komen tot andere gevoelens en daarmee tot ander handelen, bespreken we in de volgende paragrafen. Uitgangspunt zijn daarbij het ABC van gevoelens en het ABC-schema.

## 14.2 ABC van gevoelens

In het vorige hoofdstuk lazen we dat gedachten over een gebeurtenis bepalen welke gevoelens en welke gedragingen op die gebeurtenis zullen volgen. Als we nu de gebeurtenis 'A' noemen, de gedachten 'B' en de gevoelens en gedragingen 'C', dan kan elk gevoel en de daaropvolgende handelingen als een optelsom beschreven worden.

*Optelsom*

A = de gebeurtenis (situatie), je neemt iets waar
B = je interpretatie van de gebeurtenis (gedachten erover)

C = (de uitkomst van A en B samen) het lichamelijk effect, het gevoel, en het gedrag dat daarbij hoort

Dus: A + B = C

---

**VOORBEELD 14.2**

## Snelheidsmaniak

Op de grote weg word je flink gesneden door een andere auto (A). Je kunt denken: 'Die snelheidsmaniak, en de politie is natuurlijk weer nergens te bekennen!' (B). Het gevolg is woede, een snel kloppend hart, schelden en op je toeter drukken (C).

---

Dit kunnen we schematisch weergeven, zoals te zien is in figuur 14.1.

**FIGUUR 14.1** Het ABC van gevoelens

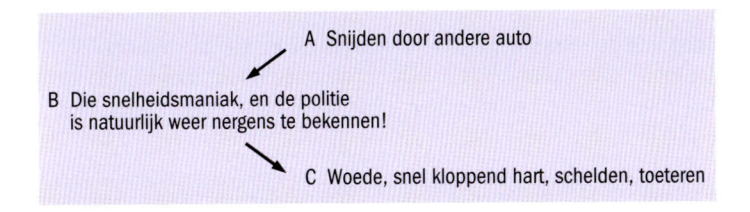

A Snijden door andere auto
B Die snelheidsmaniak, en de politie is natuurlijk weer nergens te bekennen!
C Woede, snel kloppend hart, schelden, toeteren

C komt dus niet uit de lucht vallen, A + B gaan er altijd aan vooraf. Daarbij is B het belangrijkste. Als je in voorgaande situatie (A) iets anders denkt (B), volgen andere gevoelens en gedragingen (C). Bijvoorbeeld: een logisch gevolg van de gedachte 'Tja, dat is een nadeel als je veel op de weg zit', is dat je niet woedend wordt, maar slechts geïrriteerd. Je zult bovendien anders handelen: je toetert niet en neemt hoogstens wat gas terug. In figuur 14.2 is dit weergegeven.

*Gedachten bepalen gevoelens en gedragingen*

Vergelijking van figuur 14.1 en 14.2 maakt duidelijk dat een verandering van B een andere C tot gevolg heeft. Van dit gegeven kun je gebruikmaken in die situaties waarin je *anders wilt voelen en handelen*. 'Anders' houdt hier in dat je (onaangename) gevoelens in verhouding staan tot de situatie, waardoor je tot adequa(a)t(er) handelen in staat bent. Hiertoe dien je je *gedachten* bij B te gaan *beoordelen* op hun *rationaliteit*.

*Anders willen voelen en handelen*

*Gedachten beoordelen op hun rationaliteit*

Het is niet altijd gemakkelijk om uit te maken of onze gedachten rationeel of irrationeel zijn. We denken bepaalde dingen vaak al heel lang. Dan zijn het denkgewoonten, waarvan we zelf niet zo gauw zullen zeggen dat het onzin is.

**FIGUUR 14.2** Het ABC van gevoelens: een andere benadering

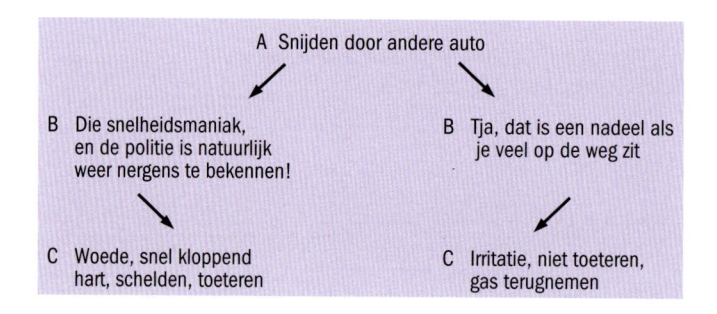

```
                    A  Snijden door andere auto
                   ↙                            ↘
B  Die snelheidsmaniak,              B  Tja, dat is een nadeel als
   en de politie is natuurlijk          je veel op de weg zit
   weer nergens te bekennen!
         ↓                                       ↓
C  Woede, snel kloppend              C  Irritatie, niet toeteren,
   hart, schelden, toeteren             gas terugnemen
```

Ook zijn we ons niet altijd bewust van onze gedachten (zie subparagraaf 12.2.1) en leiden deze als het ware automatisch tot gevoelens en handelingen.

**Toetsing gedachten**

Een manier om er achter te komen of je gedachten rationeel zijn of niet, is de gedachten (kort) omschrijven en vervolgens antwoord geven op de volgende vier vragen:
- *Vraag 1*: Is deze gedachte waar? Dat wil zeggen, gebaseerd op de objectieve werkelijkheid? (Kan een camera het zien / horen?)
- *Vraag 2*: Leidt deze gedachte ertoe dat ik mijn doel bereik?
- *Vraag 3*: Leidt deze gedachte ertoe dat ik ongewenste gevoelens voorkom?
- *Vraag 4*: Leidt deze gedachte ertoe dat ik ongewenste conflicten vermijd?

**Jij bepaalt wat rationeel is**

Is het antwoord op de meeste vragen 'ja', dan is de gedachte rationeel. Echter, wat voor de één rationeel is, hoeft het voor de ander niet te zijn. Je bepaalt altijd voor jezelf wat rationeel is, afhankelijk van je eigen doel, met deze vier vragen.

---

**VOORBEELD 14.3**

## 'Had ik maar...'

We gaan uit van zomaar een gedachte: 'Had ik maar bijtijds ingegrepen.'
*Vraag 1:*   Is deze gedachte waar?
*Antwoord*:  Nee, je hebt niet ingegrepen, dus kan het niet waar zijn.
*Vraag 2:*   Leidt deze gedachte ertoe dat ik mijn doel bereik?
*Antwoord*:  Je kunt je doel niet meer bereiken, omdat de gebeurtenis al verleden tijd is. Het antwoord is dus 'nee'.
*Vraag 3:*   Leidt deze gedachte ertoe dat ik ongewenste gevoelens voorkom?
*Antwoord*:  Nee, je bezorgt jezelf alleen maar schuldgevoelens door je druk te maken over iets wat al gebeurd is.
*Vraag 4:*   Leidt deze gedachte ertoe dat ik ongewenste conflicten vermijd?
*Antwoord*:  Nee, iets wat al gebeurd is, kun je niet meer voorkomen.

---

Op alle vier vragen is het antwoord 'nee', dus het is geen rationele gedachte. Om nu te komen tot gewenst gevoel en gedrag, ga je alle irrationele gedachten systematisch vervangen door rationele gedachten. Dit bespreken we in de volgende paragraaf.

*Alle irrationele gedachten systematisch vervangen*

## 14.3 ABC-schema

Gedachten veranderen niet vanzelf, je zult er moeite voor moeten doen. Bij de praktische toepassing van 'anders denken, anders voelen, anders handelen' maken we gebruik van het zogenaamde ABC-schema. Dit schema gaat uit van het volgende:

*Gedachten veranderen niet vanzelf*

- De gebeurtenis – A – is een vast gegeven. Beschrijf deze zo objectief mogelijk. Denk hierbij aan het verschil tussen observeren en interpreteren uit het gedeelte over gedragsbeïnvloeding: beschrijf de gebeurtenis dus in termen van waarneembaar gedrag.
- Vervolgens worden de ongewenste gevoelens en gedragingen die direct volgen op de gebeurtenis bij A, beschreven. Dit is C.
- Zoals we hebben laten zien, kan een gebeurtenis nooit gevoelens en gedrag veroorzaken, maar zijn deze het gevolg van de (irrationele) gedachten die daaraan vooraf zijn gegaan. Dit is B (irrationele gedachten).

Tot nu toe zijn alleen de ongewenste gevoelens en gedragingen aan de orde geweest.
- Het doel is echter te komen tot *gewenste* gevoelens en gedrag. Dit doen we door in het schema eerst C (ongewenst gevoel / gedrag) te vervangen door een beschrijving van het door jou gewenste gevoel en gedrag. Dit is C*. Dit gewenste gevoel en gedrag ontstaan echter niet vanzelf.
- Er zullen rationele gedachten aan vooraf moeten gaan. Daarom worden irrationele gedachten bij B stuk voor stuk vervangen door rationele gedachten. Dit is B*. Zo komen we tot het volgende werkschema, dat is weergegeven in figuur 14.3.

**FIGUUR 14.3** Het ABC-schema

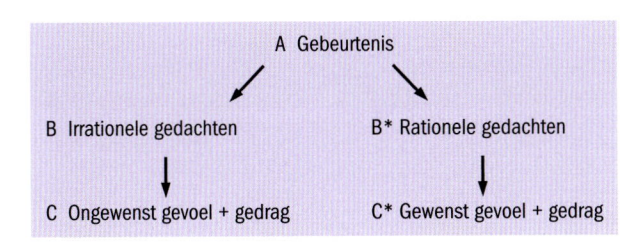

```
                    A Gebeurtenis
                   ↙              ↘
  B Irrationele gedachten      B* Rationele gedachten
            ↓                            ↓
  C Ongewenst gevoel + gedrag   C* Gewenst gevoel + gedrag
```

Bij het invullen van het schema volgen we dus de weg:
A (= gebeurtenis) → C (= ongewenst gevoel + gedrag) → B (= irrationele gedachten) → C* (gewenst gevoel + gedrag) → B* (rationele gedachten)

ofwel:
A → C → B → C* → B*

Ter illustratie zullen we de irrationele gedachten van Ellen uit de openingscasus gebruiken.

## Ellen (deel 6)

De situatie tussen Ellen en Bob is behoorlijk uit de hand gelopen. Ook de relatie met de ouders van Bob en met Michiel staat sterk onder druk. Ellen ziet het helemaal niet meer zitten en toch moet zij Bob weer in de klas opnemen. Als zij blijft denken zoals in de laatste dagen van haar dagboek beschreven staat, is te verwachten dat het al heel snel weer mis zal lopen. Ellen wil op de een of andere manier weer ruimte voor zichzelf creëren en de relatie met Bob in een rustiger vaarwater zien te krijgen. Na haar gesprek met de schoolbegeleider besluit zij gebruik te maken van 'anders denken, anders voelen, anders handelen'.

We gaan nu het ABC-schema gebruiken. Voor we het schema gaan invullen, geven we hierna nog even een korte samenvatting van de te volgen stappen:

**1**
Eerst geef je de gebeurtenis (A) zo objectief mogelijk weer (geen interpretaties!).

**2**
Vervolgens beschrijf je bij (C) de gevoelens en gedragingen die je wilt veranderen.

**3**
Vul nu bij (B) zo veel mogelijk gedachten in die aan deze ongewenste gevoelens en gedragingen vooraf zijn gegaan. Het is aan te raden deze gedachten stuk voor stuk te nummeren.

**4**
We gaan nu naar de rechterhelft van het schema en vullen bij C* in hoe je je een volgende keer zou willen voelen en wilt handelen.

**5**
Zoals gezegd ontstaan gevoelens en gedrag niet vanzelf, maar gaan er gedachten aan vooraf. Hoe komen we nu aan rationele gedachten (B*), die aan het gewenste gevoel en gedrag vooraf zouden moeten gaan?
Dit bereik je door elke gedachte bij B te toetsen op zijn rationaliteit aan de hand van de vier vragen uit paragraaf 14.2. De gedachte is irrationeel als het antwoord op de meeste vragen 'nee' is. Voor elke irrationele gedachte bij B moet bij B* een gedachte geplaatst worden die op de meeste van de vier vragen tot een 'ja-antwoord' leidt (en die dus rationeel is).

We passen het voorgaande toe aan de hand van het conflict tussen Ellen en Bob uit de openingscasus.
De lerares beschrijft nu eerst de gebeurtenis of situatie (A). Denk erom: objectief en geen interpretaties.

## Ellen (deel 7)

Ellen beschrijft A: *Gebeurtenis*:
Ik heb conflicten met Bob. Hij voert opdrachten die ik hem geef niet uit. Hij praat door instructies heen. Hij geeft geen antwoorden als ik hem iets vraag. Hij kijkt mij dan ook niet aan. Als hij het ergens niet mee eens is, zegt hij dat steeds hardop in de klas.

Vervolgens geeft de lerares aan hoe zij zich op het moment voelt en hoe zij handelt in deze situatie. Deze gevoelens en haar handelen zijn gemakkelijk terug te vinden in haar dagboek (C).

## Ellen (deel 8)

Ellen beschrijft C: *Ongewenste gevoelens en gedrag*:
- Ik voel mij compleet onderuitgehaald door Michiel en Jan.
- Ik ben woedend.
- Ik wil Bob niet meer in de klas.
- Ik word steeds nerveuzer van Bob en zijn maatjes.
- Ik voel mij een hopeloze leraar.

Deze gevoelens en gedragingen vloeien voort uit gedachten, die ook in het dagboek te vinden zijn: de huidige gedachten (B).

## Ellen (deel 9)

Ellen beschrijft B: *Huidige gedachten*:
- Jan en Michiel zullen mij zeker afvallen bij de ouders.
- Hoe durven die ouders een klacht in te dienen, ik zal hun eens vertellen wat een vreselijk zoontje zij hebben.
- Ik word doodziek van Bob en zijn maatjes.
- Ik wil hem niet meer terug in de klas.
- Ik weet niet meer wat ik moet doen, ik kan blijkbaar niets meer van lesgeven.

Deze gedachten leiden tot sterk negatieve gevoelens bij Ellen en tot een weinig succesvolle handelwijze.

**T 14.1**  **TUSSENVRAAG 14.1**
In het dagboek zijn nog wel meer gedachten te vinden die bij Ellen leiden tot haar huidige gevoelens en gedrag. Noem er nog drie.

Na het gesprek met de ouders, Jan en Michiel moet Ellen Bob weer in de klas nemen. Het is natuurlijk niet de bedoeling dat zij eraan onderdoor gaat. Dat betekent dat zij voor zichzelf duidelijk moet krijgen hoe zij zich dan wel zou willen voelen en hoe zij zou willen handelen.

## Ellen (deel 10)

Ellen beschrijft **C***: *Gewenste gevoelens en gewenst handelen:*
- Ik wil steun van Jan en Michiel, en mij niet uit het veld laten slaan als dat soms niet gebeurt.
- Ik wil minder heftig reageren – niet zo woedend worden en me zo machteloos voelen – in de eerste plaats op Bob, maar ook op Jan, Michiel en de ouders van Bob.
- Ik wil Bob weer in de klas nemen en hem en mijzelf een echte kans geven.
- Ik wil weer vertrouwen krijgen in mijn eigen kunnen.
- Ik wil weten wat ik kan doen om hem effectief aan te pakken en ook wat ik kan doen als het mij toch te veel dreigt te worden.

*Anders gaan denken*

Als Ellen zich echt zo wil voelen en zo wil handelen, is het nodig dat zij anders gaat denken. Haar gedachten – bij B – leiden tot de huidige ongewenste gevoelens en gedragingen. Zij moet dus haar huidige gedachten toetsen op rationaliteit en irrationaliteit aan de hand van de vier vragen in paragraaf

*Irrationele gedachten vervangen door rationele gedachten*

14.2. Vervolgens moet zij elke gedachte die irrationeel blijkt te zijn, vervangen door een rationele gedachte, dus een gedachte die wel op de meeste van de vier vragen tot een 'ja-antwoord' leidt (= B*).
We gaan weer terug naar de openingscasus.

## Ellen (deel 11)

Gedachte 1: Jan en Michiel zullen mij zeker afvallen bij de ouders.
- *Is deze gedachte waar?*
  Nee.
  Dit staat niet al bij voorbaat vast. Tenzij Jan en Michiel dit van tevoren meegedeeld hebben.
- *Leidt deze gedachte tot het bereiken van mijn doel?*
  Nee.
  Met deze gedachte ga ik ervan uit dat er van Jan en Michiel geen hulp te verwachten is. Dat leidt tot een gevoel dat ik er alleen voor sta, tot machteloosheid, afhankelijkheid en daarmee eerder tot het gevoel dat de situ

atie niet op te lossen is. Ik zal mij moeten afvragen in hoeverre de steun van Jan en Michiel nodig is, en zo ja, hoe ik die steun dan kan krijgen.
- *Leidt deze gedachte tot het voorkomen van ongewenste gevoelens?*
Nee.
Deze gedachte leidt eerder tot versterking van de aanwezige negatieve gevoelens; er kan bijvoorbeeld gemakkelijk bitterheid ontstaan.
- *Leidt deze gedachte tot het vermijden van ongewenste conflicten?*
Nee.
Doordat ik al uitga van het ontbreken van steun, zal iedere nieuwe situatie waarin dat ook inderdaad zo is, tot heftige gevoelens leiden. Als ik niet oppas, worden de negatieve gevoelens jegens Jan en Michiel alleen maar sterker.

Vier keer 'nee', deze gedachte is dus irrationeel en moet ik vervangen. Een rationele gedachte die zou kunnen leiden tot gewenste gevoelens en gewenst handelen, is: 'Ik zou steun willen hebben van Jan en Michiel of ik zou ten minste willen dat zij mij niet afvallen in mijn nieuwe aanpak van Bob. Maar ik wil ook het gevoel hebben dat ik het aankan, als zij die steun niet geven (= B1*).

Gedachte 2: Hoe durven die ouders een klacht in te dienen, ik zal hun eens vertellen wat een vreselijk zoontje zij hebben.
- *Is deze gedachte waar?*
Nee.
Ik vind hem een vreselijk ventje, maar andere leraren op school delen die mening niet. Deze gedachte getuigt van absolutisme.
- *Leidt deze gedachte tot het bereiken van mijn doel?*
Nee.
Integendeel, met een dergelijke gedachte maak ik het mijzelf moeilijk Bob een nieuwe kans te geven (mijn nieuw geformuleerde gevoelens en handelen).
- *Leidt deze gedachte tot het voorkomen van ongewenste gevoelens?*
Nee.
De heftige reactie versterkt alleen maar de opwinding, terwijl ik juist minder heftig wil reageren.
- *Leidt deze gedachte tot het vermijden van ongewenste conflicten?*
Uitgesproken 'nee'.
Als ik dit zou doen, heb ik een groot conflict met de ouders.

Vier keer 'nee', deze gedachte is dus irrationeel en moet ik vervangen. Een rationele gedachte zou kunnen zijn: 'Ik wil op basis van feiten de ouders duidelijk maken wat de problemen zijn met Bob in de klas.' (= B2*).

Gedachte 3: Ik word doodziek van Bob en zijn maatjes.
- *Is deze gedachte waar?*
Je zou het wel denken, als ik zo mijn dagboek lees. Maar doodziek is toch wel een vorm van dramatiseren. Het antwoord is dus 'nee'.
- *Leidt deze gedachte tot het bereiken van mijn doel?*
Nee.
Het gewenste doel is dat de situatie met Bob weer leefbaar wordt. Dat bereik ik niet door deze gedachte. Als ik iedere keer dat ik hem zie denk, 'ik word doodziek van hem', gaan al mijn stekels meteen overeind staan en is de kans klein dat ik hem een faire kans geef.

- *Leidt deze gedachte tot het voorkomen van ongewenste gevoelens?*
  Nee.
  Ik word heus niet rustiger door telkens te denken dat ik doodziek van iemand word.
- *Leidt deze gedachte tot het vermijden van ongewenste conflicten?*
  Nee.
  Een dergelijke gedachte leidt ertoe dat als Bob maar iets doet, ik vind dat hij te ver gaat en dus heftige maatregelen neemt. Deze gedachte staat proportioneel en adequaat handelen in de weg.

Deze gedachte is irrationeel.
Een rationele gedachte is: 'Ik heb behoorlijk moeite met Bob.' (= B3*)

Gedachte 4: Ik wil hem niet meer terug in de klas.
- *Is deze gedachte waar?*
  Ja.
  Deze gedachte is waar in deze situatie.
- *Leidt deze gedachte tot het bereiken van mijn doel?*
  Nee.
  De uitkomst van de gesprekken is dat hij terugkomt bij mij in de groep. Ik wil ook een oplossing voor dit probleem, een werkbare situatie voor Bob en mij.
- *Leidt deze gedachte tot het voorkomen van ongewenste gevoelens?*
  Nee.
  Als ik dit blijf denken, geeft dat een gevoel het onderspit te delven, en voel ik mij machteloos en somber over de uitzichtloosheid van de situatie.
- *Leidt deze gedachte tot het vermijden van ongewenste conflicten?*
  Nee.
  Deze gedachte leidt ertoe dat ik bij het minste of geringste emotioneel reageer en Bob de klas uitstuur.

Driemaal 'nee'. De gedachte is dus irrationeel.
Een rationele gedachte zou kunnen zijn: 'Al kost het mij moeite, ik wil proberen Bob een eerlijke kans te geven. Misschien kan ik wat meer op zijn positieve kanten letten.' (= B4*)

Gedachte 5: Ik weet niet meer wat ik moet doen, ik kan blijkbaar niets meer van lesgeven.
- *Is deze gedachte waar?*
  Nee.
  Niet in deze absolute zin. Op dit moment lukt het niet Bob adequaat aan te pakken, maar met de overige kinderen zijn er geen problemen.
- *Leidt deze gedachte tot het bereiken van mijn doel?*
  Nee.
  Deze gedachte leidt er op geen enkele manier toe dat ik weet hoe ik Bob zou kunnen aanpakken.
- *Leidt deze gedachte tot het voorkomen van ongewenste gevoelens?*
  Nee.
  Uitdrukkingen als 'niets' en 'nooit' getuigen van absolutisme. Dit leidt bijna altijd tot buitenproportionele verheviging van gevoelens.

- *Leidt deze gedachte tot het vermijden van ongewenste conflicten?*
  Nee.
  Een dergelijke gedachte leidt tot gevoelens van machteloosheid. In zo'n situatie is een geringe aanleiding al genoeg om de situatie te laten escaleren.

Dus: deze gedachte is irrationeel.
Een rationele gedachte is: 'Als ik kijk naar de afgelopen jaren en hoe de andere kinderen in de klas functioneren, ben ik best een goede leraar. Ik weet alleen voor Bob tot nog toe kennelijk niet de juiste aanpak.' (= B5*)

Ellen vat het voorgaande als volgt samen in het ABC-schema.

### A   De situatie
Ik heb conflicten met Bob.

| B Irrationeel | B* Rationeel |
|---|---|
| 1  Jan en Michiel zullen mij zeker afvallen bij de ouders. | Ik zou steun willen hebben van Jan en Michiel of ik zou ten minste willen dat zij mij niet afvallen in mijn nieuwe aanpak van Bob. Maar ik wil ook het gevoel hebben dat ik het aankan, als zij die niet geven. |
| 2  Hoe durven die ouders een klacht in te dienen, ik zal hun eens vertellen wat een vreselijk zoontje zij hebben. | Ik wil op basis van feiten de ouders duidelijk maken wat de problemen zijn met Bob in de klas. |
| 3  Ik word doodziek van Bob en zijn maatjes. | Ik heb behoorlijk moeite met Bob. |
| 4  Ik wil hem niet meer terug in de klas. | Al kost het mij moeite, ik wil proberen Bob een eerlijke kans te geven. Misschien kan ik wat meer op zijn positieve kanten letten. |
| 5  Ik weet niet meer wat ik moet doen, ik kan er blijkbaar niets meer van. | Als ik kijk naar de afgelopen jaren en hoe de andere kinderen in de klas functioneren, ben ik best een goede leraar. Ik weet alleen voor Bob tot nog toe kennelijk niet de juiste aanpak. |

| C Ongewenste gevoelens en ongewenst gedrag | C* Gewenste gevoelens en gewenst handelen |
|---|---|
| 1 Ik voel mij compleet onderuitgehaald door Jan en Michiel. | Ik wil steun van Jan en Michiel, maar ik wil mij niet uit het veld laten slaan als dat soms niet gebeurt. |
| 2 Ik ben woedend. | Ik wil minder heftig reageren – niet zo woedend en machteloos –, in de eerste plaats op Bob, maar ook op Jan, Michiel en de ouders van Bob. |
| 3 Ik word steeds nerveuzer van Bob en zijn maatjes. | Ik wil weten wat ik kan doen om hem effectief aan te pakken en ook wat ik kan doen als het mij toch te veel dreigt te worden. |
| 4 Ik kan niet meer verdragen Bob in de groep te hebben. | Ik wil Bob weer in de klas nemen en hem en mijzelf een echte kans geven. |
| 5 Ik voel mij een hopeloze leraar. | Ik wil weer vertrouwen krijgen in mijn eigen kunnen. |

Deze casus maakt duidelijk dat bij toetsing van de gedachte het antwoord niet altijd op alle vier vragen 'nee' hoeft te zijn. Naar onze mening wegen vooral de antwoorden op de vragen 2 en 3 zwaar.
Zo'n ABC-schema is bedoeld als houvast voor een leraar om zich deze benadering eigen te maken. Het is de bedoeling dat Ellen, als Bob weer in de klas komt, haar gewenste gevoelens kan ervaren en zo tot het door haar gewenste handelen kan komen. Dit lukt niet zo maar, daarvoor zal zij moeite moeten doen. Daarover gaat de volgende paragraaf.

## 14.4 Zich eigen maken van deze benadering

Zoals hiervoor is aangegeven, is het maken van een ABC-schema alléén natuurlijk niet voldoende om in het dagelijks leven te komen tot gewenste gevoelens en gedragingen (ter vervanging van ongewenste). De rationele gedachten die je in de plaats gesteld hebt van de irrationele, zullen niet altijd direct leiden tot het gewenste gevoel en gedrag. Dit komt doordat je weliswaar rationele dingen hebt *bedacht*, maar nog niet hebt *gedacht*. De elementen om je anders te voelen en te gedragen zijn wel aanwezig, maar zullen alleen een plaats hebben in je dagelijks doen en laten, als je daar moeite voor doet. Wil deze benadering effectief zijn, dan vergt dit tijd en oefening. Je zou het kunnen vergelijken met blokfluit leren spelen: je kent wel

**Vergt tijd en oefening**

de noten, maar om te komen tot het spelen van muziek, zul je veel en goed moeten oefenen.
Ook is het van belang dat de gewenste gevoelens en het gewenste gedrag haalbaar zijn. Denk aan de stelregel bij een gedragsveranderingsprogramma, dat met succes veranderen met kleine stapjes gaat. Als het uiteindelijk gewenste gevoel en gedrag veraf ligt van het ongewenste gedrag en gevoel, is het aan te raden met tussendoelen te werken. Weliswaar voel je je niet meteen zoals je zou willen, maar je haalt wel de scherpe kantjes eraf.
Hoe gaat dit oefenen in zijn werk? Je kunt het op twee manieren doen:
1 oefenen in verbeelding
2 'anders denken, anders voelen, anders handelen' verkort toepassen

*Gewenste gevoelens en het gewenste gedrag haalbaar*

*Oefenen*

*Ad 1 Oefenen in verbeelding*
Als een situatie zich niet zo vaak voordoet of erg moeilijk voor je is, valt aan te raden eerst in je verbeelding te oefenen. Je gaat daarbij als volgt te werk (werk, want het lukt niet als je alléén voor je uit gaat zitten staren). Neem het ABC-schema en stel je een situatie waarin je je onaangenaam voelt, zo levendig mogelijk voor. Het maakt niet uit of het een gebeurtenis is die je al hebt meegemaakt of iets wat nog komt. Probeer je iedere gedachte (weer) voor de geest te halen. Stel je dan intensief voor dat je nu inderdaad:
- rationeel denkt in die situatie en
- dat je je voelt zoals jij dat in die situatie redelijk vindt: hoogstens ontevreden, teleurgesteld, geprikkeld, maar niet overstuur, en dat je je nu ook adequaat gedraagt

*Oefenen in verbeelding*

Dit lijkt misschien kunstmatig, maar in feite doe je dit (waarschijnlijk) al regelmatig, alleen benoem je het dan niet. Iedere keer dat je denkt: 'Dat zal me de volgende keer niet meer gebeuren. Dan probeer ik...' ben je in verbeelding aan het oefenen om zo te denken dat je bij een volgende gelegenheid wel de gewenste gevoelens en handelingen kunt vertonen. Dit is hetzelfde principe als ten grondslag ligt aan 'anders denken, anders voelen, anders handelen'.

*Ad 2 'Anders denken, anders voelen, anders handelen' verkort toepassen*
Als een situatie die je onaangename gevoelens bezorgt en die niet te moeilijk is, vaak voorkomt, kun je het rationeel denken en daardoor komen tot gewenste gevoelens en gedrag direct in de praktijk proberen toe te passen: dit is het gebruik van 'anders denken, anders voelen, anders handelen' verkort toepassen. Op deze manier oefen je in de werkelijkheid.

*Verkort toepassen*

---

**VOORBEELD 14.4**

## Zeurende vader

Bij een rapportbespreking raakt een leraar hevig geïrriteerd doordat een vader van een van de leerlingen doorzeurt over het feit dat zijn zoon een $8\frac{1}{2}$ in plaats van een 8 voor rekenen had moeten hebben. De leraar staat op het punt de vader stevig van repliek te dienen. Voordat het echter zover is denkt hij (doelbewust): 'Ach, laat ook maar zitten, over vijf minuten is hij weg.' Hij voelt zijn irritatie wegebben en is blij dat hij zo een onnodige woordenwisseling kon voorkomen.

---

Als de benadering volgens de uitgangspunten van reflecteren op eigen denken, voelen en handelen je nog helemaal niet vertrouwd is, is het aan te raden eerst met een paar situaties in je verbeelding te oefenen. Pas als je enigszins vertrouwd bent met de werkwijze is er resultaat te verwachten van de verkorte toepassing.

Tot slot geven we nog de volgende opmerkingen mee.

*Gedachten gemakkelijker te veranderen dan je gevoelens*
- Bedenk dat je je gedachten gemakkelijker kunt veranderen dan je gevoelens. In het begin zul je daarom soms merken dat je weliswaar reflecteren op eigen denken, voelen en handelen toepast, maar nog steeds dezelfde onaangename gevoelens hebt. Dit is een kwestie van tijd en oefening. En er blijven natuurlijk altijd situaties bestaan waarin de problemen zo gecompliceerd en gevarieerd zijn, dat deze benadering als hulpmiddel niet toereikend is.

*Gedachtepatronen weerbarstig*
- In de praktijk blijken bepaalde gedachtepatronen behoorlijk weerbarstig te zijn. Dit is niet verbazingwekkend, want die gedachten en dus gevoelens hangen nauw samen met wie jij bent, uit je persoonlijkheid. Naarmate een situatie je emotioneel dieper raakt, kost veranderen meer inspanning. Het wat rustiger reageren op een onheuse winkelier zal voor menigeen gemakkelijker zijn dan anders handelen met betrekking tot een lastig kind in je klas. In de praktijk komt het dan ook regelmatig voor dat een leraar onder druk van de situatie toch weer volgens zijn oude – ongewenste – gedrag reageert. Het voordeel van (vertrouwd zijn met) het ABC-schema is dat je dan over een instrument beschikt waardoor je snel(ler) je gedrag en handelen kunt veranderen. Daarmee kan een leraar een uit de hand gelopen situatie eerder als een incident zien in plaats van als een structureel probleem. Dat vergroot de kans op een goede relatie en daarmee op goed onderwijs.

## 14.5 'Anders denken, anders voelen, anders handelen' bij kinderen

De techniek van 'anders denken, anders voelen, anders handelen' is niet alleen toepasbaar voor leraren. Ook kinderen kunnen er baat bij hebben in situaties waarin zij zich niet voelen en gedragen zoals zij zouden willen. Als leraar kun je hen hierbij behulpzaam zijn.

---

**VOORBEELD 14.5**

### Mieke

Mieke (groep 4) is een meisje dat heel lichtgeraakt is. Een onschuldige opmerking van een klasgenoot, de leraar die niet direct op haar vraag reageert, een pen die het niet doet, allemaal kleine en grotere gebeurtenissen waarop zij boos reageert en soms ook van zich af slaat. De leraar vindt dat er te vaak incidenten zijn die ten koste gaan van het leren en lesgeven. Hij weet ook dat Mieke zelf last heeft van haar gedrag. Hij is bekend met de technieken van reflecteren op eigen denken, voelen en handelen en besluit te kijken of dat een manier is waardoor Mieke kan leren anders te reageren. De eerstvolgende gebeurtenis grijpt de leraar aan om met Mieke een gesprek te hebben. Het is weer flink misgegaan. Iris, de beste vriendin van

Mieke, stoot tijdens de schrijfles Mieke aan, waardoor deze uitschiet met schrijven. Mieke reageert driftig en geeft Iris meteen een stomp, terwijl zij zegt: 'Stom kind.' De andere kinderen van het groepje bemoeien zich ermee. Sergio geeft Mieke een duw en Bram zegt dat zij zelf een stom kind is. De leraar ziet wat er gebeurt en maakt een einde aan de situatie.

---

In het voorbeeld heeft Mieke zelf ook last van haar gevoelens en gedrag. Dit is een voorwaarde om 'anders denken, anders voelen, anders handelen' te kunnen toepassen. Alleen als een kind zijn gedrag en gevoelens als onplezierig ervaart, zal het gemotiveerd zijn te veranderen. *Gemotiveerd om te veranderen*
De aanpak volgt in grote lijnen de stappen van 'anders denken, anders voelen, anders handelen', zoals deze in het voorgaande beschreven zijn. Op een enkel onderdeel zijn er verschillen, omdat het gaat om een toepassing van 'anders denken, anders voelen, anders handelen' vóór het kind, en niet dóór de persoon zelf. De leraar is als het ware de bemiddelaar tussen het kind en 'anders denken, anders voelen, anders handelen'. Het gaat daarbij *Leraar is bemiddelaar* om de gedachten, de gevoelens en het gedrag van het kind, niet wat de leraar vindt of denkt dat het kind denkt en voelt. Actief luisteren is een goed hulpmiddel om tot een beschrijving te komen van de werkelijke gedachten, gevoelens en gedragingen van het kind.
Toepassing van 'anders denken, anders voelen, anders handelen' samen met een kind verloopt als volgt:
1 vaststellen van de gebeurtenis: A
2 vaststellen van het ongewenste gevoel en gedrag: C
3 vaststellen van de gedachten: B
4 vaststellen van het gewenste gedrag en gevoel: C*
5 vaststellen van andere gedachten die leiden tot het gewenste gevoel en gedrag: B*

*Ad 1 Vaststellen van de gebeurtenis: A*
De leraar kiest een situatie waar hij zelf bij is geweest. De reden hiervoor is dat als hij het kind een situatie laat beschrijven, het niet zeker is dat het ook zo gebeurd is. Dan is moeilijk vast te stellen wat toe te schrijven valt aan de beleving van het kind en wat er werkelijk gebeurde. Het is van belang dat hij samen met het kind komt tot een objectieve beschrijving van de gebeurtenis. In het gesprek daarover kan al aan de orde komen dat *Objectieve beschrijving* bepaalde dingen niet zo gebeurd zijn, maar dat het kind ze zo ervaren heeft.

*Ad 2 Vaststellen van het ongewenste gevoel en gedrag: C*
Samen met het kind stelt de leraar nu vast hoe het kind zich in die situatie *Herkenning van* voelde en gedroeg. Let hierbij goed op dat het kind zich helemaal kan *de beschrijving* herkennen in de beschrijving van de gevoelens en gedragingen.

---

**VOORBEELD 14.6**

## Mieke (vervolg 1)

In een gesprek met Mieke is duidelijk geworden dat zij best anders zou willen reageren in zo'n situatie met Iris. Op grond daarvan kan de leraar samen met Mieke de – onplezierige en dus ongewenste – gevoelens en gedragingen beschrijven. Zij komen tot de volgende vaststelling van C:

- boos op Iris
- kwaad op de hele groep
- zich niet geaccepteerd voelen
- meteen terugduwen

---

*Ad 3 Vaststellen van de gedachten: B*

**Actief luisteren**

Ook hier dient de leraar, via actief luisteren, er achter te komen welke gedachten aan de gebeurtenis voorafgingen. Is dit vastgesteld, dan kan hij met voorbeelden duidelijk maken dat als het kind zo denkt, het gevoel en gedrag van het kind dan een logisch gevolg zijn. Hij kan ook duidelijk maken dat als het kind zo blijft denken, het moeilijk is anders te voelen en te reageren.

---

**VOORBEELD 14.7**

## Mieke (vervolg 2)

De leraar en Mieke hebben vastgesteld dat Mieke het volgende heeft gedacht (B):

**Geen discussie aangaan**

- Iris deed het expres.
- Zij moeten altijd mij hebben.
- Zij moeten mij niet.
- 'Als ik een duw krijg, moet ik gewoon terugduwen', zegt mijn vader.

De leraar wil nu duidelijk maken dat deze gedachten ervoor zorgen dat Mieke zich zo voelt en gedraagt als in het incident. Daarvoor neemt hij de verschillende gedachten met haar door: Iris deed het expres. 'Jij dacht onmiddellijk dat Iris jou expres aanstootte. Maar stel nu eens dat Iris jou per ongeluk aanstootte, zou je dan ook zo boos reageren en meteen terug stompen?'
Waarschijnlijk realiseert Mieke zich daardoor dat het incident dan anders was gelopen. Het is dus niet de bedoeling een discussie aan te gaan of Iris al dan niet expres Mieke aanstootte. Dat is zinloos en dus irrationeel, want het is al gebeurd. Het is de bedoeling dat Mieke leert dat iets misschien niet expres is en dat het van belang is dat te bepalen. Dan komen er andere gedachten en kan zij anders gaan reageren.

---

**Gebruik voor kind begrijpelijke taal en vorm**

Het is de bedoeling op deze manier samen ook de andere gedachten te bespreken. Daarbij kan de leraar gebruikmaken van de uitgangspunten die beschreven zijn in hoofdstuk 11. Zo is 'altijd' – zij moeten altijd mij hebben – een absolutisme. In voor hem begrijpelijke taal en vorm is het goed mogelijk dit aan een kind duidelijk te maken.
Overigens is de gedachte 'als ik een duw krijg, moet ik gewoon terugduwen, zegt mijn vader' lastig. Het is geen uitzondering dat kinderen een dergelijk advies meekrijgen van ouders. Bij dit soort lastige gedachten gaat het erom dat het kind zich gaat realiseren dat deze gedachte leidt tot het ongewenste gedrag en als zij dit blijft denken, veranderen moeilijk is. De nadruk ligt dus op het anders willen voelen en gedragen. Door alternatieven met het kind te

bespreken, speel je al in op B*: andere gedachten, die leiden tot ander gedrag en anders voelen.

*Ad 4 Vaststellen van het gewenste gedrag en gevoel: C\**
We hebben al benadrukt dat voor met succes toepassen van 'anders denken, anders voelen, anders handelen' bij kinderen het een voorwaarde is dat het kind last heeft van het ongewenste gedrag en de nare gevoelens en dus gemotiveerd is te veranderen. Daar ga je dan ook van uit. Omdat je met een kind te maken hebt, is het goed de voorgaande stappen nog even samen te vatten.

**Voorgaande stappen samenvatten**

---

**VOORBEELD 14.8**

## Mieke (vervolg 3)

Leraar: 'We hebben het erover gehad dat je echt wel anders zou willen reageren, zoals in de situatie dat Iris je aanstootte. Dan moeten we wel weten hoe je je dan zou willen gedragen en voelen.'
Bij Mieke komt eruit dat:
- zij niet zo gauw boos zou willen worden
- zij wil dat de kinderen haar aardig vinden
- zij met woorden wil reageren, en niet met slaan

---

*Ad 5 Vaststellen van andere gedachten die leiden tot het gewenste gevoel en gedrag: B\**
Ook bij deze stap is het goed nog even te herhalen wat bij stap 4 besproken is, namelijk dat andere gedachten nodig zijn om je anders te kunnen voelen en gedragen.

---

**VOORBEELD 14.9**

## Mieke (vervolg 4)

De leraar en Mieke komen tot de volgende gedachten:
- Een vriendin doet niet zo gauw iets expres.
- Als ik niet aardig ben, is het logisch dat zij mij niet moeten.
- Ik heb best veel vriendinnen, bijvoorbeeld Iris.
- Als ik een duw krijg of geslagen word, moet ik als ik op school ben, naar de leraar gaan.

---

Bij kinderen, zeker als zij wat jonger zijn, is het werken met een formeel ABC-schema niet aan te raden. Zonder een formeel schema op te stellen, hebben de leraar en Mieke nu hetzelfde bereikt. Zij moet nu gaan oefenen met de nieuwe gedachten. Het is aan te raden dat zij deze op papier heeft staan. Als het misgaat, is de leraar degene die met het kind nagaat wat het gedacht heeft. Iedere keer opnieuw neemt hij met het kind door wat het had kunnen denken om zich zo te kunnen voelen en gedragen als het zou willen. Deze aanpak vraagt van een leraar grote betrokkenheid. Dit komt de relatie tussen leraar en leerling ten goede. Bovendien leert de ervaring dat er goede en blijvende resultaten zijn te behalen met deze aanpak.

**Geen formeel schema**

# Samenvatting

De samenvatting van dit hoofdstuk staat op www.pabowijzer.nl.

# Valkuilen en tips

**Valkuil 1**
Een leraar past 'anders denken, anders voelen, anders handelen' toe: 'Ik erger mij altijd aan Marco.' Ik zet deze irrationele gedachte om in de rationele gedachte: 'Ik erger mij niet meer aan Marco.'
Het blijkt niet te lukken, zodra de leraar hem ziet, slaat de ergernis weer toe.

*Tip 1*
Het woordje 'niet' in de vervangende rationele gedachte is een lastige valkuil. Een negatieve formulering heeft vaak het tegenovergestelde effect. Een bekend voorbeeld is: 'denk niet aan een roze olifant'. Vervolgens blijken proefpersonen steeds aan een roze olifant te denken. Een vervangende gedachte dien je positief te formuleren, bijvoorbeeld: 'Ik zal ook eens naar de aardige kanten van Marco gaan kijken.'

**Valkuil 2**
Ondanks een juiste vervangende rationele gedachte reageer je bij de eerste de beste confrontatie toch weer op je oude – ongewenste – manier. Je denkt: 'Tijdverspilling, dit gedoe met rationele gedachten.'

*Tip 2*
Op zich is dat niet zo erg. De valkuil is dat je te snel concludeert dat de aanpak 'anders denken, anders voelen, anders handelen' niet werkt. Je hebt wel een alternatief bedacht en je bent je nu wel bewust dat je anders had kunnen reageren. Als je nog steeds achter je nieuwe rationele gedachten staat, is het een kwestie van vaker doen. Sta je er niet achter, probeer dan een andere rationele gedachte.

**Valkuil 3**
Je hebt een heel erge hekel aan de ouders van Simon. De vervangende rationele gedachte is: 'De ouders van Simon zijn erg aardige mensen.'

*Tip 3*
De ongewenste gedachte – 'Wat zijn de ouders van Simon vreselijke mensen' – en de nieuw geformuleerde gedachte – 'De ouders van Simon zijn aardige mensen' – liggen wel heel erg ver uit elkaar. Dan is het erg moeilijk te gaan handelen op basis van je nieuwe gedachten. Het is niet realistisch van 'heel erg vervelend' naar 'aardig' te gaan en daarnaar te handelen. Vervangende gedachten en acties moeten haalbaar zijn.

**Valkuil 4**
'Ik heb al van alles gedaan. Niets werkt. Ik ga hem maar eens wat strenger aanpakken. Misschien werkt dat wel.'

*Tip 4*
Verandering van strategie zonder dat je je gedachten over de situatie ter discussie stelt, heeft weinig zin. Een nieuwe strategie heeft alleen kans van slagen als deze gebaseerd is op rationele gedachten.
Een verandering zoals in valkuil 4 is gebaseerd op de irrationele gedachte: 'Laat ik maar weer eens wat anders doen.'

# Kernbegrippenlijst

| | |
|---|---|
| **ABC van gevoelens** | Gedachten over een gebeurtenis bepalen welke gevoelens en gedragingen op die gebeurtenis zullen volgen. Die gebeurtenis kunnen we 'A' noemen, de gedachten 'B' en de gevoelens en het gedrag 'C'. Op deze wijze kunnen we nu gedachten en de daaropvolgende gevoelens en handelingen als een optelsom beschrijven. |
| **ABC-schema** | Door een gebeurtenis 'A' te noemen, gedachten 'B' en gevoelens en gedrag 'C', kunnen we met behulp van een schema uitwerken hoe we kunnen komen tot gewenste gevoelens en gedrag. |
| **Absolutisme** | Woorden als 'absoluut', en 'altijd' en 'nooit' houden een overdrijving in. Het zal maar zeer zelden voorkomen dat een kind altijd vervelend is, of zich absoluut niet kan concentreren. Dergelijke beweringen zijn zelden waar. Dergelijke woorden hebben een absoluut karakter en daardoor is iemand vaak niet in staat adequaat op een situatie te reageren. |
| **Dramatiseren** | Woorden als 'verschrikkelijk', 'rampzalig', 'ontzettend' en 'afschuwelijk' houden meestal een irreële overdrijving in. Door een dergelijke manier van denken maak je van een ongemakkelijke of onfortuinlijke situatie iets ergs, terwijl je die situatie hooguit als ongemakkelijk of onfortuinlijk hoeft te beschouwen. Dit staat adequaat handelen in de weg. |
| **Irrationele gedachten** | Dat zijn gedachten die gevoelens meebrengen waarvan de hevigheid niet in verhouding staat tot de situatie en / of die (onnodig) lang duren. Dikwijls verhinderen dergelijke gedachten je adequaat te reageren en te handelen. |
| **Moetisme** | Het woord 'moet' of 'moeten' is een vorm van overdrijven. Van een wens wordt een eis gemaakt, en wel een veelal irreële eis. Wanneer je zegt dat iets moet, zou dat inhouden dat het dus zo zou lopen zoals jij dat wilt. Je wilt hoogstens iets heel graag, maar 'het moet' niet. Moetisme is irrationeel, omdat het leidt tot allerlei onnodig onaangename gevoelens. |

| | |
|---|---|
| **Rationeel-emotieve therapie (RET)** | Dit is de samenvattende term voor de opvattingen van Albert Ellis (geb. 1913), die zich in de loop van zijn leven steeds meer is gaan interesseren voor de invloed die mensen zelf op hun gedrag kunnen uitoefenen. Zijn opvatting is dat de mens door middel van de rede inzicht kan krijgen in de drijfveren van zijn handelen en dat hij daardoor tot veranderen in staat is. |
| **Rationele gedachten** | Dit zijn gedachten die maken dat we ons prettig voelen of dat we gevoelens in een zodanige vorm ervaren, dat deze in verhouding staan tot de situatie of gebeurtenis. Deze gevoelens zijn tijdelijk en gaan niet een op zichzelf staand leven leiden. Als die nare gevoelens niet te hevig zijn en niet te lang duren, kunnen ze ons helpen om adequaat te handelen en om problemen effectief op te lossen. |
| **REBT** | Dit staat voor Rational Emotiv Behavioral Therapy. Ellis heeft op een zeker moment aangegeven dat hij voortaan wil spreken van de REBT. Hiermee gaf hij aan dat het nadrukkelijk gaat om het verband tussen denkbeelden, gevoelens en gedrag. |

# Vragen

**14.1** Maak een ABC-schema voor het volgende voorval.
Twee kinderen hebben de beurt om de vogelkooi schoon te maken. Ze zijn achter in de klas bezig, hebben een hoop plezier en fluisteren druk met elkaar. Plotseling zie je het vogeltje door de klas fladderen. Je schrikt, wordt woedend en 'snauwt' de twee kinderen naar hun tafeltje terug. De klas is in rep en roer, terwijl jij achter het vogeltje aanzit. Als dit weer in zijn kooi zit en de rust is weergekeerd, voel je je behoorlijk schuldig en ongemakkelijk, omdat je vindt dat je te erg bent uitgevaren tegen de kinderen. Je bedenkt namelijk dat je wel wat eerder had kunnen ingrijpen, omdat je gezien had dat de twee 'boosdoeners' hun aandacht niet erg bij hun taak hadden. Je zou graag een volgende keer als er iets onverwachts gebeurt, wat minder heftig willen reageren, zodat door jouw opwinding de ontstane onrust niet nog eens versterkt wordt.

**14.2** Peter is een jongen van acht jaar die erg vaak verkouden is. Hij lost het probleem van een volle neus op door telkens luid en duidelijk zijn neus op te halen.
In het begin van het schooljaar heeft de leraar hiervoor nog wel begrip.
Na verloop van tijd echter gaat het hem steeds meer ergeren. Herhaalde opmerkingen hebben geen effect. De leraar merkt dat hij steeds minder van Peter kan hebben, waardoor de relatie tussen hen beiden verstoord dreigt te raken. De leraar besluit iets aan het probleem te doen. Omdat er voor een ander gedragsprobleem al een programma loopt, besluit hij eerst eens zijn eigen houding en gevoelens onder de loep te nemen met de bedoeling deze te veranderen.
Hierna staat een aantal irrationele gedachten van deze leraar. Maak een ABC-schema voor deze situatie. Denk aan de vier vragen!

B *Irrationele gedachten*
1 Het enige waar hij nog goed in is, is zijn neus ophalen.
2 Volgens mij doet hij het expres.
3 Hij moet het toch kunnen laten.
4 Hij stoort de hele klas met dat vieze geluid.

**14.3** Stel je de volgende situatie levendig voor.
Je loopt stage in groep 6. De leraar van de pabo komt langs om te zien hoe je lesgeeft. De vorige keer was het stagebezoek niet zo'n succes. Je maakt je behoorlijk druk om het bezoek. De avond voor het bezoek maak je een ABC-schema voor jezelf. Hoe zou dit eruit kunnen zien?

De antwoorden op deze vragen kun je vinden op www.pabowijzer.nl.

# DEEL 5
# Omgaan met ouders

15  Goed omgaan met ouders  323
16  Ouders met een kind met problemen  337
17  Gespreksvaardigheden in de praktijk  353

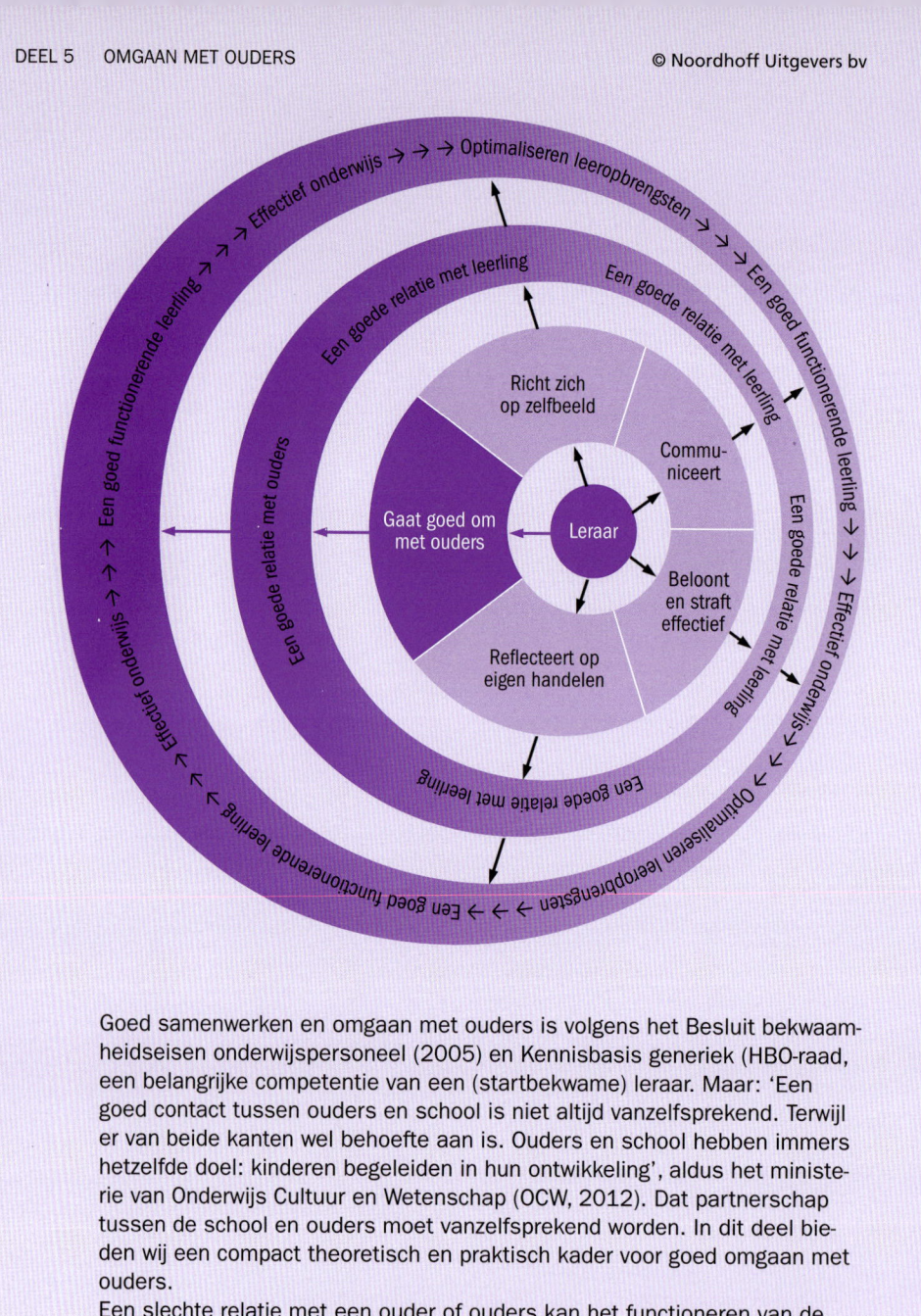

Goed samenwerken en omgaan met ouders is volgens het Besluit bekwaamheidseisen onderwijspersoneel (2005) en Kennisbasis generiek (HBO-raad, een belangrijke competentie van een (startbekwame) leraar. Maar: 'Een goed contact tussen ouders en school is niet altijd vanzelfsprekend. Terwijl er van beide kanten wel behoefte aan is. Ouders en school hebben immers hetzelfde doel: kinderen begeleiden in hun ontwikkeling', aldus het ministerie van Onderwijs Cultuur en Wetenschap (OCW, 2012). Dat partnerschap tussen de school en ouders moet vanzelfsprekend worden. In dit deel bieden wij een compact theoretisch en praktisch kader voor goed omgaan met ouders.

Een slechte relatie met een ouder of ouders kan het functioneren van de leerling(en) én het onderwijs in goede en in negatieve zin sterk beïnvloeden. Hoe om te gaan met ouders is dan ook een belangrijk onderwerp in de opleiding tot leraar en voor de leraar in de praktijk.

In onze opvatting dient een leraar in staat te zijn zo om te gaan met ouders dat het belang van het kind centraal blijft staan. Dat kan alleen als de relatie met de ouders gebaseerd is op vertrouwen en respect. Om op die manier met ouders om te kunnen gaan, zijn bepaalde basisvaardigheden nodig.

Deze basisvaardigheden zijn:
1. *Een professionele basishouding*
   Daaronder verstaan we het kunnen bieden van een veilige gespreksbasis,

het overdragen / uitdragen van professionele opvattingen, werkwijze en benadering en dossierkennis.
2. *Goed omgaan met ouders met een kind met problemen*
   Het gaat niet alleen om goed omgaan met ouders in het algemeen, maar zeker ook als een kind problemen heeft. Voor ouders is het meestal (zeer) confronterend als blijkt dat hun kind problemen heeft op school. Dit accepteren gaat niet zomaar, dat vraagt een heel verwerkingsproces. Als leraar dien je bekend te zijn met dit proces om er goed mee om te kunnen gaan. Voorbijgaan aan de gevoelens die bij ouders spelen, werkt vertragend op een goede probleemaanpak en kan zelfs tot moeizame conflictsituaties met de ouders leiden.
3. *Gespreksvaardigheden*
   Om in een gesprek een bepaald doel te bereiken, dient een leraar te beschikken over gespreksvaardigheden.

Deze basisvaardigheden vormen het fundament voor het goed omgaan met ouders en daarmee voor een goed functionerende leerling, effectief onderwijs en optimale leeropbrengsten.

# Jimmy

In deze casus gaan we in op het gedrag van Jimmy op school bezien vanuit het perspectief van de ouders en vanuit het perspectief van de leraar.

**Jimmy, vanuit het perspectief van de ouders**

In het huis van de familie Van der Zee gaat de telefoon. Het is niet voor de eerste keer de leraar van Jimmy, juf Annet. Zij vraagt of de ouders weer op school kunnen komen voor een gesprek over het gedrag van Jimmy (groep 4). De moeder van Jimmy voelt er niets voor. Ze hebben al diverse gesprekken gehad en ziet niet wat nog een gesprek kan opleveren. Ze weet dat Jimmy lastig is, maar weet ook niet wat de school moet doen. Dat moet de school toch kunnen oplossen? Zij hebben deskundigheid, toch? Ze heeft genoeg aan haar eigen problemen om thuis de boel in goede banen te leiden. Ook haar man hangt al dat gezeur van school de keel uit. Ze probeert dan ook onder een afspraak uit te komen, maar juf Annet houdt vol: er moet binnen twee dagen een gesprek plaatsvinden, anders gaat de school stappen ondernemen. De moeder van Jimmy stemt in met een gesprek. Annet geeft te kennen dat ook de leraar van vorig jaar, de intern begeleider en de locatiedirecteur aanwezig zullen zijn. Er moeten nu eindelijk spijkers met koppen geslagen worden, zegt ze.
Moedeloos legt mevrouw Van der Zee de telefoon neer. Ze weet dat Jimmy erg druk is en gauw op zijn teentjes is getrapt. Elke situatie is aanleiding om zich ermee te bemoeien en aan het eind is hij het middelpunt van de ruzie. Al in groep 1 waren er klachten over dit gedrag. Thuis geeft Jimmy ook wel problemen, maar moeder ziet het vooral als een kwestie van karakter. Hij is nogal temperamentvol, net als haar man. Twee jaar gelden is zij op aanraden van de school naar een opvoedingscursus gegaan, hoewel zij het zelf niet erg nodig vonden. Zij heeft er wel wat aan gehad. Zij begrijpt het gedrag van Jimmy beter en is niet altijd meer bezig met straffen.

**Jimmy, vanuit het perspectief van leraar Annet**

'Het is weer mis met Jimmy. Hij heeft zich vandaag behoorlijk misdragen. Volgens afspraak moet ik dan de ouders bellen. Dat zal ik dan maar doen ook, al heb ik daar weinig zin in. Het is steeds hetzelfde verhaal.' Annet ontdekt tijdens het telefoongesprek dat moeder er onder uit wil komen. 'Jullie hebben toch een probleem, los het dan ook op, ik heb al zo weinig tijd, ik heb al problemen genoeg thuis', zegt moeder. Annet accepteert dit niet en staat erop dat moeder komt. Zij vindt dat moeder en zeker vader de ernst van de situatie niet inzien en wil ze dat duidelijk maken.
Zij heeft moeder overtuigd om te komen, maar verwacht eigenlijk weinig van het gesprek. Het zoveelste!

# 15
# Goed omgaan met ouders

15.1 Een professionele basishouding
15.2 Open communicatie
15.3 Vakkennis
15.4 Dossierkennis

**Kennisdoelen**
1 De leraar krijgt inzicht in wat verstaan wordt onder goed omgaan met ouders.
2 De leraar neemt kennis van de drie componenten die deel uitmaken van een professionele basishouding: open communicatie, vakkennis en dossierkennis.

**Toepassingsdoel**
De leraar is in staat tot een professionele basishouding die noodzakelijk is voor het goed omgaan met ouders gebaseerd op respect en vertrouwen en het bieden van een veilige gespreksbasis.

## 15.1 Een professionele basishouding

Goed omgaan met ouders behoort tot de competenties waarover een leraar dient te beschikken. Het staat er zo gemakkelijk: goed omgaan met ouders. Op problematische relaties met ouders zit niemand te wachten.

Het Besluit bekwaamheidseisen stelt onder meer: 'De leraar onderschrijft zijn verantwoordelijkheid in het samenwerken met de omgeving van de school. Hij heeft voldoende kennis en vaardigheid om goed samen te werken met mensen en instellingen die betrokken zijn bij de zorg voor de kinderen en bij zijn school. Om te voldoen aan deze bekwaamheidseis geeft hij op professionele manier aan ouders en andere belanghebbenden informatie over de kinderen en gebruikt de informatie die hij van hen krijgt' (…) en verantwoordt zijn professionele opvattingen en werkwijze met betrekking tot een kind aan ouders…'.

*Professioneel omgaan met ouders*

Maar wat betekent dit in de praktijk? Wat verstaan we in de praktijk onder goed omgaan met ouders? Hen vriendelijk te woord staan? Informatie geven? Tips bij de opvoeding?

Door het jaar heen heeft een leraar allerlei contacten met ouders. Dit kunnen korte, vanzelfsprekende contacten zijn, waarin even uitgewisseld wordt wanneer de ouderavond is, dat Valentijn zijn gymspullen mee moet nemen, wanneer de uitstapjes als schoolreisje zijn.

Het kunnen ook georganiseerde contacten zijn, zoals het tienminutengesprek, of een apart gesprek over een kind. Hoe die contacten verlopen, is in sterke mate afhankelijk van jouw vaardigheden als leraar in het omgaan met ouders. Kijk eens naar de volgende voorbeelden.

---

**VOORBEELD 15.1**

### Een niet-professionele houding

Manon is net afgestudeerd. Vol enthousiasme is zij aan de slag gegaan. Zij investeert erg veel in de relatie met ouders. Met veel ouders is zij op vriendschappelijke voet terechtgekomen. Zij heeft ook contact met verschillende ouders via Facebook, ook met de ouders van Myrthe. Bij het tienminutengesprek in maart vertelt Manon dat Myrthe in de klas gepest wordt en dat zij naar sociale vaardigheidstraining moet. De ouders schrikken erg. Zij hebben hier nooit wat over gehoord. Zij zeggen dat zij Manon graag mogen maar zij vinden haar nog wel erg jong om dit te zeggen.

De ouders van Roos maken zich zorgen over haar. Zij denken dat zij misschien een vorm van autisme heeft. Ze vragen leraar Jantine wat zij ervan vindt. Jantine hoort het verhaal aan en zegt: 'Sorry, maar ik ben vorig jaar pas afgestudeerd aan de pabo en daar weet ik niet genoeg van.' De ouders gaan teleurgesteld weg en zeggen tegen elkaar: 'Nou zeg, wat een rare reactie, daar hoeven we ook niet veel vertrouwen in te hebben!'.

---

*Twijfel aan professionaliteit*

Omgaan met ouders kan dus een nogal verschillend verloop hebben. Er zijn allerlei kleine en grotere valkuilen waardoor ouders je als leraar niet (meer) serieus nemen, je professionaliteit in twijfel trekken. Manon stapt in de valkuil van een te vriendschappelijke benadering. Dit zie je vaak bij jonge, enthousiaste leraren. Jantine realiseert zich niet dat haar eerlijkheid leidt tot aantasting van vertrouwen in haar vakmanschap. Als leraar ben jij de deskundige. Dat betekent dat je gebrek aan kennis bij jezelf in banen moet kunnen leiden. Stel bijvoorbeeld wat vragen aan de ouders, laat hen vertellen en maak een afspraak voor kort erna, zodat je de mogelijkheid hebt je in het onderwerp te verdiepen. Maar zoals Jantine domweg zeggen 'Dat weet ik niet' zet het vertrouwen in je deskundigheid op de tocht.

Het is dus nodig nader aan te geven wat we verstaan onder 'goed omgaan met ouders': Goed omgaan met ouders kenmerkt zich door een gevoel van veiligheid, vertrouwen en geloofwaardigheid.
Een gevoel van veiligheid is nodig voor een open communicatie. In veel contacten tussen ouders en leraar kun je volstaan met vrij eenvoudige informatie-uitwisseling ('morgen is er een bijeenkomst voor leesmoeders'), maar vaak gaat het om meer: informatie over de vorderingen van een kind, over zijn gedrag, over problemen, schoolkeuze.
Wat er allemaal komt kijken bij het creëren van veiligheid in de omgang met ouders, en daarmee van open communicatie, bespreken we in paragraaf 15.2. Vertrouwen en geloofwaardigheid zijn gestoeld op vakkennis ('Dat neem ik van hem wel aan, hij weet waar hij het over heeft') en dossierkennis ( 'ik merk dat de leraar goed op de hoogte is van wat er allemaal met Jimmy gebeurd is in zijn leventje'). *[margin: **Kenmerken professionele basishouding**]*
Deze drie componenten bij elkaar (open communicatie, vakkennis en dossierkennis) vormen wat wij noemen een *professionele basishouding*. In de paragrafen hierna werken we deze uit. Vanuit deze professionele basishouding leg je het fundament voor goed omgaan met ouders. Omgaan met ouders moet een stootje kunnen hebben, ook als er lastiger zaken aan de orde komen. Als je je deze basishouding zo eigen maakt dat je in je contacten met ouders als vanzelfsprekend van daaruit handelt, krijg je een omgang met ouders gebaseerd op respect en vertrouwen.
Deze professionele basishouding biedt de mogelijkheid tot een proactieve benadering in het omgaan met ouders. In de praktijk blijken veel contacten met ouders reactief te zijn. Reactief is letterlijk: 'reagerend op'. Je wacht af en ziet en handelt pas als de ouders bij je komen, met een vraag, een klacht, kritiek. Bij deze benadering heb je vaak geen regie (meer), hij kost veel tijd en is ineffectief, en problemen lopen gemakkelijk uit de hand. Veel effectiever is een proactieve benadering. Bij een proactieve benadering anticipeer je op wat er bij de ouders speelt, je herkent in een vroeg stadium signalen, speelt snel en adequaat in op mogelijk verstorende factoren, je beschikt over strategieën om adequaat te reageren en je bent in staat om veel zaken tegelijkertijd te overzien en inschattingen te maken om zaken bijtijds in juiste banen te leiden (zie ook subparagraaf 9.2.1). Dat betekent dat jij de regie hebt in de contacten met ouders. Een proactieve benadering biedt dus veel voordelen in het algemeen, maar zeker in die situaties waarin het echt moeilijk wordt: als het kind ernstige en / of langdurige problemen heeft (zie hoofdstuk 16). *[margin: **Proactieve benadering**]*

**TUSSENVRAAG 15.1**
Uit welke drie elementen bestaat een professionele houding?

## 15.2 Open communicatie

**Veilige communicatie**

In veel van je contacten met ouders staat communicatie centraal. Als je met ouders wilt praten over hun kind, is het natuurlijk wel de bedoeling dat je boodschap overkomt. Een belangrijke vereiste daarvoor is dat ouders zich in de contacten met jou als leraar veilig voelen. Als ouders zich niet veilig voelen in de omgang met een leraar, is de kans op misverstanden, miscommunicatie, niet doen wat jij vraagt, enzovoort groot. Mensen die zich niet veilig voelen in een contact, willen eigenlijk niet in dat contact zijn, verzetten zich tegen dat contact. Dat is te merken aan hun reacties en houding. Ze geven korte antwoorden of blijven zelfs zwijgen, reageren afwerend, teruggetrokken, vermijdend. Het tegendeel is ook mogelijk: agressieve reacties, of ontkennende, verbaasde reacties. Wat deze reacties gemeen hebben, is dat ze de communicatie blokkeren. Er komt ruis op de lijn, de boodschap wordt vervormd en komt niet over (Bolks, 2011, Verhulst, 1990).

### Jimmy (deel 2)

Annet vertelt moeder dat Jimmy zich niet goed gedraagt op school. Zij vraagt aan haar of hij thuis ook zo is. De moeder zegt dat hij soms thuis ook zo is, maar dat zij dat niet zo'n punt vindt. Annet zegt dat zij zich daar wel zorgen over moet maken. Annet geeft aan hoe zij Jimmy op school zal aanpakken en verlangt van de ouders dat zij dat ook doen. Ouders en school moeten nu eenmaal op één lijn zitten. Een beetje overdonderd zegt moeder dit toe. Annet bedankt moeder voor dit goede gesprek.
Thuisgekomen vertelt moeder dit aan haar man. Hij vindt dit flauwekul. Jimmy is een prima spontane jongen met af en toe wat lastig gedrag. Zo zijn jongens nu eenmaal. Als de juf daar niet tegen kan, dan is zij niet geschikt voor het onderwijs. 'De volgende keer ga ik wel mee', zo stelt hij.

**Blokkerende reacties**

De benadering van Annet is bedreigend voor de ouders van Jimmy. Zij voelen zich niet veilig bij haar. Gevolg is terughoudendheid, vermijdend gedrag, agressieve reacties van vader, kortom reacties die een open communicatie blokkeren. Een benadering waarbij ze zich wel veilig voelen zou als volgt kunnen gaan.

### Jimmy (deel 3)

Juf Annet en de ouders van Jimmy hebben al diverse gesprekken met elkaar gehad. In het eerste gesprek zegt de leraar hoe Jimmy zich op school gedraagt en vraagt dan aan de ouders of zij dit gedrag ook thuis herkennen. De ouders zeggen dat hij thuis wel eens lastig is, net als andere kinderen. Ze vinden het eigenlijk wel meevallen. Vervolgens vraagt Annet of zij zich kunnen voorstellen dat Jimmy dit gedrag op school wel vertoont. Zij kennen Jimmy nu eenmaal het best. De ouders knikken van 'ja'. Annet legt uit dat dit gedrag op school in een klas met veel andere kinderen wel voor problemen zorgt. Zij vraagt de ouders hoe zij Jimmy thuis aanpakken als hij dit gedrag vertoont. Vervolgens vertelt Annet hoe zij Jimmy wil gaan aanpakken als hij zich op school zo gedraagt en overlegt met de ouders of zij het daarmee eens zijn.

Deze benadering kenmerkt zich door respect, openheid, een luisterende houding. De ouders voelen zich gehoord en erkend. Ouders veiligheid bieden heeft alles te maken met de manier van communiceren. Open communicatie houdt in dat communicatie transparant is. Alle betrokkenen durven zich kwetsbaar op te stellen en hebben geen verborgen agenda.

Als je als leraar ouders een veilige gesprekbasis wilt bieden, is het nodig dat je je in hun positie kunt verplaatsen. Ouders zijn verantwoordelijk voor hun kind. Binnen een maand na de geboorte van een kind blijkt negenennegentig procent van de ouders bewust het besef te hebben verantwoordelijk te zijn (Van der Pas, 2006). Dat maakt kwetsbaar. Gevoelens van tekortschieten, zich schuldig voelen liggen snel klaar. Als je hier geen oog voor hebt, is de kans groot dat ouders zich niet serieus genomen voelen. En dan is er geen veilige gespreksbasis. In dit verband kun je terugkijken naar de basisbegrippen die we in deel 2 hebben beschreven als essentieel voor een goede communicatie (paragraaf 4.2): gelijkwaardigheid; echtheid, aanvaarding / acceptatie, empathie en ten slotte ontvankelijkheid.

Contacten met ouders die voldoen aan deze kenmerken bieden je gesprekspartner veiligheid.

**Veilige gespreksbasis**

**Kenmerken open communicatie**

**TUSSENVRAAG 15.2**

Wat kan er gebeuren als ouders het gevoel hebben dat niet naar hen geluisterd wordt?

T 15.2

## 15.3 Vakkennis

De ideale leraar is de leraar die het vak dat hij geeft beheerst (Van Gennip, 2008). Het lijkt zo vanzelfsprekend: 'Natuurlijk beschik ik over voldoende vakkennis!', zullen de meeste leraren denken bij het lezen van deze zin. En toch ligt het wat ingewikkelder. Kijk eens naar de volgende voorbeelden.

---

**VOORBEELD 15.2**

### Vakkennis hebben en tonen

Vincent heeft moeite met lezen. Hij leest langzaam en is daarbij erg onrustig. Juf Maaike adviseert de ouders thuis heel veel extra te lezen. Zij denkt dat Vincent gewoon geen zin heeft om te lezen. De ouders geven aan dat hij thuis al veel extra moet lezen. Nog meer lezen is vervolgens het advies. De ouders twijfelen aan het advies. Maaike drukt het advies toch door. Dat is namelijk volgens haar de enige mogelijkheid om goed te leren lezen. De volgende dag praat moeder toevallig met iemand die zegt dat haar dochter een bril heeft gekregen omdat ze zo'n last had van haar ogen bij het lezen.

Moeder gaat naar een opticien en die constateert dat Vincent een bril nodig heeft.

Meester Keesjan zegt tegen de ouders dat hun dochter Lily last heeft van het gehoor en dat dat de reden is van haar zwakke prestaties bij spelling. Dit komt de ouders rauw op hun dak en zij twijfelen aan de diagnose. Bij de schoolarts is gezegd dat het gehoor goed is.

Juf Marion geeft aan dat zij denkt dat Jinte ADHD zou kunnen hebben. Jinte is erg onrustig en loopt steeds weg van haar tafel. Volgens Marion zijn dat kenmerken van ADHD. De ouders zeggen dat Jinte juist onrustig is omdat zij zich verveelt. Volgens de ouders is zij hoogbegaafd.
Marion zegt dat dat ook zou kunnen. De ouders vragen zich nu af wat zij over haar met haar ADHD opmerking moeten denken.

---

**Rol van vakkennis**

Voor een goede omgang met ouders is het essentieel dat ouders overtuigd zijn van je vakkennis als leraar. De rol van de vakkennis is de afgelopen decennia sterk veranderd. Vroeger hadden leraren veelal het monopolie op kennis. De leraar was samen met de dokter, notaris en politie een autoriteit in de stad of het dorp. Door grote veranderingen in de samenleving is daar veel in veranderd. Ouders zijn mondiger geworden en hebben vaak door toegang tot internet en andere media een behoorlijke eigen kennis. Nog steeds zijn er ouders die nooit vraagtekens zetten bij de vakkennis van de leraar, maar dit is een steeds kleinere groep. Zoals de voorbeelden laten zien, kan dat je als leraar in lastige situaties brengen.

**Vakkennis overbrengen**

Vakkennis hebben is één ding, je moet ouders ook kunnen overtuigen van je vakkennis. Dat heeft alles te maken met de manier waarop je je uitdrukt, je boodschap overbrengt. Als je haperend, op aarzelende toon, zoekend naar woorden, of zoals Marion bij het eerste tegengeluid van mening verandert, ben je niet erg geloofwaardig. Meester Keesjan is juist te stellig, en dat ook nog eens op een gebied dat buiten zijn competenties valt: hij is tenslotte geen arts. Dit kan zijn geloofwaardigheid in andere situaties aantasten ('nou die meester Keesjan denkt dat hij overal verstand van heeft') en kan ook weerstand oproepen.

**Principe van uitsluiting**

Als leraar toon je vakkennis door het principe van uitsluiting te hanteren. Door uitsluiting van andere mogelijke oorzaken kom je tot de vaststelling wat er aan de hand is. Met dit principe als uitgangspunt kijken we hoe het gesprek in de voorbeelden dan verlopen zou zijn.

---

**VOORBEELD 15.3**

## Vakkennis hebben en tonen (vervolg)

Vincent blijkt niet goed te lezen. Maaike overweegt twee mogelijkheden: extra veel lezen en er zou wat met zijn ogen kunnen zijn. Ze heeft een voorkeur voor het eerste, maar vindt het verstandig oogproblemen uit te sluiten. Zij vertelt aan de ouders dat er twee mogelijkheden zijn om iets aan Vincents leesprobleem te doen: veel extra oefenen, maar mogelijk spelen ook oogproblemen een rol. Zij vraagt de ouders om dit laatste uit te sluiten. Zij stelt de ouders voor om naar een opticien of oogarts te gaan met de vraag of er een verband kan zijn tussen het zwakke lezen en oogproblemen. Als het antwoord 'nee' is dan zal extra oefenen voorlopig het beste advies zijn. Zijn er wel oogproblemen, dan zal het plan daarop aangepast moeten worden. Ouders gaan direct naar een oogarts en Maaike wacht op de uitslag.

Meester Keesjan vertelt de ouders van Lily dat hij haar extra helpt met spelling maar dat hij soms twijfelt of zij wel goed hoort. Hij geeft aan dat hij zal doorgaan met de hulp aan Lily, maar dat het goed zou zijn als de ouders het gehoor laten controleren. Hij wil graag zeker weten of er op dat gebied wel of geen problemen zijn.

Marion geeft aan dat zij Jinte erg onrustig vindt in de klas. Zij vraagt de ouders of zij een verklaring hebben voor deze onrust. Vervolgens geeft zij aan dat het mogelijk om ADHD gaat en dat het haar goed lijkt om uit te zoeken wat er aan de hand zou kunnen zijn.

Vaak zal er een verschil zijn in opvatting tussen ouders en leraar over mogelijke oorzaken van het gedrag van een kind. Bij het uitsluiten van mogelijke oorzaken begin je altijd eerst bij wat de ouders denken. Je krijgt de ouders pas mee in een aanpak als zij ervan overtuigd zijn dat hun zienswijze goed of juist niet goed is. Als er bij Jinte uitkomt dat zij hoogbegaafd is, maakt Marion alsnog een plan vanuit hoogbegaafdheid. Bij een andere uitkomst kan altijd nog een onderzoek naar ADHD plaatsvinden. Andersom werkt niet. In hoofdstuk 17 gaan we verder op dit onderwerp in.

*Verschil in opvatting ouders en leraar*

Kortom, vakkennis hebben en kunnen laten zien dat je over vakkennis beschikt, zijn nodig om bij ouders vertrouwen te wekken en geloofwaardig te zijn.

**TUSSENVRAAG 15.3**
Hoe kan een leerkracht een ouder overtuigen van zijn vakkennis?

*T 15.3*

## 15.4 Dossierkennis

Dossierkennis is de derde component van een professionele basishouding. Kijk eens naar het volgende voorbeeld.

**VOORBEELD 15.4**

### ADD of ADHD?

Stel een kind heeft ADD. Jij hebt vlak voor een eerste tienminutengesprek snel het dossier van het kind bekeken. Je was van plan het grondiger te doen, maar bent in tijdnood gekomen. Je hebt tenslotte 28 kinderen in de klas. Je vertrouwt erop dat je voldoende weet. Na wat informatie over de prestaties zeg je dat je er niet veel van merkt dat het kind ADHD heeft. 'Nee', zegt moeder venijnig, 'dat heeft zij ook niet, ze heeft ADD. En daar merk je zo op het eerste gezicht niet veel van. Ik begrijp niet dat u dat niet weet'.

Een dossier is een bundeling van alle relevante gegevens over een kind in chronologische volgorde. Een goed dossier bevat die gegevens, afspraken, handelingsplannen van een kind die het mogelijk maken adequaat onderwijs aan het kind te bieden. Dossierkennis zorgt er dus voor dat je weet waarover het gaat: wat is er al bekend over het kind, wat is er gebeurd, welke adviezen hebben de ouders al eens gekregen en ga zo maar door. Zonder die kennis kun je ouders niet goed informeren en ook niet adequaat reageren en kan je geloofwaardigheid ter discussie komen te staan. Als de ouders het gevoel hebben dat jij het dossier van het kind niet goed kent, zullen zij

*Dossierkennis noodzakelijk*

alle vertrouwen snel verliezen. 'Waar praat hij over als hij mijn kind niet goed kent en niet weet wat er allemaal al gebeurd is.' Terecht! Stel dat jij de ouders adviseert om naar het Riagg te gaan om te onderzoeken of hun kind een vorm van autisme heeft, terwijl in het dossier staat dat dat onderzoek al heeft plaatsgevonden en dat toen bleek dat het kind dit gedrag vertoont omdat zij sociaal zeer angstig is.

Een goede voorbereiding op een gesprek met ouders veronderstelt een goede kennis van het dossier van het kind. In het gesprek dat erop volgt, moet je regelmatig laten blijken dat je goed op de hoogte bent van het dossier. Dus geen vragen stellen die allang gesteld zijn, maar wel constateren dat de ouders gezien de discussie in het verleden hun mening kunnen veranderen, enzovoort. Overigens valt dit niet altijd mee. Met dossierkennis is het lastig actueel te blijven. Vaak is het dossier niet compleet. De dossierdiscipline op scholen is niet altijd even groot. Opmerkingen van ouders tussendoor komen niet altijd in het dossier terecht, terwijl deze wel relevant zijn. De remedial teacher heeft een paar dossiers even mee naar huis genomen om bij te werken, terwijl jij die dag een gesprek hebt met de ouders. Er kan dus van alles misgaan op het gebied van dossierkennis, maar het belang ervan is niet te onderschatten. Vertrouwen en geloofwaardigheid stoelen erop.

**Dossierdiscipline**

# Samenvatting

De samenvatting van dit hoofdstuk staat op www.pabowijzer.nl.

# Valkuilen en tips

**Valkuil 1**
Je wilt niet aan de ouders laten merken dat je niet bekend bent met een bepaalde stoornis.

*Tip 1*
Verhullen van gebrek aan kennis breekt je bijna altijd op. Veel beter is eerlijk tegen ouders te zeggen dat je niet bekend bent met deze stoornis. Vraag informatie aan de ouders, zorg dat je goed geïnformeerd raakt en maak binnen een week een nieuwe afspraak.

**Valkuil 2**
Ouders hebben te kennen gegeven een gesprek met jou te willen. Je hebt echter maar weinig tijd en wilt het gesprek kort houden.

*Tip 2*
Als je in zo'n situatie niet meteen duidelijk bent, raak je al gauw de regie kwijt. Ouders beginnen bijvoorbeeld uitvoerig hun verhaal te doen, jij kijkt tersluiks op je horloge, zegt: 'Kunt u het kort houden?'. Dit betekent meteen ruis op de lijn: ouders voelen zich afgewezen, jij raakt gestrest, kortom, dit zijn slechte ingrediënten voor een goed gesprek.
De beste manier is de ouders zeggen hoeveel tijd je hebt voor het gesprek en dat er een nieuwe afspraak gemaakt zal worden als de tijd te kort is geweest. Wellicht willen ze dan liever een afspraak voor een andere keer met meer tijd.

**Valkuil 3**
'Hij zou best eens autistisch kunnen zijn.'

*Tip 3*
Wees niet te stellig met diagnoses, zeker niet buiten je vakgebied. Als je het mis hebt, vertrouwen de ouders je niet meer, het tast je professionaliteit aan.
Als je denkt aan een diagnose (medisch, psychologisch, psychiatrisch) buiten je vakgebied, geef dan aan dat je op dit gebied niet deskundig bent. Beperk je ertoe dat je denkt aan de mogelijkheid van de betreffende diagnose (zie ook paragraaf 17.8).

**Valkuil 4**
Je hebt met de ouders van een kind telkens weer verschil van mening over bepaald gedrag. Uiteindelijk zeg je: 'Luister eens, ik heb uw zoon nu twee jaar in de groep en het is een onrustig ventje'.

*Tip 4*
Bij verschil van mening over de problemen heb jij niet altijd gelijk. Luister goed naar de argumenten van de ouders. Zij kennen het kind langer en beter dan jij.

# Kernbegrippenlijst

| | |
|---|---|
| **Aanvaarding / acceptatie** | Het aanvaarden van de ander als persoon met zijn meningen en gevoelens. |
| **Actief luisteren** | Actief luisteren is een effectieve manier van reageren wanneer de ander een probleem heeft; je toont daarmee oog en oor te hebben voor de problemen van de ander en bereid te zijn erop in te gaan. |
| **Dossierkennis** | Een van de drie componenten van een professionele basishouding en noodzakelijk om ouders goed te kunnen informeren en adequaat en met kennis van zaken te kunnen reageren. Belangrijk voor vertrouwen en geloofwaardigheid. |
| **Echtheid** | Je gedragen zoals je je voelt en bent, zonder je achter een façade te verschuilen. Er is congruentie tussen gevoelens en gedrag, tussen denken en doen, tussen beleven en bewust weten. |
| **Empathie** | Verplaatsen in, begrijpen van de gevoelens van de ander, zonder hierover te oordelen. |
| **Gelijkwaardigheid** | In het gesprek tussen leraar en een ander speelt het machtsverschil geen rol. Door goed luisteren toont de leraar de ander serieus te nemen, deze te respecteren in zijn gevoelens, gedachten en meningen en hem een gelijkwaardige gesprekspartner te achten. |
| **Goed omgaan met ouders** | Kenmerkt zich door een gevoel van veiligheid, vertrouwen en geloofwaardigheid. |
| **Ontvankelijkheid** | Zowel de leraar als de gesprekspartner moeten bereid én in staat zijn op deze manier met elkaar te communiceren. |
| **Open communicatie** | Kenmerken zijn: gelijkwaardigheid; echtheid, aanvaarding / acceptatie, empathie en ten slotte ontvankelijkheid. |
| **Principe van uitsluiting** | Vaststellen wat er aan de hand is door uitsluiting van andere mogelijke oorzaken. |

| | |
|---|---|
| **Professionele basishouding** | Deze kent drie componenten: open communicatie, vakkennis, dossierkennis. |
| **Vakkennis** | Een van de drie componenten van een professionele basishouding en noodzakelijk om bij ouders vertrouwen te wekken en geloofwaardig te zijn. |

# Vragen

**15.1** Martino (groep 5) is een zoon van een collega. Het gaat niet goed met hem op school. Je vindt het moeilijk om dat met je collega te bespreken. De relatie met haar is al niet erg goed.
Hoe ga je het gesprek in met deze collega / moeder?

**15.2** De ouders van Stacey (groep 2) maken voortdurend opmerkingen dat Stacey de juf niet lief vindt. Je ergert je behoorlijk aan die opmerkingen. Volgens jou is het namelijk niet waar. Je wilt hierover met de ouders in gesprek. Hoe ga je dit aanpakken, waarbij je je professionaliteit niet ter discussie wilt laten komen?

**15.3** Met de ouders van Bridget (groep 7) is afgesproken dat zij haar op dezelfde manier gaan aanpakken als op school. De ouders vinden dat goed. Echter uit opmerkingen van Bridget blijkt dat de ouders dat absoluut niet doen. Je wilt weer een gesprek met haar ouders.
Hoe ga je dit aanpakken?

**15.4** Je hebt een gesprek met ouders van Yamina (groep 3) gehad. Het gesprek is helemaal verkeerd gelopen. Er ontstond zelfs ruzie tussen jou en de ouders. Het zit je heel erg dwars. Je wilt weer een gesprek met de ouders. Hoe ga je dit aanpakken?

De antwoorden op deze vragen kun je vinden op www.pabowijzer.nl.

# 16
# Ouders met een kind met problemen

16.1 Omgaan met ouders met een kind met problemen
16.2 De context van het probleem
16.3 Het verwerkingsproces van de ouders

**Kennisdoelen**
1 De leraar krijgt inzicht in de invloed van problemen van een leerling op zijn relatie met de ouders van die leerling.
2 De leraar leert welke omstandigheden vaak tot conflicten tussen school / leraar en ouders leiden.
3 De leraar leert wat verstaan wordt onder de context van een probleem.
4 De leraar leert wat er bij ouders gebeurt als hun kind problemen heeft op school: het verwerkingsproces.

**Toepassingsdoel**
De leraar is in staat een probleem in zijn context te plaatsen en rekening te houden met het verwerkingsproces van de ouders als hun kind problemen heeft op school.

## 16.1 Omgaan met ouders met een kind met problemen

In hoofdstuk 15 hebben we de drie pijlers van een professionele basishouding besproken. De kennis en vaardigheden die hier deel van uitmaken, vormen de basis voor het goed omgaan met ouders. Maar ook kan de situatie ontstaan dat een kind problemen heeft op school. In de situatie dat een kind problemen heeft, komt de relatie tussen ouders en leraar extra onder druk te staan. De overheid, de HBO-raad en allerlei andere instellingen hebben het over een goed partnerschap tussen ouders en leraar / school in het belang van het zo goed mogelijk functioneren van het kind. Daar ligt een bepaald beeld aan ten grondslag: samen optrekken, je werkt immers in het belang van hetzelfde kind. Maar als die leerling problemen heeft, is dat samen optrekken soms minder vanzelfsprekend. In die situatie is het niet alleen in het belang van het kind, maar ook in dat van jou als leraar en de ouders ervoor te zorgen dat er geen conflicten ontstaan of conflicten in een zo vroeg mogelijk stadium te signaleren en adequaat aan te pakken. Conflicten staan doorgaans een snelle en goede aanpak van het probleem in de weg.

De volgende omstandigheden zorgen vaak voor problemen tussen school en ouders met een kind met problemen:
1 de context van het probleem
2 het verwerkingsproces van de ouders

*Ad 1 De context van het probleem*
Een probleem bestaat zelden op zichzelf. Bij auto's misschien, waar door het vervangen van de uitlaat het probleem opgelost is. Maar bij problemen van een kind op school speelt altijd de context mee, de omgeving waarbinnen het probleem zich afspeelt. Bij het verkennen en vaststellen wat het probleem is, kun je niet om die context heen. Sterker zelfs, die context is nodig en nuttig om tot adequate oplossingen te komen.
Als je ouders dan ook informeert over de problemen van hun kind, kom je ook op het terrein van de context van het probleem. En daar ligt meteen een gebied waar snel een verschil van inzicht, misverstand en conflicten kunnen ontstaan tussen ouders en leraar.
In paragraaf 16.2 werken we dit onderwerp verder uit.

*Ad 2 Het verwerkingsproces van de ouders*
We beschrijven het verwerkingsproces zo uitgebreid met de bedoeling dat je als leraar begrijpt wat er bij ouders speelt, zodat je er adequaat op kunt reageren. Maar in de praktijk valt dat niet altijd mee. Zoals de diverse voorbeelden in paragraaf 16.3 laten zien, kun je de reacties van de ouders ervaren als lastig en vertragend. Het lijkt soms wel of er tegengestelde belangen tussen jou en de ouders ontstaan: jij wilt aan de slag met de problemen van het kind en de ouders lijken dit niet te willen. Veel leraren hebben dan de neiging wat vaart achter de zaak te zetten. Maar in feite forceer je dan een proces dat onontkoombaar is. Het verwerkingsproces van de ouders bepaalt het tempo van handelen en het hoort bij je professionaliteit om daarmee om te kunnen gaan.
In het belang van samenwerking en afstemming met de ouders is het noodzakelijk rekening te houden met het verwerkingsproces van de ouders. In paragraaf 16.3 bespreken we uitgebreid het verwerkingsproces van de ouders en wat dat voor jou als leraar betekent.

**TUSSENVRAAG 16.1**
Wat bepaalt het tempo van handelen bij het verwerkingsproces en wat is daarbij de taak van de leraar?

T 16.1

## 16.2 De context van het probleem

Zoals al gezegd is, wanneer een kind problemen heeft op school, is samenwerking tussen leraar en ouders essentieel voor een adequate aanpak van die problemen. Je krijgt daarbij als leraar te maken met de omgeving, de situatie waarin het probleem zich afspeelt: de context. Kinderen leren en ontwikkelen zich de hele dag: thuis, op school, bij de opvang en verenigingen en in de buurt. Al deze contexten interacteren met elkaar. De vakbekwame leraar heeft kennis van en inzicht in (de samenhang tussen) deze contexten (Kennisbasis generiek).

Vier contexten

Voor jou als leraar zijn de belangrijkste contexten:
1 het kind zelf
2 het gezin
3 de opvoedingsstijl
4 de schoolsituatie

### 1 Het kind zelf
Zoals we hiervoor al hebben aangegeven: een probleem staat zelden op zich. De eerste context die je dient te verkennen, is die van het kind. Om wat voor een kind gaat het? Wat weet je van zijn zelfbeeld (deel 1), wat weet je van zijn achtergrond, welke problemen heeft het, sinds wanneer heeft het die problemen (dossiervorming), enzovoort.

Bij veel kinderen met problemen spelen die problemen zich af op meer terreinen. Het kan gaan om kinderen met veel lichamelijke problemen (ziektes, afwijkingen), met specifieke cognitieve vermogens (minder begaafd of juist hoogbegaafd of met bepaalde leerproblemen), met sociaal-emotionele problemen (bijv. autisme). Ouders hebben hun handen vol aan het begeleiden en opvoeden van een kind met dergelijke problemen. Dat maakt hen kwetsbaar. En dan komt er ook nog een probleem op school bij. Als je als leraar het probleem op school dan niet in zijn context benadert, is de kans op verstoringen in de omgang met de ouders groot.

Complexe problematiek

---

**VOORBEELD 16.1**

### Janneke

Na een moeizame periode van onderzoek is bij Janneke een vorm van autisme ontdekt. Het verbaast moeder eigenlijk niet zo erg. Al jaren heeft zij het gevoel dat er met Janneke iets is. Samen met de ingeschakelde deskundige ontwikkelen zij een passende aanpak voor Janneke. Voorspelbaarheid is daarbij een van de belangrijkste pijlers. Nu zit Janneke in groep 1. De ouders hebben de leraar bij de kennismaking verteld over de achtergronden. Al snel wordt duidelijk dat het met Janneke niet goed gaat. Moeder gaat naar school om te overleggen. De leraar reageert dat Janneke gewoon wat langer nodig heeft om te wennen. Moeder komt overstuur thuis.

---

De moeder van Janneke voelt zich niet serieus genomen. Het kan zijn dat de leraar bedoelt dat het plan nog niet goed werkt in deze beginsituatie, maar het kan ook zijn dat de leraar het probleem inderdaad niet serieus neemt. In beide gevallen is de kans op problemen tussen deze leraar en ouders groot.

**Basishouding**

In dit soort situaties mag je als leraar niet voorbijgaan aan de context van een probleem. Het hoort tot je professionaliteit het probleem op school en de problemen thuis in samenhang te zien. Je basishouding naar de ouders toe dient te zijn: 'Wij hebben met zijn tweeën een probleem, u thuis en ik op school'.

In het geval van Janneke betekent het samenwerken: proberen de aanpak van thuis samen met de ouders te vertalen naar de schoolsituatie met inachtneming van de verschillen tussen de school- en thuissituatie.

## 2 Het gezin

We kijken weer even naar wat het Besluit bekwaamheidseisen in deze onder meer stelt: 'hij (de leraar) is bekend met de leefwereld van ouders of verzorgers en met de culturele achtergronden van de kinderen en weet hoe hij daar rekening mee moet houden in zijn doen en laten als leraar'. Het gezin is dus een belangrijke context.

**Gezin belangrijke context**

---

**VOORBEELD 16.2**

### Mike

De ouders van Mike zijn onlangs gescheiden. Mike is de laatste tijd behoorlijk van slag. Je wilt met moeder over het gedrag van de laatste tijd praten. Onlangs zag je moeder bij de supermarkt. Je kon duidelijk zien dat moeder door de gebeurtenissen thuis ook erg van slag is. Je vindt het daardoor best moeilijk om over de problemen van Mike te praten. Je besluit het gesprek voorlopig een tijd uit te stellen en te proberen op school de situatie wat te verlichten voor jou en Mike.

---

Door bijzondere gebeurtenissen kan een gezin en dus ook een kind behoorlijk van slag raken. Onder bijzondere gebeurtenissen kan van alles verstaan worden, negatieve zaken zoals ziekte, scheiden, werkloosheid, verhuizing, maar ook meer positieve gebeurtenissen zoals de geboorte van een broertje of zusje. Die gebeurtenissen kunnen hun weerslag hebben op het functioneren van het kind op school. De moeilijkheid is vaak dat tijdens of vlak na die bijzondere gebeurtenissen ook de ouder(s) thuis niet optimaal functioneren. Op zo'n moment praten over het negatieve gedrag van een kind op school zal de problemen van de ouder(s) alleen nog maar vergroten. Er kan extra spanning ontstaan ('weer een probleem erbij') of een vergroting van het schuldgevoel ('dat komt er nu van'). Het beste in zo'n situatie is, zoals de leraar van Mike, wachten – voor zover mogelijk – tot de ouders weer de draad oppakken. Je investeert wat extra in het kind. Op die manier geef je het een steuntje in de rug om de moeilijke periode door te komen. Je hoopt dat de ouders bij aanhoudende problemen jouw hulp inroepen, als zij er zelf niet meer uitkomen.

**Problemen ouders niet vergroten**

## 3 De opvoedingsstijl

Een derde context waarmee je rekening dient te houden, is de manier waarop ouders hun kind opvoeden. De wijze waarop de ouders hun kind opvoeden, kan problemen geven op school. Als de opvoedingsstijl van de ouders en de regels en gewoontes van school te veel uit elkaar liggen, kan dat tot gevolg hebben dat het kind aanpassingsproblemen krijgt.

Allerlei opvoedingsstijlen kunnen problemen geven. Een opvoedingsstijl kan te verwaarlozend zijn, te beschermend, te autoritair, te inconsequent (Janssens, 2011).

Een opvoedingsstijl is niet gemakkelijk te veranderen. Ouders die bijvoorbeeld hun kind al enige jaren flink verwaarlozen, zullen echt niet na een gesprek met jou ineens gaan opvoeden. Een ouder met een overbeschermende opvoedingsstijl zal het kind niet gemakkelijk loslaten. Hij zal eerder menen dat de school niet goed op het kind let.

*Opvoedingsstijl niet gemakkelijk te veranderen*

Wanneer de opvoedingsstijl van de ouders de belangrijkste oorzaak is van de problemen op school, lukt het vaak niet steun te krijgen van de ouders bij de aanpak van de problemen. Als leraar / school ben je dan meestal op jezelf aangewezen. Samenwerken met de ouders heeft de voorkeur, maar soms is dat niet mogelijk. In een dergelijke situatie is je aanpak erop gericht de leerling, de thuissituatie en de schoolsituatie als aparte werelden te ervaren. 'Thuis mag ik tijdens het eten van tafel af, maar op school mag dat niet bij het melkdrinken; thuis mag ik als iemand mij plaagt dat kind slaan, maar op school mag dat niet'. Op deze manier raakt het kind niet in de war van de verschillen in regels. Hij weet nu dat er thuis andere regels kunnen zijn dan op school.

*Onderscheid thuis-school*

## 4 De schoolsituatie

De oorzaak van de problemen kan ook in de schoolsituatie liggen. De problematiek kan op leergebied liggen (de leerling heeft een leerachterstand opgelopen), of op gedrags- en werkhoudingsgebied (de leerling heeft reden bang te zijn in de groep of wordt gepest, de sfeer is in de groep zodanig dat de leerling zich moeilijk kan concentreren), kortom de problematiek is duidelijk gebonden aan school. De ouders geven aan dat de beschreven problemen thuis absoluut niet bekend zijn. De leraar heeft geen reden dat in twijfel te trekken. In zo'n situatie kun je als leraar de ouders vragen of zij thuis kunnen meehelpen aan de oplossing van het probleem. De meeste ouders zijn daartoe in het belang van hun kind graag bereid. Wel dien je er rekening mee te houden dat de hulp van de ouders vrijwillig is. Ook moet je bepalen of de ouders in staat zijn goed te helpen. Het is mogelijk dat de hulp van de ouders een averechts effect heeft op de situatie in de klas en dus niet in het belang van het kind is.

*Schoolgebonden problematiek*

---

**VOORBEELD 16.3**

### Kim en Siona

De ouders van Kim (groep 3) gaan heel hard oefenen met hun dochter. De wijze waarop ze dat doen (heel lang en heel veel) zorgt ervoor dat Kim een steeds negatievere houding ontwikkelt ten aanzien van het lezen.

Op het ogenblik zijn er in het gezin van Siona (groep 6) veel problemen. Moeder wil wel helpen met het huiswerk maar ziet geen enkele mogelijkheid om dat te doen.

---

Het idee dat elke hulp van ouders altijd welkom is, is dus niet altijd juist. Bij het vragen aan ouders om hun medewerking aan het oplossen van de problemen op school moet je je steeds afvragen of die hulp, die de ouders kunnen of willen geven, wel in het belang van het kind zal zijn.

*Ouders soms niet laten helpen*

**T 16.2**

**TUSSENVRAAG 16.2**
Welke vier contexten zijn belangrijk voor een leraar om rekening mee te houden als een kind problemen heeft en waarom?

## 16.3 Het verwerkingsproces van de ouders

Verplaats je eens in de volgende situatie.

---

**VOORBEELD 16.4**

### Vera

Een leraar heeft groep 1. Op een dag komt Vera in de klas. Al meteen de eerste dag schrikt de leraar erg en vertelt aan de interne begeleider dat zij nog nooit zo'n zwakbegaafd kind in de klas heeft gekregen. Na verloop van tijd denkt de leraar dat Vera toch wel wat heeft opgestoken van het onderwijs. Zo zwak is zij ook weer niet. Weer iets later constateert zij dat Vera toch niet zo hard vooruitgaat als zij verwacht had, omdat de ouders er werkelijk niets mee doen. Ze is boos. En wanneer de leraar het niet meer ziet zitten, vertelt zij de ouders dat Vera het zo niet gaat redden op het basisonderwijs.

---

De leraar doorloopt een heel scala aan gevoelens vanaf het moment dat Vera in de klas komt en er van alles aan de hand blijkt te zijn. Schrik, ontkenning ('Vera steekt toch wel wat op van het onderwijs), boosheid, moedeloosheid ('ze ziet het niet meer zitten'). Het is een heel verwerkingsproces dus. Als het bij een leraar al zoveel gevoelens teweegbrengt, wat moet het dan niet voor de ouders betekenen dat hun kind problemen heeft? Als een kind problemen blijkt te hebben, betekent dat voor ouders / een ouder iets totaal anders dan voor een leraar.
Het perspectief van de leraar is dat van onderwijsgevende. Het kind is een leerling in zijn groep, maar het is niet zijn kind. Als een kind, de leerling, problemen blijkt te hebben, wil je als leraar zo snel mogelijk handelen. Een leraar wil de problemen van een leerling zo snel en goed mogelijk oplossen en hij wil dat de ouders en hij zo snel mogelijk op één lijn komen om zo gezamenlijk de problemen van het kind aan te pakken.

*Perspectief leraar en ouders verschillend*

Maar bij ouders spelen ook andere factoren. Natuurlijk willen ook zij dat de problemen van hun kind zo snel mogelijk aangepakt worden, maar zij worden geconfronteerd met het feit dat hun kind problemen heeft. Dit betekent in feite een vorm van verlies. Verlies van een kind met wie niets aan de hand was, de toekomst die de ouders voor hun kind voor ogen hadden, komt onder druk te staan. Dit maakt bij ouders allerlei gevoelens los. Kübler-Ross (2005) heeft veel aandacht besteed aan wat verlies voor een mens betekent. Zij beschrijft vijf fasen die de meeste mensen geheel of gedeeltelijk in een situatie van verlies doorlopen. Janssens (1998) heeft deze fasen vertaald naar de situatie dat een kind problemen heeft op school. De gevoelens die dat met zich meebrengt, moeten worden verwerkt voordat ouders werkelijk kunnen accepteren dat hun kind problemen heeft. Pas dan kunnen zij werkelijk adequaat handelen. We hebben het dan uiteraard niet over lichte of kleine, gemakkelijk op te lossen problemen, maar over problemen van ernstige(r), langdurige aard.

**Vijf fasen van verwerking**

## Jimmy (deel 4)

Juf Annet zegt tegen de ouders van Jimmy, dat het op school echt niet meer zo gaat. Er moet wat gebeuren. Zij acht het wenselijk dat de ouders Jimmy laat onderzoeken bij Riagg.

Juf Annet komt in de problemen omdat zij geen idee heeft van een mogelijk verwerkingsproces bij de ouders. De toch al niet zulke goede verhoudingen komen nu nog meer op scherp te staan. Zij bereikt het tegendeel van wat ze wil: de ouders van Jimmy voelen zich opgejaagd en gaan zich nog meer verzetten. Omdat je als leraar zo snel mogelijk wilt handelen, is het lastig oog te hebben voor en in te spelen op dit verwerkingsproces van de ouders. Dit is een steeds weer terugkerende valkuil voor veel leraren: het perspectief van de ouders onvoldoende betrekken in je handelen als leraar. Van belang is dat je je als leraar niet laat verleiden in een strijd terecht te komen zoals juf Annet, maar te blijven handelen vanuit het belang van het kind. Door kennis te hebben van het verwerkingsproces en de signalen van de ouders in relatie tot dat proces te herkennen, kan de leraar het proces van de ouders met succes begeleiden. Zo krijgt het kind met problemen op school met instemming van de ouders het juiste handelingsplan op de juiste plaats.

**Kennis verwerkingsproces**

Hierna bespreken we de verschillende fasen van het verwerkingsproces van de ouders en geven aan waarom de betreffende fase kan leiden tot moeilijkheden tussen ouders en leraar.
De verschillende fasen van het verwerkingsproces zijn:
1. schrik
2. ontkenning
3. verzet, boosheid
4. moedeloosheid
5. acceptatie

We bespreken de vijf fasen van het verwerkingsproces in de volgende subparagrafen.

### 16.3.1 Schrik
Bij slecht nieuws ervaren veel mensen als eerste gevoelens van schrik schrik. Een dergelijke reactie heeft allerlei gevolgen: het denken vertraagt, sommigen klappen dicht, anderen reageren zeer emotioneel, bijvoorbeeld door spontaan te gaan huilen, of reageren gelaten. Dergelijke – vaak heftige – gevoelens zorgen ervoor dat iemand vaak niet meer goed hoort wat er precies gezegd wordt. Vergelijk het met de situatie dat iemand bij de dokter te horen krijgt dat hij ernstig ziek is. Dit betekent dat ouders bij het horen dat

**Gevolgen schrik**

hun kind problemen heeft, in een emotionele toestand verkeren en niet of verminderd in staat zijn rationeel en helder te denken of te reageren.

Ouders zijn in deze situatie dan ook zeer vatbaar voor elk advies van jou als leraar. Dus wordt er vlot gehandeld: er worden afspraken gemaakt, de ouders lijken tevreden naar huis te gaan en alle betrokkenen gaan vol goede moed aan de slag. Althans zo lijkt het. Maar vergis je niet. Je zal niet de eerste leraar zijn die geconfronteerd wordt met ouders die terugkomen op hun beslissing of zelfs ontkennen dat bepaalde afspraken gemaakt zijn.

**VOORBEELD 16.5**

## Brian

Je hebt de ouders van Brian (groep 2) uitgenodigd voor een gesprek. Je vertelt de ouders dat het met Brian niet zo goed gaat op school. De ouders schrikken erg van deze mededeling, maar zeggen dat je maar moet aangeven wat de beste oplossing is. Zij knikken allebei instemmend als jij zegt dat het voor Brian het beste is een jaar extra in groep 2 te blijven.
Maar na een maand vraagt moeder je wanneer Brian gaat wennen in groep 3, want hij wil zo graag naar die klas. Op jouw reactie dat Brian toch in groep 2 zou blijven, zei moeder tot jouw verbazing en teleurstelling dat daar helemaal niet over gesproken is.

Afspraken gemaakt in deze fase van schrik houden vaak geen stand. Je kunt er niet van uitgaan. Beslissingen genomen in deze fase zijn vaak niet goed doordacht. Het zijn afspraken gemaakt op basis van emoties.
Wat ouders in deze fase nodig hebben, is ruimte en begrip voor hun gevoelens. Er is (nog) geen ruimte voor handelen en afspraken. Wacht tot de emoties bedaard zijn en geef ouders de ruimte, bijvoorbeeld als volgt: 'Mijn doel in dit gesprek is u te waarschuwen dat het op school niet zo goed gaat met uw kind. Denk er nu eerst maar eens rustig over na en dan praten wij binnenkort over acties die ik en / of u moeten gaan ondernemen. We maken binnenkort een nieuwe afspraak'.

*(Nog) geen ruimte voor handelen en afspraken*

### 16.3.2 Ontkenning
Een volgende fase in het verwerkingsproces is ontkenning. De ouders ontkennen of bagatelliseren de problemen.

**VOORBEELD 16.6**

## Foekje (deel 1)

Je hebt een gesprek gearrangeerd met de ouders van Foekje (groep 4). Foekje heeft al vanaf groep 3 problemen met rekenen. Je wilt van de ouders toestemming krijgen voor onderzoek naar de rekenprestaties door de interne begeleider. De ouders snappen niets van de problemen. Thuis kan zij heel goed rekenen. Een test is dus niet nodig.

Een week geleden kwam de moeder van Juan (groep 5) geheel overstuur bij jou. Juan misdraagt zich thuis namelijk behoorlijk en zij weet niet hoe dat komt. Nu vindt er op jouw verzoek weer een gesprek plaats. Ook in de klas vind je het gedrag van Juan erg storend en je stelt voor dat de ouders externe hulp zoeken. Tot je grote verbazing zegt moeder dat Juan thuis geen problemen geeft. Integendeel, het is een lieve jongen, en zo behulpzaam.

---

De ouders van Foekje en Juan willen er helemaal niet aan dat er een probleem zou kunnen zijn. Nu kun je wel doordrukken dat er een test plaatsvindt, maar de ouders zijn er in feite tegen. Dat vergroot de kans dat de ouders de testuitslag niet accepteren als deze voor hun kind negatief uitvalt: Hij had zijn dag niet, hij was bang voor de onderzoeker, hij was de volgende dag ziek enzovoort. Of zij werken ogenschijnlijk mee aan een onderzoek, maar ontkennen tegenover de onderzoeker dat er iets aan de hand is. De school heeft een probleem, niet zij. Onderdeel van het proces van ontkenning is ook het benadrukken van positief gedrag of prestaties, zoals de moeder van Juan doet.

*Proces van ontkenning*

Het ontkennen van problemen is een algemeen afweermechanisme, waarmee iemand zich beschermt door de waarheid af te wijzen. Hierdoor ontstaat er ruimte om de nare berichten gedoseerd tot zich door te laten dringen. Voor jou als een leraar is dit lastig. Je hebt het beste met het kind voor en nu kom je in conflict met de ouders. Veel leraren ervaren dit alsof zij niet serieus genomen worden. Er ontstaat een welles-nietesdiscussie, terwijl het alleen maar de bedoeling is de problemen van een kind aan te pakken.

*Ontkenning is afweermechanisme*

Vaak ontstaat er dan een situatie waarbij betrokkenen hun eigen gelijk willen halen: de ouders maar ook jij als leraar. En dat zet de verhoudingen op scherp en leidt al gauw tot onaangename verhoudingen, waarin je als tegenstaanders tegenover elkaar staat. De ouders doen er alles aan om hun 'gelijk' bevestigd te zien. Het kind komt toevallig met een voldoende thuis voor rekenen: 'zie je wel, er niets aan de hand'. Voor de ouders is dit een signaal dat hun kind 'het weer kan' en dat de problemen dus aan het verdwijnen zijn. Ze vragen aan je stagiaire, de duoleraar of de invalleraar hoe het vandaag op school gegaan is en krijgen het antwoord dat het wel goed gegaan is. 'Zie je wel, het valt allemaal best mee'. Dit kan zo ver gaan dat de ouders verschillende mensen tegen elkaar gaan uitspelen.

*Verhoudingen op scherp door gelijk halen*

Ook in deze fase gaat het erom ouders de ruimte te geven voor hun gevoelens. Door goed luisteren raak je niet verzeild in een welles-nietesdiscussie. Denk hierbij aan de vaardigheden van hoofdstuk 5: Luisteren: een kunst, een kunde.

*Goed luisteren en ruimte geven voor gevoelens*

Uiteraard wacht je niet met het bieden van hulp tot jij en de ouders op één lijn zitten. Je gaat aan de slag met het aanpakken van het probleem zonder dat de ouders de indruk kunnen krijgen dat zij niet gehoord worden of dat zij zich gepasseerd voelen. Dat doe je door te komen met een goed plan voor in de klas. Het is daarbij van groot belang dit zo te bespreken dat de ouders ruimte blijven houden voor het verwerkingsproces.

---

**VOORBEELD 16.7**

## Foekje (deel 2)

De leraar constateert dat de ouders van Foekje nog niet onder ogen willen / kunnen zien dat er problemen zijn. Hij vertelt de ouders dat hij vindt dat er in de klas toch wat extra hulp nodig is en dat hij met Foekje sommen onder de tien gaat oefenen.

---

Ouders hebben meestal geen bezwaar tegen een gerichte aanpak of hulp in de klas. Met deze handelwijze laat een leraar zien dat hij het beste met het kind voor heeft, zonder de ouders onder druk te zetten.

**Ouders ruimte geven**

Uitgangspunt in deze fase is dat je de ouders de ruimte geeft en op school aan de slag gaat met het probleem. Op die manier ontkracht je de werking van het mechanisme van ontkenning. In feite zeg je: 'Mooi dat er thuis geen problemen zijn, nu moeten wij proberen die op school ook te verminderen.' Deze benadering geeft ouders tijd en ruimte om het bericht van problemen te verwerken. De kans bestaat dat de ouders bereid zijn mee te werken, bijvoorbeeld in het geval van Foekje thuis wat extra te oefenen met werk dat in de klas niet zo goed ging. Dat schept de gelegenheid tot meer inzicht in de problemen.

### 16.3.3 Verzet, boosheid

Als ouders gaan inzien dat er inderdaad problemen zijn, maken gevoelens van ontkenning plaats voor gevoelens van verzet, boosheid. Dit

**Protestreactie**

kun je zien als een protestreactie. Vaak richt de boosheid zich op de omgeving in het algemeen en meer in het bijzonder tegen de brenger van het slechte nieuws: de leraar. Dit heeft te maken met het zoeken naar een schuldige. Het kan niet waar zijn, iemand heeft zich vergist, er is een fout gemaakt, enzovoort. Net zoals ontkenning is dit een algemeen mechanisme in het omgaan met negatieve berichten en gebeurtenissen. Het dringt tot je door dat er werkelijk iets is, maar kunt de gevoelens van verdriet die dit teweegbrengen nog niet aan. Door bezig te

**Schuldvraag**

zijn met de schuldvraag hoef je niet bezig te zijn met de onderliggende gevoelens van verdriet, verlies (Kübler-Ross, 2005).

Voor jou als leraar is deze fase van boosheid, woede vaak zeer onaangenaam. De ouders zoeken een zondebok en vinden die veelal in de leraar. Dus richten zij hun aanval op hem. Vaak gebeurt dat door de professionaliteit en / of de persoonlijkheid van de leraar ter discussie stellen.

---

**VOORBEELD 16.8**

## Jennifer

De ouders van Jennifer (groep 5) hebben steeds ontkend dat er problemen zijn met Jennifer. Onlangs heeft moeder toegegeven dat Jennifer ook thuis regelmatig onhandelbaar is. De leraar beschouwt deze opmerking als een opening in de moeizame relatie met de ouders en nodigt hen uit om afspraken te maken hoe er verder gewerkt moet worden met Jennifer. Tot zijn grote schrik ontaardt het gesprek in een ordinaire ruzie. De ouders geven de leraar overal de schuld van. 'Vorig jaar waren er helemaal geen problemen.' 'Je hebt gewoon een hekel aan Jennifer en dat laat jij haar steeds blijken. Daarom wordt zij zo lastig.' 'Er zijn heus meer ouders die twijfelen aan jouw functioneren.' En zo gaat het nog een tijdje door. De leraar raakt door die onverwachte aanval helemaal van slag.

---

In deze fase gaat het vaak mis tussen ouders en leraar. Het is heel menselijk om je in zo'n situatie te willen verweren of tegengas te geven. Het is goed denkbaar dat de leraar van Jennifer zou zeggen dat de ouders best weten dat hun dochter vorig jaar ook al zo lastig was.

Hoewel dit begrijpelijk is, is het geen professionele reactie. Het vergt dus van een leraar heel wat stuurmanskunst om een dergelijke situatie in goede banen te leiden. In elk geval is het belangrijk je te blijven realiseren dat het verzet, de boosheid van de ouders onderdeel zijn van het verwerkingsproces en niet persoonlijk zijn bedoeld. In hoofdstuk 16 geven we praktische handreikingen voor het omgaan met dergelijke situaties.

*Geen professionele reactie*

### 16.3.4 Moedeloosheid

Niet langer lukt het de ouders te ontkennen dat er problemen zijn. Maar van acceptatie is nog geen sprake. Dat is meestal het moment dat gevoelens van machteloosheid en moedeloosheid de overhand krijgen. De ouders sluiten zich af en reageren niet of afwijzend op verzoeken tot contact. In deze fase gaan ouders soms ook op zoek naar een andere school. Hun moedeloosheid richt zich dan op de school als geheel en de oplossing is 'een andere, goede school'.

*Nog geen acceptatie*

Dit is zeer frustrerend voor een leraar. Hij is op alle mogelijke manieren bezig met de problemen van het kind, en de ouders haken af. Dit kan veel boosheid teweegbrengen. Zelfs is het denkbaar dat je je als leraar door de beladen situatie afkeert van het kind en het negatiever gaat bejegenen: 'Als zij niets meer willen doen, doe ik ook niets meer!'

In deze fase draait het om begrip, vasthoudendheid en geduld. De gedragslijn is doorgaan met de al ingezette hulp in de klas. Soms komen de ouders vanzelf weer terug. In andere gevallen blijf je proberen voorzichtig weer in contact te komen met de ouders, eventueel via een omweggetje, bijvoorbeeld bij de sinterklaasviering, of het schoolreisje. Zorg voor een goede dossiervorming waarin zichtbaar is wat er allemaal gebeurd is om het kind te helpen en wat de eventuele vorderingen zijn. Op het moment dat de ouders weer aanspreekbaar zijn, kun je dit gebruiken om je inspanningen en je deskundigheid te laten zien.

*Begrip, vasthoudendheid, geduld en dossiervorming*

Het is mogelijk dat die moedeloosheid van de ouders zijn weerslag heeft op het kind. De ouders keren zich af en het gevolg is dat het kind aan zichzelf is overgelaten. Dit is meestal merkbaar bij een kind. Je kunt het merken aan gedragsveranderingen, soms zegt een kind het als je ernaar vraagt.

Door je te realiseren dat deze fase hoort bij het verwerkingsproces en vaak de voorfase is van acceptatie, kun je als leraar rustig en adequaat in het belang van het kind blijven handelen.

### 16.3.5 Acceptatie

Meestal zien ouders na verloop van tijd in dat ze niet om de werkelijkheid heen kunnen. Dit is het begin van acceptatie. Zij erkennen dat hun kind problemen heeft op school. Het kunnen accepteren betekent overigens niet dat er bij de ouders geen emoties meer zijn. Iets accepteren wat je eigenlijk niet wilt accepteren kost tijd, moeite en verdriet.

Daarbij is het belangrijk onderscheid te maken tussen acceptatie en berusting. Bij berusting legt iemand zich neer bij het onvermijdelijke. Dat is een passieve houding. Bij ouders zie je dan dat zij het aan anderen overlaten te beslissen wat er moet gebeuren.

*Verschil acceptatie en berusting*

Bij werkelijke acceptatie raken de ouders weer actief betrokken bij wat er met hun kind aan de hand is. Zij gaan gericht samen met jou aan de slag om het beste voor hun kind uit te zoeken.

Soms komen tijdens de fase van acceptatie toch weer elementen terug uit een vorige fase. Dit is gebruikelijk: het proces van acceptatie gaat gepaard met veel emoties en kent vaak een grillig verloop.

**T 16.3**

**TUSSENVRAAG 16.3**
Wat zijn de verschillende fasen in het verwerkingsproces van de ouders en wat is daarin het probleem voor jou als leraar?

# Samenvatting

De samenvatting van dit hoofdstuk staat op www.pabowijzer.nl.

# Valkuilen en tips

**Valkuil 1**
Ik zeg dit voor de bestwil van uw kind.

*Tip 1*
Dit impliceert dat als de ouders niet mee willen werken, zij niet het beste voor hun kind voor hebben. Een dergelijke implicatie zorgt niet voor een sfeer van veiligheid en vertrouwen. Niet doen dus, zo'n opmerking.

**Valkuil 2**
Belofte maakt schuld. Als ouders toestemming hebben gegeven voor externe hulp, dan moeten zij niet terugkrabbelen.

*Tip 2*
Waarom niet? Ga na of de ouders andere inzichten of andere gevoelens ontwikkeld hebben waardoor zij niet meer mee willen werken. Het verwerkingsproces verloopt nu eenmaal niet volgens een rechte lijn.

**Valkuil 3**
'Als u niet meewerkt, kan ik ook niets doen.'

*Tip 3*
Een dergelijke benadering is onprofessioneel en kan de ouders nodeloos onder druk zetten. Het is ook niet waar. Je kunt altijd wel wat, al is het niet altijd het beste plan.

**Valkuil 4**
Laten we de intern begeleider en de logopediste ook bij het gesprek vragen, dan zijn we overtuigender.

*Tip 4*
Dat is niet zo. Ouders kunnen zich ook onder druk gezet voelen. Je kunt beter een gesprek aangaan alleen of met zijn tweeën en bij het begin zeggen dat je het gesprek met bepaalde personen hebt voorbereid en dan ook namens hen spreekt.

# Kernbegrippen

| | |
|---|---|
| **Acceptatie** | Acceptatie in dit verband heeft de betekenis dat iemand na verloop van tijd de waarheid onder ogen ziet en het slechte nieuws aanvaardt. |
| **Actief luisteren** | Actief luisteren is een effectieve manier van reageren wanneer de ander een probleem heeft; je toont daarmee oog en oor te hebben voor de problemen van de ander en bereid te zijn erop in te gaan. |
| **Afweermechanisme** | Het ontkennen van een probleem is een manier waarop iemand zich beschermt tegen een waarheid die hij op dat moment niet tot zich kan of wil laten doordringen. Het wordt ook wel aangeduid als verdedigingsmechanisme. |
| **Context van het probleem** | De omgeving, de situatie waarin het probleem zich afspeelt. |
| **Moedeloosheid** | Een van de fases van het verwerkingsproces bij slecht nieuws. Iemand voelt zich dan moedeloos, machteloos en sluit zich vaak af voor contact of gedraagt zich teruggetrokken, wendt zich af (van de school). |
| **Ontkenning** | Het ontkennen van problemen is een van de fases van het verwerkingsproces en een algemeen afweermechanisme, waarmee iemand zich beschermt door de waarheid af te wijzen. Hierdoor ontstaat er ruimte om nare berichten gedoseerd tot zich door te laten dringen. |
| **Professionele basishouding** | Deze kent drie componenten: open communicatie, vakkennis en dossierkennis. |
| **Schrik(reactie)** | Bij slecht nieuws, of gevaar voelen veel mensen als eerste een schrikreactie. Dit is een verdedigingsmechanisme dat de mens vroeger nodig had te kunnen overleven. Het gaat gepaard met vaak heftige gevoelens waardoor iemand niet of verminderd in staat is rationeel en helder te denken of te reageren. |
| **Verwerkingsproces** | Proces dat zich kenmerkt door verschillende fasen: schrik, ontkenning, verzet / boosheid, moedeloosheid en acceptatie. |
| **Verzet, boosheid** | Een van de fases van het verwerkingsproces bij slecht nieuws. Als ontkennen niet meer mogelijk is, reageert iemand vaak met verzet of boosheid. Dit kun je zien als een protestreactie tegen de moeilijk te accepteren waarheid. |

# Vragen

**16.1** Je hebt met de ouders van Niek (groep 6) een gesprek aan het begin van het schooljaar gehad. Uit het dossier blijkt dat de ouders op het punt staan toestemming te geven voor onderzoek naar SBO. Je kent de ouders goed. Twee jaar geleden heb jij hun dochter Jinte in de klas gehad. Jinte veranderde dat jaar in een opgewekt en zelfverzekerd meisje.
Tijdens het gesprek ontkennen de ouders de problematiek van Niek. Zij willen dat het dossier hierover vernietigd wordt.
Hoe verklaar je deze verandering in relatie met het verwerkingsproces?

**16.2** Johanna (groep 2) moet volgens de leraar een extra jaar in groep 2 blijven. Beschrijf een mogelijk goed verloop en een slecht verloop van het verwerkingsproces van de ouders met voorbeelden erbij.

**16.3** De ouders hebben een extern bureau in de hand genomen voor Camillo (groep 4). Jij vindt dat vervelend, maar je geeft het dossier mee. Na verloop van tijd vraag je aan de ouders hoe het staat met het onderzoek. De ouders zeggen dat de school er niets mee te maken heeft en geven de uitslag niet. Hoe interpreteer je deze situatie in het kader van het verwerkingsproces en hoe ga je hiermee om in de klas?

**16.4** De ouders van Storm hebben uiteindelijk toestemming gegeven voor SBO. Op de dag van vertrek naar die school willen de ouders geen afscheid nemen van de klas en ook niet van jou. Hoe verhoudt deze situatie zich tot het verwerkingsproces en wat moet je nu doen?

De antwoorden op deze vragen kun je vinden op www.pabowijzer.nl.

# 17
# Gespreksvaardigheden in de praktijk

17.1 Het voeren van een gesprek
17.2 Voorbereiding van het gesprek
17.3 Introductie van het gesprek
17.4 Kern van het gesprek
17.5 Afsluiting van het gesprek
17.6 Verslaglegging van het gesprek
17.7 Veelvoorkomende missers in de praktijk

**Kennisdoelen**
1 De leraar krijgt inzicht in theorie en vaardigheden die nodig zijn voor het voeren van gesprekken met ouders.
2 De leraar maakt kennis met een model voor het voeren van een gesprek, dat leidt tot het beoogde doel.

**Toepassingsdoel**
De leraar is in staat een gesprek te voeren dat zich kenmerkt door openheid, veiligheid, vertrouwen en leidt tot het beoogde doel.

**FIGUUR 17.1** Gespreksmodel

**Voorbereiding van het gesprek**

*Context van het gesprek*

Aanwezige personen:
Datum / tijdstip:
Geplande tijdsduur:

*Doel van het gesprek*

**Introductie van het gesprek**

Extra aandacht sfeer?

Doel gesprek:

Duur gesprek:

**Kern van het gesprek**

*Gespreksdoel inhoudelijk uitwerken*

*Reactie van de ouders:*
positief
neutraal
verbaasd
negatief

**Afsluiting van het gesprek**

Samenvatting

Vragen / onderwerpen voor het volgende gesprek:

Datum volgend gesprek:

**Verslaglegging van het gesprek**

Schriftelijk verslag van gesprek i.v.m. dossiervorming

## 17.1 Het voeren van een gesprek

Veel van de gesprekken die je als leraar met ouders voert, hebben een bepaald doel: je wilt lastig gedrag bespreken, je wilt het hebben over prestaties, over de verwachting naar voortgezet onderwijs, over de overgang naar groep 3, informatie geven over Cito, verwijzen naar externe hulpverlening. Ga je zo'n gesprek aan zonder van een bepaalde structuur uit te gaan, dan is de kans groot dat het gesprek niet verloopt zoals je zou willen en dat je je doel niet bereikt.

*Structuur gesprek*

---

**VOORBEELD 17.1**

### Lincoln

Je hebt de ouders van Lincoln uitgenodigd (groep 6) voor een gesprek. Je wilt praten over zijn prestaties, die de laatste tijd tegenvallen. Je hebt voor dat gesprek een half uur uitgetrokken. De ouders beginnen meteen bij binnenkomst enthousiast te vertellen dat Lincoln voor de gewestelijke turnploeg is geselecteerd. Zij zijn er helemaal vol van. Je toont je belangstelling en stelt wat vragen. De ouders beantwoorden jouw vragen uitvoerig. Je komt er niet meer tussen en over prestaties wordt niet meer gepraat.

---

Dit is illustratief voor het verloop van veel gesprekken waar een structuur ontbreekt en de degene die het gesprek aangaat niet over de vaardigheden beschikt om het gesprek zo te leiden dat het doel bereikt wordt.
Om in een gesprek het beoogde doel te bereiken, heb je naast kennis van communicatieprocessen (zie deel 2 Communicatievaardigheden), vakkennis en dossierkennis (hoofdstuk 15) bepaalde vaardigheden nodig. De vaardigheden die je nodig hebt komen in dit hoofdstuk aan de orde.
Het is belangrijk dat je je als leraar realiseert dat jij de gespreksleider bent: het hangt van jou af hoe het gesprek verloopt. Jij bewaakt het proces, stuurt, grijpt in, leidt het gesprek een andere kant op als het niet goed gaat. Zonder een structuur kan een gesprek allerlei kanten opgaan die jij niet wilt. De regie voeren lukt niet zonder een bepaalde structuur. Het is dan ook zinvol bij het voeren van een gesprek uit te gaan van een bepaald model. Figuur 17.1 geeft het gespreksmodel weer.

*Regie voeren*

Naast een structuur dien je, zoals gezegd, te beschikken over gespreksvaardigheden. Je moet bijvoorbeeld een sfeer van openheid en veiligheid kunnen creëren, informatie goed overdragen, kunnen signaleren of de informatie ook overkomt zoals hij bedoeld is, (actief) luisteren, reageren met een ik-boodschap, slecht nieuws kunnen vertellen. Veel van deze vaardigheden hebben we besproken in deel 2 en kun je toepassen in gesprekken met ouders. In de paragrafen hierna zullen we op een aantal vaardigheden nog nader ingaan.

*Gespreksvaardigheden*

Als het enigszins mogelijk is dien je een gesprek voor te bereiden. Werk daarbij met het gespreksmodel (zie figuur 17.1), en raak daarin zo geoefend dat je ook bij onvoorbereide gesprekken de regie in handen houdt door mentaal dit kader aan te houden. Een goede voorbereiding van een gesprek is meer dan het halve werk.

*Gesprek voorbereiden*

> **HET GESPREKSMODEL HEEFT VIJF FASEN:**
> 1 voorbereiding van het gesprek
> 2 introductie van het gesprek
> 3 kern van het gesprek
> 4 afsluiting van het gesprek
> 5 verslaglegging van het gesprek

In de volgende paragrafen gaan we op elk van deze fasen van het gespreksmodel in.

## 17.2 Voorbereiding van het gesprek

Bij de voorbereiding van een gesprek heb je te maken met de omstandigheden waarin een gesprek plaatsvindt: de context en het doel van het gesprek.

### 17.2.1 Context van het gesprek

De context van een gesprek is van invloed op dat gesprek. In de voorbereiding van het gesprek dien je deze dan ook in kaart te brengen en erop te anticiperen. In de vorige hoofdstukken hebben we uitgebreid gesproken over het belang van een veilige gespreksbasis. In de praktijk blijkt wat betreft de context een aantal situaties een risico te vormen voor een gespreksbasis van veiligheid en vertrouwen.

*Invloed context*

Elk gesprek vindt plaats in een bepaalde context, in een bepaalde omgeving. Deze is van belang, omdat elke omgeving zijn eigen gedragingen oproept. Het gesprek heeft een aantal kenmerken:
1 de locatie van het gesprek
2 het aantal deelnemers
3 de gespreksduur

*Ad 1 De locatie van het gesprek*
Een gesprek tussen ouder en leraar kan gevoelig liggen. Het volgende is hierbij van belang:

*Privacy*
- Let op voldoende privacy.

*Gehorigheid*
- Gehorigheid: laat geen deuren openstaan. Sommige kamers in school hebben dunne wandjes. Verzeker je ervan dat in naastliggende ruimtes niemand het gesprek kan horen.

*Zichtbaarheid*
- Is de plaats van het gesprek zichtbaar voor andere mensen? Het kan ouders een ongemakkelijk gevoel geven als er telkens mensen langslopen. Ook voor jou als leerkracht kan het een afleidende factor zijn.

*Ad 2 Het aantal deelnemers*
Soms staat een ouder of verzorgen in het gesprek alleen tegenover een overmacht aan andere gesprekspartners. Als je niet oppast zijn tijdens een gesprek de leraar, de duoleraar, de interne begeleider en iemand van de schoolbegeleidingsdienst aanwezig om de ouder of verzorgerte overtuigen.

> **VOORBEELD 17.2**
>
> ## Charline
>
> De school nodigt de ouders van Charline uit. De bedoeling is hen te overtuigen van de noodzaak van extern onderzoek. Moeder komt alleen. Ze komt de spreekkamer binnen en ziet de beide leraren van Charlines groep, de leraar van vorig jaar, de intern begeleider en de directeur klaar zitten. Moeder is heel stil en stemt in met onderzoek. Later belt haar man dat zij toch niet akkoord gaan met extern onderzoek.

Het is voor de moeder van Charline erg lastig om zich staande te houden tegenover de overmacht van de school. Beslissingen die je op deze manier probeert af te dwingen, houden vaak geen stand. Er moet een zekere mate van evenwicht zijn tussen het aantal gesprekspartners, tenzij de ouders anders verzoeken. Als er meer personen bij het probleem betrokken zijn, maak de ouders dan aan het begin van het gesprek duidelijk dat het gesprek door verschillende mensen is voorbereid en dat je ook namens die anderen spreekt.

*Niet te veel deelnemers aan gesprek*

## Jimmy (deel 5)

De klas bevindt zich bij de uitgang van de school. Moeder vindt het niet zo leuk dat andere ouders steeds zien dat zij op gesprek moet komen bij Annet. Annet heeft hier nooit bij stilgestaan. Dit is een gemiste kans (zie ook paragraaf 17.3).

*Ad 3 De gespreksduur*
Een gesprek dat langer duurt dan vijfenveertig minuten is niet effectief, liever zelfs een half uur. De aandacht verslapt, je hebt kans te veel in details en herhalingen te vallen. In een te lang gesprek is het veel lastiger ouders 'bij de les' te houden. Vermoeidheid kan een rol gaan spelen, waardoor ouders iets toezeggen waar zij niet achter staan. Ook kan de betrokkenheid bij het onderwerp afnemen. Verveling kan een rol gaan spelen, waardoor ouders in afspraken meegaan om ervan af te zijn met de kans dat zij later terugkrabbelen. Een gesprek dat te lang duurt, vergroot de kans op een (te) haastige afronding. De kans op slechte afspraken neemt dan toe. De doelstelling van je gesprek moet dus passen in die tijdsspanne.

*Maximale duur gesprek*

**TUSSENVRAAG 17.1**
Waarom is het belangrijk rekening te houden met de context van een gesprek?

T 17.1

### 17.2.2 Doel van het gesprek
Het formuleren van een gespreksdoel geeft een kader en richting aan een gesprek. Het is een houvast.

*Vaststellen gespreksdoel*

> **VOORBEELD 17.3**
>
> ## Peterjan
>
> Je hebt de ouders van Peterjan uitgenodigd om over de prestaties van hun zoon te praten. Al snel vragen zij of het de bedoeling is dat Peterjan blijft zitten. Je zegt dat het gesprek gaat over zijn prestaties en niet over doubleren. De ouders voelen zich gerustgesteld.

Zonder gespreksdoel drijf je in een gesprek veel gemakkelijker af naar andere onderwerpen en raak je de regie kwijt.

Bij het vaststellen van het gespreksdoel gelden de volgende aandachtspunten:

*Van wie komt het initiatief voor het gesprek?*
- Het is belangrijk van wie het initiatief tot een gesprek is uitgegaan. Heb jij als leraar het initiatief voor het gesprek genomen, dan is het jouw verantwoordelijkheid het gespreksdoel goed te formuleren en te zorgen dat de ouders weten waarover het gesprek zal gaan. Als het initiatief bij de ouders ligt, zit in je in een andere positie. Je kunt dan in de situatie komen dat je niet (precies genoeg) weet waarover het gesprek zal gaan. Je hebt dan geen doelstelling en het is daardoor moeilijk de regie te houden. Het gesprek kan dan allerlei kanten op gaan die jij niet wilt.
Zorg dat je ook in die situatie de regie in handen krijgt. Vraag de ouders aan te geven waarover zij willen praten en waarom. Dat geeft je de gelegenheid het gesprek voor te bereiden.

*Rekening houden met verwerking ouders*
- Houd rekening met het verwerkingsproces van ouders. Ga bijvoorbeeld niet met de ouders van Peterjan praten over doubleren, terwijl zij nog bezig zijn te accepteren dat hun zoon niet zo goed presteert (zie ook hoofdstuk 16).

*Duur gesprek*
- Zorg dat een doelstelling in een half uur, maximaal 45 minuten bereikt kan worden (zie subparagraaf 17.2.1). Als je denkt dat dat niet lukt, bijvoorbeeld omdat er veel emoties bij komen kijken, rond het gesprek dan af en maak meteen een vervolgafspraak.

*Baseren op dossier*
- Het doel van het gesprek dien je te baseren op het dossier. Het dossier bevat alle gegevens die zorgen dat je weet waarover het gaat: wat is er al bekend over het kind, wat is er gebeurd, welke adviezen hebben de ouders al eens gekregen en ga zo maar door. Als je je niet baseert op het dossier is de kans groot op een verkeerde of onduidelijke doelstelling. Dat verkleint de kans op een succesvol gesprek aanzienlijk.

*Beëindigen gesprek*
- Als je het doel bereikt hebt, beëindig je het gesprek. Je doet dat door het doel te verwoorden. 'We hebben nu dus afgesproken dat we op school eerst verder onderzoek doen naar uw kind en uiterlijk over twee weken maak ik een nieuwe afspraak met u'.

Soms blijkt in de loop van een gesprek dat je doelstellig niet haalbaar is. Doel en uitkomst van het gesprek vallen dan niet samen.

> **VOORBEELD 17.4**
>
> ## Peterjan (vervolg)
>
> Je bedoeling is met de ouders van Peterjan te praten over doubleren. In het dossier staat dat hierover gesprekken gevoerd zijn. Tijdens het gesprek merk je dat de ouders nog volop bezig zijn met het feit dat Peterjan niet

goed presteert. Je besluit de doelstelling 'doubleren' te laten vallen en stelt als doel de ouders duidelijk te maken dat de prestaties van hun zoon echt reden zijn tot grote zorg. Je maakt wel meteen een nieuwe afspraak met de ouders om over de consequenties te praten voor volgend jaar.

---

Je past je dus aan de situatie aan. Dat doe je door je doelstelling te splitsen in subdoelstellingen. Denk aan gedragsverandering (zie ook subparagraaf 10.2.4): kleine, haalbare stappen. Je houdt vast aan je einddoel, maar accepteert dat de weg er naar toe anders en langer kan zijn dan je aanvankelijk dacht.

Veel leraren hebben moeite met het zo concreet mogelijk vaststellen van het gespreksdoel. In bijlage 3 staan suggesties voor veelvoorkomende gespreksdoelen.

*Subdoelstellingen*

**TUSSENVRAAG 17.2**
Waarom is het nodig het doel van een gesprek van tevoren te formuleren?

*T 17.2*

## 17.3 Introductie van het gesprek

Je realiseert het je vaak niet, maar de sfeer van een gesprek is in belangrijke mate bepalend voor het verloop van het gesprek. De verhouding tussen de ouders van Jimmy en juf Annet is moeizaam. Stel dat ouders al enigszins gespannen naar school komen, dan verloopt het gesprek anders wanneer jij de tijd neemt hen op hun gemak te stellen dan wanneer je op korte, zakelijke toon meteen met de deur in huis valt.

Het is essentieel meteen bij het begin van een gesprek voor de juiste sfeer te zorgen: openheid, veiligheid, vertrouwen (zie hoofdstuk 15). De manier waarop je het gesprek begint, je taal en houding zijn daarbij bepalend.

*Juiste sfeer gesprek essentieel*

### 17.3.1 Het gesprek beginnen

Wees je aan het begin van het gesprek met de ouders bewust van het volgende:
- De manier waarop je een gesprek begint, is vaak bepalend voor het verloop. Voelen de ouders zich welkom? Voelen ze zich veilig en hebben ze vertrouwen? Als dat niet zo is, bijvoorbeeld omdat jij wat kortaf bent, of met grote stappen voor hen uitloopt naar het klaslokaal, heb je de eerste slag al verloren.
  Zorg dan ook altijd vanaf het moment van binnenkomst voor een prettig welkom. Wat korte zinnen over koetje en kalfjes, eventueel met een kopje koffie of thee, zorg dat de ouders prettig zitten (zie ook subparagraaf 17.2.1).
- Vervolgens zeg je waar het gesprek over gaat, ook als de ouders hier van tevoren van op de hoogte zijn gesteld. Zijn er eerdere gesprekken geweest, dan vat je de stand van zaken en de afspraken van de vorige keer kort samen. Op deze manier laat je als leraar aan de ouders merken dat je op de hoogte bent van het dossier. Zoals gesteld in hoofdstuk 15 is het tonen van een goede dossierkennis een belangrijke voorwaarde om het vertrouwen van de ouders in jou als leraar en de school te vergroten. Meestal zullen ouders zich in deze fase van het gesprek luisterend opstellen. Een enkele keer zullen zij al in deze fase aangeven dat zij het

*Begin gesprek bepalend*

*Doel gesprek*

*Dossierkennis*

niet eens zijn met de doelstelling van het gesprek. Dan zul je meteen daarop moeten inspelen en overeenstemming moeten zien te bereiken over het doel van het gesprek.
- Geef aan hoeveel tijd er beschikbaar is voor het gesprek. Houd zelf goed in de gaten hoeveel tijd er nog is. Een half uur, drie kwartier zijn gauw voorbij. Een goede regie betekent ook de tijd in de hand houden.
- Let goed op de verbale, maar ook non-verbale reacties van de ouders. Je moet bepalen of de ouders nog op dezelfde golflengte zitten wat betreft hun kennis over en acceptatie van de problematiek (verwerkingsproces). Blijken de ouders niet op de verwachte manier te reageren, dan zul je het gesprek wellicht op een andere manier opnieuw moeten beginnen, of mogelijk zelfs een ander doel stellen.

*Let op signalen ouders*

### 17.3.2 Taal en houding / attitude

Om geloofwaardig over te komen is het niet alleen belangrijk wat je zegt. De manier waarop je iets zegt en wat je uitstraalt zijn minstens zo belangrijk. Lichaamstaal en woorden dienen met elkaar in overeenstemming te zijn (zie paragraaf 1.4). Hoe contacten overkomen wordt voor negentig procent bepaald door de non-verbale communicatie (Bolks, 2011). Je lichaamshouding is dus erg belangrijk. Daarmee zend je een bepaalde boodschap uit. Met een in elkaar gezakte houding, aarzelende toon en wegkijken kom je niet geloofwaardig over. De boodschap die je overbrengt is onzekerheid. Met de armen gekruist over je borst straal je afweer, defensiviteit uit. Maar je kunt met je houding ook zelfvertrouwen en belangstelling uitdrukken: rechtop, ontspannen gezichtsuitdrukking en je naar je gesprekspartner toekeren. Je lichaamshouding is in een gesprek met ouders dus een zeer bepalende factor. Wat voor jou geldt, geldt ook voor ouders. Ook hun lichaamshouding is veelzeggend. Het is dus zinvol daarop te letten: hoe is hun gezichtsuitdrukking, maken ze oogcontact, hoe open of gesloten is hun houding? Dit is allemaal informatie waarmee je in het gesprek je voordeel kunt doen. Als je iets vertelt en de ouders leunen van je weg, fronsen, slaan hun armen over elkaar, dan is de kans groot dat zij tenminste niet begrijpen wat je zegt, of zelfs er afwerend op reageren. Als je iets doet met dit soort signalen, bevordert dat het gesprek.

*Geloofwaardigheid*

*Lichaamshouding*

T 17.3

**TUSSENVRAAG 17.3**
Hoe kun je er bij de introductie van een gesprek voor zorgen dat de ouders zich veilig voelen en vertrouwen hebben?

## 17.4 Kern van het gesprek

In dit deel van het gesprek staat de uitwerking van het gespreksdoel centraal. Bij de introductie heb je aangegeven waarover het gesprek gaat, nu ga je hier inhoudelijk op in. Dus als je bij de introductie hebt aangegeven dat het gedrag van het kind storend is, leg je nu uit welk gedrag er precies storend is in de klas en waarom. Ook hier is het weer van belang dat je kort en duidelijk bent en het probleem zo objectief mogelijk beschrijft (zie ook subparagraaf 8.2.3).
Het verdere verloop van het gesprek hangt af van de reacties van de ouders. De reacties van de ouders kunnen we als volgt onderverdelen:
1 de ouders reageren positief
2 de ouders reageren neutraal

*Uitwerking gespreksdoel*

3 de ouders reageren verbaasd
4 de ouders reageren negatief

*Ad 1 De ouders reageren positief*
De ouders stemmen in met het gespreksdoel. Van belang is hierbij dat je er zeker van bent dat dit werkelijk zo is. Hun verbale en non-verbale reactie moeten dan ook duidelijk zijn, er zijn geen signalen om te twijfelen aan hun positieve reactie. Denk aan de fasen van het verwerkingsproces: ogenschijnlijk instemmen, terwijl zij er qua verwerking nog niet aan toe zijn (hoofdstuk 16). Als er sprake is van werkelijke instemming, kun je je doelstelling zoals jij die bedacht had handhaven en door naar de fase van afsluiting van het gesprek.

Werkelijke instemming

*Ad 2 De ouders reageren neutraal*
Als je met ouders over hun kind praat, verwacht je een reactie. Maar soms blijft die reactie uit. Je ziet geen emotie, je zit als het ware tegen een scherm aan te kijken en hebt geen idee wat er in de ouders omgaat. Dan is er sprake van een neutrale reactie. Het beste kun je dan rechtstreeks vragen hoe zij deze boodschap ervaren. Als de ouders nog steeds neutraal reageren, vraag je of het goed is dat je doorgaat met het gesprek.

Handelen bij neutrale reactie

*Ad 3 De ouders reageren verbaasd*
Een verbaasde reactie betekent dat de ouders iets anders hadden verwacht. Het gespreksdoel is dus niet duidelijk, of zij zijn het er niet mee eens. In elk geval komt het gespreksdoel niet overeen met hun verwachtingen. Op zo'n moment dien je je doelstelling opnieuw voor te leggen en mogelijk aan te passen.

Doelstelling opnieuw bespreken

## Jimmy (deel 6)

Annet: 'Ik zie u verbaasd kijken. Ik heb een paar dagen gelden met u (ze knikt richting moeder) gesproken over het storende gedrag van Jimmy in de klas. Daar zou dit gesprek over gaan.'
Moeder: 'Volgens mij zei u dat het over Jimmy zou gaan, ik weet niets van lastig gedrag.'

Annet heeft nu een probleem. De verbazing kan echt zijn, maar het kan ook zijn dat de ouders een terugtrekkende beweging maken, omdat zij nog niet accepteren dat er op school echt problemen zijn met het gedrag van Jimmy. In elk geval dien je in zo'n situatie overeenstemming te bereiken over het doel van het gesprek. Het is mogelijk dat je bij het benoemen van het gespreksdoel bij de introductie de verbaasde reactie van de ouders hebt gemist. Het kan ook zijn dat zij op dat moment nog even afgewacht hebben, en nu hun verbazing laten blijken.
Dit kan een lastig moment zijn: overeenstemming krijgen over het gespreksdoel kost tijd. Toch moet je die tijd nemen. Zonder overeenstemming over het doel van een gesprek is praten zinloos. Dat betekent dat jij eenzijdig het gesprek voert met alleen jouw doel. De ouders zullen zich dan niet serieus genomen voelen, zij voelen zich niet gehoord. Dat vertaalt zich meestal in

Overeenstemming gespreksdoel essentieel

meer afstand tot jou als leraar en mogelijk de school. Dat belemmert dus een goede samenwerking. Ook leidt een dergelijke handelswijze tot vertraging in het verwerkingsproces.

*Ad 4 De ouders reageren negatief*
Als de ouders negatief reageren betekent dit dat de ouders en jij het niet eens zijn over het gesprekdoel. Dan is dit nu je vervangende gespreksdoel: het eens worden over de doelstelling van het gesprek. Het is mogelijk dat je de geplande duur van het gesprek hiervoor nodig hebt. Dat is dan maar zo. Zoals we hiervoor ook gezegd hebben: je kunt pas verder als er overeenstemming is over het gespreksdoel.

*Oneens over gespreksdoel*

Bij de voorbereiding op een gesprek dien je als leraar op al deze mogelijke reacties van de ouders te anticiperen. Alleen dan houd je de regie in het gesprek. De reactie van de ouders kan een indicatie zijn voor de fase van het verwerkingsproces waarin zij verkeren. Houd daar rekening mee. Het is ook mogelijk dat je bij bepaalde reacties van de ouders je doel moet bijstellen. Ook in deze fase van het gesprek dien je de tijd goed in de gaten te houden. Dat is in dit deel van het gesprek vaak lastig. De ouders stellen vragen, willen verduidelijking, hebben kritische opmerkingen. Als je denkt het gesprek niet binnen de gestelde tijd te kunnen afronden, dien je je doelen aan te passen. Dat getuigt van een goede gespreksvaardigheid. Vasthouden aan het gestelde doel betekent dat je de ouders niet serieus neemt. Hoe moeten zij zich dan veilig voelen, en vertrouwen in je hebben?
Wees extra alert als een gesprek gevoerd wordt met meer personen van de school. Het is mogelijk dat één persoon in de gaten heeft dat het doel niet haalbaar is en dat de ander dat niet in de gaten heeft. Spreek van tevoren af wie kan bepalen dat de doelen anders gesteld moet worden.

*Anticiperen op reactie*

*Doel bijstellen*

**T 17.4**

**TUSSENVRAAG 17.4**
Wat moet je doen als de ouders geen emoties tonen bij jouw boodschap en wat als zij negatief reageren?

## 17.5 Afsluiting van het gesprek

De afsluiting van een gesprek dient altijd de volgende elementen te bevatten:
1 samenvatting van het gesprek
2 vragen en bespreekpunten voor het volgende gesprek
3 datum volgend gesprek

*Ad 1 Samenvatting van het gesprek*
Vat het gesprek samen en zorg dat je er zeker van bent dat de ouder(s) het hiermee eens zijn. De samenvatting houdt ook in welke afspraken er zijn gemaakt. Wie doet wat?
Stel op basis van de samenvatting vast wat er in elk geval in het volgende gesprek aan de orde moet komen. Leg zo nodig de afspraken schriftelijk vast. Leg uit dat dit de gebruikelijke gang van zaken is. Soms kunnen ouders het schriftelijk vastleggen van afspraken opvatten als een motie van wantrouwen. Dat kan overigens wel een belangrijk signaal zijn hoe de verhouding tussen jullie is. Dat is reden om daar wat aan te doen.

*Afsluiting gesprek basis voor volgend gesprek*

*Ad 2 Vragen en bespreekpunten voor het volgende gesprek*
Aan het eind van elk gesprek worden alvast vragen en bespreekpunten vastgesteld die in het volgende gesprek aan de orde zullen komen. Zo kunnen ook de ouders zich goed voorbereiden op het volgende gesprek.

*Ad 3 Datum volgend gesprek*
Het is van belang om na elk gesprek een nieuwe datum vast te stellen. Zo kan de voortgang gewaarborgd blijven en houd je ouders betrokken bij het proces.

**TUSSENVRAAG 17.5** — T 17.5
Hoe sluit je een gesprek goed af?

## 17.6 Verslaglegging van het gesprek

Er zijn verschillende redenen voor de noodzaak van verslaglegging:
- Verslaglegging is nodig voor een adequate dossiervorming. — *Zorg voor goede dossiervorming*
- Het is belangrijk dat je vastlegt hoe een gesprek verlopen is. Ging het stroef, soepel, hoe was de sfeer? Als het gesprek moeilijk of stroef is verlopen, kan dat een indicatie zijn dat de ouders meer moeite hebben met wat besproken is dan zij wilden of konden laten blijken. Daar kan je in de voorbereiding van het volgende gesprek rekening mee houden. — *Sfeer*
- Verslaglegging zorgt ervoor dat er geen onenigheid kan ontstaan over gemaakte afspraken. Dan moeten ouders wel op de hoogte zijn van die verslaglegging. — *Duidelijkheid*
- Verslaglegging zorgt voor continuïteit. — *Continuïteit*
- Verslaglegging ondersteunt het gestructureerd en methodisch voeren van een gesprek. Denk niet dat je op een later tijdstip echt wel weet wat er in een gesprek aan de orde is geweest. Het maakt een onprofessionele indruk als je niet aansluit bij eerdere gesprekken, en onnodig herhaalt wat al een vorige keer aan bod is geweest. — *Geeft structuur aan gesprek*
- Als afspraken op papier staan, kun je daarop terugkomen. Allerlei klachten van ouders over de gang van zaken op school, kunnen voorkomen worden door afspraken vast te leggen. — *Verslaglegging cruciaal bij klacht*

Een verslag van een gesprek baseer je op aantekeningen die je gemaakt hebt tijdens het gesprek. Het is aan te raden voor het verslag van een gesprek een vaste structuur / formulier te gebruiken.

**TUSSENVRAAG 17.6** — T 17.6
Waarom is het belangrijk om aan te geven hoe het gesprek verlopen is?

## 17.7 Veelvoorkomende missers in de praktijk

Het voeren van gesprekken is een vaardigheid, die veel oefening vergt. Houd er dan ook rekening mee dat er van tijd tot tijd iets mis kan gaan. Hierna bespreken we een aantal veelvoorkomende missers:
1. onvoorbereide gesprekken
2. je laten verleiden tot onprofessionele reacties
3. de ouders onder tijdsdruk zetten
4. te snel met een diagnose komen

5 een diagnose stellen die buiten de bekwaamheid valt van jou als leraar
6 de ouders verwijten dat zij zich niet aan de gemaakte afspraken gehouden hebben

*Ad 1 Onvoorbereide gesprekken*

Soms word je geconfronteerd met een situatie dat je een gesprek niet kan voorbereiden. We hebben in paragraaf 17.1 al geadviseerd te werken met het gespreksmodel (figuur 17.1) en je dat zo eigen te maken dat het kan dienen als een mentaal kader aan de hand waarvan je de regie voert.
Toch is dat soms niet genoeg. De meest voorkomende fout bij onvoorbereide gesprekken is dat je je doel niet bereikt en je laat verleiden tot een zinloze discussie met ouders.

**Regie houden lastig**

*Ad 2 Je laten verleiden tot onprofessionele reacties*

Als ouders zich niet op hun gemak voelen, als het gesprek een kant opgaat die zij niet prettig vinden, als zij zich aangevallen voelen, dan is de kans groot dat zij zich gaan verweren. Soms neemt dit de vorm aan van een persoonlijke aanval (zie voorbeeld 16.8 van Jennifer) of het starten van een welles-nietesdiscussie.
Hoe vervelend een dergelijke situatie ook is, het hoort tot je professionaliteit daar niet in mee te gaan. Houd greep op het gesprek door naar de onderliggende boodschap te luisteren. De vaardigheden uit hoofdstuk 5 *Luisteren, een kunst, een kunde* kunnen in een dergelijke situatie goed ingezet worden. Daarmee laat je zien te begrijpen dat de situatie moeilijk is voor de ouders en bied je hen ruimte.
Mocht het je toch niet lukken om zo te reageren en het gesprek dreigt te ontsporen, breek het gesprek dan af. Je geeft aan dat je vindt dat de gemoederen te hoog oplopen. Geef de ouders de keus op een ander moment verder te praten, maar dan op een prettige manier, of verwijs ze naar de directeur.

**Houd regie door actief luisteren**

**Bij ontsporing gesprek afbreken**

*Ad 3 De ouders onder tijdsdruk zetten*

Het lijkt zo vanzelfsprekend: ouders niet onder tijdsdruk te zetten, maar in de praktijk gebeurt dit maar al te vaak. 'Als u nog langer wacht met toestemming geven, kan uw kind niet meer in de procedure voor speciaal onderwijs en moet hij misschien nog wel een jaar op deze school blijven'; 'Zet uw kind alvast maar op de wachtlijst voor Riagg' of: 'Morgen gaan wij in het team praten over de klassenindeling en dan moeten wij wel beschikken over die informatie om te beslissen in welke groep wij uw kind moeten plaatsen.' Onder tijdsdruk afgedwongen beslissingen kunnen leiden tot gevoelens van spijt bij de ouders, waardoor de afspraken geen stand houden.

**Tijdsdruk**

**Géén tijdsdruk**

*Ad 4 Te snel met een diagnose komen*

Ouders op de hoogte stellen van een diagnose vraagt om de nodige zorgvuldigheid. Als ouders in een vroege fase van het verwerkingsproces horen wat volgens jou de diagnose is, kan dat weerstand en wantrouwen oproepen. Zij voelen zich overvallen en kunnen denken dat er al allerlei onderzoek buiten hen om gedaan is.

**Zorgvuldigheid bij diagnose**

*Ad 5 Een diagnose stellen die buiten de bekwaamheid valt van jou als leraar*

Als leraar heb je regelmatig te maken met problemen als ADHD, autisme, hoogbegaafdheid, motorische problemen, en gehoorproblemen. Omdat je er zo vaak mee te maken hebt, kan je geneigd zijn zelf een dergelijke diagnose te stellen. En daarmee ga je over de grenzen van je bekwaamheid. Je kunt volgens het principe van uitsluiting (paragraaf 15.3) de mogelijkheid noemen, maar de diagnose dient altijd gesteld te worden door de deskundige op het betreffende terrein (arts, psycholoog, enzovoort.).

*Principe van uitsluiting*

*Ad 6 De ouders verwijten dat zij zich niet aan gemaakte afspraken gehouden hebben*

Verwijten maken is nooit een goede strategie. Afspraken waar de ouders zich niet aan hebben gehouden, zijn in principe geen goede afspraken. Om wat voor reden dan ook hebben de ouders ergens mee ingestemd. Misschien voelden zij zich onder druk gezet, wilden ze er vanaf zijn, in elk geval staan zij kennelijk niet achter de afspraak en komen ze er op terug. Het kan zijn dat je een inschattingsfout hebt gemaakt of de ouders werkelijk achter de gemaakte afspraak staan. Het is ook mogelijk dat zij bijvoorbeeld onder druk van familie toch zijn gaan twijfelen. Ook kan de gezinssituatie na de afspraken zodanig veranderd zijn dat de ouders niet in staat waren zich te houden aan die afspraken. Dan is er sprake van overmacht.

*Geen verwijten maken*

De juiste reactie is opnieuw in gesprek gaan. Wat is de reden dat de ouders de afspraak niet uitgevoerd hebben? En wat is wel acceptabel en haalbaar? Soms zijn ouders werkelijk niet tot het nakomen van afspraken te krijgen. Maar ook dan blijf je als leraar / school professioneel. Verwijten maken hoort niet bij een professionele basishouding.

**TUSSENVRAAG 17.7**

Wat kan er in gesprekken met ouders misgaan? Hoe kan je die missers voorkomen?

T 17.7

# Samenvatting

De samenvatting van dit hoofdstuk staat op www.pabowijzer.nl.

# Valkuilen en tips

**Valkuil 1**
Je hebt een maand geleden een gesprek gehad met de ouders van Ilse. Nu komen zij weer voor een gesprek. Je kijkt het dossier niet in, dat weet je allemaal nog wel.

*Tip 1*
Vertrouw er niet op dat je wel weet wat er speelt. Te vaak komt het voor dat bijvoorbeeld door tijdgebrek een leraar vlak voor een gesprek nog even globaal de gegevens doorkijkt, erop vertrouwende dat hij wel weet wat er speelt. En te vaak gebeurt het dan dat het gesprek misloopt over een detail dat hij over het hoofd heeft gezien.

**Valkuil 2**
De moeder van Jos wil dat je hem in de klas in een ander groepje zet. Haar reden is dat hij een hekel heeft aan een van de kinderen in zijn groepje.

*Tip 2*
Dit soort problemen ligt gevoelig. Er is een toenemende druk van ouders (mee) te willen beslissen over hun kind op school. Ouders (mee) laten beslissen duidt niet op professionaliteit. Ouders bepalen niet wat er op school gebeurt. Professionaliteit bestaat uit goede voorlichting geven en luisteren naar de mening van de ouders en dan met een advies komen waarbij zo veel mogelijk rekening gehouden wordt met de mening van de ouders.

**Valkuil 3**
Het is je al een paar keer opgevallen dat de moeder van Idze wel erg beschermend is naar haar kind. Op een gegeven moment maak je daar een opmerking over en zegt dat het goed zou zijn als Idze wat meer leert voor zichzelf op te komen.

*Tip 3*
Ongevraagd advies geven is uit den boze. Het is soms aanlokkelijk en het ligt gauw op de loer. Ongevraagd advies valt onder taal van de non-acceptatie (paragraaf 5.3). Dergelijke boodschappen zijn zelden bevorderlijk voor een goede relatie met de ouders (paragraaf 5.3).

# Kernbegrippenlijst

| | |
|---|---|
| **Actief luisteren** | Een effectieve manier van reageren wanneer de ander een probleem heeft. Je toont daarmee oog en oor te hebben voor de problemen van de ander en bereid te zijn erop in te gaan. |
| **Context van een gesprek** | Ieder gesprek vindt in een bepaalde omgeving plaats. Deze is van belang, omdat elke omgeving zijn eigen gedragingen oproept. |
| **Ik-boodschappen** | Een effectieve manier van reageren wanneer jij als leraar een probleem hebt. Je legt daarmee de verantwoordelijkheid voor het probleem waar deze thuishoort, bij jezelf. |
| **Taal van de acceptatie** | De spreker probeert aan de ander over te brengen dat hij de signalen opvangt van zijn problemen en bereid is erop in te gaan. |
| **Taal van de non-acceptatie** | Het tegenovergestelde van acceptatie: de spreker zendt naar de ander de boodschap uit geen oog of oor te hebben voor zijn problemen. |
| **Non-verbale communicatie** | Iemand drukt niet alleen in woorden iets uit, maar ook in de manier waarop: de toon waarop het gezegd wordt, de uitdrukking op het gezicht en in zijn gebaren. |
| **Verbale communicatie** | Verbale communicatie is datgene wat iemand in woorden uitdrukt. |
| **Verwerkingsproces** | Proces dat zich kenmerkt door verschillende fasen: schrik, ontkenning, verzet / boosheid, moedeloosheid en acceptatie. |

# Vragen

**17.1** Je hebt een gesprek met de ouders van Lily (groep 2) afgesproken. Je hebt tegen de ouders gezegd dat je wilt praten over verder onderzoek van het gedrag van hun dochter. De ouders zijn het ermee eens. Tijdens het gesprek komen de ouders met een diagnose aan van een onderzoek dat zij zelf hebben laten uitvoeren. Hoe reageer je hierop en wat is nu de doelstelling van het gesprek?

**17.2** Je bent het absoluut niet eens met de uitslag en adviezen van dat rapport. Wat wordt nu je doelstelling?

**17.3** Hoe kun je het gesprek afsluiten als het verschil van mening blijft?

**17.4** Je bent het helemaal eens met de uitslag. Wat wordt dan je doelstelling?

De antwoorden op deze vragen kun je vinden op www.pabowijzer.nl.

# Literatuuroverzicht

Aken, M.A.K. van (2002). *Ontwikkeling in relaties*. Rede uitgesproken bij de aanvaarding van het ambt hoogleraar Pedagogiek. Utrecht: Universiteit Utrecht.
Alblas, G. (2008). *Inleiding in de psychologie*. Groningen / Houten: Wolters-Noordhoff.
APS en ISOR (1998). *Schoolontwikkeling als basis voor adaptief onderwijs*. Den Haag: Procesmanagement Primair Onderwijs.
APS-uitgave Afstemming tussen leraar, ouders en kind: een gouden driehoek KN.
Ariès, Ph. (1987). *De ontdekking van het kind*. Amsterdam: Bert Bakker.
Berg, J.H. van den (1974). *Metabletica*. Nijkerk: Uitgeverij G.F. Callenbach.
Berk, L.E. (2001). *Awakening children's minds*. New York: Oxford University Press. Berk, L.E. (2003). *Child Development*. Boston: Allyn and Bacon.
Bernstein, D.A., Penner, L.A., Clarke-Stewart, A. & Roy, E.J. (2006). *Psychology*. Boston: Houghton Mifflin Company.
Besluit Bekwaamheidseisen Onderwijspersoneel, (2005).
Bessell, H. (1977). *Het kringgesprek. Emotionele en sociale opvoeding op school*. Rotterdam: Lemniscaat.
Blakemore, S.J. & Frith, U. (2008). *The learning brain. Lessons for education*. Oxford: Blackwell Publishing.
Bolks, T. (2011). *Professioneel communiceren met ouders*. Den Haag, Boom Lemma uitgevers.
Brand, A. van den, (2010). *Gesprekscommunicatie*. Bussum, Uitgeverij Coutinho.
Carver, C.S. & Scheier, M.F. (2004). *Perspectives on Personality*. Boston: Allyn and Bacon.
Cladder, J.M. & Truyens-van Berkel, D.A.M. (1975). *Gedragstherapie bij ouder en kind*. Lisse: Swets & Zeitlinger.
Corte, E. de, Geerlings, C.T., e.a. (1976). *Beknopte didaxologie*. Groningen: Wolters-Noordhoff.
DeHart, G.B., Sroufe, L.A. & Cooper, R.G. (2004). *Child Development, its nature and course*. New York: McGraw-Hill.
Delfgaauw, B. (1969). *Beknopte geschiedenis der wijsbegeerte*. Baarn: Het Wereldvenster.
Delfos, M.F. (2003). *Luister je wel naar mij?* Amsterdam: Uitgeverij SWR. Diekstra, R.F.W. (1980). *Ik kan denken / voelen wat ik wil*. Lisse: Swets & Zeitlinger.
Diekstra, R.F.W. & Dassen, W.F.M. (1979). *Inleiding tot de rationele therapie*. Lisse: Swets & Zeitlinger.
Ellis, A. (1977). *Groei door rede. Rationeel Emotieve Therapie*. Amsterdam: Bert Bakker.
Ellis, A. & Harper, R.A. (1980). *Redelijkerwijze*. Lisse: Swets & Zeitlinger. Erikson, E.H. (1972). *Het kind en de samenleving*. Utrecht: Uitgeverij Het Spectrum.
Gelder, L. van, e.a. (1976). *Didaktische analyse*. Groningen: Wolters-Noordhoff. Gemert, G. van, e.a. (1974). *Opgroeien gaat vanzelf... of niet?* Lisse: Swets & Zeitlinger.
Gennip, H. van & Vrieze, G. (2008). *Wat is de ideale leraar?* Nijmegen, ITS.
Gerards, F., Gardebeke, T. & Brouwers, J. (1980). *Effectief onderwijzen. Praktijkboek voor omgaan met leerlingen*. Baarn: H. Nelissen.
Gordon, T. (1979). *Beter omgaan met kinderen*. Amsterdam: Elsevier.
Gordon, T. (1989). *Luisteren naar kinderen*. Amsterdam: Elsevier.
Gordon, T. (2001). *Leader Effectiveness training*. New York: The Berkley Publishing Group.

Gordon, T. (2003). *Teacher Effectiveness training*. New York: Three Rivers Press.
Gray, P.O. (2002). *Psychology*. New York: Worth Publishers.
Griend, P.C. van de (1970). *Leren doceren*. Groningen: Wolters-Noordhoff.
Groen, M. (2006). *Reflecteren: de basis*. Groningen / Houten: Wolters-Noordhoff.
Groen, M., Jongman, H. & Van Meggelen, A. (2006). *Praktijkgerichte Sociale Vaardigheden*. Groningen / Houten: Wolters-Noordhoff.
Groot, R. de & Weelden, J. van (Red.). (1986). *Van gisteren over morgen*. Groningen: Wolters-Noordhoff.
Hall, S., & Lindzey, G. (1970). *Theories of personality*. New York: John Wiley & Sons.
HBO-raad (2012). *Generiek kennisbasis leraar basisonderwijs*. Den Haag, HBO-raad.
Hendriks, A.F. & Mönks, F.J. (1976). *Opvoeding als sociaal leerproces*. Nijmegen: Dekker en Van de Vegt.
Hendriks, Z. & Verstegen, R. (1975). *Gedragsproblemen in de klas*. Nijmegen: Dekker en Van de Vegt.
Janssens, H. (Red.). (1996). *Gedrags- en werkhoudingsproblemen & zorgverbreding*. Eindhoven: Son Opleidingen.
Janssens, H. (1998). *Aan de slag met gedrag*. Eindhoven: Son Opleidingen.
Janssens, H.(2011) *Gedrags- en werkhoudingsproblemen & Zorgverbreding*, Uitgeverij Betelgeuze, Zoetermeer, 2011
Jolles, J., e.a. (2006). *Brain lessons*. Maastricht: Neuropsych publishers.
Kohnstamm, R. (2009). *Kleine Ontwikkelingspsychologie I. Het jonge kind*. Houten: Bohn Stafleu van Loghum.
Kohnstamm, R. (2009). *Kleine Ontwikkelingspsychologie II. De schoolleeftijd*. Houten: Bohn Stafleu van Loghum.
Korthagen, F. (2001). *Waar doen we het voor? Op zoek naar de essentie van goed leraarschap*. Oratie – Utrecht: WCC.
Korthagen, F., Koster, B., Melief, K. & Tigchelaar, A. (2006). *Docenten leren reflecteren*. Soest: Uitgeverij Nelissen.
Kreveld, M. van & Vloten, M. van (1980). *Samen anders, leraar en leerling*. 's-Hertogenbosch: Malmberg.
Kübler-Ross, E. (1969). *Lessen voor levenden*. Bilthoven: uitgeverij Ambo.
Kübler-Ross, E. (2007). *Fasen van rouwverwerking*.
Larsen, R.J. & Buss, D.M. (2002). *Personality Psychology. Domains of Knowledge about human nature*. Boston: McGraw-Hill Companies.
Leistra, J., Bol, E. & Bouwmeester, E. (z.j.). *Begrijpend lezen*. S.V.O. projekt 0-275 (Interne publicatie).
Linden, M. van der (2007). *Evolutie, biologie & psychologie*. Amsterdam: Boom.
Londen, A. van, e.a. (1979). *Vaardigheden voor ouders*. Lisse: Swets & Zeitlinger.
Luijk, F., (1987). *Vaardig communiceren*. Leiden : Uitgeverij Martinus Nijhof.
Marzano, R.J. (2007). *Wat werkt op school. Research in actie*. Middelburg: Bazalt.
Meichenbaum, D. (1981). *Cognitieve gedragsmodificatie*. Deventer: Van Loghum Slaterus.
Mendler, Allen N. (2009). *Voorkomen en oplossen van machtstrijd in de groep*. Middelburg: Bazalt.
Moor, W. de & Orlemans, J.W.G. (1971). *Inleiding tot de gedragstherapie*. Deventer: Van Loghum Slaterus.
Nieuwenbroek, Ard (1993). *In gesprek met ouders*. 's-Hertogenbosch: Katholiek Pedagogisch Centrum.
Onderwijsraad (2010): *De school en leerlingen met gedragsproblemen*.
Onderwijsraad: Rapport 'Ouders als Partners' (onderwijsraad, 2010). Den Haag: Onderwijsraad.
Oosterheert, I. (2007). *Leren over leren*. Groningen / Houten: Wolters-Noordhoff.
O.S.M. (1981). *Probleemgedrag op school* (cursusboek). Tilburg: Zwijsen.
O.S.M. (1981). *Probleemgedrag op school* (handleiding). Tilburg: Zwijsen.

Oudshoorn, D.N. (1985). *Kinder- en adolescenten psychiatrie*. Deventer: Van Loghum Slaterus.
Pas, A. van der. (2006). *Handboek methodische ouderbegeleiding 1. Oudergebegeleiding als methodiek*. Amsterdam: Uitgeverij SWP.
Prinzie, P. (2004). *Waarom doet mijn kind zo moeilijk?* Tielt: Lannoo.
Procesmanagement Primair Onderwijs (1998). *Kenmerken voor kwaliteitsontwikkeling. Omgaan met verschillen tussen leerlingen?* 's-Gravenhage: Procesmanagement Primair Onderwijs.
Procesmanagement Primair Onderwijs, KPC Groep & Katholieke Universiteit Nijmegen. (1998). *Adaptief onderwijs: Hoe doe je dat en wat zie je dan?* 's-Gravenhage: Procesmanagement Primair Onderwijs.
Rhodes, W.C. & Tracy, M.L. (Red.) (1976). *Handboek van de hulpverlening 1, Theorie en modellen*. Rotterdam: Lemniscaat.
Rhodes, W.C. & Tracy, M.L. (Red.) (1976). *Handboek van de hulpverlening 2, Behandelingsstrategieën*. Rotterdam: Lemniscaat.
Rogers, C.R. (1961). *On becoming a person*. Boston: Houghton Mifflin Company.
Rogers, C.R. (1965). *Client-Centered Therapy*. Boston: Houghton Mifflin Company.
Rogers, C.R. (1971). *Leren in vrijheid*. Haarlem: De Toorts.
Ruygh, A.T., e.a. (1977). *Wat doet gedragstherapie voor schoolkinderen?* Groningen: Wolters-Noordhoff.
SBL (2004). *In bekwame handen*. Den Haag: Stichting Beroepskwaliteit voor Leraren, Uitgave in eigen beheer.
Schaaf, N. van der & Berg, T. van den (2009). *Ouderbetrokkenheid in de brede school*. Groningen: Hanzehogeschool Groningen.
Schaffer, H. Rudolph (1996). *Social Development*. Malden: Blackwell Publishing.
Schagen, E. (2009). *Gesprekken tussen ouders en pedagogisch medewerkers binnen de kinderopvang*. Masterscriptie. Amsterdam: Universiteit van Amsterdam.
Schreuder Peters, R.P.I.J. & Boomkamp, J.W. (2004). *Psychologie de hoofdzaak*. Groningen / Houten: Wolters-Noordhoff.
Simons, W.J. (1970). *Bertrand Russell*, AO 1300. Amsterdam: Stichting IVIO.
Stevens, L. (1997). *Overdenken en doen*. 's-Gravenhage: Procesmanagement Primair Onderwijs.
Tausch, R. & Tausch, A.M. (1980). *Psychologie van de opvoeding en onderwijs*. Deventer: Van Loghum Slaterus.
Verhulst, J. & Kroeg, G. van der (1990). *Psychologie voor dienstverleners*. Groningen: Wolters-Noordhoff.
Vossen, A.J.M. (1970). *Zichzelf worden in menselijke relatie*. Haarlem: De Toorts.
Wubbels, T. & Levy, J. (2004). *Do you know what you look like?* New York: Routledge Falmer.

**Tijdschriftartikelen**
Broerse, A. & Spreij, L. (2009). Parameters in de dynamiek van educatief partnerschap. *Tijdschrift voor Orthopedagogiek, 48*, 483-492.
Crone, E. (2004). Het ontwikkelende brein: consequenties voor zelf-regulatie, *Neuropraxis*, 5.
Deci, E.L. & Chandler, C.L. (1986). The importance of motivation for the future of the LD field. *Journal of Learning Disabilities, 19*, 587-594.
*Didaktief* (2012). Het kinderbrein is kneedbaar. Interview met Lydia Krabbendam, hoogleraar Onderwijsneuropsychologie, *Didaktief* 42, nr. 4 / april 2012.
*Didaktief* (2013). Betrokken ouder of bemoeial. *Didaktief* 43, nr. 4 / april 2013.
Duijvenvoorde, A.C.K., Zanolie, K., Rombouts, S.A.R.B., e.a. (2008). Evaluating the negative or valuing the positive? Neural mechanism supporting feedback-based learning across development. *The Journal of Neuroscience, 17*, 9495-9503.
*In de Klas* (2002), aflevering 17, I 02-3, Kluwer.

Janssens, H. (2002). *Ouders en leerkrachten en het kind met problemen op school.*
Koning, L. (1982). Hoe denken kinderen over zichzelf? *Het jonge kind, 3,* 67.
Lieshout, F.M. van (2000). Lifespan personality development: Self-organising goal-oriented agents and developmental outcome. *International Journal of Behavioral Development, 24(3),* 276-288.
Marzano, R.J. & Kopmels, D. (2007). Wat werkt bij onderwijsverbetering. *Basisschoolmanagement, 20,* p. 36-40.
Ministerie van OC&W (2012). *Partnerschap school en ouders* (brochure).
*Nederlands Tijdschrift voor Psychologie en haar Grensgebieden.* Non-verbale communicatie, themanummer, oktober 1982.
Sprangers, C. (14 januari 1983). Onderzoek heeft uitgewezen dat straffen wel degelijk zin heeft. *Intermediair 1/2,* p. 5.
Stevens, L. (1977). Niet wat moet, maar wat kan. *JSW, 9.*
Stevens, L. (2002). Naar een ander begrip van 'prestatie' in de school. *Tijdschrift voor Ortopedagogiek, 4,* Utrecht: Agiel.

# Bijlage 1
# Lijst met versterkers
# (O.S.M., 1981)

**Activiteitenversterkers**
- plantjes water geven
- melk uitdelen
- naast de leraar zitten bij vertellen / voorlezen
- boodschap naar andere leraar overbrengen
- als eerste met nieuw materiaal werken
- verhaaltje uitkiezen
- liedje uitkiezen
- plakpotjes, kwastjes schoonmaken
- ander werk als taak af is
- boodschap doen in school
- laatste kwartier voorlezen
- tekenen
- handenarbeid
- gezellige middag
- voorleeshalfuurtje
- iets aan de klas mogen vertellen
- naast vriendje zitten
- samen uitstapje maken
- leraar helpen
- muziek maken
- iets moois voor de klas, gang of hal maken
- feestje in de klas
- na schooltijd helpen
- viskom schoonmaken
- boodschap doen bij hoofd
- speelplaats vegen
- leraar helpen na schooltijd
- voor jezelf lezen
- iets met de meester of juf doen
- geen huiswerk
- mogen schrijven met pen leraar
- tas dragen leraar
- film draaien
- extra gymles
- eerder naar buiten
- met briefje rondgaan
- aan de tafel van de leraar zitten
- met kleurpen schrijven
- spelen in de gymzaal
- naar de speeltuin gaan
- op stoel leraar zitten
- onderwerp voor groepsdiscussie mogen kiezen
- mogen praten over iets wat je leuk vindt: voetbalwedstrijd, tv-serie

- een klasgenoot mogen helpen
- spelletjes mogen uitkiezen
- uitstapje met de klas
- quiz mogen maken en houden
- tafels en stoelen zetten zoals je wilt
- cd draaien in de klas
- moppen vertellen
- sporten
- vrij op de computer
- met technisch lego spelen
- met knex spelen

### Sociale versterkers
Iedere vorm van aanmoediging of bevestiging, zoals:
- goed zo!
- prachtig gedaan
- wat kun jij mooi...
- wat heb jij fijn opgeruimd (denk aan effectieve complimenten)
- pluim geven
- knipoog
- schouderklopje
- glimlach

### Materiële versterkers
- een mooi plaatje
- stempeltjes
- iets te drinken: water, melk, chocolademelk, thee
- puzzel
- stripboek / kleurboek
- kleurpotlood
- viltstift
- ballon
- klei
- medaille (van karton of iets dergelijks)
- kralen
- pen
- schrift
- gum
- potlood
- verf
- penseel
- resten handenarbeidmateriaal

### Ruilversterkers
- een mooi plaatje
- stickers
- cijfer
- stempeltjes
- turfjes op het bord, kaart of schrift
- plaksterretjes
- kleine etiketten
- ketting rijgen met kralen
- fiches
- 'goed zo'-kaartjes

# Bijlage 2
# Protocol Gedragsveranderingsprogramma (Van Londen e.a., 1979)

Naam: ...
Datum: ...

*Stap 1* Overzicht maken
Omschrijving van een situatie/gebeurtenis
.................................................................................................................................

| Wat voor een situatie | Wat doet het kind | Wat is het gevolg |
| --- | --- | --- |
| ............................... | ............................... | ............................... |

*Stap 2* Specificeren / concreet maken
a  Gedrag dat je wenst te veranderen (concreet)
   .............................................................................................................................

b  Welk gedrag wens je meer te zien?
   .............................................................................................................................

*Stap 3* Tellen hoe vaak / meten hoe lang het gedrag bij stap 2 voorkomt. Wanneer tel / meet je (observatieperiode)?
.................................................................................................................................

Aantal observaties per minuut / uur / dag / iedere dag / week
.................................................................................................................................

Wat wordt er precies geteld?
.................................................................................................................................

| Dag | 1 | 2 | 3 | 4 | 5 | Totaal |
| --- | --- | --- | --- | --- | --- | --- |
| ....... | ....... | ....... | ....... | ....... | ....... | ....... |
| ....... | ....... | ....... | ....... | ....... | ....... | ....... |
| ....... | ....... | ....... | ....... | ....... | ....... | ....... |

*Stap 4* Vaststellen van de gevolgen (versterkers). De gevolgen zullen zijn:
.................................................................................................................................

De beloning zal gegeven worden als:
.................................................................................................................................

*Stap* 5 Kijken of het al beter gaat.

| Dag | 6 | 7 | 8 | 9 | 10 | Totaal |
|---|---|---|---|---|---|---|
| ....... | ....... | ....... | ....... | ....... | ....... | ....... |
| ....... | ....... | ....... | ....... | ....... | ....... | ....... |
| ....... | ....... | ....... | ....... | ....... | ....... | ....... |

| Dag | 11 | 12 | 13 | 14 | 15 | Totaal |
|---|---|---|---|---|---|---|
| ....... | ....... | ....... | ....... | ....... | ....... | ....... |
| ....... | ....... | ....... | ....... | ....... | ....... | ....... |
| ....... | ....... | ....... | ....... | ....... | ....... | ....... |

# Bijlage 3
# Mogelijke gespreksdoelen

- Aftasten bij de ouders of zij een probleem bij hun kind zien.
- Laten merken dat men zich zorgen maakt over het kind.
- Ouders zich bewust laten worden van de ernst van de situatie naar aanleiding van een ernstig incident.
- Ouders meedelen welk plan in de klas uitgevoerd gaat worden.
- Ouders vragen om toestemming voor onderzoek.
- Ouders vragen naar een (school)arts, oogarts, logopedist, enzovoort te gaan om eventuele medische problematiek uit te sluiten, opdat de leraar verder kan gaan met zijn plan in de klas.
- Ouders vragen naar de thuissituatie (let op: er moet dan wel een vertrouwensbasis zijn).
- Ouders informeren over de stand van zaken op dit moment: evaluatiegesprek.
- In een open gesprek de mening van de leraar en de ouders over de probleemsituatie op elkaar afstemmen.
- De uitslag van een klein onderzoek en het plan voor in de klas aan de ouders vertellen.
- Toestemming vragen voor verder onderzoek en de verwachting van de testuitslag bij de ouders aftasten.
- De eventuele consequenties van een testuitslag met de ouders alvast nalopen.
- Met de ouders nabespreken hoe zij een gesprek met de schoolbegeleider of (school)psycholoog ervaren hebben, bijvoorbeeld na een intakegesprek of na een uitslaggesprek (nazorg is zeer belangrijk).
- De ouders verwijzen naar extra hulpverlening.
- De ouders wijzen op de mogelijkheid van speciaal onderwijs.
- De ouders toestemming vragen voor overleg met externe hulpinstanties.
- Terugkomen op een vorig gesprek omdat dat gesprek niet goed verlopen is (veel emoties, conflicten).
- Afsluitgesprek omdat de leerling de school gaat verlaten (verhuizing, andere school).

# Register

**A**
Aangeboren gedrag 182, 192
Aangeleerd gedrag 182, 192
Aanpak 161, 272
– gestructureerde 272
– stapsgewijze 161
Aanvaarding 104, 332
ABC van emoties 296, 297, 298
ABC-schema 299, 314
– oefenen in verbeelding 306
Absolutisme 287, 291, 314
Acceptatie 25, 39, 92, 94, 104, 114, 170, 191, 192, 345, 349
– analyse 105
– taal van 366
– tonen 84
Acceptatiegrens 76, 94, 287
– doelgericht variëren 79, 81
– kennen 76
– uiterste 76, 94
– variëren 81
– vaststellen 76
– verhogen 79
– verlagen 79
– verleggen 79
Acceptatierechthoek 73, 94
Acceptatievermogen 75
Actief luisteren 101, 105, 126, 132, 148, 308, 332, 353
Activiteitenstraf 243, 254
Activiteitenversterkers 223, 224, 236, 375
Afbouwen beloningssysteem/ veranderingsprogramma 248
Afstelgedrag 72
Afweermechanisme 349
Afzonderingsmethode 244, 245
Anders denken – anders voelen – anders handelen 283, 287, 296
– bij kinderen 307
– verkort 306
Anti-autoritair 155
Attributie 267, 268, 274, 276
– extern 267

– extern-stabiele 274, 276
– extern-variabele 275, 276
– intern 267
– intern-stabiele 268, 275, 276
– intern-variabele 276, 280
Autonomie 39, 46, 69
Autoritair 155, 170, 332

**B**
Basisbehoeften 39, 46, 58
Basishouding 338
Basishouding professionele 323, 333, 336, 349
Basislijn 2, 223, 236, 254
Basiszekerheid 49, 59
Behoefte 26, 162
– aan competentie 47
– aangeven 162
– psychologische 26
Behoefteconflict 154
Bekrachtigen 201
Bekwaam 60
Bekwaamheidseisen 322
Belonen 196, 211
– effectief 198, 212
– en complimenten 197
Beloning 212
Beloningssysteem 217, 230, 232, 234, 235, 236, 254
– verkort 230, 232, 235, 237
Bemiddelaar leraar als 162
Berusting 345
Beschrijving herkennen 308
Besluit bekwaamheidseisen onderwijspersoneel 15, 258, 318, 322
Betrokkenheid 39
Bewustzijn 266, 276
Big Five 31
Blokkerende opmerkingen 121, 123, 134
Boete 244
– richtlijnen bij – 244
Boetesysteem 243, 254
Boosheid 340, 344, 349

Brainstormen  162, 170, 332
Brein  182

## C
Cognitief aspect  67
Cognities  276, 291
Communicatie  34, 102, 112, 323, 324
– blokkeren  324
– goede  102
– negatieve  102
– non-verbale  34, 39, 94, 366
– open  323, 324, 325, 332
– processen  353
– vaardigheden  168, 249
– veilige  324
– verbale  34, 40, 94, 366
Communiceren  147
Compensatiegedrag  52, 53, 67, 69
– cognitief aspect  60
– emotioneel aspect  58
– herkennen  54, 58
– lichamelijk aspect  61
– problematisch  54, 69
– sociaal aspect  59
– vormen van  52
Competent  147
– in het samenwerken met de omgeving  322
– in reflectie en ontwikkeling  50, 258
– interpersoonlijk  18, 50, 118, 138
– pedagogisch  18, 50, 104, 118, 138
Competentie  46, 322
Compliment  82, 84, 85, 197, 198, 199
– effectief  85, 94, 211, 198, 212
Conflict  152, 153, 156, 168, 169
– aanpakken  153
– afkeer van  156
Congruentie  114
Consistentie  31, 39
Context  35, 337, 354
Continuïteit  30, 39
Contrast  30, 39

## D
Delfos  102
Denken  302
Diagnose  362
Discussie  309
– geen – aangaan  309
Doceer-leergebied  77, 94, 276
– invloeden  77
– te klein  78

Doelgedrag  219, 220, 236, 254
– centraal  221
– stabilisatie  248
Dossier  356
– discipline  328
– kennis  327, 332, 353, 357
– vorming  337, 345, 361
Dramatiseren  291, 314
Duur doelgedrag  221

## E
Echtheid  104, 114, 170, 332
Eenzijdig zelfbeeld
– cognitief  64
– lichamelijk  65
– geleidelijk ontstaan  63
– van jongs af aan  62
Effectief belonen  198, 212
Effectief compliment  85, 94, 198, 211, 212
Effectief straffen  202, 212
Effectieve kritiek  94, 201, 212
Effectieve straf  207
Eigenheid  30
Ellis  259, 271
Empathie  104, 114, 134, 170, 332
Erikson  30
Extern-stabiele attributies bij succes  268
Extern-variabele attributies bij falen  269

## F
Feedback  192, 212
Feedback positieve –  198
Frequentie doelgedrag  221

## G
Gebeurtenis objectieve beschrijving  308
Gedachte
– beoordelen op rationaliteit  297
– irrationele  284, 291, 298, 314
– rationele  284, 291, 298, 315
Gedachtepatronen  307
Gedrag  30, 67, 138, 182, 192, 212, 236, 254
– aangeboren  182, 192
– aangeleerd  182, 192
– agressief  67
– beïnvloeding  188
– belonen  187
– gewenst  197, 211, 212, 217, 236, 254
– haalbaar  225
– in waarneembare termen  219
– interpretatie van  184

- nadrukkelijk, onnatuurlijk  60
- objectief waarneembaar  234
- onacceptabel  138
- onderdrukken  208
- ongewenst  211
- ontstaan  184
- stabilisatie  255
- straffen  187
- veranderen  223
- verklaren  30

Gedragingen  186
- ongewenste –  186

Gedragsdeterminanten  181
Gedragsmodificatie  235
Gedragstheorie  181, 185, 192, 212, 236
Gedragstheorie kernprincipe  185
Gedragsverandering  105, 191, 357
- twee basisprincipes  225

Gedragsveranderingsprogramma  230, 231, 236, 254
Geen-probleemgebied  107
Gelijkwaardigheid  103, 114, 159, 170, 332
Geloofwaardigheid  34, 326, 328, 358
Genetische invloeden  31
Genetische disposities  182
Gesprek  355
- afsluiting van  360
- context van  354, 366
- doel van  355, 356, 358, 359
- doelstelling  359
- duur  355, 356
- gevoel en verlangen herkennen  125
- initiatief  355
- introductie van  357
- kern van  358
- locatie  355
- samenvatting  360
- sfeer van  361
- voorbereiding van  354

Gespreksmodel  353
Gespreksstructuur  353
Gespreksvaardigheden  319, 353, 360
Gevoel
- afzwakken  143
- iets te kunnen  48
- juiste - weergeven  143

Gevoelens  143, 125
- ABC van  314
- herkennen  125
- negatieve  157, 280
- primaire  143

Gevoelswereld
Gezamenlijk probleem  153

Gezin  338
Goede relatie leraar-leerling  24
Gordon  98, 103, 139

## H

Handelen  90, 266, 284
- adequaat  284
- bewust  266
- doelgericht  90

Hardnekkig ongewenst gedrag  242
Hersenonderzoek  183
Hoogbegaafd  64

## I

Identiteit  30, 39
Identiteitsbesef  30
Ik-boodschap  101, 141, 143, 147, 148, 152, 170, 366, 353
- negeren  144
- samenstelling  141

Imitatieleren  236
In geen enkel opzicht de moeite waard  57
In stand houdende versterkers  245
Individu  28, 29
Ineffectief belonen  196
Ineffectief straffen  196
Intellectuele autonomie  31
Interpersoonlijk competent  18, 50, 118, 138
Intrinsieke motivatie  26
Intern-variabele attributies bij falen  268
Intern-variabele attributies bij succes  268
Invloed  24, 31, 34, 83
- bewust zijn van  83
- genetische  31
- leraar  24, 34
- van omstandigheden buiten school  35

Irrationeel denken  284
Irrationele gedachte  284, 285, 286, 291, 297, 298, 305, 312

## J

Jij-boodschap  139, 140, 141, 142, 144, 148
- verkapte  142

## K

Kennisbasis generiek  6, 18, 24, 25, 258, 318
Klimaat van onveiligheid  152
Korthagen  271
Krachtsverschil  138

Kritiek  87, 89, 201
– effectieve  94, 201, 212
– op gedrag  89
– richten op gedrag  87

**L**
Leerlingen welbevinden van –  264
Leerproces  119
– blokkeren  72
– leerproces verstoren –  119
Leraar – als bemiddelaar  308
Leraar-leerlinginteractie  106
Lichaamshouding  358
Lichaamstaal  34
Lichamelijk aspect  49, 57, 61, 69
Luisteren  104, 122, 124, 129, 147
– actief  124, 129, 134, 147, 170, 309, 332, 349, 353, 366
– effectief  122
– goed  104

**M**
Macht  152
Macht – bij het kind  152
Machteloosheid  345
Machtspositie  152
– reageren vanuit –  152
Machtsstrijd  151, 242
Machtsverschil  138
Materële straf  243, 254
Materiële versterkers  223, 224, 236, 249, 376
Manipulerende ik-boodschappen  148
Miscommunicatie  324
Model Vijf Factoren –  31
Moedeloosheid  340, 345, 349
Moetisme  286, 290, 291, 314
Motivatie intrinsieke –  46

**N**
Negatief gedrag bekrachtigen  201
Negatief zelfbeeld  50, 67, 69, 113, 208
Negatieve communicatie  102
Negatieve feedback  183, 198
Negeren  245, 254
Neurowetenschappelijk onderzoek  182
Niet effectief straffen  208
Nieuwigheidseffect  228, 230, 234, 236
Non-acceptatie  121
– taal van  121, 134, 366
Non-verbaal  84, 358
Non-verbale communicatie  34, 39, 94
Non-verbale reacties  358

**O**
Observatie  219, 220, 222
Observatieperiode  222
Omgeving  32, 65
– invloeden  31, 75
– onbegrip van  65
– reacties van  32
Onderdrukken gedrag  208
Ondersteuning  39
Onregelmatige versterking  249
Ontkenning  340, 342, 349
Ontplooiing
– aandacht voor  29
Ontvankelijkheid  44, 104, 114, 170, 332, 333
– voor communicatie  104, 114, 325, 332
– positieve benadering  44
Ontwikkeling
– uitzicht op  25
Onveilig  55
Onveiligheid  46
Openheid  272
Opleving probleemgedrag  245
Opmerkingen
– blokkerende  121, 134
Opvatting
– van eigendom  107
Opvoedingsstijl  339
Ouders  318
– hulp van  340
– kenmerken opbouwen goede relatie  232
– omgaan met  129, 318, 322
Overdrijving  287
Overwinnaar  156

**P**
Papegaaien  127
Pedagogisch competent  18, 50, 104, 118, 138
Persoonlijke groei  28
Persoonlijkheid  29, 30, 39
Persoonlijkheidskenmerken  31
Perspectief op verandering  51
Positief zelfbeeld  44, 45, 69, 86, 113
Positieve feedback  183
Prestigeconflict  168
Prestigesfeer  205
Primair gevoel  143
Principe van uitsluiting  326, 332
Pro-actieve benadering  197, 323

Probleem 106, 107, 108, 141, 223
- aanpak 319
- analyse 105, 112, 114, 170
- context 336, 349
- definiëring 155
- ernst van 223
- gedrag 53, 186, 212, 219, 237, 245, 254
- gedrag opleving – 245
- hantering 138
- oplossing 160
- toe-eigening 108
- toewijzen 107, 114, 170
- verantwoordelijkheid voor 141
- verschuiving 108
- verwisseling 108, 112, 114

Problematiek
- schoolgebonden 339

Problematisch compensatiegedrag 54, 69

Problemen 106
- achterliggende – 203
- analyseren 106
- herkennen 106

Professionaliteit 338, 362
Professionele basishouding 318,
Protestreactie 344
Psychologische behoeften 26

## R

Rationaliseren 290
Rationaliteit 271
Rationeel denken 281
Rationeel-emotieve therapie (RET) 271, 276
Rationele gedachte 284, 297, 298, 305, 312, 315
Reactie ouders 359
- negatief 359
- neutrale 359
- positieve 359
- verbaasde 359
Reactieve benadering 197, 323
Reageren adequaat 284
REBT 272, 277, 292
Reflecteren 271, 274, 280
Reflectie 272
- in de praktijk 280
- ontwikkelen 272
- op eigen handelen 265, 270
Regie voeren 353
Relatie 25, 26, 46
- aangaan van 26
- behoefte aan 26

- bouwstenen 25
- goede 39
- investeren in 25
- kenmerken 25
- leraar-leerling 24, 44, 72, 102, 118, 138, 152, 180, 196, 216, 242, 264, 296,
- opbouwen 27
- positief beïnvloeden 27
- werken aan 26
Respect 168
RET 271, 276
Rogers 103
Ruilversterkers 223, 224, 226, 237, 376

## S

Schoolsituatie 339
Schrik 340, 341
Schrikreactie 349
Schuldgevoelens 272
Schuldvraag 274, 290, 344
S-G-G-schema 237
Signalen 119, 139
- onderkennen 139
- reageren op 119
Skinner 174
Sociaal aspect 46, 47, 56, 58, 59, 69
Sociaal wenselijke reacties 133
Sociale grondhouding 47
Sociale versterkers 188, 223, 224, 237, 249, 376
Spilfunctie 264
Spiraal
- Negatieve 230, 242
Stabiliteit 31, 40
Stabilisatie doelgedrag 248
Stabilisatie gedrag 254
Standaardstraffen 208, 211
Straf 196, 202, 204, 207, 211, 212, 255
- activiteiten – 219
- effectieve 202, 212
- materiële 219, 243, 254
- sociale 219, 243, 255
Straffen 196, 204, 209, 231, 243
Subdoelgedragingen 225
Subdoelstellingen 357
Succes 228
- ervaringen 47
- uitblijven van 228
Symptoombestrijding 188
Symptoomverschuiving 188

**T**
Taal 309
 – van de acceptatie 122, 123, 134
 – begrijpelijke 309
 – van de non-acceptatie 120, 134, 365
Termen
 – waarneembare 219
Therapie
 – rationeel emotieve 271, 276, 291, 315
Therapy Rational Emotiv Behavioral – 272
Time-out 244
Trait-theorie 31
Toetsing gedachten 298
Tweerichtingsverkeer 118, 159

**U**
Uitdoving 243, 245
Uiterste acceptatiegrens 76, 94
Uiting
 – waarneembare 184
Uitsluiting 326, 362
 – principe van – 326, 332, 362
Uitstelgedrag 72
Uitzicht op ontwikkeling 25

**V**
Vakkennis 326, 333, 353
Veiligheid 58, 72
Verbaal 84
Verbale communicatie 34, 40, 94, 366
Verkapte jij-boodschappen 148
Verkleining doceer-leergebied 80, 81
Verlangens
 – herkennen 125
Verliezen 152, 155, 156
Verliezers 156, 157, 158, 159, 168
Vermijden
 – negatieve gevoelens 52
Vermijdingsgedrag 216
Vermogen 282
 – om te denken 282
 – om te redeneren 282
Verslaglegging 361
Versterker bepalen 224
Versterker(s) 192, 213, 237, 245, 255
 – activiteiten 245
 – instandhoudende 245
 – materiële 236
 – ruilversterkers 223, 224, 226, 237, 376
 – sociale 188, 223, 224, 237, 249, 376
Versterking 185
 – Onregelmatige 249

Vertrouwen 46, 47, 58, 328
 – geen 55
 – in eigen kunnen 47
Verwachtingen 265
Verwerkingsproces 319, 336, 340, 349, 356, 359, 360, 366
Verwijten maken 363
Verzet 344, 349
Verzwakker(s) 192, 213, 243, 255
 – straf als 243
 – uitdoving als 245
Verzwakking 186
Vluchtgedrag 72
Voelen 55
 – niet bekwaam 56
 – onveilig 55
 – onzeker 55
Vragen open – 127
Vijf Factoren Model 31
 – emotionele stabiliteit 31
 – extraversie 31
 – intellectuele autonomie 31
 – vriendelijkheid 31
 – zorgvuldigheid 31

**W**
Waardeconflict 154
Waardeoordelen 15
Waarnemen
 – objectief 37
Wantrouwen 46
Wederzijds respect 105
Welbevinden leerling 33, 264
Winnaar 156, 157, 158, 159, 168
Winnen 152, 155, 156, 159
Win-winmethode 164
 – verkorte 164
Win-winsituatie 151

**Z**
Zakelijk
 – objectieve benadering 216
Zekerheid 58
Zelf 29
Zelfbeeld 27, 32, 33, 40, 69, 94
 – aandacht voor 29
 – alle aspecten negatief 57
 – begripsbepaling 28
 – adequaat handelen 50
 – beïnvloeden 80, 82
 – beleving 83
 – cognitief 47, 69
 – concretisering 45

- definitie  33
- eenzijdig  62, 64, 67, 69
- emotioneel aspect  33, 46, 69
- en goede relatie  28
- en welbevinden  33
- herkennen  54
- in relatie tot de groep  35
- in sociale context  35
- inzicht in  27
- lichamelijk aspect  49, 57, 61, 69
- negatief  50, 67, 69, 113, 208
- ontstaan  32
- positief  69
- positief beïnvloeden  27, 44
- rekening houden met  83
- sociaal  67
- sociaal aspect  46, 69
- totaal negatief  69
- zicht op  28

Zelf
- het  29

Zelfontplooiing  28